O FIO E OS RASTROS

CARLO GINZBURG

O fio e os rastros
Verdadeiro, falso, fictício

Tradução
Rosa Freire d'Aguiar e
Eduardo Brandão

4ª reimpressão

Copyright © 2006 by Carlo Ginzburg

Grafia atualizada segundo o Acordo Ortográfico da Língua Portuguesa de 1990, que entrou em vigor no Brasil em 2009.

Título original
Il filo e le tracce: vero falso finto

Capa
João Baptista da Costa Aguiar

Foto de capa
Michelangelo Merisi da Caravaggio. *Decapitação de Holofernes por Judith*, c. 1598. Óleo sobre tela, 56 3/4 × 76 3/4 in.

Preparação
Maysa Monção
Manuel Olívio

Índice onomástico
Luciano Marchiori

Revisão
Isabel Jorge Cury
Marise S. Leal

Atualização ortográfica
Página Viva

Tradução das citações latinas
Angelica Chiappetta

Dados Internacionais de Catalogação na Publicação (CIP)
(Câmara Brasileira do Livro, SP, Brasil)

Ginzburg, Carlo
    O fio e os rastros : verdadeiro, falso, fictício / Carlo Ginzburg; tradução de Rosa Freire d'Aguiar e Eduardo Brandão. — 1ª ed. — São Paulo: Companhia das Letras, 2007.

    Título original: Il filo e le tracce : vero, falso, finto.
    ISBN 978-85-359-1071-1

    1. Historiografia 2. Historiografia - Teoria I. Título

07-5489   CDD-907.2

Índice para catálogo sistemático:
1. Historiografia : Teoria   907.2

[2021]
Todos os direitos desta edição reservados à
EDITORA SCHWARCZ S.A.
Rua Bandeira Paulista, 702, cj. 32
04532-002 — São Paulo — SP
Telefone: (11) 3707-3500
www.companhiadasletras.com.br
www.blogdacompanhia.com.br
facebook.com/companhiadasletras
instagram.com/companhiadasletras
twitter.com/cialetras

Sumário

Introdução 7

1. Descrição e citação 17
2. A conversão dos judeus de Minorca (417-8) 41
3. Montaigne, os canibais e as grutas 53
4. Paris, 1647: um diálogo sobre ficção e história 79
5. Os europeus descobrem (ou redescobrem) os xamãs .. 94
6. Tolerância e comércio — Auerbach lê Voltaire 112
7. Anacarse interroga os indígenas — Uma nova leitura de um velho best-seller 139
8. No rastro de Israël Bertuccio 154
9. A áspera verdade — Um desafio de Stendhal aos historiadores 170
10. Representar o inimigo — Sobre a pré-história francesa dos *Protocolos* 189
11. *Unus testis* — O extermínio dos judeus e o princípio de realidade 210

12. Detalhes, primeiros planos, microanálises —
      À margem de um livro de Siegfried Kracauer   231
13. Micro-história: duas ou três coisas que sei a respeito . .   249
14. O inquisidor como antropólogo   280
15. Feiticeiras e xamãs   294

Apêndice — Provas e possibilidades   311
Notas   339
Índice onomástico   431

Introdução

1. Os gregos contam que Teseu recebeu de presente de Ariadne um fio. Com esse fio Teseu se orientou no labirinto, encontrou o Minotauro e o matou. Dos rastros que Teseu deixou ao vagar pelo labirinto, o mito não fala.

O que une os capítulos deste livro, dedicados a temas muito heterogêneos, é a relação entre o fio — o fio do relato, que ajuda a nos orientarmos no labirinto da realidade — e os rastros.[1] Há muito tempo trabalho como historiador: procuro contar, servindo-me dos rastros, histórias verdadeiras (que às vezes têm como objeto o falso). Hoje nenhum dos termos dessa definição ("contar", "rastros", "histórias", "verdadeiras", "falso") me parece algo óbvio. Quando comecei a aprender o ofício, pelo final dos anos 50, a atitude que prevalecia na academia era completamente diferente. Escrever, contar a história não era considerado um tema de reflexão sério. Lembro-me de uma só exceção: Arsenio Frugoni, que em seus seminários de Pisa voltava de vez em quando, como entendi mais tarde, ao tema do caráter subjetivo das fontes narrativas com que se deparara poucos anos antes em *Arnaldo da Bres-*

cia.[2] Frugoni me propôs (eu estava no segundo ano da universidade) preparar um colóquio sobre os *Anais*; comecei a ler Marc Bloch. Em *Métier d'historien* [*Apologia da história ou o ofício do historiador*], topei com uma página que muito mais tarde me ajudou, sem que eu tivesse plena percepção, a refletir sobre os rastros.[3] Mas naqueles anos os historiadores tampouco falavam de rastros.

2. Refiro-me a esse clima para explicar a mim mesmo a euforia irracional que senti quando escrevi as primeiras frases de meu primeiro livro.[4] Parecia-me que os documentos com que estava trabalhando (processos da Inquisição) abriam um leque muito amplo de possibilidades narrativas. A tendência a fazer experiências nessa direção, sem dúvida também solicitada por minhas origens familiares, encontrava nas fontes um estímulo e um limite. Mas eu estava convencido (e ainda estou) de que entre os testemunhos, seja os narrativos, seja os não narrativos, e a realidade testemunhada existe uma relação que deve ser repetidamente analisada. A eventualidade de que alguém pudesse duvidar radicalmente dessa relação nem sequer me passava pela cabeça.

Tudo isso faz parte da pré-história deste livro. Na segunda metade dos anos 60 o clima começou a mudar. Algum tempo depois, anunciou-se com grande clamor que os historiadores escreviam. De início, creio que fiquei indiferente às implicações hiperconstrutivistas (na verdade, céticas) dessa revelação. Prova disso é um trecho do ensaio "Sinais" (1979), que se apoia na relação entre decifração dos rastros e narração, sem fazer alusão a eventuais objeções céticas.[5] A guinada, para mim, só ocorreu quando, graças a um ensaio de Arnaldo Momigliano, percebi as implicações morais e políticas, além das cognitivas, da tese que na sua essência suprimia a distinção entre narrações históricas e narrações ficcionais. O posfácio que escrevi (1984) para *Il ritorno di Martin Guerre*

[O retorno de Martin Guerre], de Natalie Davis (cf. Apêndice), registra essa — pensando bem, tardia — consciência.

Quem desejar poderá começar esse livro por aquelas páginas. Ali encontrará, esboçado sumariamente, um programa de pesquisa e seu objetivo polêmico. Mais exatamente, o contrário: a *pars destruens* vinha primeiro, como talvez sempre aconteça. Contra a tendência do ceticismo pós-moderno de eliminar os limites entre narrações ficcionais e narrações históricas, em nome do elemento construtivo que é comum a ambas, eu propunha considerar a relação entre umas e outras como uma contenda pela representação da realidade. Mas, em vez de uma guerra de trincheira, eu levantava a hipótese de um conflito feito de desafios, empréstimos recíprocos, hibridismos. Com as coisas nesses termos, não era possível combater o neoceticismo repetindo velhas certezas. Era preciso aprender com o inimigo para combatê-lo de modo mais eficaz.

São essas as hipóteses que orientaram, ao longo de vinte anos, as pesquisas que confluem neste livro.[6] O significado do desafio lançado pelas "más coisas novas", como dizia Brecht (ver cap. 1), e a escolha do terreno onde enfrentá-lo só ficaram claros para mim paulatinamente. Hoje os pós-modernistas parecem menos rumorosos, menos seguros de si; talvez os ventos da moda já soprem de outro lugar. Pouco importa. As dificuldades surgidas dessa discussão, e as tentativas de resolvê-las, permanecem.

3. O ataque cético à cientificidade das narrações históricas insistiu em seu caráter subjetivo, que as assimilaria às narrações ficcionais. As narrações históricas não falariam da realidade, mas sim de quem as construiu. Inútil objetar que um elemento construtivo está presente em certa medida até nas chamadas ciências "duras": mesmo estas foram objeto de uma crítica análoga àquela já lembrada.[7] Falemos, então, de historiografia. Que ela tenha um

componente subjetivo, é sabido; mas as conclusões radicais que os céticos tiraram desse dado concreto não levaram em conta uma mudança fundamental mencionada por Bloch nas suas reflexões metodológicas póstumas. "Hoje [1942-3]..., até mesmo nos testemunhos mais resolutamente voluntários", escrevia Bloch, "aquilo que o texto nos diz já não constitui o objeto preferido de nossa atenção." As *Mémoires* de Saint-Simon ou as vidas dos santos da alta Idade Média nos interessam (continuava Bloch) não tanto por suas referências aos dados concretos, volta e meia inventados, mas pela luz que lançam sobre a mentalidade de quem escreveu esses textos. "Na nossa inevitável subordinação ao passado, nós nos emancipamos, ao menos no sentido de que, embora permanecendo condenados a conhecê-lo exclusivamente com base em seus rastros, conseguimos, todavia, saber bem mais a seu respeito do que ele resolvera nos dar a conhecer." E concluía: "Olhando bem, trata-se de uma grande revanche da inteligência sobre o mero dado concreto".[8] Em outro trecho de *Ofício de historiador* Bloch respondia às dúvidas dos que lamentavam a impossibilidade de controlar fatos históricos separadamente: por exemplo, as circunstâncias em que se deram os fuzilamentos que teriam desencadeado a revolução de 1848, em Paris. Trata-se, observava Bloch, de um ceticismo que não toca naquilo que existe por baixo do acontecimento, ou seja, as mentalidades, as técnicas, a sociedade, a economia: "Aquilo que há de mais profundo na história poderia ser também aquilo que há de mais seguro".[9] Contra o ceticismo positivista que punha em dúvida o caráter fidedigno deste ou daquele documento, Bloch fazia valer, de um lado, os testemunhos involuntários; de outro, a possibilidade de isolar nos testemunhos voluntários um núcleo involuntário, portanto mais profundo.

Contra o ceticismo radicalmente antipositivista que ataca o caráter referencial dos textos como tais, pode-se usar uma argumentação em certos aspectos semelhante àquela lembrada por

Bloch. Escavando os meandros dos textos, contra as intenções de quem os produziu, podemos fazer emergir vozes incontroladas: por exemplo, as das mulheres ou dos homens que, nos processos de bruxaria, de fato escapavam aos estereótipos sugeridos pelos juízes (cap. 14). Nos romances medievais podemos detectar testemunhos históricos involuntários sobre usos e costumes, isolando na ficção fragmentos de verdade: uma descoberta que hoje nos parece quase banal, mas que tinha um aspecto paradoxal quando, em meados do século XVII, em Paris, foi formulada explicitamente pela primeira vez (cap. 4). Era uma estratégia de leitura não muito diferente daquela esboçada por Bloch a respeito da vida dos santos da alta Idade Média. A pista aberta por essa posição, ao mesmo tempo distanciada e participativa, com relação à literatura do passado teve, a longo prazo, êxitos imprevisíveis. Nesse caminho encontramos, três séculos depois, um grande estudioso (Erich Auerbach) que analisa trechos de Voltaire e Stendhal, lendo respectivamente as *Cartas filosóficas* e *O·vermelho e o negro*, não como documentos históricos mas como textos entranhados de história. A interpretação é infinita, embora seus conteúdos não sejam ilimitados: as interpretações de Auerbach podem ser lidas numa perspectiva diferente das intenções e da perspectiva de seu autor, utilizando-se os rastros por ele deixados mais ou menos involuntariamente (cap. 6 e 9). A ficção, alimentada pela história, torna-se matéria de reflexão histórica, ou ficcional, e assim por diante. Essa trama imprevisível pode comprimir-se num nó ou num nome (cap. 8).

Ler os testemunhos históricos a contrapelo, como Walter Benjamin sugeria, contra as intenções de quem os produziu — embora, naturalmente, deva-se levar em conta essas intenções — significa supor que todo texto inclui elementos incontrolados.[10] Isso também vale para os textos literários que pretendem se constituir numa realidade autônoma. Até neles se insinua algo de opaco, comparável às percepções que o olhar registra sem entender, como o olho impassível da máquina fotográfica: um tema que Kracauer retomou de Proust, que por sua vez reelaborava uma passagem de Saint-Simon (cap. 12). Essas zonas opacas são alguns dos rastros que um texto (qualquer texto) deixa atrás de si. Encontrei-os quando tentei refletir sobre minha própria pesquisa, em duas experiências sugeridas pela distância temporal (e, num caso, também espacial) (cap. 13 e 15).

4. Fazer um inventário das formas assumidas pela ficção a serviço da verdade seria obviamente impossível. A generosidade humana e intelectual que inspirou a Montaigne o ensaio sobre os canibais brasileiros fora alimentada pelo gosto maneirista do grotesco e do bizarro (cap. 3). O tênue fio narrativo de *Voyage du jeune Anarcharsis en Grèce* [*Viagem do jovem Anacarse à Grécia*] permitiu a Barthélémy organizar uma enorme massa de dados sobre a Antiguidade, tornando-os acessíveis, durante um século, a um público vastíssimo, espalhado por toda a Europa (cap. 7). Montaigne foi considerado uma exceção, Barthélémy, no máximo, uma anomalia. Mas ambos remetem a uma escolha que modelou, sem que eu percebesse, grande parte da estrutura deste livro. Tratando-se de um campo repleto de lugares-comuns e generalidades, a relação entre narrações históricas e narrações ficcionais devia ser enfrentada da maneira mais concreta possível, por meio de uma série de exemplos. Encaixa-se nessa ótica o cap. 5, que pretende reconstituir "não a exceção, mas a regra". Trata-se, porém, justamente de uma exceção. Retrospectivamente percebi que a maioria dos temas que eu enfrentara não eram ilustrações ou exemplos referidos a uma norma preexistente, mas *quase*: histórias em miniatura, que, segundo a definição de André Jolles, formulam uma pergunta sem fornecer a resposta, assinalando uma dificul-

dade não resolvida.[11] Quando comecei a estudar os testemunhos que falam de um judeu sobrevivente, única testemunha do extermínio da própria comunidade, pensava que eles mostrariam a insustentabilidade da posição dos céticos, que na verdade assimilam narrações de ficção e narrações históricas. Se uma narração se apoia em um único documento, como é possível deixar de fazer perguntas sobre sua autenticidade (cap. 11)? Quase no mesmo momento me vi formulando idêntica pergunta a respeito de um documento do século V que conta um caso precoce de hostilidade entre cristãos e judeus: a carta do bispo Severo de Minorca (cap. 2). Aqui, o *unus testis*, a única testemunha sobrevivente, é um documento, não um indivíduo, como acontece, inversamente, nos escritos jurídicos medievais, que refletiam sobre as características de uma comunidade (*universitas*) graças ao caso fictício do único sobrevivente.[12] Aquilo que era apresentado implicitamente como uma experiência mental, um *exemplum fictum* cogitado pela casuística, tinha um dramático equivalente na realidade.

5. Da profusão de relações entre ficção e realidade, vimos surgir um terceiro termo: o falso, o não autêntico — o fictício que se faz passar por verdadeiro.[13] É um tema que deixa os céticos em situação incômoda, pois implica a realidade: essa realidade externa que nem sequer as aspas conseguem exorcizar (cap. 11). Naturalmente, depois de Marc Bloch (*Os reis taumaturgos*) e Georges Lefèbvre (*O grande medo de 1789*), ninguém pensará que é inútil estudar falsas lendas, falsos acontecimentos, falsos documentos: mas uma tomada de posição preliminar sobre sua falsidade ou autenticidade é sempre indispensável. Sobre esse ponto, e em relação aos famigerados *Protocolos* antissemitas (cap. 10), não tenho nada a acrescentar. Limitei-me a ler, um após o outro, os falsos *Protocolos* e sua fonte principal, o diálogo imaginário de Maurice Joly.

Desse cotejo também afloraram, além de muitas péssimas coisas velhas, certas "más coisas novas"; verdades desagradáveis sobre as quais vale a pena refletir.

Os historiadores, escreveu Aristóteles (*Poética*, 51b), falam do que foi (do verdadeiro), os poetas, daquilo que poderia ter sido (do possível). Mas, naturalmente, o verdadeiro é um ponto de chegada, não um ponto de partida. Os historiadores (e, de outra maneira, também os poetas) têm como ofício alguma coisa que é parte da vida de todos: destrinchar o entrelaçamento de verdadeiro, falso e fictício que é a trama do nosso estar no mundo.

Bolonha, dezembro de 2005

Agradeço a todos os bibliotecários que, com competência e gentileza, ajudaram as minhas pesquisas; de modo especial, os do Archiginnasio (Bolonha) e os da YRL (Los Angeles).

1. Descrição e citação

a Arnaldo Momigliano

1. Hoje, palavras como "verdade" ou "realidade" tornaram-se impronunciáveis para alguns, a não ser que sejam enquadradas por aspas escritas ou representadas por um gesto.[1] Antes de tornar-se moda, esse gesto ritual, difundido nos ambientes acadêmicos americanos, fingia exorcizar o espectro do positivismo ingênuo: atitude de quem considera que a realidade é cognoscível diretamente, sem mediações. Por trás dessa inevitável polêmica surgia em geral uma posição cética, argumentada de diversos modos. Contra ela foram formuladas, até mesmo por este que escreve, objeções morais, políticas e intelectuais. Mas manter-se virtuosamente longe dos exageros dos positivistas e dos céticos não levaria a lugar algum. Como disse certa vez Bertolt Brecht ao amigo Walter Benjamin, "não devemos partir das boas velhas coisas, e sim das más coisas novas".[2] Céticos e desconstrucionistas respondem, quase sempre de um modo clamorosamente inadequado, a perguntas reais. Em outra ocasião polemizei com as respostas que eles deram.[3] Aqui gostaria de acertar contas com algumas das perguntas que eles fizeram.

* * *

2. Uma afirmação falsa, uma afirmação verdadeira e uma afirmação inventada não apresentam, do ponto de vista formal, nenhuma diferença. Quando Benveniste analisou os tempos dos verbos franceses serviu-se, sem hesitação, de exemplos tirados ora de romances, ora de livros de história.[4] Num curto romance chamado *Pôncio Pilatos*, Roger Caillois explorou com muita inteligência as implicações dessa analogia.[5] É noite: na manhã seguinte Jesus será processado. Pilatos ainda não decidiu a sentença que proferirá. Para induzi-lo a escolher a condenação, um personagem prevê uma longa série de acontecimentos que se seguirão à morte de Jesus: alguns importantes, outros insignificantes — mas, como o leitor compreende, todos verdadeiros. No dia seguinte Pilatos resolve absolver o imputado. Jesus é renegado pelos discípulos; a história do mundo toma outro caminho. A contiguidade entre ficção e história faz pensar naqueles quadros de Magritte em que estão representados, lado a lado, uma paisagem e seu reflexo num espelho quebrado.

Afirmar que uma narração histórica se assemelha a uma narração inventada é algo óbvio. Parece-me mais interessante indagar por que percebemos como reais os fatos contados num livro de história. Em geral se trata de um resultado produzido por elementos extratextuais e textuais. Vou me deter nestes últimos, procurando ilustrar certos procedimentos, ligados a convenções literárias, com que historiadores antigos e modernos tentaram comunicar o "efeito de verdade" que consideravam parte essencial da tarefa que se atribuíam.[6]

3. Começo com um fragmento das *Histórias* de Políbio (XXXIV, 4, 4), citado por Estrabão. Para demonstrar a veracidade de Homero, Políbio escreve:

Agora o objetivo para o qual a história tende é a verdade: por isso achamos que no Catálogo das Naves o poeta menciona as características específicas de cada lugar, chamando uma cidade de "rochosa", dizendo de outra que está "situada nos confins", de outra que "tem muitas pombas", de mais outra que fica "perto do mar"; e o objetivo para o qual tendem esses detalhes é a vividez, como nas cenas de batalha; o objetivo do mito, ao contrário, é o de agradar ou assombrar...

Na contraposição entre história e mito Homero está, pois, solidamente do lado da história e da verdade: o objetivo (*telos*) de sua poesia é de fato a "vividez" (*enargeian*).

Em alguns manuscritos encontramos *energeian* em vez de *enargeian*, mas o contexto faz pensar que a forma mais convincente é a segunda.[7] Confusão semelhante se verifica na tradição manuscrita de um trecho da *Retórica*, de Aristóteles (1411b, 33-4), cujo eco ressoa em textos até muito mais tarde, chegando a nós.[8] Na verdade, as duas palavras não têm nada em comum: *energeia* significa "ato, atividade, energia"; *enargeia*, "clareza, vividez".[9] A importância da primeira palavra na terminologia aristotélica, decisiva para o léxico intelectual europeu, explica por que *energeia* sobreviveu em tantas línguas: basta pensar em *energia*, *energy*, *énergie*, e assim por diante. *Enargeia*, ao contrário, é uma palavra em desuso. Mas é possível reconstituir seu significado: mais exatamente, a constelação de significados que giram ao seu redor.[10]

Nos poemas homéricos, muitas vezes vistos como exemplo supremo de *enargeia*, a palavra não aparece.[11] Encontramos *enarges*, associado à "presença manifesta" dos deuses (*Ilíada*, XX, 131; *Odisseia*, XVI, 161), e um adjetivo conexo, *argos*, que significa "branco, brilhante" — como um ganso, como um boi — ou "rápido". Segundo Pierre Chantraine, "devemos supor na origem uma noção que exprime ao mesmo tempo a brancura resplandecente do raio e a velocidade".[12] *Enarges* pode ser traduzido, dependendo do contexto, como "claro" ou "tangível". Assim como *enargeia*, é uma palavra que se liga a um campo de experiências imediatas, conforme sugere outro fragmento de Políbio (XX, 12, 8): "Não é o mesmo julgar coisas por ouvir dizer ou por ter sido testemunha delas: há uma grande diferença. Uma convicção fundada no testemunho ocular [*hē kata tēn enargeian pistis*] sempre vale mais do que qualquer outra".[13] Tanto essa passagem como aquela sobre Homero citada acima se referem ao conhecimento histórico. Nas duas a *enargeia* é considerada uma garantia de verdade.

O historiador antigo devia comunicar a verdade daquilo que dizia servindo-se, para comover e convencer seus leitores, da *enargeia*: um termo técnico, que segundo o autor do tratado [*Do sublime*] (XV, 2) designava o objetivo dos oradores, diferente do objetivo dos poetas, que procuravam subjugar seu público. Na tradição retórica latina tentou-se repetidamente encontrar termos que equivalessem a *enargeia*. Quintiliano (*Institutio Oratoria*, IV, 2, 63) propôs *evidentia in narratione*: "na narração a evidência é, na verdade, uma grande virtude, quando algo de verdadeiro não só deve ser dito, mas de alguma maneira também mostrado".[14] Em outro trecho (VI, 2, 32), Quintiliano notou que Cícero tinha usado *ilustratio et evidentia* como sinônimo de *enargeia*, "que parece não tanto dizer quanto mostrar; e os afetos a ela acompanharão não de modo diverso do que se estivéssemos em meio às próprias coisas".[15] Na verdade, para Cícero "*inlustris... oratio*" indicava a "parte do discurso que põe a coisa como que diante dos olhos".[16] O anônimo autor de *Rhetorica ad Herennium* usou palavras semelhantes para definir a *demonstratio*: "a demonstração se dá quando exprimimos uma coisa com palavras tais que as ações pareçam estar sendo executadas e a coisa, estar diante dos olhos [...] Expõe, com efeito, a coisa na sua íntegra e coloca-a como que diante dos olhos".[17]

Demonstratio. Os termos correspondentes a essa palavra nas línguas europeias modernas — *dimostrazione, demonstration, démonstration* etc. — escondem sob um véu euclidiano seu núcleo retórico. *Demonstratio* designava o gesto do orador que indicava um objeto invisível, tornando-o quase palpável — *enarges* — para quem o escutava, graças ao poder um tanto mágico de suas palavras.[18] De modo semelhante, o historiador conseguia comunicar aos leitores a própria experiência — direta, como testemunho, ou indireta — pondo sob seus olhos uma realidade invisível. *Enargeia* era um instrumento para comunicar a *autopsia,* ou seja, a visão imediata, pelas virtudes do estilo.[19]

4. O autor do famoso tratado *Sobre o estilo* — Demétrio, por muito tempo identificado erradamente com Demétrio Falério — também dedicou uma seção bastante ampla à *enargeia,* descrevendo-a como um efeito estilístico que surge da descrição em que não há nada de supérfluo. Depois de citar uma comparação homérica (*Ilíada,* XXI, 257), observou: "Aqui a vividez [*enargeia*] depende do fato de que são mencionadas todas as circunstâncias concomitantes e nada é omitido".[20] Mais adiante, porém, deparamos com uma definição mais ampla, que também aponta como exemplos de "vividez" a cacofonia e as palavras onomatopaicas usadas por Homero. Afastamo-nos da discussão sobre os métodos da história, de onde partimos, mas só aparentemente. A definição de *enargeia* como acumulação de detalhes joga uma luz inesperada sobre o orgulho, recorrente entre os historiadores gregos, de terem registrado todos os acontecimentos, ou pelo menos todos os acontecimentos relevantes.[21] Numa sociedade em que os arquivos eram raros e a cultura oral ainda ocupava posição dominante, Homero oferecia aos historiadores um modelo que era, ao mesmo tempo, estilístico e cognitivo.

No primeiro capítulo de *Mimesis*, Erich Auerbach contrapôs dois tipos diferentes de narração: a riqueza analítica de Homero e a sintética concisão da Bíblia. A importância do estilo narrativo homérico para o nascimento, na Grécia, de um novo modo de representar o corpo humano, e também da história como gênero literário, foi sublinhada, respectivamente, por Ernst Gombrich e Hermann Strasburger.[22] Este, um dos estudiosos que se concentraram com mais eficácia nas implicações teóricas da *enargeia*, observou que o termo assumiu significado mais técnico na era helenística, quando historiadores como Duris de Samo e seu seguidor Filarco criaram um tipo novo de historiografia, inspirado nos poetas trágicos e visando a efeitos de tipo mimético.[23]

5. Até aqui a *enargeia* foi se configurando como uma noção situada no limite da historiografia e da retórica. Mas a esse âmbito semântico devemos acrescentar a pintura. Eis uma metáfora tirada de *Político*, um dos diálogos de Platão: "[...] o nosso discurso, justamente como representação de uma figura viva, parece ter reproduzido bastante bem os traços exteriores, sem porém ainda ter alcançado aquele relevo [*enargeia*] que se obtém com as tintas e com a mistura das cores".[24]

Essas implicações da *enargeia* surgem plenamente, a muitos séculos de distância, numa passagem das *Imagens* de Filóstrato, o jovem, célebre coletânea de descrições (*ekphraseis*) de obras de arte, presumivelmente imaginárias. Na descrição de uma pintura que representava o escudo de Pirro, inspirada na do escudo de Aquiles na *Ilíada*, modelo desse gênero literário, lê-se o seguinte trecho:

> E se observares também os rebanhos de bois que se encaminham para o pasto, seguidos pelos pastores, talvez não te maravilhes com a cor, se bem que sejam todas feitas de ouro e de estanho. Mas que tu

quase os ouças mugir, assim pintados como estão, e que te pareça ouvir o rumor do rio, ao longo do qual estão os bois — não é este o cúmulo da vividez [*enargeia*]?[25]

Essa pergunta retórica poderia ser comparada ao gesto de um orador: uma *demonstratio* torna a indicar um objeto invisível, deixando-o vívido e quase tangível pela força da *ekphrasis*. Nesse ponto podemos entender por que Plutarco, no seu pequeno tratado *Sobre a fama dos atenienses* (347a), comparou uma pintura de Eufranor, que representava a batalha de Mantineia, com a descrição da mesma batalha fornecida por Tucídides. Plutarco elogiou a "vivacidade pictórica" [*graphikē enargeia*] de Tucídides; depois, esclareceu as implicações teóricas da comparação:

Também é verdade que Simônides define a pintura como poesia muda e a poesia como pintura falante: na verdade, essas ações que os pintores representam como se estivessem acontecendo, os relatos as expõem e descrevem como já acontecidas. Mas se os pintores representam os mesmos temas com as cores e o desenho, enquanto os escritores os expõem com os nomes e as palavras, eles diferem no material e na técnica da imitação, mas ambos se propõem um único objetivo, e o historiador mais corajoso é aquele que faz a sua narração descrevendo os sentimentos e delineando o caráter dos personagens como se se tratasse de uma pintura. Assim, com sua prosa, Tucídides se esforça sempre para obter essa eficácia expressiva, desejando ardentemente fazer do ouvinte um espectador e de tornar vivos para quem os lê os fatos emocionantes e perturbadores dos quais eram testemunhas oculares.[26]

6. Alguns dos estudiosos mais respeitados da historiografia grega e romana reconheceram que era a *ekphrasis*, como dizia Plu-

tarco, o objetivo das narrativas históricas. A *ekphrasis*, escreve Hermann Strasburger, era uma noção que abarcava um espaço mais vasto, em que entravam cenas de batalhas repletas de *páthos*, a peste de Atenas de que fala Tucídides, descrições de caráter geográfico ou etnográfico (*ekphraseis tou topou*).[27] Se a *enargeia* era o objetivo da *ekphrasis*, a verdade era o efeito da *enargeia*.[28] Podemos imaginar uma sequência desse gênero: narração histórica — descrição — vividez — verdade. A diferença entre o nosso conceito de história e o dos antigos se resumiria da seguinte forma: para gregos e romanos a verdade histórica se fundava na *evidentia* (o equivalente latino da *enargeia* proposta por Quintiliano); para nós, nos documentos (em inglês, *evidence*).[29]

Não se trata de uma simplificação exagerada. Num trecho do *Institutio Oratoria* (IV, 2, 64-5), Quintiliano observava que alguns tinham protestado contra o uso da *evidentia in narratione* "porque em algumas causas a verdade deve ser encoberta. Isso é ridículo: pois quem deseja encobrir narra coisas falsas em lugar das verdadeiras e, naquilo que narra, deve esforçar-se para que pareça o mais evidente possível".[30] Essa descrição sem preconceitos do comportamento dos advogados poderia ser estendida aos historiadores, tendo em vista a relação muito estreita entre história e retórica. O critério definitivo de verdade não coincidia com as reações do público. E, no entanto, a verdade era considerada antes de tudo uma questão de persuasão, ligada só marginalmente ao controle objetivo dos fatos.

7. Para os historiadores que, do século XVI em diante, se consideraram herdeiros de Heródoto, Tucídides e Lívio, essa conclusão pareceria evidente. A fratura surgiu depois. Só na segunda metade do século XVII começou-se a analisar sistematicamente a diferença entre fontes primárias e fontes secundárias. No seu famoso ensaio

"Storia antica e antiquaria", Arnaldo Momigliano demonstrou que essa contribuição decisiva ao método histórico vinha de especialistas em Antiguidade, que usavam testemunhos não literários para reconstituir fatos ligados à religião, às instituições políticas ou administrativas, à economia: espaços não compreendidos pela historiografia, tendencialmente orientada para a história política e militar, e para o presente. Diante da crítica corrosiva — que às vezes chegava ao paradoxo —, formulada por céticos como La Mothe Le Vayer, aos historiadores gregos e romanos, os especialistas em Antiguidade objetaram que medalhas, moedas, estátuas, inscrições ofereciam uma massa de material documental muito mais sólida e fidedigna do que fontes narrativas contaminadas por erros, superstições e mentiras. A historiografia moderna nasceu da convergência — realizada pela primeira vez na obra de Edward Gibbon — entre duas tradições intelectuais diferentes: a *histoire philosophique* à Voltaire e a pesquisa sobre a Antiguidade.[31]

8. Mas a trajetória vigorosamente delineada por Momigliano deve ser antecipada de um século. Em meados do século XVI tanto a crise cética quanto a sua superação no terreno dos estudos sobre a Antiguidade foram formuladas com lucidez por um filólogo-antiquário muito engenhoso, Francesco Robortello, da cidade de Udine. Hoje ele é conhecido sobretudo por seu texto pioneiro sobre as emendas aos textos antigos (1557), que foi ampla e adequadamente discutido.[32] As poucas e densas páginas sobre a história (*De historica facultate disputatio*, 1548) tiveram um destino diferente. A fortuna quinhentista, sublinhada pela inclusão póstuma na primeira coletânea de textos sobre o método histórico (*Artis historicae penus*, 1579), foi seguida, em épocas mais recentes, por uma leitura quase sempre desatenta e superficial.[33]

Robortello tinha plena consciência da originalidade dessas

páginas. Estava com pouco mais de trinta anos, ensinava no Studio di Pisa, era amigo do grande filólogo Pier Vettori. Com o tom agressivo que lhe era habitual declarou, na dedicatória a Lelio Torelli (o jurista filólogo que alguns anos depois publicaria a primeira edição do famoso manuscrito florentino das *Pandette*), ter-se proposto um objetivo absolutamente novo: levar à luz a arte e o método latentes na escrita da história.

O objetivo do historiador, inicia Robortello, é a narração, embora logo em seguida ele esclareça que o historiador é aquele que "narra e explica". Segue-se uma precisão ulterior: o historiador explica "as ações que os próprios homens fazem" (*quas ipsi homines gerunt*). Não inventa, mas explica (*non est effictor rerum, sed explanator*). A história é diferente da poesia, e talvez, ao propor exemplos do que é correto e incorreto, superior à filosofia. A importância dessa afirmação surge algumas páginas depois, quando Robortello se refere à crítica, que considera totalmente inédita, formulada por Sexto Empírico, "autor grego que expôs todas as ideias dos pirronistas". Segue-se uma longa citação, traduzida em latim mas entremeada de frases ou palavras gregas, do tratado *Contra os matemáticos*, de Sexto Empírico (I, 252-60): o filósofo helenístico que constitui a fonte principal, e para certos textos única, do ceticismo grego.

O orgulho de Robortello ao sublinhar a novidade da sua citação era justificado. Naquele momento, Sexto Empírico ainda era quase apenas um nome. Faria sua entrada triunfal na filosofia europeia em 1562, quando Henri Estienne traduz em latim as *Hipotiposes pirronianas*.[34] Antes disso, como se disse, Sexto Empírico tivera um só leitor moderno, Gian Francesco Pico, autor de *Examen vanitatis doctrinae gentium* [Exame da vacuidade da doutrina pagã]: uma crítica violenta feita em nome do cristianismo intransigente de Savonarola, de quem era seguidor. Nessa obra vastíssima, baseada nos escritos ainda inéditos de Sexto Empírico, também estão as páginas usadas quase trinta anos depois por Robortello.[35] Mas Robortello talvez não as tenha visto: e, se as viu, consultou o texto grego, provavelmente no ms. Laur. 85, 11, datado de 1465, que contém duas obras de Sexto, as *Hipotiposes pirronianas* e *Contra os matemáticos*.[36]

A segunda parte desta última obra se refere aos gramáticos. Alguns deles, entre os quais o famoso Dionísio de Trácia, tinham afirmado que a gramática tem uma parte histórica.[37] Sexto Empírico objetou que a história não tem método: não é uma *techné* (em latim, *ars*), mas um simples acúmulo de fatos, irrelevantes, incertos e fabulosos. Robortello procurou demonstrar, contra ele, a existência de uma "*ars historica*": expressão polêmica, que iria inspirar o título de uma coletânea como a *Artis historicae penus*, concebida como resposta, também polêmica, à difusão do ceticismo em relação à historiografia.[38]

Robortello começa sua argumentação afirmando que o elemento metódico da história se identifica com a retórica. Tanto é verdade, ele admite, que os antigos, como lembra Cícero (*Do Orador*, II), escreviam anais totalmente destituídos de método, imunes às preocupações retóricas. Mas quando se inventam (*effingantur*) discursos e comportamentos verossímeis e apropriados, como faz Tucídides, vê-se claramente que a retórica é a mãe da história.

A posição de Robortello foi identificada com essa resposta, que em si não tinha nada de particularmente original.[39] Não se notou que a insistência sobre a capacidade de inventar (*effingere*) discursos contradizia a afirmação anterior sobre o historiador que não inventa mas explica (*non est effictor rerum, sed explanator*). Sobretudo, não se notou que, logo depois, o texto de Robortello toma um caminho diverso.

O que o historiador considera são as ações, públicas e privadas: portanto, necessariamente os nomes daqueles que as realizaram. É esse, diz Robortello, o elemento particular ("o que Alcibíades fez ou sofreu") que Aristóteles tinha identificado na história, contrapondo-o à universalidade da poesia. Por trás dessa afirmação há o trabalho de Robortello sobre dois livros publicados naquele mesmo ano de 1548: o comentário à *Poética* de Aristóteles e a obra erudita *De nominibus Romanorum*. O nome, isto é, o dado que constitui a espinha dorsal do gênero analítico, traz consigo uma reflexão sobre a ordem da narrativa histórica. No elogio que Aristóteles faz de Homero por ter começado as suas narrações *in medias res*, Robortello lê um convite implícito aos historiadores a seguirem, inversamente, a ordem cronológica, para contar "uma longa série de anos". Mesmo sendo verdadeira a hipótese de um recomeço cíclico, formulada por alguns filósofos, Robortello observa que os historiadores devem, porém, propor contar a história começando com aqueles rudes, agrestes inícios do gênero humano descritos pelos poetas: "Mas se o historiador deve se virar para essa longuíssima série de anos, é claro que sua competência deve abarcar toda a Antiguidade; tudo o que diz respeito aos costumes, ao modo de se sustentar, à fundação das cidades, às migrações dos povos".

Assim, para Robortello a história é sinônimo de estudos sobre a Antiguidade, ainda que seja algo bem diferente do amontoado de fatos insignificantes ridicularizado por Sexto Empírico. E ele continua:

> Sirva-nos de exemplo Tucídides, que, no livro sexto, expôs muito acurada e verdadeiramente todos os usos antigos das cidades e populações da Sicília. E como para conhecer esses usos muito nos auxiliam as ruínas dos edifícios antigos e as inscrições, seja em mármore, seja em ouro, bronze e prata, é preciso levar também isso em consideração. O mesmo Tucídides (que obra, com efeito, pode se afastar da autoridade desse tão preclaro historiador?), a partir de uma inscrição em mármore que havia sido feita na muralha da cidade

para que servisse de monumento aos pósteros, prova, o que muitos recontavam de outro modo, que Hípias tinha sido um tirano ateniense e tivera cinco filhos.[40]

Com olhar seguro Robortello escolhia na obra de Tucídides uma página (VI, 54-5) que lhe convinha: esse raciocínio transformava uma epígrafe fragmentária numa prova. Seguia-se um convite para ampliar o quadro da pesquisa. Sendo parte da retórica, a história deve abarcar tudo aquilo de que a retórica se ocupa: as formas políticas, a eleição dos magistrados, o funcionamento dos tribunais, a arte militar. A história deve descrever "os rios, os lagos, os pântanos, as montanhas, as planícies, os sítios das cidades" — alusão a Luciano, citado explicitamente no final do texto: "O excelente autor de história deve possuir os dois requisitos principais seguintes: inteligência política e capacidade expressiva".[41]

As exortações de Robortello não eram abstratas. Na sua atividade de filólogo-antiquário ele emendou uma série de passagens de Lívio, baseando-se em epígrafes: um capítulo da longa e furiosa polêmica que o opôs a Carlo Sigonio.[42] Mas abandonou tacitamente o grandioso projeto, esboçado na *Disputatio*, de combinar história política e antiquária.

9. As páginas de Robortello formigavam de ideias e contradições. A história era defendida da acusação de falta de método, formulada por Sexto Empírico com base na relação com a retórica: mas o que Robortello entendia pelo termo "retórica" não era claro. Num primeiro momento ele a identificou com os discursos fictícios de Tucídides; num segundo momento, com a forma de decifrar, até mesmo com aquela exemplificada por Tucídides, testemunhos não literários numa perspectiva antiquária. Essas duas acepções de retórica não eram necessariamente compatíveis: na *Retórica* de

Aristóteles as evidências tinham enorme importância.[43] Mas sobre esse ponto Robortello parecia hesitar. Depois de, fazendo eco a Cícero, rejeitar os anais por sua rudeza estilística, Robortello os repropunha sub-repticiamente como quadro cronológico de uma história antiquária que deveria ter começado desde os mais remotos tempos. Essa reabilitação dos anais, avançada de modo hesitante, encontrou um desenvolvimento imprevisto no ambiente de Pádua, teatro da polêmica entre Robortello e Sigonio.

Segundo uma definição tradicional, os anais se configuravam como uma espécie de gênero intermediário entre história e estudos da Antiguidade.[44] O gramático Verrio Flaco, citado por Aulo Gélio (*Noites áticas*, V, 18), afirmava: "Alguns julgam que a 'História' difere dos 'Anais' porque, embora ambos sejam a narração de grandes feitos, a 'História', todavia, é propriamente a narração dos feitos em meio aos quais se encontrou aquele que narra".[45] Essa distinção (sobre a qual Flacco alimentava dúvidas) ecoa vários séculos depois na grande obra enciclopédica de Isidoro de Sevilha (*Etymologiae*, I, 44): "A 'História' diz respeito aos tempos que vimos; os 'Anais', porém, dizem respeito aos anos que nossa época não viu".[46] Naturalmente, a história era considerada um gênero muito mais complexo do que os anais. Como escreveu Gélio, apoiando-se na autoridade de Sempronio Asellio, a história mostra não só o que havia acontecido mas também "com que intenção e por qual razão [*quo consilio quaque ratione*]" teria acontecido.

Essas definições devem ser consideradas ao se avaliarem as implicações polêmicas da tese proposta por Sperone Speroni (1500-88) no inacabado *Dialogo della Istoria* [Diálogo da História]: um texto no qual ele trabalhou intensamente até a morte.[47] O diálogo, em duas partes, consiste numa discussão, que se imagina ocorrida em Roma, entre o erudito Paolo Manuzio, filho do famoso editor veneziano; Silvio Antoniano, desde 1568 secretário do colégio cardinalício; e Girolamo Zabarella, oriundo de Pádua.[48] Na primeira parte, Zabarella se refere ao conteúdo de um "livreto" inédito (hoje ilocalizável) de Pomponazzi sobre a história. Não se tratava de uma "obra inteira e distinta, como são as outras publicadas por esse autor, mas antes um comentário".[49] Pomponazzi tinha dado o "livreto" para ser transcrito por um discípulo seu, que na época estaria com 21 ou 22 anos; esse discípulo, que continuava a viver em Pádua, "velho de mais de 86 anos", tinha dado a própria cópia a Zabarella. O discípulo era, naturalmente, o próprio Speroni, e o "livreto" de Pomponazzi teria sido escrito em 1520 ou 1521.[50]

A tese de Peretto (assim era chamado familiarmente Pomponazzi) era simples. Derrubando a opinião depreciativa que vinha da época de Cícero, Peretto afirmava que os anais, embora estilisticamente rudes, valem mais do que a história, da qual são o fundamento. Na penúltima redação da primeira parte do *Dialogo della Istoria*, Speroni deu amplo espaço, por meio das palavras de Girolamo Zabarella, aos argumentos de seu antigo mestre. Embora os "anais não estejam no mundo senão aos pedaços, como as estátuas dos cidadãos, e os arcos e templos da cidade", observou Zabarella, "é bom conhecê-los e discuti-los para ensiná-los, para que nada seja perdido". As narrações contidas nos anais "são, segundo o parecer do meu livreto, as mais fiéis, e mais úteis e mais honradas [...] que pode anotar a mão humana. Digo a mão, e não a indústria, ou o engenho, para significar que tão simples são os seus fatos, e puros, e claros, e abertos, que mais pareceriam ter sido escritos do que proferidos ou pensados".[51]

Simples, puros, claros, abertos: por meio de Zabarella, seu porta-voz, Speroni expressava sua franca hostilidade à retórica e aos seus ornamentos. Em outro texto, o *Dialogo secondo sopra Virgilio* [Segundo diálogo sobre Virgílio], Speroni atribuía a mesma intolerância ao filósofo aristotélico Pietro Trapolino (Trapolin). Depois de afirmar que "a *Eneida* é história por sua natureza, mas tem bastante de poesia", Trapolin esclarecia que "as décadas de Tito Lívio são decerto história, embora, pelas muitas orações que há ali dentro a inchá-las, infelizmente cheirem a retórica e às suas causas".[52] Nessa estocada que Speroni, oriundo de Pádua, dá à glória da cidade, por intermédio de Trapolino, também oriundo de Pádua, mestre e depois colega de Pomponazzi, reconhecemos mais uma vez a tese da superioridade dos anais exposta no "livreto" deste último.[53]

Mas outros trechos dos textos de Speroni demonstram uma atitude mais flexível.[54] No *Dialogo della Istoria* Silvio Antoniano intervém na discussão sobre ser ou não permitido incluir discursos ficcionais numa obra de história, e propõe uma solução de compromisso. É preciso consentir ao bom historiador, "para deleitar os leitores", a possibilidade de "ornar o verdadeiro com algum acréscimo: da mesma forma que nas construções de palácios nas estradas se adorna o mármore com entalhes e o interior com pinturas; e essas duas obras não são trabalho daquele que constrói, mas de pintores e de escultores".[55] Discursos ficcionais de chefes de exércitos ou a respeito de conspirações são aceitáveis como ornamentos, mas com uma condição: que sejam indicados como discursos diretos. Se, ao contrário, o historiador "o faz em seu nome com uma narração oblíqua, parece que afirma por ser experiente, como parte de história, aquilo que não sabe, não tendo estado presente, e a apresenta naquele ponto tendo tido que fazer mais do que enfiar palavrinhas, para referi-las a quem as escreveu".[56]

Quando comparava as orações dos historiadores às pinturas que adornavam os palácios, Speroni talvez estivesse pensando nos afrescos pintados vinte anos antes por Paolo Veronese para a Villa Barbaro construída em Maser por Palladio. Diante das imagens de Veronese, que por um segundo enganam o olhar do espectador com sua esplêndida e ilusória evidência, Speroni poderia ter evocado a *enargeia*, a vividez da retórica antiga (ilustração 1). Mas

1. Paolo Veronese, afrescos da Villa Maser: menina que abre a porta.

quanto às obras de história, a indulgência de Speroni com os ornamentos tinha limites bem precisos. Uma ilusão duradoura, um discurso indireto que tivesse sido apresentado como autêntico teria violado o dever do historiador com a verdade.

Essa atitude intolerante combinava com as ideias propugnadas por Pomponazzi na memorável discussão com o humanista grego Lascaris que se lê em outro texto, o *Dialogo delle lingue* [Diálogo das línguas].[57] Um dos interlocutores do *Dialogo della Istoria*, Paolo Manuzio, ressaltou: "Gostava muito o Peretto (segundo se diz) da verdade simplesmente descrita, sem pôr o espírito na latinidade da língua: e porém sempre lia o texto do seu Aristóteles traduzido antigamente, pouco se preocupando com as elegantes traduções dos professores das duas línguas, que imitavam Cícero; e assim talvez tenha vindo a afeição que, parece, tem pelos anais...".[58]

E, voltando-se para Zabarella, concluía: "Sutilmente vós assemelhastes a verdade dos anais às premissas do silogismo e aos princípios das ciências, e a verdade das histórias particulares, que são dependentes dos anais, às conclusões silogizadas...".[59]

A originalidade provocante da exaltação aos anais como núcleo da historiografia não escapou a Alvise Mocenigo, amigo íntimo de Speroni, que estava transcrevendo a penúltima versão do *Dialogo della Istoria*. "Sei claramente", comentou Mocenigo, "que a história que serve às operações não é outra coisa senão os anais; que as outras são à glória de quem escreve isso para a utilidade de quem o lê; e sem isso se caminharia muito às cegas nas deliberações, pois nelas, assim como nas outras coisas, o bom princípio se adquire na experiência, a qual é fundada nos anais, que são sua memória, e guia para a consideração do futuro."[60]

Num ambiente que conhecera o ensinamento e os textos de Robortello, as ideias de Pomponazzi sobre a história eram acolhidas sem maiores dificuldades. Só uma redescoberta do "livreto" perdido permitiria reinserir essas ideias no contexto em que tinham sido pensadas. Mas por que Speroni as retomou com quase setenta anos de distância?

A resposta a essa pergunta está provavelmente na presença, entre os personagens do *Dialogo della Istoria*, de Silvio Antoniano, secretário do colégio cardinalício desde 1568 e vice-reitor da Sapienza. No momento em que o velhíssimo Speroni exaltava, por meio do "livreto" de Pomponazzi, a superioridade dos anais sobre a história, Silvio Antoniano recebia de Cesare Baronio o primeiro volume dos *Annales Ecclesiastici* [Anais eclesiásticos], apenas terminado, para que o visse e aprovasse antes da publicação (1588). Não se pode tratar de um acaso. Sperone Speroni retomava os temas e os termos da antiga batalha travada por Pomponazzi pela verdade das coisas contra os ornamentos verbais, e tornava a propô-los num contexto totalmente diferente: pondo-os a serviço do grandioso empreendimento erudito antiprotestante, nascido no ambiente do Oratório de são Filipe Neri, com o qual tanto Baronio como Antoniano tinham relações muito estreitas.[61]

10. Anais e história, como se vê, eram considerados tradicionalmente gêneros literários muito diferentes. Os anais, orientados para a reconstituição de acontecimentos mais remotos, eram tidos como mais próximos da erudição do que da retórica. De início Baronio pensara em escrever uma *Historia ecclesiastica controversa* [História eclesiástica controversa]: título que, tudo indica, pressupunha uma obra muito diferente da realizada em seguida.[62] A decisão de se orientar para o gênero analítico certamente fora ditada pela vontade de confrontar no terreno dos fatos a historiografia protestante dos historiadores das centúrias de Magdeburgo. Mas essa escolha foi depois justificada em termos propria-

mente religiosos, e não só de controvérsia. Na introdução geral ao primeiro tomo dos *Annales Ecclesiastici*, publicado em 1588, Baronio declarou que queria evitar o costume pagão (na verdade, não só pagão) de inserir longos discursos fictícios, entremeados de ornamentos retóricos. Ele desejara, na verdade, obedecer à injunção de Cristo: "Seja ao invés o vosso falar: sim sim; não não; o que passa disso vem do mal" [*Sit autem sermo vester: Est est; non non; quod autem his abundantius est, a malo est*] (Mt, 5, 37).[63]

A tensão entre religião e retórica e a tentativa de superá-la apresentaram-se muitas vezes na história do cristianismo: basta pensar na famosa carta em que são Jerônimo contou ter sonhado com Jesus vestido de juiz, condenando-o à fustigação e recriminando-o por ser mais ciceroniano que cristão.[64] No caso de Baronio, a exclusão dos discursos fictícios, imposta pelo gênero analítico, encaixava-se em atitude antirretórica baseada numa comunicação pobre, despojada, tudo indica que inspirada (ou pelo menos vista com simpatia) por são Filipe Neri, fundador da Congregação do Oratório. A busca da verdade parecia para Baronio incompatível com um discurso plano e estilisticamente homogêneo. Ele dizia ter se abstido o mais possível de comentários, citando as palavras usadas pelas fontes, embora rudes e deselegantes, "*quamvis horridula et incomposita*".[65] A brusca dissonância estilística criada pela inserção de termos tirados de documentos da Antiguidade tardia ou medievais era sublinhada tipograficamente pelas notas. O que escrevi — declarou Baronio — não se baseia nos dizeres de ignorantes [*indoctas fabulas*], mas em testemunhos competentíssimos, facilmente encontráveis nas margens de minhas páginas, sem precisar procurar numa longa lista de autores.[66]

11. As notas na margem, referidas no texto dos *Annales Ecclesiastici* por uma letra minúscula, indicam o início da citação,

introduzida por verbos como *inquit, ait, tradit, dicit, scribit,* e assim por diante. O fim da citação é introduzido em geral por um colchete. O uso de sinais tipográficos na margem esquerda da página (aspas) para indicar as citações vinha sendo feito havia mais de meio século.[67] Mais tardio, se não me engano, foi o uso das notas marginais.[68]

As citações, notas e sinais linguístico-tipográficos que as acompanham podem ser considerados — como procedimentos destinados a comunicar um efeito de verdade — os equivalentes da *enargeia*. Tratava-se, naturalmente, de sinais convencionais: para Sperone Speroni, como se recordará, o discurso direto (que poderíamos imaginar precedido de aspas) anunciava um discurso ficcional. Mas a analogia das funções faz sobressair a diferença dos instrumentos. A *enargeia* era ligada a uma cultura baseada na oralidade e na gestualidade; as citações na margem, as remissões ao texto e os colchetes, a uma cultura dominada pelos gráficos. A *enargeia* queria comunicar a ilusão da presença do passado; as citações sublinham que o passado nos é acessível apenas de modo indireto, mediado.

12. Em 1636 apareceu em Roma o tratado intitulado *Dell'arte historica* [Da arte histórica]. O autor, o jesuíta Agostino Mascardi, polemizava explicitamente com Speroni, afirmando que a busca das causas cabe aos filósofos, não aos historiadores.[69] A perspectiva de Mascardi era predominantemente retórica e estilística. Com grande acuidade ele analisava os processos estilísticos usados pelos historiadores antigos e modernos, entre os quais a *enargeia*, por ele italianizada como "*enargia*", em polêmica com Giulio Cesare Scaligero, e diferente da *energeia*.[70] À atenção pela linguagem que caracterizava os historiadores passados e presentes correspondia um desinteresse pelas fontes, com uma relevante exceção. Mascardi notava que na antiga Grécia não havia "os arquivos, que até hoje são

costume entre nós, e foram em todas as nações veneráveis e sacrossantos, para conservar os escritos, especialmente do público". Mas, mesmo onde existem os arquivos, os historiadores não devem ter ilusões: "Encaminham [...] os Príncipes os seus negócios com sigilo tão grande que penetrar-lhes até o miolo é bem mais trabalhoso do que foi o esclarecimento do enigma formulado pela Esfinge".[71] Em páginas muito vivas, Mascardi, autor de uma obra sobre a conspiração de Gianluigi Fieschi, observava que as manobras dos soberanos não deixam rastro nas correspondências dos embaixadores, ou deixam rastros distorcidos e enganosos.[72] Para Mascardi, a história era substancialmente política. Sobre os *Annales Ecclesiastici* de Baronio, um best-seller europeu que se tornara alvo de críticas ferozes, nem sequer uma palavra. Das pesquisas dos antiquários Mascardi falava com ostentada suficiência, numa passagem que fazia alusão, sem nomeá-lo, ao *Museu cartaceo* de Cassiano dal Pozzo:

> As relíquias dos arcos de Constantino e de Sétimo em Roma, último avanço da voracidade do tempo e do orgulho dos bárbaros; as duas colunas de Trajano e de Antonino, todas com efígies em baixo-relevo, contêm memórias tão belas que todos os antiquários dali copiaram grandes coisas, para enriquecer os seus livros muito eruditos; muitos hábitos militares, muitos instrumentos de guerra, muitos adornos dos triunfos, e sei lá eu, daqueles livros de mármore foram tirados, e para os livros de papel, por comum amestramento, transfundidos. Mas nem mesmo com tal tipo de memórias me propus que isso fosse objeto da arte histórica que componho.[73]

13. O que a "arte histórica" de Mascardi deixara de lado tomou a própria revanche. Graças sobretudo à história eclesiástica e antiquária, a prova documental (*evidence*) impôs-se sobre a *enargeia* (*evidentia in narratione*). Embora não sejam de fato

incompatíveis, nenhum historiador, hoje, pode pensar em se servir da segunda como sucedâneo da primeira.

Mas havia começado rapidamente uma desvalorização sutil da historiografia de base antiga, como mostra um famoso texto de Manuel Crisolora, o erudito grego que se transferiu para a Itália por volta de 1395. Em 1411, depois de ter ido a Roma, ele enviou a Manuel Paleólogo, imperador do Oriente, uma longa epístola comparando Roma, antiga e cristã, e a nova Roma, Constantinopla.[74] Da Roma antiga Crisolora descrevia as ruínas majestosas, entre elas "os troféus e arcos, erigidos em memória daqueles triunfos com seus desfiles solenes, esculpidos com as próprias imagens das guerras, dos prisioneiros, do butim, dos assédios".

Seguia-se uma *ekphrasis* baseada sobretudo no arco de Constantino:

> E ainda é possível ver ali as vítimas sacrificiais, os altares, os dons votivos, as batalhas navais, os combates dos infantes e dos cavaleiros e, pode-se dizer, todo tipo de batalhas, de máquinas de guerra e de armas, e soberanos subjugados, sejam eles medas ou persas ou iberos ou celtas ou assírios, cada um com sua veste, os povos tornados escravos, os generais que sobre eles celebram o triunfo [...]. E é possível recolher tudo isso nas representações como se se tratasse de uma realidade viva, assim como resulta perfeitamente compreensível cada um dos detalhes graças às inscrições ali incisas, a ponto de se poder ver com clareza as armas e os trajes que estavam em uso nos tempos antigos, os sinais distintivos dos cargos, como eram os enfileiramentos, as batalhas...

Assembleias, espetáculos, festas, atividades eram representados "segundo os usos dos vários povos". "Por terem representados alguns", concluía Crisolora, acredita-se que Heródoto e outros historiadores nos tenham prestado um serviço útil, mas nessas obras é possível ver tudo, como se se vivesse de verdade naqueles tempos e entre os diferentes povos, de tal forma são uma historiografia que tudo define de modo simples, aliás, não uma obra histórica [*historian*], mas eu diria quase que a visão direta [*autopsian*] e a presença efetiva [*parousian*] de toda a vida que naqueles tempos se desenrolava em cada lugar.[75]

Da palavra escrita à evocação imediata que torna presente a própria vida: a sequência *ekphrasis-autopsia-parousia* sublinhava a *enargeia* da carta. Muito mais incomum era a contraposição entre Heródoto e as estátuas do arco de Constantino, seguida pelo reconhecimento da superioridade destas sobre aquele.[76] A *ekphrasis*, usada tão frequentemente como instrumento a serviço da historiografia, nesse caso sublinhava o que os historiadores haviam ignorado ou representado de maneira insuficiente. Mas à evocação que torna o passado quase presente seguia-se, na carta de Crisolora, o reconhecimento da inelutável caducidade da força pagã. Vencedores e vencidos sofreram a mesma sorte, "tudo está no pó".[77]

O tema não era novo; nova era a desconfiança na possibilidade de evocar, graças ao virtuosismo retórico, o passado como um todo completo. No seu lugar começava a aflorar a consciência de que nosso conhecimento do passado é inevitavelmente incerto, descontínuo, lacunar: baseado numa massa de fragmentos e de ruínas.

2. A conversão dos judeus de Minorca (417-8)

1. Esta é uma experiência *in corpore nobilissimo*. *The Cult of the Saints* [O culto aos santos], de Peter Brown (1981), é um livro esplêndido: elegante, erudito, cheio de imaginação. Até mesmo as perplexidades que exporei em seguida mostrarão como é profunda minha dívida intelectual para com a obra de Peter Brown.*

No final do quinto capítulo ("*Praesentia*"), Brown ilustra o "poder ideal 'imaculado' [*clean*] agora associado às relíquias dos santos" com um episódio que se seguiu à chegada das relíquias de santo Estêvão a Minorca, em 417. A coexistência pacífica entre judeus e cristãos na cidade de Mahon foi bruscamente interrompida. Surgiu uma série de tensões; os judeus se embarricaram na sinagoga, provendo-se de bastões e pedras. Depois de vários emba-

---

* Agradeço muito a Peter Brown, Sofia Boesch Gajano, Pier Cesare Bori, Augusto Campana e Richard Landes por suas preciosas sugestões. Estas páginas são a tradução, aqui e acolá levemente modificada, de um *paper* lido no congresso *Christendom and its discontents* (Los Angeles, UCLA, 24-26 de janeiro de 1991): ver o volume com o mesmo título, organizado por S. L. Waugh e P. D. Diehl, Cambridge, NY, 1996.

tes os cristãos destruíram toda a sinagoga; em seguida, incitaram os judeus a se converterem. Essas tentativas foram em grande parte coroadas de êxito, ainda que Teodoro, o *defensor civitatis*, o representante mais eminente da comunidade hebraica, por algum tempo tivesse oposto uma obstinada resistência às pressões conjuntas de cristãos e judeus já convertidos. Numa discussão pública sobre questões religiosas, Teodoro quase conseguiu levar a melhor contra o próprio bispo. No final, cedeu. Nessa altura, a última resistência hebraica (que compreendia algumas mulheres) se dissolveu. "Embora se tornando cristãos", escreve Brown, "[os judeus] mantiveram seu pleno estatuto social dentro da comunidade, se bem que submetidos agora ao *patrocinium* supremo de santo Estêvão, e tomaram assento ao lado do bispo como padroeiros cristãos. Assim, longe de ter sido erradicado, o poder 'maculado' [*unclean*] das famílias judias instaladas na ilha foi 'purificado de toda mácula' [*washed clean*] por meio de sua integração à comunidade cristã sob o patrocínio de santo Estêvão."[1]

Brown não nega que "a violência e o temor de uma violência ainda maior desempenharam papel decisivo" nesses acontecimentos. Mas suas observações conclusivas insistem na integração dos judeus e cristãos dentro de uma única comunidade, e não no preço — em termos humanos — pago para alcançá-la. Essa conclusão é preparada pelo uso de analogias negativas: "Tratou-se de algo relativamente menos vergonhoso que um *pogrom* puro e simples"; a chegada de Estêvão "à ilha não foi vista como uma ocasião para 'purgá-la' dos judeus".[2] Anacronismos voluntários como "*pogrom*" ou "purgar" não parecem particularmente inspirados num caso como esse, que é um dos primeiros exemplos de tensão entre judeus e cristãos. Dúvidas ainda maiores levanta a oposição entre poder *clean* e *unclean*, "imaculado" e "maculado", que tem papel crucial na apresentação feita por Brown dos acontecimentos de Minorca. "O leitor deve me perdoar", escreve Brown, "se ao descrever um fato tão sujo [...] eu me limitar a assumir a perspectiva do bispo Severo, nossa única fonte, e falar do *patrocinium* de santo Estêvão como de um poder 'imaculado'." Obviamente, o problema de método levantado por Brown é muito sério. Mas as palavras levemente ambíguas que apenas citei poderiam induzir alguns leitores a entender, erroneamente, que categorias como *clean* e *unclean* derivassem da própria fonte. Trata-se, ao contrário — para usar a terminologia do linguista americano Pike —, de categorias "*etic*" e não "*emic*", inspiradas implicitamente em *Pureza e perigo*, de Mary Douglas, e não na longa carta de Severo sobre os acontecimentos de Minorca.[3] Trata-se de uma escolha totalmente legítima, é claro: embora alguém pudesse, à luz da associação hostil, proposta muito tempo depois, entre judeus e a sujeira, fazer objeção à ideia de englobar pagãos e judeus na categoria de poder *unclean*.[4]

Essas observações sobre como Brown tratou historicamente o episódio de Minorca se destinam a ficar na superfície. Para ir mais a fundo é preciso integrá-las numa análise da fonte em que o próprio Brown se baseou: a carta escrita por Severo, bispo de Minorca, em 418. Essa afirmação deveria ser óbvia, mas não o é. "A história da historiografia sem historiografia", como a definia ironicamente Arnaldo Momigliano, ficou cada vez mais na moda nos dois últimos decênios.[5] Uma separação nítida entre as narrações históricas e o trabalho de pesquisa em que elas se baseiam foi proposta por Benedetto Croce já em 1895.[6] Um século depois, num clima intelectual muito diferente, esse modo de praticar a história da historiografia conhece, por motivos que não tentarei explicar aqui, imensa difusão.

Seus limites (para não dizer seus riscos) são óbvios, como logo ficará evidente no caso a que me refiro, que se baseia numa única fonte documental.[7] Dúvidas sobre a autenticidade da carta de Severo foram levantadas também no passado, como observou

Gabriel Seguí Vidal na edição por ele organizada, em 1937.[8] Mais recentemente, Bernhard Blumenkranz expressou com autoridade, em diversas ocasiões, a opinião de que a carta é um documento falso do século VII (embora a anunciada demonstração detalhada não tenha aparecido até agora).[9] Brown, que não menciona a edição de Seguí Vidal nem as críticas de Blumenkranz, usa uma das duas edições quase idênticas da carta de Severo reproduzidas na *Patrologia latina*, de Migne; ambas são baseadas (com exceção de algumas correções de menor importância) na *editio princeps* fornecida por Baronio nos seus *Annales Ecclesiastici* (1588). Para avaliar como Brown enfrentou os acontecimentos de Minorca, parece ineludível uma discussão sobre a carta de Severo.[10]

Quero logo dizer que Brown estava certíssimo ao aceitar tacitamente sua autenticidade: esta foi demonstrada, além de qualquer dúvida, por alguns testemunhos descobertos não faz muito tempo. Mas uma rápida recapitulação das discussões sobre a autenticidade da carta pode contribuir para esclarecer os acontecimentos nela descritos.

2. Na sua edição, Seguí Vidal observou que o estilo da carta de Severo era perfeitamente compatível com a datação do início do século V.[11] Quase vinte anos depois, num ensaio escrito com J. N. Hillgarth, Seguí introduziu dois argumentos posteriores: 1º) a identificação do *commonitorium*, mencionado por Severo no final da carta, com um tratado pseudoagostiniano, *Altercatio Ecclesiae contra Synagogam*; 2º) algumas escavações arqueológicas que fariam supor que em Minorca existia uma basílica paleocristã de grandes dimensões.[12] Este último argumento, como observou acertadamente J. Vives, não tem nenhum peso numa discussão sobre a data da carta de Severo, que, em todo caso, é provavelmente anterior à basílica.[13] Ademais, a identificação do *commonitorium*

com o *Altercatio*, aceita por Vives, foi rejeitada de modo convincente por Blumenkranz, que demonstrou que o *Altercatio* é um texto mais tardio, datado provavelmente do século x.[14] Segundo Blumenkranz, a carta atribuída a Severo (ele fala francamente de pseudo-Severo) reflete preocupações de um período mais tardio: o episódio do bispo Severo prestes a ser derrotado por Teodoro, por exemplo, aludiria aos riscos associados ao fato de se debater publicamente com os judeus questões religiosas. A essas considerações Blumenkranz acrescentou um argumento (um tanto vago) de ordem linguística: as palavras "*Theodorus in Christum credidit*", gritadas pelos cristãos e mal compreendidas pelos judeus como "Theodoro crê em Cristo", decorreriam de uma homofonia entre o espanhol "*cree*" no imperativo e "*cree*" no indicativo, que seria incompatível com uma época tão distante como o século v.[15]

Século v ou vii? Cracco Ruggini rejeitou, com razão, a data tardia proposta por Blumenkranz, embora tenha dado importância excessiva à documentação arqueológica adotada por Seguí e Hillgarth: um argumento mais que duvidoso, como se viu.[16] Por outro lado, Díaz y Díaz, ao expressar um ceticismo infundado sobre a datação precoce, fez algumas observações importantes.[17] Observou que todos os manuscritos (nove) usados por Seguí Vidal para a sua edição crítica incluem, além da carta de Severo, o chamado *Liber de miraculis Sancti Stephani protomartyris*, que descreve os milagres produzidos pelas relíquias de santo Estêvão numa cidade africana, Uzalis.[18] Os dois textos começam com a mesma citação bíblica (Tb., 12, 7); o segundo cita o primeiro, afirmando (PL 41, 835) que as relíquias do santo tinham sido levadas a Uzalis junto com uma carta escrita por Severo, bispo de Minorca. Na carta, que deveria ter sido lida em voz alta no púlpito, estavam registrados os extraordinários fatos já produzidos por essas relíquias durante a conversão dos judeus de Minorca. Sobre esse ponto, Díaz y Díaz anunciou duas possibilidades: 1ª) a alusão à carta de Severo contida no *Liber de miraculis,* que constitui a única prova exterior da data precoce da carta, é fruto de uma interpolação; 2ª) a própria carta é falsa, construída com base na alusão do *Liber.*[19]

Essas sagazes conjecturas foram desmentidas pela descoberta feita por J. Divjak de um maço de cartas de santo Agostinho e a ele dirigidas. Elas compreendem duas cartas escritas das Baleares por Consenzio (personagem já conhecido como correspondente de Agostinho).[20] Numa delas (12*), Consenzio fala da carta de Severo sobre a conversão dos judeus, pretendendo simplesmente ter tido uma certa responsabilidade na sua redação.[21] Foi salientado, porém, que o estilo simples e direto de Severo é bem diferente daquele de Consenzio.[22]

3. A discussão sobre os dados e a autenticidade da carta de Severo levou a uma conclusão. Toda dúvida restante sobre esses dois pontos surge, a meu ver, de uma atitude hipercrítica.[23] Inversamente, outros problemas estão bem longe de ser resolvidos. Dois ensaios recentes insistem em analisar a carta como se fosse um documento existente, referido a um acontecimento mais ou menos isolado.[24] Essa citação é tudo, menos inútil. Aqui procurarei demonstrar as potencialidades de uma proposição diferente, baseada num conjunto documental mais amplo, relacionado a uma série de acontecimentos mais longa: uma proposição, portanto, que pressupõe a construção (e a reconstrução) de um objeto histórico diferente.

A ligação entre a carta de Severo e o *Liber de miraculis Sancti Stephani* já foi sublinhada por Díaz y Díaz. Os dois textos estão de certo modo ligados à mesma pessoa: Paulo Orósio, autor dos *Historiarum adversus Paganos libri VII*, a primeira história universal escrita de um ponto de vista cristão. As circunstâncias da vida de Orósio explicam suas relações com os dois textos. Depois de ter saído de sua cidade natal, Braga (na época espanhola, hoje portuguesa), Orósio foi à África para encontrar santo Agostinho e tornar-se seu aluno. Agostinho confiava nele a tal ponto que o mandou a Jerusalém (415) para lutar contra Pelágio e suas ideias.[25] Orósio participou do concílio de Dióspolis, que se concluiu com uma vitória de Pelágio. Durante o concílio foram encontradas em Caphar Gamala, não longe de Jerusalém, as relíquias de santo Estêvão, de Gamaliel e de Nicodemos. Um padre, de nome Luciano, que fora guiado a Caphar Gamala por uma série de visões noturnas, ditou, a pedido de um padre de Braga — Avito —, as circunstâncias da extraordinária descoberta. Luciano falava grego, língua que Avito conhecia. Depois de ter preparado uma tradução latina do relato de Luciano (que chegou até nós com o título *De revelatione corporis Sancti Stephani*), Avito a entregou, junto com algumas relíquias de santo Estêvão, ao seu conterrâneo Orósio, que deveria entregar tudo isso a Palcônio, bispo de Braga.[26] Em 416 Orósio deixou Jerusalém para cumprir sua preciosa missão e, depois de ter feito escala na África, foi para Minorca com a intenção de chegar à Espanha. As coisas se passaram de outro modo. Na sua carta, escrita no início de 418,[27] Severo fala de um padre vindo de Jerusalém que, não conseguindo chegar à Espanha, depois de algum tempo mudou de ideia e voltou para a África, deixando em Minorca, "por inspiração divina", alguns fragmentos do corpo de santo Estêvão. Há muito tempo esse padre anônimo foi identificado com Orósio. Não sabemos o que o convenceu a renunciar a seu projeto inicial: se as tempestades da estação de inverno, se as naves dos vândalos ou as duas coisas. Em todo caso, podemos dar fé à passagem do *Liber de miraculis Sancti Stephani* que menciona a carta de Severo. O inominado indivíduo que levou a carta a Uzalis, junto com alguns fragmentos do tesouro — aparentemente inexaurível — constituído pelas relíquias de santo Estêvão, era sem dúvida Orósio. As *Historiae adversus Paganos*, publicadas provavelmente no mesmo ano de 418, mostram que, assim como seu mestre Agostinho, Orósio rejeitava a perspectiva apocalíptica em que Severo, no final da carta, inserira a conversão dos judeus de Minorca.[28]

4. Nesta altura, seria possível pensar que o protagonista de toda a história seja Orósio. Na verdade, ele foi simplesmente um intermediário, embora importante. O verdadeiro protagonista é Estêvão. A chegada de suas relíquias à África desencadeou uma série de milagres, devidamente registrados alguns anos depois no *Liber de miraculis Sancti Stephani Protomartyris* [Livro dos milagres de santo Estêvão protomártir], escrito por iniciativa de Evódio, bispo de Uzalis. Desde jovem Evódio fora um dos discípulos mais próximos de santo Agostinho.[29] No passado Agostinho expressara um franco ceticismo a respeito dos milagres. Não reagira nem mesmo à descoberta das relíquias de dois mártires desconhecidos, Gervásio e Protásio, feita em Milão em 386, e imediatamente explorada por santo Ambrósio como uma arma simbólica na luta contra os arianos.[30] No tratado *Da verdadeira religião* (389-91), Agostinho explicara que, dada a difusão da fé cristã, os milagres tinham se tornado impossíveis: ao contrário, as pessoas desejariam apenas bens materiais.[31] O título do capítulo VIII do último livro (XXII) da *Cidade de Deus*, escrito em 425, soa como uma retratação a essas afirmações e ao mesmo tempo indica uma verdadeira guinada na história do culto aos santos: *De miraculis, quae ut mundus in Christum crederet facta sunt et fieri mundo credente non desinunt* ("Sobre os milagres, que foram feitos para que o mundo acreditasse em Cristo, e que são feitos até hoje embora o mundo creia Nele"). O culto às relíquias dos mártires era difundido na África: o concílio de Cartago (398) tinha tentado controlá-lo de alguma maneira, ordenando a destruição de todos os altares supersticiosos ou ilegítimos.[32] Mas a mudança de posição de Agostinho se ligava especificamente, como mostrou Victor Saxer, à onda de milagres relacionados com o lugar

de culto (*memoria*) de santo Estêvão em Uzalis.[33] Por que santo Estêvão era tão importante? Porque era o protomártir, naturalmente; sua paixão havia ecoado a paixão de Cristo. Mas uma análise da extraordinária descoberta de suas relíquias faz surgir outros elementos. Partimos do ano de 418 (data da carta de Severo); depois, avançamos no tempo. Agora voltamos atrás, ao ano de 415.

5. A descoberta das relíquias de santo Estêvão ocorreu no momento certo e no lugar certo: a observação foi feita por um estudioso eminente como Saxer, sem dúvida insuspeito de anticlericalismo militante.[34] O acontecimento reforçou o prestígio de um homem que sem dúvida teve grande papel nisso: João II, bispo de Jerusalém. Num ensaio recente, Michael van Esbroeck afirmou que certos cultos ativamente apoiados por João II — a começar pelo culto a santo Estêvão, de especial relevância — fazem pensar numa política religiosa coerente, voltada de modo deliberado aos grupos judaico-cristãos.[35] Trata-se de uma sugestão importante: mas Van Esbroeck não deu atenção às conotações polêmicas, para não dizer agressivas, do acontecimento em questão. A descoberta dos túmulos de Nicodemos e Gamaliel, que sugeria uma continuidade entre o Velho e o Novo Testamento, tinha sido mais que contrabalançada pela descoberta das relíquias de santo Estêvão, o protomártir, o primeiro homem que "lutou pelo Senhor contra os judeus" (*primum adversus Judeos dominica bella bellavit*).[36] Essas palavras, incluídas nas duas versões de *De revelatione corporis Sancti Stephani*, são eloquentes.[37] Contiguidade religiosa e competição religiosa andavam lado a lado. Como Marcel Simon mostrou no seu grande livro, a pretensão dos cristãos a serem o *verus Israël* tinha implicações ambivalentes e potencialmente trágicas.[38]

Essas tensões transparecem por trás da descoberta das relíquias de santo Estêvão. Mesmo os estudiosos que sublinharam que a descoberta ocorrera no momento certo não deram importância (pelo menos no que me interessa) ao elemento que vou mencionar. No dia 20 de outubro de 415 o imperador tirou de Gamaliel VI, patriarca de Jerusalém, o título que tradicionalmente lhe cabia de *praefectus honorarius*. A supressão do título era motivada, significativamente, pelo proselitismo judeu, expresso na construção de novas sinagogas e na circuncisão de cristãos e gentios.[39] Aos olhos dos judeus da Palestina e da diáspora, o patriarca era a autoridade máxima política e espiritual; Orígenes o definira como uma espécie de monarca dos judeus.

A supressão da *praefectura honoraria* levaria, alguns anos mais tarde, ao desaparecimento do patriarcado.[40] Mas o enfraquecimento da posição dos judeus na época dos imperadores cristãos ficou evidente, a menos de dois meses de distância, com outro golpe simbólico: o inesperado ressurgimento das relíquias de santo Estêvão, anunciadas pelas visões de Luciano no início de dezembro de 415.

6. Que elas devessem reaparecer mais cedo ou mais tarde, parece, retrospectivamente, óbvio. Para justificar essa afirmação é necessário dar outro passo atrás, indo até os conhecidos sermões contra os cristãos judaizantes, pronunciados por são João Crisóstomo em Antioquia, em 385-6.[41] A complexa realidade religosa que eles pressupõem é analisada num ensaio magistral de Marcel Simon.[42] Tanto os judeus como os cristãos, por exemplo, honravam com um culto fervoroso as relíquias dos sete macabeus e de sua mãe, que estavam conservadas (assim se acreditava) numa sinagoga de Antioquia. Em torno de 380 a sinagoga foi expugnada à força e transformada em igreja cristã. Esse gesto (que não tinha nada de excepcional)[43] mostra as implicações ambivalentes da fórmula *verus Israël*. O desejo de sublinhar a continuidade entre o Velho e o Novo Testamento podia inspirar tanto a inclusão dos macabeus no calen-

dário religioso de Antioquia como a conquista violenta do lugar sagrado em que estavam conservadas suas relíquias.[44]

O culto aos irmãos macabeus e à mãe deles não era vivo apenas em Antioquia. Em 338, como se aprende numa carta de santo Ambrósio, em Calinicon, na margem esquerda do Eufrates, alguns hereges atacaram um grupo de monges que, "segundo uma antiga tradição", cantavam salmos enquanto iam a um santuário dos macabeus. Por motivos que ignoramos, até mesmo nesse caso a sinagoga local foi destruída pelos próprios monges, inspirados pelo bispo (*auctore episcopo*).[45] Um culto tão difundido, partilhado por judeus e cristãos, tinha, sem dúvida, raízes profundas. Identificou-se o modelo de 2 Macabeus 7 na descrição de Blandina, a mártir cristã morta em Lyon em 177.[46] Supôs-se que a própria noção de martírio derivasse, em última análise, da história dos sete irmãos judeus e de sua mãe, torturados e mortos porque se recusaram a comer carne de porco.[47]

Já foram mencionadas algumas tentativas de cristianizar o culto desses protomártires judeus. O novo equilíbrio de poder, surgido entre o final do século IV e o início do século V, levou à descoberta das relíquias do protomártir cristão, que segundo a tradição tinha sido morto pelos judeus. Estêvão contra os macabeus.[48] Em Minorca as tensões geradas pela chegada das relíquias de santo Estêvão desencadearam uma verdadeira luta: "Assim, os Judeus", escreveu Severo em sua carta, "encorajando-se a si mesmos com os exemplos dos tempos dos Macabeus, também desejavam a morte em defesa de sua lei".[49]

7. Até agora falei de um estereótipo hagiográfico ligado a um nome: Estêvão. Poderia dar mais um passo, procurando isolar, com base nos Atos, 6-8, o Estêvão historiador e sua posição diante da tradição hebraica.[50] Naturalmente, falta-me a competência para

uma tentativa do gênero. Mas a documentação que recolhi mostra, se não me engano, que a posição fortemente ambivalente dos cristãos diante dos judeus teve um peso decisivo no surgimento do culto aos santos cristãos. As violências religiosas que ocorreram em Minorca são apenas um episódio de uma história muito mais longa, em que santo Estêvão, ou pelo menos as suas relíquias, desempenhou inevitavelmente um papel antijudeu.[51]

Trata-se de um papel tão óbvio que Peter Brown, nas páginas das quais parti, nem sequer o mencionou. Esse silêncio me parece significativo, porque está ligado a uma tendência mais ampla de deixar em surdina tensões, divisões, oposições (de todo tipo: sociais, culturais, religiosas). Num fragmento de autobiografia intelectual, Brown observou (com uma ponta de autocrítica) que a antropologia funcionalista britânica teve "tendência a isolar o homem santo [...] do mundo dos valores compartilhados em que ele agia como um exemplo".[52] Brown prefere insistir, em vez disso, nos elementos compartilhados por uma comunidade inteira. Quanto à crítica — formulada no primeiro capítulo de *Cult of the Saints* — feita ao espírito mais ou menos abertamente paternalista com que amiúde se estudou a história religiosa dos grupos não alfabetizados, estou totalmente de acordo. Muito mais discutível me parece a passagem tácita, feita por Brown, desse tipo de crítica a uma recusa daquilo que ele define como "modelo em dois planos" (*two-tier model*) — ou seja, de qualquer afirmação que pressuponha a existência de dicotomias culturais e religiosas.

Cult of the Saints é um livro insubstituível. Mas o modo como enfrenta (ou não) a dicotomia hebraico-cristã me parece difícil de aceitar.*

---

* Sobre o tema discutido aqui ver a ampla resenha crítica de I. Amengual i Battle, "Consentius/Severus de Minorca. Vint-i-cinc anys d'estudis, 1975-2000", in *Arxin de Textos Catalans Antics*, 20 (2001), pp. 599-700.

3. Montaigne, os canibais e as grutas*

1. Há figuras do passado que o tempo aproxima em vez de afastar. Montaigne é uma delas. Somos irresistivelmente atraídos pela sua abertura nas relações com as culturas distantes, pela sua curiosidade diante da multiplicidade e diversidade das vidas humanas, pelo diálogo cúmplice e implacável que ele entretém consigo mesmo. Esses traços aparentemente contraditórios tornam-no próximo de nós. Mas é uma impressão enganadora: Montaigne escapa de nós. Devemos tentar aproximar-nos dele partindo das suas categorias, não das nossas.

Isso não significa interpretar Montaigne por meio de Montaigne: perspectiva discutível e em última análise estéril. Seguirei um caminho diferente. Tentarei ler o ensaio "Os canibais", partindo dos elementos localizáveis, direta ou indiretamente, no texto. Seguirei um percurso tortuoso, que aqui e ali parecerá ecoar

---

* Este é o texto, modificado aqui e acolá, da Alan Marre Maccabeans Centenary Lecture, apresentada em novembro de 1993 na University College de Londres. Sou muito grato a Samuel R. Gilbert por suas observações.

as digressões tão caras a Montaigne. Procurarei mostrar como esses contextos agiram no texto, plasmando-o, ou seja, como vínculos e desafios.

2. O primeiro contexto, a um só tempo literal e metafórico, é constituído naturalmente pelo livro que inclui "Os canibais": os *Ensaios*. Existe uma relação entre partes e todo em todos os ensaios de Montaigne (e em todos os livros), mas nesse caso isso tem um significado especial. E logo se entende qual é, partindo das palavras que o autor dirige ao leitor ao apresentar seu livro: "Se o tivesse escrito para procurar o favor do mundo eu teria me ornado de belezas emprestadas ou teria me apresentado com minha melhor pose. Quero que me vejam aqui no meu modo de ser simples, natural e ordinário, sem afetação nem artifício: é a mim mesmo que pinto".

Mas essa decisão de representar os próprios "defeitos ao vivo" e a própria "forma natural" supôs um acerto de contas, explica Montaigne, com o "respeito público". Ao apresentar ao leitor o resultado desse compromisso — o livro —, Montaigne manifesta sua nostalgia por "aquelas nações que, diz-se, ainda vivem na doce liberdade das primeiras leis da natureza". Se vivesse entre aquela gente, conclui, "garanto que de bom grado teria me pintado por inteiro e todo nu".[1]

No início do livro encontramos os selvagens brasileiros, que ressurgirão no ensaio "Os canibais". A nudez deles remete a dois temas fundamentais, estreitamente ligados: de um lado, a oposição entre *coustume* e *nature*; de outro, o propósito do autor de falar de si mesmo da maneira mais direta, mais imediata, mais verdadeira possível. Que se fale de selvagens nus e de verdade nua, não há nada de surpreendente. Mas a convergência dos dois temas pressupõe um elo intermediário ligado a uma das ideias mais audaciosas de

Montaigne: a identificação do costume ou tradição (*coustume*) com o artifício. As roupas, lê-se no ensaio "O uso de vestir-se" (I, XXXVI), mostram que estamos distanciados da lei da natureza, da "ordem geral do mundo, no qual não pode existir nada de contrafeito".[2] A nudez era o uso "originário dos homens": palavras que esclarecem a alusão já feita à ausência de constrangimentos que marcava a idade de ouro: a "doce liberdade das primeiras leis da natureza".[3] Encontramos antecipadas e de forma concisa algumas das ideias fundamentais que serão desenvolvidas nos *Ensaios*.[4]

Mas quão difundida era então a ligação entre idade de ouro, nudez e liberdade diante dos constrangimentos da civilidade? Aqui vemos aflorar outro contexto possível. Esses três motivos convergem num famoso trecho de "Aminta", o poema pastoral de Tasso: aquele que Montaigne considerava "um homem dos mais penetrantes, engenhosos e conformes ao espírito da antiga e pura poesia que houve por muito tempo entre os poetas italianos".[5] O coro que fecha o primeiro ato de *Aminta* é uma evocação impregnada de nostalgia da idade de ouro e das ninfas despidas que a povoavam: uma época em que o prazer erótico não era posto sob o peso da honra, "aquele vão/ nome sem sujeito".[6] Ocorre que Pierre de Brach, conselheiro do Parlamento de Bordeaux e autor da primeira tradução francesa de *Aminta* (1584), era amigo de Montaigne.[7] Mas a eventualidade de que Montaigne, que sabia muitíssimo bem o italiano, ecoasse os versos de Tasso nas palavras dirigidas a seu leitor deve, francamente, ser excluída. A primeira edição dos *Ensaios* de Montaigne (que já continha aquela página) apareceu no verão de 1580, poucos meses depois da publicação da primeira edição de *Aminta*.[8] Na segunda edição dos *Ensaios* (1582) Montaigne inseriu a comovida alusão ao encontro com Tasso, recluso como louco no hospital de Sant'Anna, em Ferrara.[9]

Montaigne não podia ter lido *Aminta* por motivos cronológicos; Tasso, que lia mal francês, não pôde ler os *Ensaios* por motivos linguísticos ou cronológicos. As analogias entre os dois textos levam, portanto, a um tema difuso — o que fica demonstrado numa página de *La métamorphose d'Ovide figurée*, adaptação em versos franceses das *Metamorfoses* de Ovídio, publicada em Lyon em 1557. O gravador, Bernard Salomon, vulgo "o Pequeno Salomon", representou a idade de ouro como o triunfo da nudez e do amor livre: naquele tempo, explica a didascália, "sem lei, sem força nem constrangimentos/ se mantinham a fé, o direito e a honra" (*sans loy, force, ou contrainte/ On meintenoit la foy, le droit, l'honneur*)[10] (ilustração 2).

O tom é menos agressivo, mas beiramos a denúncia da honra, por parte de Tasso, e a saudade de Montaigne da "doce liberdade das primeiras leis da natureza".[11] Mas *La métamorphose d'Ovide figurée* nos remete a Montaigne também de outro ponto de vista. A representação da idade de ouro é emoldurada de grotescos, esses motivos decorativos que viraram moda no final do século XV, depois da descoberta dos afrescos que decoravam as grutas de Domus Aurea.[12] Numa passagem famosa Montaigne comparou seus ensaios a "grotescos, que são pinturas fantásticas, os quais não têm outro mérito além da sua variedade e estranheza. O que são também estes, na verdade, se não grotescos e corpos monstruosos, postos juntos como membros diversos, sem uma figura determinada, sem outra ordem nem ligação nem proporção senão casual?".[13]

As gravuras que acompanhavam *La métamorphose d'Ovide figurée* contribuíram para difundir na França esse tipo de decoração. Uma série de afrescos executados em meados do século XVI no castelo de Villeneuve-Lembrun, perto de Puy-de-Dôme, se baseava justamente nas gravuras de Bernard Salomon.[14] Podemos considerar essas ilustrações, que Montaigne poderia ter conhecido,

2. Bernard Salomon, gravura para La métamorphose d'Ovide figurée, *Lyon*, 1557.

como um paralelo visível e um contexto do trecho que acabamos de citar.

A comparação com os grotescos tinha um duplo significado, negativo e positivo. De um lado, assinalava aquilo que os ensaios não eram: "Sem uma figura determinada, sem outra ordem nem ligação nem proporção senão casual". De outro, o que eram: "pinturas fantásticas", "corpos monstruosos". Na opinião falsamente modesta de Montaigne se percebe o narcisismo cúmplice que seus leitores conhecem bem: "Não têm outro mérito além de sua variedade e estranheza". Jean Céard demonstrou que palavras como "variedade", "estranheza", "monstro" tinham para Montaigne uma conotação positiva.[15] Mas sobre suas implicações estéticas devemos acrescentar algo mais.

3. Montaigne tinha verdadeira paixão pela poesia. Pensou-se, a partir do *Journal de voyage en Italie* [Diário de viagem à Itália], que as artes visuais o interessassem pouco. Decerto, não encontraremos no *Journal* comentários sobre a Sistina ou sobre a *Santa Ceia* de Leonardo. Mas isso prova simplesmente que Montaigne (que, aliás, não anotava tudo o que via) viajava sem ter no bolso um desses guias dos séculos XVIII ou XIX. Na verdade, as passagens do *Journal* dedicadas às vilas de Patrolino, de Castello, de Bagnaia e de Caprarola demonstram um interesse bem preciso, sobretudo pelos jardins, fontes e grutas.[16] Nas suas descrições Montaigne se abstém de termos técnicos: o que nos espanta, quando se pensa na sua alusão irônica aos "nossos arquitetos" que se enchem "daquelas grandes palavras como pilastras, arquitraves, cornijas, construção coríntia e dórica, e outras semelhantes" ao se referirem aos "míseros pedaços da porta da minha cozinha".[17]

André Chastel escreveu que esse trecho "mostra, acima de tudo, que Montaigne tinha mais familiaridade com autores antigos como

Sêneca ou Cícero do que com Vitrúvio".[18] É uma afirmação pouco convincente. É provável que Montaigne conhecesse a descrição dos primeiros tempos rudes e brutais do gênero humano, que se lê em *De Architectura* [Da arquitetura], de Vitrúvio. Além do original latino, reimpresso muitas vezes, Montaigne pode ter visto a tradução francesa organizada em 1547 por Jean Martin, baseada por sua vez na tradução italiana de Cesare Cesariano (Como, 1521). No comentário sobre a passagem de Vitrúvio a respeito da descoberta do fogo, Cesariano identificou os trabalhosos primeiros tempos do gênero humano com a idade do ouro (*aurea aetas*) e comparou os primeiros homens aos habitantes das terras recém-descobertas da Ásia meridional, que, como se aprendera com os viajantes portugueses e espanhóis, ainda viviam nas cavernas.[19] (ilustração 3).

No ensaio sobre os canibais, os selvagens brasileiros são descritos como primitivos e, ao mesmo tempo, próximos das populações da idade de ouro. Impossível dizer se Montaigne se inspirou nos comentários sobre Vitrúvio. Mas o que importa é outro ponto. A frase irônica de Montaigne sobre o jargão dos arquitetos modernos não implicava de fato uma falta de interesse pela arquitetura. O *Journal de voyage en Italie* demonstra o contrário.

Eis como Montaigne descreveu a Villa Medici em Pratolino, perto de Florença:

> De extraordinário há uma gruta feita de muitos nichos e salas, e esta supera tudo o que jamais tivemos ocasião de ver. É incrustada e toda feita de um material que dizem extraído de certas montanhas, e mantida firme com pregos invisíveis. Com a ação da água não só se criam músicas e harmonias, mas se dão variados movimentos de muitas estátuas e portas, de muitos animais que mergulham para beber, e coisas semelhantes [...] É impossível descrever minuciosamente a beleza e a magnificência desse lugar.[20]

3. *De Vitrúvio,* De architectura, *com comentário de Cesare Cesariano, Como, 1521.*

A fonte, construída por Bernardo Buontalenti, foi destruída. Podemos ter uma ideia de como era graças a outra gruta, do mesmo Buontalenti, ainda visível no jardim florentino de Boboli. Buontalenti continuou a construção da fachada da gruta, iniciada por Vasari, em 1583, dois anos depois da viagem de Montaigne à Itália, e a concluiu em 1593. Em 1585 ali se instalaram os dois *Prisioneiros* de Michelangelo, hoje substituídos por cópias.[21] Na Itália a moda das grutas começara alguns decênios antes. Em 1543 Claudio Tolomei descreveu as grutas que o senhor Agapito Bellomo mandara construir na sua vila romana, e falou do

engenhoso artifício recém-encontrado de fazer as fontes, que se vê usado em vários lugares de Roma. Onde, misturando a arte com a natureza, não se sabe distinguir se ela é obra desta ou daquela, ou ao contrário outra coisa, ora parece um natural artifício, ora uma artificiosa natureza: de tal modo se engenham nestes tempos a fazer semelhante a uma fonte, que ela parece feita pela própria natureza, não com descuido mas com arte e maestria. A essas obras conferem muito ornamento e beleza essas pedras esponjosas que nascem em Tívoli, e que, sendo formadas de água, retornam, como por elas feitas, a serviço das águas; e as adornam muito mais com sua variedade e formosura na medida em que não tinham recebido ornamento delas...[22]

O elogio de Tolomei aos dispositivos caracterizados por "um natural artifício ora [...] uma artificiosa natureza" fazem pensar imediatamente no entusiasmo de Montaigne pela gruta de Pratolino.[23] É uma convergência inspirada por um gosto comum: o que foi brilhantemente analisado há muitos anos por Ernst Kris.[24] Estudando os moldes *d'après nature* de dois escultores do século XVI tardio, o alemão Wenzel Jamnitzer e o francês Bernard Palissy, Kris os interpretou como manifestações de uma forma de naturalismo extremo que ele definiu como *style rustique*. Entre os exemplos desse estilo Kris citou os jardins e grutas toscanos tão apreciados por Montaigne.[25]

Pesquisas mais recentes mostraram que esse estilo "rústico" fora precocemente difundido na França por Sebastiano Serlio, famoso arquiteto e teórico da arquitetura. No quarto volume de seu divulgadíssimo *Libro di architettura* [Livro de arquitetura], publicado em 1537, Serlio identificou a ordem toscana (a que Vitrúvio fizera uma rápida alusão) com a ordem rústica, citando como exemplo dessa "mistura" de ordens o "belíssimo" Palazzo Te: a residência de campo dos Gonzaga, então situada perto de Mântua, e construída poucos anos antes por Giulio Romano.[26] Serlio louvou sobretudo o uso que Giulio Romano fizera da pedra bruta e da pedra polida na fachada do Palazzo Te, fazendo-a parecer "parte obra da natureza e parte obra de artífice".[27]

Poucos anos depois Serlio encontrou um novo protetor em Francisco I e trocou definitivamente a Itália pela França. Em 1551 publicou em Lyon um livro dedicado quase inteiramente ao "estilo rústico": *Libro estraordinario, nel quale si dimonstrano trenta porte di opera rustica mista com diversi ordini.*[28] Na introdução, Serlio se desculpou com os seguidores (presumivelmente italianos) de Vitrúvio, do qual se afastara "não muito", dando a entender que as transgressões por ele cometidas eram ditadas pelo desejo de agradar ao gosto francês ("atentai ao país onde estou").[29] Talvez a justificativa de Serlio tivesse um grão de verdade. A distância física da arquitetura romana e da sua sufocante herança poderia ter tido sobre ele um efeito libertador. Decerto, tanto os edifícios construídos por Serlio em Fontainebleau (hoje, na maior parte destruídos), como seu tratado de arquitetura contribuíram para a difusão de um estilo que desenvolvia algumas das ideias mais audaciosas de Giulio Romano. Um texto como *Architecture et Ordonnance de la grotte rustique de Monseigneur le duc de Montmorency connestable de France,* publicado por Bernard Palissy em

1563, testemunha a profunda influência exercida por Serlio na arquitetura francesa. Para fazer o leitor entender a *monstruosité* que caracterizava uma das grutas construídas por ele, Palissy listou uma série de detalhes em que a imitação fiel da natureza era associada à procura de efeitos bizarros: estátuas de terracota que simulavam os efeitos do tempo, colunas de conchinhas, colunas esculpidas em forma de rochas erodidas pelo vento, colunas rústicas que faziam pensar que alguém as tivesse feito a marteladas, e assim por diante.[30]

O entusiasmo de Montaigne por Pratolino, Bagnaia e Caprarola, registrado no *Journal de voyage en Italie*, era parte de um gosto que poderia ajudar a entender melhor a estrutura e o estilo dos *Ensaios*. É uma possibilidade a ser investigada.

4. Antoine Compagnon afirmou que Montaigne provavelmente se inspirou num modelo antigo: as *Noites áticas* que o gramático Aulo Gélio escreveu em torno de 150 a.C. Trata-se de uma obra composta de uma série de capítulos que se sucedem de modo desordenado: cada um se baseia numa palavra, num mote, numa anedota ou num tema de caráter geral. Compagnon sublinhou que a semelhança estrutural entre as duas obras é reforçada por uma série de analogias: a recusa do saber, o uso frequente de títulos que têm relação muito vaga com o conteúdo dos ensaios, o grande número de citações tiradas de uma massa de livros heterogêneos.[31] É uma hipótese muito convincente. Mas por que Montaigne ficou tão impressionado com a obra de Gélio, que a citou repetidamente? E de que modo a terá lido?

É possível encontrar uma resposta para essas perguntas num trecho da introdução às *Noites áticas*. Depois de listar uma série de títulos, elegantes e meio pretensiosos, de obras de estudiosos famosos, Gélio explica como chegou a escolher o título de seu livro: "Nós, porém, segundo nossa capacidade, de modo não cuidadoso e estudado e, até mesmo, rústico [*subrustice*], fazendo referência ao lugar e tempo de nossas vigílias invernais, designamos as 'Noites Áticas'".[32]

A palavra fundamental do trecho — *subrustice*, "de modo por assim dizer rústico" — não implicava, como é óbvio, uma referência literal aos camponeses. O uso da ordem rústica feito por Giulio Romano no Palazzo Te, a esplêndida residência de campo dos Gonzaga, era igualmente metafórico (ilustração 4). O que estava sugerido nos dois casos era uma ausência deliberada, e controladíssima, de requinte estilístico. Montaigne, trancado para escrever na torre de seu castelo de província, terá olhado com simpatia a irônica modéstia de Gélio, e sua recusa da elegância retórica em nome de uma retórica diferente, baseada na simplicidade e na desordem.[33] A estrutura caprichosa e a grande quantidade de citações heterogêneas incrustadas nos capítulos de Gélio eram incluídas para seduzir um leitor como Montaigne, inclinado a violar as leis da simetria clássica.

Num espírito semelhante, na introdução do *Libro estraordinario* Serlio louvou orgulhosamente a própria "licenciosidade" que o induzira a se exasperar com as experiências de Giulio Romano ao inserir fragmentos antigos numa confusão de ordens diversas. Entre elas, havia até uma "ordem bestial" absolutamente sem precedentes: dirigindo-se àqueles "homens bizarros, que procuram novidades", Serlio disse ter "querido romper e estragar a bela forma dessa porta dórica".[34] (ilustração 5). Semelhante vontade de transgressão, embora menos brutal, se percebe no elogio aos grotescos pronunciado por Serlio: estes também favoreciam a "licenciosidade", o livre jogo dos elementos decorativos, legitimado por exemplos da antiga Roma que Giovanni de Udine tinha não só imitado mas superado nas *Logge* Vaticanas.[35]

4. Giulio Romano, Palazzo Te, Mântua.

Recusa à simetria, hipertrofia dos detalhes, violação das normas clássicas: Serlio teria aprovado a estrutura caprichosa e a assimetria estilística dos ensaios de Montaigne. Os bruscos deslizes do estilo de Montaigne podem ser comparados ao uso alternado da pedra polida e da pedra bruta no Palazzo Te, que para Serlio parecia "parte obra da natureza e parte obra do artífice".[36] No ensaio sobre os canibais Montaigne cita, um após o outro, como sendo de autoridades, um texto atribuído duvidosamente a Aristóteles (*De mirabilibus auditis*) e um texto atribuído a um "homem simples e rude". Mas o segundo é considerado mais fidedigno, porque tinha vivido dez ou doze anos no Novo Mundo: "Essa narração de Aristóteles não tem mais relação do que o precedente com as nossas terras novas. Aquele homem que estava comigo era homem simples e rude, que é uma condição própria para dar um testemunho verídico".[37]

Os leitores da primeira edição dos *Ensaios* (Bordeaux, 1580) se viram diante de um texto como esse, em que cada ensaio havia sido impresso sem indicações de parágrafos.[38] Os editores modernos que quebraram o trecho com uma "marcação de parágrafo" atenuaram seu áspero sabor originário, sem porém fazê-lo desaparecer de todo.

5. "*Une marqueterie mal jointe*", uma marchetaria mal-acabada: essa definição que Montaigne deu dos próprios textos demonstra (como a outra sobre os grotescos), além da habitual faceirice, uma forte consciência literária. Montaigne fazia alusão à superfície estilisticamente não uniforme dos *Ensaios*, acentuada por acréscimos de variadas dimensões que foram confluindo nas reimpressões.[39] Poucos anos depois da morte de Montaigne um leitor escreveu uma frase parecida com a dele na margem de sua própria cópia interfoliada de *Jerusalém libertada*. A narração de

5. *De Sebastiano Serlio,* Libro estraordinario, *Lyon, 1551.*

Tasso, observou Galileu, "consegue fazer mais depressa uma pintura marchetada do que colorida a óleo: porque as marchetarias são um amontoado de pauzinhos de diversas cores, que já não podem mais se encaixar e unir-se tão suavemente sem que seus limites fiquem cortantes, e pela diversidade das cores, cruamente diferentes, tornam necessariamente as suas figuras secas, cruas, sem arredondado e relevo". Lê-se à contraluz, inevitavelmente, a comparação com Ariosto, que no final se torna explícita: *Orlando Furioso*, escreveu Galileu, é comparável a uma pintura a óleo, "macia, redonda, com força e relevo".[40]

A analogia entre a complacente autodefinição de Montaigne e a opinião hostil sobre Tasso formulada por Galileu parece sugerir mais uma vez a existência de um contexto comum. Isso foi evocado por Panofsky num famoso ensaio, em que o comentário de Galileu é citado como prova de que Tasso pertencia à cultura maneirista de um Salviati ou de um Bronzino. A definição de Panofsky também pode ser estendida a Montaigne. Bem sei que a afirmação não é nova. Nos últimos decênios Montaigne foi várias vezes identificado a um típico representante do maneirismo.[41] Mas a categoria de maneirismo, já por si discutível, tornou-se aos poucos mais vaga. Será prudente usá-la numa perspectiva rigorosamente nominalista: como uma construção do século XX cuja pertinência deve ser verificada repetidas vezes. Todos os elementos do contexto que vimos surgir aos poucos — Tasso, a gruta de Pratolino, Serlio, a fachada do Palazzo Te, as marchetarias usadas como metáfora estilística, Tasso novamente — levaram, de modo independente, ao maneirismo. À luz dessas convergências a definição de Montaigne como maneirista parecerá menos arbitrária, mas creio que o percurso tortuoso seguido até aqui seja mais importante do que o ponto de chegada.

6. "Quando entro no *Furioso*", escreveu Galileu, "vejo abrir-se um guarda-roupa, uma tribuna, uma galeria régia, ornada de centenas de estátuas antigas dos mais famosos escultores." Entrar em *Jerusalém libertada*, ao contrário, lhe dava a impressão de

> entrar num pequeno gabinete de algum homenzinho curioso, que se haja deleitado em enfeitá-lo com coisas que tenham, por antiguidade ou por raridade ou por outra coisa, a ver com o peregrino, mas que sejam de fato coisinhas, havendo ali, como se diria, um caranguejo petrificado, um camaleão seco, uma mosca e uma aranha de gelatina num pedaço de âmbar, alguns desses bonequinhos de barro que dizem se encontrar nos sepulcros antigos do Egito, e assim, em matéria de pintura, alguns pequenos esboços de Baccio Bandinelli ou de Parmigiano, e outras coisinhas semelhantes.[42]

"Nesse caso", comenta Panofsky, "Galileu reproduz à perfeição e com prazer manifesto uma daquelas bizarras *Kunst-und Wunderkammern* [gabinetes de artes e prodígios] tão típicas da idade do maneirismo."[43] Numa dessas *Wunderkammern* podemos imaginar o modelo de um inseto proveniente da oficina de Palissy, assim como os objetos que Montaigne colecionava e tinha em casa: "leitos [...], cordões [...] espadas e [...] braceletes de madeira [...] e [...] grandes bambus, abertos numa ponta" que os indígenas brasileiros usavam como instrumentos musicais em suas danças.[44]

O gosto é um filtro com implicações morais e cognitivas, além das estéticas.[45] O esforço de Montaigne para compreender os indígenas brasileiros era alimentado pela atração por aquilo que era bizarro, remoto e exótico, pelas novidades e curiosidades, pelas obras de arte que imitavam a natureza e pelos povos que pareciam próximos do estado da natureza. No ensaio sobre os canibais Montaigne desvendou as implicações morais e intelectuais da *Wunderkammer*.[46]

7. O colecionismo almeja a completude: um princípio que tende a ignorar as hierarquias, inclusive as religiosas, étnicas ou culturais. É a conclusão que salta aos olhos quando se folheia *Les vrais pourtraits et vies des hommes illustres grecz, latins et payens recueilliz de leurs tableaux, livres, medailles antiques et modernes* [Os verdadeiros retratos e vidas de homens famosos gregos, latinos e pagãos, baseados em seus quadros, livros, medalhas antigas e modernas]: um volumoso in-fólio, ricamente ilustrado, publicado em Paris em 1584. O autor, o franciscano André Thevet, era conhecido sobretudo como cosmógrafo. O seu relato da expedição francesa ao Brasil (*As singularidades da França Antártica*, 1557) fora atacado como mentiroso pelo huguenote Jean de Léry. Montaigne, que ao falar do Novo Mundo declarava não dar atenção àquilo "que dizem sobre ele os cosmógrafos", talvez concordasse com as críticas de Léry a Thevet.[47] Mas o volume dedicado a *Les vrais pourtraits et vies des hommes illustres* terá despertado a curiosidade de Montaigne. Era uma obra em que Thevet trabalhara muitos anos, esforçando-se em traçar para cada personagem um retrato fidedigno, que depois era transmitido ao gravador "*pour graver et representer au naïf l'air et le pourtrait des personnages que ie propose*" [para gravar e representar com espontaneidade a fisionomia e o retrato dos personagens que proponho].[48] Os vivos tinham sido excluídos. Os retratos, acompanhados de perfis biográficos, eram ordenados por categorias: papas, bispos, guerreiros, poetas, e assim por diante. O cosmógrafo Thevet olhara além dos limites da Europa, a ponto de incluir no livro (como anunciava o título) personagens "pagãos", nem gregos nem latinos. No livro VIII, dedicado a "imperadores e reis", apareciam Júlio César, Fergus, primeiro rei da Escócia, Saladino, Tamerlão, Maomé II, Tomombey, último sultão do Egito, Atabalipa, rei do Peru, Moctezuma, rei do México. Nesse grupo variado também comparecia Nacolabsou, rei do promontório dos Canibais.[49] (ilustração 6).

Em seu estudo sobre a religião tupinambá, Alfred Métraux se serviu amplamente de Thevet, elogiando sua curiosidade, fruto da capacidade de se espantar.[50] Naturalmente, Thevet não é comparável a Montaigne em originalidade e inteligência. Ambos, porém, partilhavam uma posição intimamente anti-hierárquica, que fez Thevet incluir Nacolabsou, rei do promontório dos Canibais, numa série de imperadores e reis que se abria com Júlio César. A série, nessa versão, teve uma vida longa. *Lives of the Noble Grecian & Romans*, uma tradução inglesa das *Vidas* de Plutarco, baseada na versão francesa de Amyot, foi reimpressa em 1657 com um apêndice intitulado *The Lives of Twenty Selected Eminent Persons, of Ancient and Latter Times* [Vidas de vinte personagens eminentes, antigos e recentes]. Nesse apêndice, que compreendia uma seleção dos *Pourtraits* de Thevet, figurava Atabalipa, rei do Peru.[51] (ilustração 7).

Essa "mistura" era uma parte essencial do projeto de Thevet. *Les vrais pourtraits et vies des hommes illustres* tinha como modelo os *Elogia virorum bellica virtute illustrium* e os *Elogia virorum litteris illustrium*, dois volumes in-fólio publicados na Basileia em 1577: um produto do museu que seu autor, Paulo Giovio, mandara construir em sua vila ao lado de Como. A coleção de retratos de homens famosos (reis, generais, eruditos) reunida no Museu Gioviano, e sucessivamente dispersa, se baseava por sua vez num modelo clássico: os setecentos retratos de homens ilustres que Varrão descrevera numa de suas obras perdidas, a *Imagines* ou *Hebdomades*.[52] Em seus textos históricos, Giovio olhou com muita atenção o Império Otomano e, de modo geral, acontecimentos ocorridos fora da Europa.[53] Os *Elogia virorum bellica virtute illustrium* compreendiam reis africanos e asiáticos (ilustração 9), mas não americanos.

6. *Nacolabsou, rei do promontório dos Canibais (por André Thevet,* Les vrais pourtraits et vies des hommes illustres, *Paris, 1584).*

7. *Atabalipa, rei do Peru (por André Thevet,* Les vrais pourtraits et vies des hommes illustres, *Paris, 1584).*

8. Vergilius Romanus *(Vat. Lat. 3867)*.

Hordæ, quæ à Iaxarte ad Volgam amnem, & vltra id flumen vsq; ad Moscam sedes habent. Hordas enim agmina Tartarorum vocant, quæ incertis semper sedibus per immensas solitudines vsque ad Imaum montem euagantur, Amaxobij ab antiquis vocati, quòd in curribus centone protectis aduersus frigora vitam degant. Harum Hordarum maximè potentes & bellicosæ Casaniā, Sciabania, Nogaiaque Moscouitis commercio familiares Tamerlani paruerunt. Nam reliquæ remotiores à magno Cane Cathaino, qui in ora Oceani regionequẽ Sinarum potentissimus regnat, imperia accipiunt. Sublatis itaque signis Tamerlanes, eam multitudinem tranando Volgam traduxit, cursus rapiditate & multitudine aquarum post Nilum & Istrum fluuiorum amplissimũ. Sed is diductus in septem cornua quibus in mare Caspium turbidus & lenior erumpit, commodiorem transi

9. *Paulo Giovio*, Elogia virorum bellica virtute illustrium, *Basileia, 1577*.

No Museu Gioviano estavam expostos um retrato de Hernán Cortés e uma esmeralda em forma de coração, dada por ele.[54] Entre os objetos provenientes do Novo Mundo expostos no gabinete de curiosidades de Thevet havia o famoso manuscrito asteca, hoje em Oxford, chamado *Codex Mendoza*: transcrito para Carlos v, fora retirado de um galeão espanhol por um pirata francês que o dera a Thevet, e este por sua vez o vendera a Richard Hakluyt.[55] Os retratos dos reis americanos inseridos em *Les vrais pourtraits et vies des hommes illustres* se inspiravam no *Codex Mendoza*.[56]

8. O gosto pelo exótico e a paixão de colecionador levaram Montaigne a incluir no ensaio sobre os canibais a tradução de dois cantos brasileiros, acompanhada de uma calorosa apreciação.[57] Houve quem quisesse ver em Montaigne o fundador da antropologia, aquele que pela primeira vez teria procurado se subtrair às deformações etnocêntricas que em geral acompanham a relação com o "Outro".[58] Desse modo impomos a Montaigne a nossa linguagem. Tentemos aprender com ele, procurando falar sua linguagem.

Montaigne também pode ser considerado, além de muitas outras coisas, um antiquário, ainda que *sui generis*.[59] É uma afirmação quase paradoxal: há mais de dois séculos antiquário é sinônimo de pedante, e Montaigne odiava o pedantismo. Mas um trecho do *Journal de voyage en Italie* faz pensar que essa definição tem fundamento. Durante sua visita à Biblioteca Vaticana, Montaigne viu um manuscrito de Virgílio que, pelos caracteres grandes, estreitos e alongados, lhe deu a impressão de datar da época de Constantino. No manuscrito não figuravam os quatro versos autobiográficos (*"Ille ego qui quondam..."*) frequentemente impressos antes da *Eneida*: Montaigne viu nisso uma confirmação do que pensava, isto é, que aqueles versos não eram autênticos.[60]

Quanto a esse ponto Montaigne tinha razão.[61] Sua hipótese sobre a data estava mais distante da verdade. O manuscrito que ele viu na Biblioteca Vaticana foi identificado há muito tempo como o *Vergilius Romanus* (Vat. Lat. 3867)[62] (ilustração 8). Depois de uma discussão que se prolongou por decênios, os estudiosos tendem hoje a datar o manuscrito de fins do século V: um século e meio depois da data aproximativa proposta por Montaigne.[63] Nada disso diminui a originalidade das suas observações. Cinquenta anos antes o antiquário francês Claude Bellièvre havia examinado o *Vergilius Romanus* e notara a forma alongada das letras, além de um detalhe ortográfico ("Vergilius" em vez de "Virgilius"), sobre o qual Poliziano chamara a atenção na sua *Miscellanea* [Miscelânea].[64] Mas Montaigne nunca tinha lido os textos filológicos de Poliziano. Não era um filólogo; não era, nem poderia ter sido, um paleógrafo, porque a paleografia, no sentido moderno da palavra, só surgiu por volta do final do século XVII. A atenção com que escrutou um detalhe mínimo como a forma das letras de um manuscrito decorria da sua ilimitada curiosidade por tudo o que era concreto, específico, singular. Era essa (como escreveu no ensaio sobre educação) a disposição que seria necessário suscitar num jovem: "Inspire-se-lhe uma honesta curiosidade de informar-se sobre cada coisa; tudo aquilo que houver de notável ao seu redor ele deverá ver: um edifício, uma fonte, um homem, o lugar de uma antiga batalha, onde passou César ou Carlos Magno".[65]

Eram os temas tratados pelos antiquários, e sistematicamente ignorados pelos historiadores.[66] "Um homem" podia ser o "homem simples e rude" sobrevivente do Novo Mundo, que acendeu a curiosidade de Montaigne. A etnografia surgiu quando a curiosidade e os métodos dos antiquários foram transferidos das populações longínquas no tempo, como os gregos e romanos, para populações longínquas no espaço. A contribuição de Montaigne para essa virada decisiva ainda está por ser explorada.[67]

* * *

9. Esse olhar antiquário permitiu a Montaigne considerar os indígenas brasileiros como indivíduos que pertenciam a uma civilização diversa e distinta — embora a palavra "civilização" ainda não existisse.[68] Recusou-se a definir como "bárbaras" as poesias deles: "ideia essa que não tem nada de bárbara"; "não há nada de bárbaro nessa imagem".[69] Em geral, observou Montaigne, "acho [...] que nesse povo não há nada de bárbaro e de selvagem, pelo que me contaram, senão que cada um chama barbárie aquilo que não é de seu uso".[70]

Mas poucas páginas depois o significado puramente relativo de "bárbaro" adquire uma conotação negativa. Já que nós, gente civilizada, somos mais cruéis que os canibais, os verdadeiros bárbaros somos nós: "Penso que há mais barbárie em comer um homem vivo que em comê-lo morto [...]. Podemos então bem chamá-los de bárbaros, segundo as regras da razão, mas não em relação a nós mesmos, que os superamos em todo tipo de barbárie".[71]

Um terceiro significado, agora positivo, atribuído à palavra "bárbaro", tinha preparado tal reviravolta. Os indígenas brasileiros podem ser chamados de "bárbaros" ou "selvagens" porque ainda estão próximos da natureza e das suas leis:

> Eles são selvagens do mesmo modo que chamamos selvagens os frutos que a natureza produziu de si e no seu desenvolvimento corrente [...]. Essas nações, portanto, me parecem bárbaras por terem recebido muito pouco do modelo do espírito humano, e por serem ainda muito próximas da sua ingenuidade original. As leis naturais ainda as comandam, muito pouco abastardadas pelas nossas.[72]

Três significados diferentes. Cada um implica uma distância: "Há de fato uma distância enorme entre seu modo de ser e o nosso".[73] Mas, como se viu, Montaigne era atraído pela distância e pela diversidade, tanto do ponto de vista estético como do ponto de vista intelectual. Por isso se esforçou em entender a vida e os hábitos daqueles estranhos povos. Depois, com uma súbita reviravolta de perspectiva, olhou para nós, gente civilizada, através dos olhos dos indígenas brasileiros que tinham sido conduzidos à presença do rei da França, em Rouen. Aquilo que viram, e aquilo que ele viu através dos olhos deles, era desprovido de sentido. Na conclusão de seu ensaio Montaigne registrou o espanto dos selvagens brasileiros diante da nossa sociedade. As palavras dele foram citadas inúmeras vezes, mas não param de nos ferir:

> Disseram [...] que tinham percebido que havia entre nós homens abarrotados de todo tipo de comodidades e que a metade deles [isto é, na língua deles, os outros homens] eram mendigos às suas portas, descarnados de fome e de pobreza, e achavam estranho que essas metades tão necessitadas pudessem tolerar uma tal injustiça e que não pegassem os outros pela garganta ou não ateassem fogo nas casas deles.[74]

4. Paris, 1647: um diálogo sobre ficção e história*

1. Há anos Marcel Detienne falou com ironia da tentativa de Moses Finley de identificar elementos históricos nos poemas homéricos.[1] Fazer história eliminando o elemento mítico, observou Detienne, é uma posição típica dos historiadores: valeria a pena examiná-la historicamente, desde suas remotas raízes.[2] Examinarei um episódio importante desse contexto, numa perspectiva muito diferente daquela de Detienne.

2. O diálogo *De la lecture des vieux romans* [Sobre a leitura de velhos romances], escrito por Jean Chapelain no final de 1646 ou no início de 1647, permaneceu muito tempo inédito; foi publicado, postumamente, oitenta anos depois.[3] Chapelain estava então trabalhando em *La Pucelle ou la France délivrée* [A Pucela ou a

---

* Agradeço a R. Howard Bloch, que leu uma primeira versão destas páginas, assinalando-me alguns erros; e a Peter Burke, que notou a ausência de La Mothe Le Vayer numa versão um pouco posterior, lida em Cambridge e depois publicada.

França libertada], poema ambicioso que, depois de um êxito inicial, foi objeto de críticas ferozes e caiu em total descrédito.[4] Muito mais significativa parece, hoje, a atividade de Chapelain literato, exercida com grande autoridade graças a ensaios críticos e ao copiosíssimo epistolário.[5] *De la lecture des vieux romans* teve inúmeras edições: 1728 (a primeira), 1870, 1936, 1971, 1999.[6] Mas é um texto sobre o qual ainda há muito a dizer.

O diálogo é dedicado a Paul de Gondi, então coadjutor do arcebispo de Paris, e mais tarde famoso como cardeal de Retz.[7] Além de Chapelain participam do diálogo dois literatos mais jovens: o erudito Gilles Ménage e Jean-François Sarasin, historiador e poeta.[8] Chapelain conta ter sido surpreendido por Ménage e Sarasin enquanto estava lendo um romance medieval: *Lancelot du Lac*. (Chapelain, como se vê no catálogo da sua biblioteca, possuía duas edições desse livro, com gravuras.)[9] Os dois amigos reagiram de modo diferente. Sarasin observou que *Lancelot* era "a fonte de todos os romances que nos últimos quatro ou cinco séculos tiveram um grande sucesso em todas as cortes europeias". Ménage, defensor dos antigos, declarou seu espanto ao ver que um homem de gosto como Chapelain louvava um livro que até mesmo os partidários dos modernos desprezavam. Chapelain retrucou dizendo ter começado a ler *Lancelot* para colher material, tendo em vista um livro sobre as origens dos franceses: uma ideia sugerida justamente por Ménage.[10] Em *Lancelot* encontrei palavras e expressões, disse Chapelain, que mostram como a língua francesa passou do início tosco ao requinte moderno. A esse projeto de estudo Ménage não tinha nada a objetar. Mas quando Chapelain disse estar apreciando *Lancelot*, Ménage não conseguiu conter a indignação: "Como ousais louvar essa horrenda carcaça, desprezada até mesmo pelos ignorantes e pelo vulgo? Não querereis descobrir nesse escritor bárbaro um homem comparável com Homero ou Lívio?".

Era uma pergunta retórica, naturalmente. Mas a essa dupla comparação, paradoxal, Chapelain reagiu de modo inesperado. Do ponto de vista literário, Homero e o autor de *Lancelot* eram muito diferentes: nobre e sublime o primeiro, vulgar e baixo o segundo. Mas a matéria de suas obras era semelhante: ambos tinham escrito "narrações inventadas" (*fables*).[11] Aristóteles teria julgado com simpatia *Lancelot*, assim como julgara os poemas de Homero: o uso da magia no primeiro não era muito diferente da intervenção dos deuses nos segundos.

Tudo isso pode ser aproximado dos textos dos eruditos do século XVII que abriram o caminho para Mabillon e Montfaucon, lançando as premissas para a descoberta da Idade Média — aquilo que Chapelain define como "Antiguidade moderna".[12] (O diálogo *De la lecture des vieux romans* é um documento precoce, e em certos aspectos excêntrico, da querela entre antigos e modernos).[13] O autor de *Lancelot*, diz Chapelain, era "um bárbaro, que foi louvado pelos bárbaros [...] embora não fosse nada bárbaro". Nessa atenuação, acompanhada do reconhecimento de que um romance como *Lancelot* correspondia, afinal de contas, às regras de Aristóteles, podemos reconhecer retrospectivamente o início de uma profunda transformação do gosto. Mas no caso de Chapelain a descoberta da Idade Média não se ligava à literatura, e sim à história. A parte mais original do diálogo começa aqui.

Ménage pergunta ironicamente se o autor de *Lancelot* deve ser comparado a Lívio. Chapelain replica:

> Comparar *Lancelot* e Lívio seria absurdo, assim como seria absurdo comparar Virgílio e Lívio, o falso e o verdadeiro. E todavia ouso dizer que, mesmo se *Lancelot*, sendo baseado em fatos imaginários, não pode ser comparado a Lívio como exemplo de narração verdadeira [*par la vérité de l'histoire*], pode sê-lo em outro plano, como imagem verdadeira de usos e costumes [*par la vérité des moeurs et*

des coutumes]. Nesse plano os dois autores nos dão um resumo perfeito: da era sobre a qual o primeiro [Lívio] escreveu, ou da era sobre a qual o outro [o autor de *Lancelot*] escreveu.[14]

Ménage fica perplexo. Chapelain procura justificar sua opinião em termos gerais. Um escritor que inventa uma história, uma narração imaginária que tem como protagonistas seres humanos, deve representar personagens baseados nos usos e costumes da época em que viveram: do contrário eles não seriam críveis.[15] Chapelain alude implicitamente ao famoso trecho da *Poética* (1451b) em que Aristóteles diz que "a obra do poeta não consiste em relatar os acontecimentos reais, e sim fatos que podem acontecer e fatos que são possíveis, no âmbito do verossímil e do necessário". Porém, distanciando-se da tradição, Chapelain identifica na verossimilhança poética um elemento não lógico ou psicológico, mas histórico.[16] *Lancelot*, diz:

> tendo sido escrito nos tempos obscuros da nossa Antiguidade moderna, inspirado apenas no livro da natureza, dá uma imagem fiel, se não do que aconteceu realmente com o rei e os cavaleiros daquele tempo, ao menos daquilo que se supunha tivesse acontecido, na base de costumes análogos ainda em uso, ou de documentos dos quais resulta que hábitos análogos tinham sido frequentes no passado.

Daí a conclusão: *Lancelot* nos dá "uma representação espontânea [*une représentation naïve*], além de, em certo sentido [*pour ainsi dire*], uma história segura e exata dos costumes que reinavam nas cortes daquele tempo [*une histoire certaine et exacte des moeurs qui régnaient dans les cours d'alors*]".

3. A ideia de extrair elementos de informação histórica de textos inventados não era nova. Tentativas nessa direção podem ser encontradas também entre os historiadores antigos. Tucídides, por exemplo, tentou reconstituir as dimensões das antigas naves gregas servindo-se do catálogo das naves da *Ilíada*.[17] Mas quando propunha ler *Lancelot* mais como um documento que como um monumento, Chapelain pensava sem dúvida na atividade dos antiquários.[18] Nas suas *Recherches de la France* (*Pesquisas sobre a França*, publicadas pela primeira vez em 1560 e depois reimpressas muitas vezes, com acréscimos), Étienne Pasquier havia inserido uma seção sobre as origens medievais da poesia francesa. Numa perspectiva semelhante, Claude Fauchet havia escrito o *Recueil de l'origine de la langue et poésie françoise, ryme et romans*, em que listara os nomes e as obras de 127 poetas franceses que tinham vivido antes do ano 1300.[19] Ainda mais evidente é o paralelo com outra obra de Fauchet, *Origine des dignitez et magistrats de la France*, na qual trechos do *Romance da rosa* ou dos romances de Chrétien de Troyes eram usados para esclarecer as funções de dignitários, expressões como o *maire du Palais*, o *sénéschal* ou o *grand maistre*.[20]

No final do diálogo Chapelain menciona um tratado ainda inédito de Chantereau Le Fèvre, em que o "grande antiquário" havia citado repetidamente *Lancelot* como uma autoridade em matéria de usos e costumes medievais. Na verdade, no *Traité des fiefs et de leur origine* [*Tratado dos feudos e de sua origem*], publicado dezessete anos depois pelo filho de Chantereau Le Fèvre, aparece uma única, embora significativa, citação de *Lancelot*. Para esclarecer o significado preciso de *meffaire* (romper o pacto feudal entre vassalo e senhor, por iniciativa deste), Chantereau Le Fèvre citou uma passagem de *Lancelot*, explicando que o autor (um monge, provavelmente) quisera descrever, por meio de uma intriga inventada e de nomes imaginários, "os costumes e o modo de viver [*les moeurs et la manière de vivre*] dos cavaleiros daqueles tempos".[21] Num texto que ecoava o diálogo de Chapelain — que permanecera inédito —, Sarasin comparava a leitura de *Lancelot* com a antiquária: "As velhas tapeçarias, as velhas pinturas, as velhas esculturas que nos foram transmitidas por nossos antepassados são parecidas com esses velhos romances que (como disse Chapelain) nos dão uma imagem fiel dos usos e dos costumes daqueles tempos".[22]

No seu diálogo, Chapelain tinha desenvolvido a mesma analogia mas em outra direção. Das narrações de ficção é possível extrair testemunhos mais fugidios, porém mais preciosos, *justamente porque* se trata de narrações de ficção: "Os médicos analisam os humores corrompidos de seus pacientes com base em seus sonhos: do mesmo modo podemos analisar os usos e costumes do passado com base nas fantasias representadas em seus textos".

Separar a história e a poesia, a verdade e a imaginação, a realidade e a possibilidade, significava reformular implicitamente as distinções traçadas por Aristóteles na *Poética*. Mas definir o autor anônimo de *Lancelot* como "o historiador dos costumes de seu tempo", perguntou Ménage, fazendo sua a opinião de Chapelain, não é talvez o mais alto elogio que se possa fazer? Sobretudo porque, continuou, vós afirmais que a obra

> constitui uma integração das crônicas existentes. Estas nos dizem apenas que um príncipe nasceu, que um príncipe morreu; listam os acontecimentos mais importantes dos seus reinos, e tudo acaba ali. Inversamente, por meio de um livro como *Lancelot* tornamo-nos amigos íntimos daqueles personagens, a ponto de colher a própria essência de suas almas.[23]

4. Chapelain tinha começado sua defesa de *Lancelot* aproximando-o provocativamente, no plano da veracidade, das mais famosas crônicas medievais: as de Saxo, o gramático, de Froissart,

de Monstrelet. Mas depois mudara o alvo, chegando a afirmar a superioridade da *histoire des moeurs* sobre a escassa superficialidade das crônicas, embora prudentemente reconhecesse que entre uma e outras havia uma relação complementar. Hoje essas afirmações têm um toque de forte originalidade.[24] Mas assim também pareciam aos olhos dos contemporâneos. Propor uma forma mais profunda de história baseando-se num romance como *Lancelot* era, observou Ménage, o cúmulo do paradoxo: significava "apresentar como digno de fé um escritor cujas narrações são, por vossa própria admissão, totalmente inventadas [*fabuleuses*]".[25] Para esclarecer o significado dessas palavras devemos fazer uma digressão, ainda que apenas aparente.

5. A redescoberta do ceticismo antigo, que Bayle fazia coincidir com o nascimento da filosofia moderna, teve várias fases, em boa parte ligadas à publicação dos textos de Sexto Empírico. A primeira tradução latina das *Hipotipases pirronianas* (1562), organizada por Henri Estienne, foi seguida de uma reimpressão que incluía também o tratado *Adversus mathematicos* na versão latina de Gentian Hervet (1569). Em 1621 essas duas traduções latinas foram republicadas num volume in-fólio, impresso em quatro cidades europeias e que incluía o texto original grego.[26]

Os textos de Sexto Empírico, fonte principal sobre o ceticismo antigo, deram início a uma discussão sobre o "pirronismo histórico", ou seja, sobre o conhecimento histórico e seus limites, que se arrastou por um século e meio. A fórmula, polêmica e genérica, fez esquecer os textos a partir dos quais a discussão tivera início.[27] Entre eles, as páginas que em meados do século XVI tinham chamado a atenção de Francesco Robortello: *Contra os matemáticos*, I, 248-69.[28] Nelas, Sexto Empírico polemizava com alguns gramáticos — Taurisco, Asclepíades de Mirlea, Dionísio de Trácia

— que tinham distinguido na gramática diversas partes, entre elas uma parte histórica.[29] Asclepíades, por exemplo, afirmara que a parte histórica da gramática devia ser subdividida em três categorias: "Da história, com efeito, diz-se uma ser, por certo, verdadeira, outra, positivamente falsa, outra, ainda, como-se-fosse-verdadeira. A verdadeira, por certo, dizem ser aquela que trata das coisas que aconteceram. E a falsa, a que trata de ficções e fábulas. A como-se-fosse verdadeira, por outro lado, é do mesmo modo que a comédia e os mimos".[30]

Sexto objetou: a história verdadeira é um acúmulo de inúmeros fatos e pequenos fatos sem importância e, portanto (diferentemente da medicina ou da música), não tem método, não é uma *techné* (em latim, *ars*). A história falsa, isto é, o mito, e a história como-se-fosse-verdadeira, isto é, a comédia e o mimo, falam de fatos não ocorridos: impossíveis no primeiro caso, possíveis (mas puramente hipotéticos) no segundo. Mas "não há arte alguma sobre coisas que são falsas e não podem acontecer; e são falsas e não podem acontecer as coisas que estão nas fábulas e nas ficções, das quais principalmente trata a gramática na sua parte histórica; não há arte alguma sobre a parte histórica da gramática".[31]

Alguns, porém, objetavam que, embora a matéria da história seja destituída de método, a opinião formulada sobre tal matéria não o é, porque se baseia num critério que permite distinguir o verdadeiro do falso. A essa objeção Sexto replicou com aspereza: em primeiro lugar, os gramáticos não fornecem um critério para distinguir o verdadeiro do falso; em segundo lugar, nenhum dos fatos referidos por eles é verdadeiro, como mostram os vários mitos sobre a morte de Ulisses.

6. História verdadeira, história falsa, história como-se-fosse-verdadeira: um alvo triplo, mais complexo do que aquele que cos-

tumamos associar à redescoberta, no século XVII, de Sexto Empírico. Hoje, a expressão "pirronismo histórico" suscita de imediato uma referência ao texto *Du peu de certitude qu'il y a dans l'histoire* [Da pouca certeza que há na história] (1668), de La Mothe Le Vayer, o erudito cético a quem fora confiada a instrução do delfim.[32] A história cuja incerteza La Mothe Le Vayer, então com mais de setenta anos, sublinhava era, naturalmente, a história que pretende ser verdadeira. Mas essa era apenas uma etapa de um percurso intelectual mais tortuoso, como demonstra o *Jugement sur les anciens et principaux historiens grecs e latins, dont il nous reste quelques ouvrages* [Consideração sobre os antigos e principais historiadores gregos e latinos, dos quais nos restam algumas obras], que La Mothe Le Vayer havia publicado vinte anos antes (1646).[33] Sobre essa obra pesou a opinião de Bayle, que falou dela como uma obra de compilação, ainda que benfeita.[34] É um julgamento imerecido.

A carta dedicada a Mazarin gira em torno da relação entre história e poesia. Poder-se-ia pensar, diz La Mothe Le Vayer, que poemas como os de Lucano e Sílio Itálico são, do ponto de vista do conteúdo, definíveis como histórias. Mas a poesia "não pode dispensar a ficção [*fable*]", ao passo que a história "é digna de nota somente pela verdade [*vérité*], e considera a mentira um inimigo mortal". Confundir coisas tão diferentes seria absurdo. Mas meu exame dos historiadores antigos, conclui La Mothe Le Vayer, terá escasso êxito entre "o número infinito de pessoas que preferem as histórias imaginárias [*contes fabuleux*] às narrações verdadeiras [*narrations véritables*], e a história dos romances a toda a história dos romanos [*et l'histoire des Romans à toute celle des Romains*]".[35]

Impossível não pensar, lendo essa página, no diálogo *De la lecture des vieux romans*, escrito entre o final de 1646 e o início de 1647. Sem dúvida ele se referia implicitamente ao *Jugement* de La Mothe Le Vayer, recém-publicado.[36] Mas se tratava de uma discussão, não de uma reação polêmica. Em *Jugement*, a contraposição entre ficção e história, enunciada por La Mothe Le Vayer na carta dedicada a Mazarin, apresenta-se de formas cada vez mais complexas e nebulosas, a começar pelo primeiro capítulo, dedicado a Heródoto. Desde a Antiguidade a sua obra de historiador fora acusada de *fabula*, de mentira: acusação rejeitada por Henri Estienne (Stephanus), primeiro editor de Sexto Empírico, que na sua *Apologia pro Herodoto* [Apologia de Heródoto] reivindicarà a veracidade de Heródoto com base nas relações dos viajantes no Novo Mundo.[37] A defesa de La Mothe Le Vayer se baseia, contrariamente, num argumento interno ao texto de Heródoto:

> Não se pode dizer que ele tenha misturado indiferentemente a verdade e a mentira sem distingui-las, nem que tenha sido um mentiroso, se bem que frequentemente tenha recitado as mentiras de outros, o que é admitido pelas mais rigorosas leis históricas. Justamente essas leis, aliás, nos obrigam a relatar as vozes que correm e as várias opiniões dos homens, como Heródoto observa muito oportunamente na sua *Polimnia* a propósito dos argivos, numa advertência que vale para toda a obra.[38]

De fato, Heródoto reivindicara com palavras claríssimas que tomara distância da matéria por ele tratada: "Sinto o dever de relatar o que se conta, mas não estou no dever de acreditar em tudo e por tudo (e que essa declaração seja considerada válida para toda a minha história)" (VII, 152).[39]

La Mothe Le Vayer estende essa indicação à historiografia em geral. Ninguém mostra isso melhor do que Políbio, recriminado injustamente por ser mais filósofo do que historiador.[40] Entre história e filosofia existe uma afinidade profunda: a história pode ser definida como "uma filosofia cheia de exemplos".[41] Políbio, no final do sexto livro da *História* (continua La Mothe Le Vayer), observa que a superstição condenada no caso de todos os outros povos era considerada pelos romanos uma virtude. Se fosse possível, ele afirma [dit-il], formar um Estado composto unicamente de homens sábios e virtuosos, devemos reconhecer que essas opiniões imaginárias [opinions fabuleuses] sobre os Deuses e os Mortais seriam totalmente inúteis. Mas já que não existem Estados em que o povo seja diferente daquele que vemos, inclinado a todo tipo de ações desregradas e más, devemos nos servir, para mantê-los no freio, dos temores imaginários suscitados por nossa religião e dos terrores pânicos do outro mundo, que os antigos introduziram tão oportunamente, e que hoje só indivíduos temerários e privados do uso da razão poderiam contradizer.[42]

Por meio de uma página famosa do filósofo-historiador Políbio (VI, 56, 6-15), La Mothe Le Vayer repropunha a tese da origem e do papel político da religião, cara aos libertinos eruditos.[43] Protegido pelo escudo da citação, La Mothe Le Vayer podia falar tranquilamente dos "temores imaginários suscitados por nossa religião" [craintes imaginaires qu'imprime notre religion]. O leitor maduro [deniaisé] logo entendia que aqui não se tratava apenas da religião dos romanos. Hoje, como então, o povo deve ser refreado graças ao terror de um inferno inexistente. Hoje, como então, essa verdade é conhecida somente por poucos privilegiados. Políbio era um desses. Apresentá-lo como um homem "devoto à religião de seu tempo" é impossível: em vão Casaubon, comenta ironicamente La Mothe Le Vayer, procurou defendê-lo a todo custo.[44]

O historiador-filósofo que relata as crenças do vulgo sem partilhá-las assume o semblante do libertino erudito. Inversamente, o libertino erudito, que olha as crenças do vulgo de longe, sem partilhá-las, reconhece-se no historiador: em Heródoto, e ainda mais em Políbio. Assim, La Mothe Le Vayer repelia de fato a acusação que Sexto Empírito fizera à história, a saber, que ela não era uma arte. A história é uma arte que, contrariamente ao que afirmava Sexto Empírico, pode muito bem ter "como objeto coisas falsas e inexistentes", ou seja, mitos e ficções. Para La Mothe Le Vayer uma das tarefas da história é a exposição daquilo que é falso.[45]

7. E, no entanto, as páginas mais inflamadas de *Jugement* são reservadas, não a Tucídides ou Políbio, mas a um historiador de tipo bem diferente: Diodoro Siculo. Alguns criticavam a sua história por ser vazia e inconsistente, mas La Mothe Le Vayer era de outra opinião. "Estaria disposto a ir até o fim do mundo, por assim dizer", escreveu enfático, "se pensasse poder encontrar um tesouro tão grande", ou seja, os livros perdidos de Diodoro.[46] E explicou:

> No que se refere às ficções [*fables*] e à excelente mitologia contida nos primeiros cinco livros de Diodoro, não só não os condeno mas considero que são o que de mais precioso a Antiguidade nos deixou. À parte o fato de que as ficções podem ser contadas seriamente [*on peut conter des fables serieusement*] e de que, se fossem totalmente inúteis, deveríamos rejeitar ao mesmo tempo o *Timeu* de Platão e não poucas outras obras famosas, podemos dizer que eles [os primeiros livros de Diodoro] nos fazem conhecer toda a teologia dos idólatras. E se fosse permitido chamar por um nome sagrado uma coisa profana, ousaria definir os cinco livros de que estou falando de Bíblia do paganismo. Em primeiro lugar, eles nos fazem conhecer as crenças dos pagãos sobre a eternidade e sobre a criação do mundo. Depois, descrevem o nascimento dos primeiros homens segundo a inteligência natural...[47]

A última frase esclarece o significado das que a precedem. Trata-se de uma homenagem implícita a Giulio Cesare Vanini, queimado em Toulouse pela Inquisição em 1619 como herege, ateu e blasfemador.[48] No seu *De admirandis Naturae arcanis* (1616), Vanini afirmara que os primeiros homens tinham nascido do barro esquentado pelo sol, assim como, segundo Diodoro (I, 10), os ratos nascem do barro do Nilo.[49] Os primeiros livros da história de Diodoro podem ser lidos como um instrumento que permite pôr a Bíblia em perspectiva: em certo sentido, uma anti-Bíblia. Mas La Mothe Le Vayer reconhece que Diodoro pode "ser criticado pela grande superstição de que dá provas em seus escritos", assim como, entre os historiadores latinos, Lívio o pode ser.[50]

Nesse caso, portanto, a distância crítica com respeito à matéria tratada não é obra de Diodoro mas dos seus leitores, sendo o primeiro de todos La Mothe Le Vayer. Para ele a história se nutria não só do falso mas da história falsa — para usar mais uma vez as categorias dos gramáticos alexandrinos retomadas polemicamente por Sexto Empírico. As ficções [*fables*] referidas, e partilhadas, por Diodoro podiam tornar-se matéria de história.[51] Chapelain, que dava um desconto à veracidade de Lívio, estendeu a argumentação do *Jugement* às ficções [*fables*] de Homero e de *Lancelot*: ambas poderiam tornar-se matéria de história.

8. O que chamamos de distanciamento crítico tem resultados muitas vezes imprevisíveis. Mas em sua raiz encontramos invariavelmente um sentido de superioridade: social, intelectual, religiosa. (O caso mais famoso é o da superioridade sobre o judaísmo proclamada pelo cristianismo, à qual devemos a ideia de perspectiva histórica.)[52] La Mothe Le Vayer e os libertinos eruditos olhavam de cima, quase sempre com desprezo, o vulgo prisioneiro das ficções da religião.[53] O vulgo devia ficar rigorosamente alheio à crítica dessas ficções: se o medo do inferno desaparecesse, a violência latente na sociedade explodiria, destruindo-a.[54] A esse sentido de

superioridade distanciada devemos a comparação entre mitos pagãos e relatos da Bíblia, proposta por La Mothe Le Vayer em *Cinq dialogues faits à l'imitation des anciens* [Cinco diálogos feitos à maneira dos antigos].[55] A tentação de ver nas religiões uma sequência de erros era forte. Mas a desmistificação também podia abrir caminho para a tentativa de compreender o erro a partir de dentro, do ponto de vista dos que tinham sido seus protagonistas (ou, caso se prefira, suas vítimas).[56]

O diálogo de Chapelain em *De la lecture des vieux romans* ilustra essa passagem. Chapelain não partilhava a impiedade erudita dos libertinos: seu sentido de superioridade diante da "antiguidade moderna" nascia no terreno do gosto. Numa sociedade dominada por rapidíssimas mudanças de moda, os produtos literários daquela que iria se chamar Idade Média pareciam cada vez mais remotos.[57] Em breve, o gosto promovido por Luís XIV e sua corte aceleraria esse distanciamento. "Quem é que se diverte lendo Guillaume de Loris ou Jean de Meun", escreveu em 1665 Valentin Conrart, primeiro secretário da Académie, "se não movido por uma curiosidade semelhante àquela que podiam ter os romanos que, na era de Augusto, liam os versos dos irmãos Salii sem condições de entendê-los?"[58] Mas essa curiosidade antiquária não era nova. Cinquenta anos antes do advento do novo Augusto, o erudito Claude Fauchet tinha escrito: "Qualquer escritor, mesmo o pior, pode em certos casos ser útil, ao menos como testemunho do seu tempo" [*au moins pour le témoignage de son temps*].[59]

Até mesmo o pior, ou talvez justamente o pior: a distância do gosto dominante facilitou a leitura dos textos literários medievais numa ótica documental. Mas Chapelain deu mais um passo, transformando a distância em proximidade emotiva. Ménage o entendeu, pois pelo final do diálogo *De la lecture des vieux romans* ele parece aceitar o ponto de vista de seu interlocutor: "Por meio de um livro como *Lancelot* tornamo-nos amigos íntimos daqueles personagens, a ponto de colher a própria essência da alma deles".[60]

9. Essas palavras enfáticas remetem a algo que conhecemos bem: o ímpeto imperceptível que ocorre sempre que nos aproximamos de um texto de ficção. Vem à mente o famoso trecho em que Coleridge, partindo de um caso extremo (a descrição de acontecimentos sobrenaturais), procurou definir os efeitos da poesia em geral. Trata-se, escreveu Coleridge, de:

> transferir da nossa natureza interior uma aparência de verdade suficiente para garantir a essas sombras da imaginação a deliberada e temporária suspensão da incredulidade, que constitui a fé poética [*a semblance of truth sufficient to procure for these shadows of imagination that willing suspension of disbelief for the moment, which constitutes poetic faith*].[61]

A fé poética dá corpo às sombras, dá-lhes um semblante de verdade, nos faz sofrer "por nada! por Hécuba!".[62] A fé histórica funcionava (e funciona) de modo totalmente diferente.[63] Ela nos permite superar a incredulidade, alimentada pelas objeções recorrentes do ceticismo, referindo-se a um passado invisível, graças a uma série de oportunas operações, sinais traçados no papel ou no pergaminho, moedas, fragmentos de estátuas erodidas pelo tempo etc.[64] Não só. Permite-nos, como mostrou Chapelain, construir a verdade a partir das ficções [*fables*], a história verdadeira a partir da falsa.

5. Os europeus descobrem (ou redescobrem) os xamãs

1. Em um livro publicado em Veneza em 1565, e reimpresso e traduzido muitíssimas vezes — *La historia del mondo nuovo* [A história do mundo novo] —, o milanês Girolamo Benzoni descreveu o que tinha visto, numa série de viagens que duraram catorze anos, nas "ilhas e mares recém-descobertos" do outro lado do oceano. Sobre a ilha de Hispaniola, contou:

Como em algumas outras províncias desses novos países, há aqui certos arbustos não muito grandes, parecendo canas, que produzem uma folha de forma como a da noz, mas maior, e que é tida em imensa estima pelos camponeses (onde é costume) e bastante prezada pelos escravos, que os espanhóis levaram da Etiópia. Estando, portanto, essas folhas na estação, eles as penduram e, amarradas em maços, as suspendem e fazem fogo, até que estejam bem secas, e quando as querem usar pegam uma folha da espiga com seus grãos, e metendo ali dentro uma daquelas outras as enrolam juntas, como um canhão, e depois de um lado ateiam fogo, e tendo a outra parte na boca puxam a respiração, e assim aquele fumo vai à boca, à garganta e à cabeça, e o suportam o quanto podem tolerar, havendo nisso prazer, e tanto se enchem desse fumo cruel que perdem o sentido; e há os que o pegam com tanta força que caem no chão como se estivessem mortos, e aí ficam, entorpecidos a maior parte do dia, ou da noite. [...] Vede quão pestífero e mau veneno do diabo é isso. Aconteceu-me várias vezes, andando pela província de Guatemala e Nicarágua, entrar em casa de alguns indígenas em que perto havia essa erva que em língua mexicana é chamada tabaco...[1]

No rastro dos formalistas russos, sendo o primeiro de todos Chklóvski, aprendemos a procurar o estranhamento no olhar do selvagem, da criança, ou até mesmo do animal: seres estranhos às convenções do viver civilizado, que registram com olhar perplexo ou indiferente, denunciando assim, indiretamente, a insensatez das coisas.[2] Aqui estamos diante de uma situação paradoxalmente inversa: o estranho é o milanês Girolamo Benzoni; quem faz diante de seus olhos o gesto insensato de acender um cigarro e fumá-lo são os selvagens índios — contrafigura de nós mesmos, habitantes do mundo civilizado. Na fuga de Girolamo Benzoni ("e logo sentido o fedor agudo desse fumo verdadeiramente diabólico e fétido, era forçado a partir com grande rapidez e ir para outro lugar") somos tentados a ver a antecipação simbólica de um fenômeno histórico plurissecular: o recuo dos não fumantes diante do avanço — que talvez já tenha atingido seu limite extremo — do exército dos fumantes de tabaco.

A página do viajante milanês é um dos inúmeros testemunhos do encontro entre os europeus e as perturbadoras novidades de além-mar: animais, plantas, costumes. Hoje é moda analisar esses documentos a partir de uma categoria extremamente genérica, a do encontro com o Outro: expressão de sabor meio metafísico, que no entanto sublinha oportunamente a estreita ligação, nessas reações, entre alteridade natural e alteridade cultural. À invectiva de Girolamo Benzoni contra os efeitos do tabaco ("Vede quão pestífero e mau veneno do diabo é isso"), segue-se, mais adiante, uma descrição de como a planta era utilizada pelos médicos indígenas com fins terapêuticos. O doente, "embriagado" de fumo, "voltando a si dizia mil matérias, de ter estado no concílio dos deuses, passando visões altas": então os médicos o "giravam [...] três ou quatro vezes, e com as mãos o esfregavam no corpo e nos rins, fazendo-lhe muitos gestos com a cara, segurando um osso ou uma pedra na boca; as quais coisas as mulheres conservam como santas, tendo-as como boas para fazer parir...".[3] É claro que aos olhos do viajante milanês os médicos indígenas eram simples feiticeiros; e os efeitos do tabaco por eles ministrado, meras alucinações simbólicas.

Essas conotações negativas do tabaco se encontram, embora misturadas a considerações opostas, no livro, publicado poucos anos depois, do médico sevilhano Monardes: *Primera y segunda y tercera partes de la historia medicinal* [Primeira, segunda e terceira partes da história medicinal].[4] De um lado, exaltações das "grandes virtudes" curativas do tabaco, havia pouco introduzido nos jardins e nas hortas da Espanha, para tratamento de todo tipo de enfermidade: asma, mal de peito, dores de estômago, mal de útero. De outro, descrições escandalizadas do uso que os índios, em suas cerimônias religiosas, faziam dessa erva milagrosa. Antes de adivinharem o futuro, escreve Monardes, os sacerdotes se entorpeciam com o fumo de tabaco até caírem no chão como mortos: depois, uma vez voltando a si, respondiam às perguntas que lhes tinham sido feitas, interpretando "a seu modo, ou seguindo a inspiração do Demônio", os fantasmas e as ilusões que se representam em estado de catalepsia. Mas não eram apenas os sacerdotes que se "embriagavam" (*emborracharse*) com o fumo do tabaco: os índios costumavam fazer o mesmo para ter prazer com as imagens que se apresentavam à sua mente, das quais também extraíam indicações para o futuro. "E como o Demônio é enganador e tem conhecimento das ervas", comenta Monardes, "ensinou aos índios a virtude do tabaco, para que graças a ela vissem aquelas imaginações e fantasmas que o tabaco lhes representa."

Para Monardes, portanto, uma das características do tabaco é a faculdade de proporcionar "imaginações e fantasmas", o que os médicos da Antiguidade tinham atribuído à raíz da beladona, do anis, do rábano.[5] Mas a comparação mais detalhada versa, na obra de Monardes, em torno de duas substâncias, ambas dotadas de faculdades alucinógenas e largamente consumidas nas Índias Orientais: o *bangue* e o *anphion* — identificáveis, respectivamente, com a maconha e o ópio. Sobre o *bangue* (ou *Cannabis indica*, como foi denominado pelos botânicos europeus), Monardes cita e utiliza as páginas dedicadas a essa planta pelo médico português Garcia da Orta, autor de uma obra em forma de diálogo sobre as ervas e os aromas das Índias Orientais; mas acrescenta detalhes e precisões baseados em observações diretas.[6] Garcia da Orta falava genericamente da difusão do *bangue* e do ópio; Monardes afirma que o ópio é usado preferivelmente pelos pobres, enquanto os ricos optam pelo *bangue*, mais saboroso e perfumado. Poucos anos antes, o médico Cristóbal Acosta, de Burgos, traçara em seu *Tractado de las drogas y medicinas de las Indias Orientales* [Tratado das drogas e medicinas das Índias Orientais] uma tipologia dos consumidores do *bangue*: alguns o tomavam para esquecer o cansaço e dormir sem pensamentos; outros, para se deleitarem no sono com sonhos e ilusões variadas; outros, para se embriagarem; outros, pelos seus efeitos afrodisíacos (sobre os quais Monardes silencia de todo); os grandes senhores e os capitães, para esquecer aquilo que os preocupa.[7] Todos os testemunhos concordam em sublinhar a dependência dos habitantes das Índias Orientais a essas substâncias tóxicas: cinco grãos de ópio, observava Monardes, perplexo, matam um de nós; sessenta grãos dão a eles saúde e repouso.

Repouso, *descanso*, em espanhol: os bárbaros das Índias Ocidentais (é ainda Monardes que escreve) recorrem ao tabaco para tirar o cansaço; os das Índias Orientais recorrem ao ópio — substância que por lá é muito comum, e vendida nas lojas.[8] No Peru, informava por sua vez Girolamo Benzoni, os indígenas "levam na boca uma erva chamada coca, e a levam como para a manutenção, porque caminharam todo o dia sem comer e sem beber: e essa erva é a principal mercadoria deles...".[9] O significado desses testemunhos é claríssimo, para quem os examina numa perspectiva longa e plurissecular. As viagens de exploração transoceânica deram início a uma circulação de substâncias inebriantes e entorpecentes tão vasta e intensa que pode ser comparada à unificação microbiana do globo ilustrada por Emmanuel Le Roy Ladurie num famoso ensaio.[10] De fato, em poucos séculos, tabaco, ópio, maconha e derivados da coca penetraram (de variados modos e em escalas muito diferentes) na cultura dos povos colonizadores; vinho e bebidas alcoólicas penetraram, em tempo muito mais rápido, nas culturas dos povos colonizados.

Toquei num problema trágico, que quase sempre é enfrentado com leviandade irresponsável. Porém, urge dissipar um possível equívoco. Já houve quem afirmasse que, tendo em vista que todas as substâncias inebriantes e entorpecentes são "drogas", e portanto potencialmente nocivas, é inevitável — se não desejamos cair num insustentável proibicionismo generalizado — legalizar sua venda, sem exceções. Considero a conclusão artificiosa; e a premissa que deveria fundamentá-la, falsa. Muitas, talvez a maioria das sociedades humanas, utilizaram e utilizam, em formas e circunstâncias muito diferentes, substâncias que permitem a quem as consome o acesso temporário a uma esfera de experiências distintas das habituais. A evasão temporária (parcial ou total) da história é um ingrediente que não pode ser eliminado da história humana. Mas o grau de controle que cada cultura — e, naturalmente, dos indivíduos que dela fazem parte — exerce diante dessas substâncias é muito variado, e só em parte explicável por uma análise farmacológica de seus efeitos. Sempre intervém também um filtro, um componente cultural cujo funcionamento em grande parte nos escapa. Por que as bebidas alcoólicas, com que as sociedades europeias aprenderam, bem ou mal, a conviver ao longo de alguns milênios (no caso do vinho) ou de alguns séculos (no caso das bebidas destiladas), tiveram em poucos decênios um efeito tão profundamente destrutivo entre as culturas indígenas da América setentrional?

Trata-se de um exemplo clássico. Cito-o aqui porque me permite introduzir uma página extraordinária, extraída da relação que o jesuíta francês Paul de Brebeuf enviou em 1636 ao padre provincial da Companhia para informá-lo dos acontecimentos ocorridos naquele ano na missão do Québec. Um dos padres tinha explicado aos indígenas (a relação os chama, naturalmente, de "*sauvages*") que a grande mortalidade que os atingia se devia ao vinho e aos licores, pois não sabiam usá-los com moderação. "Por que não escreves ao teu grande Rei", dissera um dos indígenas, "para que ele proíba trazer essas bebidas que nos matam?" Os franceses, respondera o jesuíta, precisam delas para enfrentar as viagens por mar e os grandes frios dessas regiões. "Faz então de modo que", respondera o outro, "só eles as bebam." Nesse momento, levantou-se outro indígena: "Não são essas bebidas que nos tiram a vida, são as vossas escritas: desde que descrevestes nosso país, nossos rios, nossas terras e nossos bosques, nós todos morremos, o que não acontecia antes de vossa chegada".

Paul de Brebeuf e seus confrades tinham ouvido essas palavras com grandes risadas.[11] Hoje, três séculos e meio depois, podemos admirar a lucidez do indígena desconhecido e lhe dar, enfim, razão. A geografia dos jesuítas servia de elemento precursor à conquista colonial europeia, era o seu primeiro passo.[12] O consumo desmedido das bebidas alcoólicas levadas pelos europeus era apenas um aspecto da desagregação cultural dos indígenas ocasionada pela colonização.

Até mesmo o uso das substâncias inebriantes e entorpecentes por parte dos povos colonizadores foi, tudo indica, condicionado por filtros de caráter cultural. Mas o modo como esses filtros agiram nada tem de óbvio. Um apostador imaginário do século XVI que tivesse procurado prever, com base nas reações dos viajantes, missionários e médicos-botânicos, quais seriam as primeiras substâncias inebriantes ou entorpecentes, difundidas fora da Europa, a entrar e a fazer parte do consumo do velho continente, presumivelmente teria apostado no *bangue*, no ópio ou na coca. Na verdade, para eles é usado (ao menos nos testemunhos que me são conhecidos) um tom neutro, destituído de qualquer reprovação moral ou religiosa. O tabaco, ao contrário — mesmo nas páginas de quem, como o médico sevilhano Monardes, insiste nas suas extraordinárias virtudes medicinais —, relembra insistentemente o vício, o pecado ou até mesmo o Demônio. Mas, apesar dessas condenações — ou talvez em parte graças a elas —, o que se impôs na Europa foi justamente o "pestífero e mau" tabaco.[13]

2. Por que essas substâncias inebriantes suscitaram, nos viajantes europeus do século XVI, reações tão diversas? Uma resposta a essa pergunta não pode deixar de ser cautelosa e provisória. Pelo que sei, a maconha (ou *bhang*, caso se prefira), o ópio e a coca não dispõem de uma bibliografia histórica aprofundada e sistemática comparável aos cinco volumes in-fólio que Jerome E. Brooks publicou, a partir de 1937, com o título *Tobacco*.[14] É provável que as conjecturas que vou formular devam ser corrigidas por pesquisas mais amplas e aprofundadas.

Partirei de algumas páginas de uma obra famosa: a *Historia general y natural de las Indias* [História geral e natural das Índias], de Gonzalo Fernández de Oviedo (1535). O segundo capítulo do quinto livro é dedicado ao uso do tabaco na ilha Hispaniola. Desde o início, ressoa na voz de Oviedo um tom de forte reprovação moral: "Os índios desta ilha, além dos outros vícios, tinham um péssimo [*muy malo*]: o de inalar fumo, que chamam tabaco, com o objetivo de perder os sentidos".[15] Segue-se uma descrição que concorda em muitos pontos com a que é feita, alguns decênios depois, pelo milanês Girolamo Benzoni (que, tudo indica, ao redigir seu livro teve o de Oviedo diante dos olhos).[16] Os índios, observa Oviedo, cultivam a planta, considerando seu uso como coisa "não apenas sã mas santa" (*no tan solamente les era cosa sana, pero muy sancta cosa*). Às vezes recorrem a ela para aliviar dores físicas; e assim fazem também alguns cristãos. Os escravos negros se servem dela para eliminar o cansaço acumulado no final de um dia de trabalho. Mas a essas notas descritivas se acrescenta, no parágrafo conclusivo, a condenação:

> A esse propósito me parece oportuno lembrar um uso vicioso e mau, praticado, junto com outros hábitos criminosos, pelos habitantes da Trácia, segundo o que escreve Abulensis sobre Eusébio, *De observatione temporum* (III, 168), em que afirma que todos, homens e mulheres, têm o costume de se reunirem em torno do fogo para comer, e que folgam muito estar ou parecer bêbados; e que como não têm vinho, pegam as sementes de certas ervas que crescem naquelas partes e as torram entre as brasas. O perfume que exala dessas sementes embriaga todos os presentes, mesmo em ausência de vinho. A meu ver, isso corresponde ao tabaco que esses índios tomam.[17]

Abulensis é o teólogo espanhol Alonso de Madrigal, mais conhecido como Alonso Tostado, bispo de Ávila. No seu comentário à *Storia ecclesiastica* [História eclesiástica], publicado em Salamanca em 1506, ele fala, com base numa passagem do *Polyhistor* — a difundida compilação de Solino —, do costume dos trácios de se reunirem em volta do fogo para se embriagarem com o fumo de certas sementes torradas.[18] Mas a alusão de Tostado à ausência de vinho entre os trácios deriva da fonte de Solino, o geógrafo Pomponio Mela. Este, no primeiro século depois de Cristo, redigiu a obra *De orbis situ*, que descreve, no capítulo dedicado à Trácia (II, 2), a cerimônia que já conhecemos.[19]

A história não acaba aqui, porque Pomponio Mela, por sua vez, havia transferido aos trácios a descrição fornecida por Heródoto (IV, 73-5) de um costume dos citas. Mas sobre isso falarei mais adiante. Primeiro quero esclarecer o sentido dessa digressão. Ela permitiu reconstituir o filtro cultural que possibilitava a Oviedo (e não só a ele, como se verá) domesticar a alteridade natural e cultural do continente norte-americano. Graças a Pomponio Mela e a Solino, a erva inebriante fumada pelos índios era identificada com aquela, não tão bem identificada mas com efeitos igualmente inebriantes, usada pelos trácios. Um elemento óbvio facilitava essa assimilação: a embriaguez proporcionada pelas bebidas alcoólicas, e em primeiro lugar pelo vinho, constituía, tanto para um cosmógrafo latino do século I d.C. como para um viajante francês ou italiano de catorze ou quinze séculos depois, o modelo implícito para se descrever e avaliar a ação provocada por qualquer substância inebriante. Pomponio Mela observava que os trácios, embora não conhecendo o vinho, entram num estado de alegria parecido com a embriaguez ao aspirarem o fumo exalado das sementes tostadas de uma erva não muito bem descrita. Em 1664, o jesuíta François du Creux escrevia, na sua história do Canadá, que os habitantes daquelas terras viajam sempre munidos de *petun*, ou seja, de tabaco, e de um "tubo bastante comprido" (uma espécie de cachimbo) para poder entrar num estado de embriaguez "semelhante à do vinho".[20] Também é muito possível que esse douto jesuíta, disposto a comparar o nomadismo dos índios canadenses com o dos citas,[21] conhecesse o trecho de Pomponio Mela. Mas a percepção do tabaco como alternativa ao vinho vai muito além de um ocasional eco erudito. Ela permeia o vocabulário dos viajantes e missionários. "Encontram-se aqueles que se contentam em beber esse fumo", escrevera Girolamo Benzoni a propósito dos indígenas da ilha de Hispaniola. Os selvagens do Canadá "*usent aussi du petun* [tabaco] *et en boivent la fumée*" [também usam o tabaco e sorvem sua fumaça], lemos numa relação escrita meio século depois pelo jesuíta Pierre Biard.[22]

A muitos observadores europeus não escapou o fato de que o tabaco era usado pelos índios norte-americanos em ocasiões de caráter ritual. É ainda Pierre Biard que sublinha que, entre os selvagens da Nova França, algumas cerimônias — das decisões aos tratados e às audiências públicas — preveem o uso do *petun*: "Põem-se em círculo em torno de um fogo, passando-se o cachimbo de mão em mão, e desse modo passam muitas horas juntos com grande prazer".[23] O reconhecimento de uma dimensão ritual, se não pura e simplesmente religiosa, do uso do tabaco se percebe também nas palavras já lembradas de Oviedo: para os índios de Hispaniola isso é coisa "não só sã mas santa". E já conhecemos o emprego que os sacerdotes faziam do tabaco, na mesma ilha. Tudo isso sugere que o tabaco, como instrumento de desejos privados e rituais públicos, se assemelhava, aos olhos dos observadores europeus, a um vinho às avessas: uma espécie de bebida sagrada, mas utilizada pelos indígenas em cerimônias consideradas idolátricas. Daí a diferença entre o distanciamento em relação ao ópio, ao *bhang* e à coca — substâncias inebriantes que os observadores europeus associavam, com ou sem razão, a um tipo de consumo puramente privado — e a hostilidade demonstrada ao tabaco.[24]

Uma hostilidade destinada, porém, a ceder diante da ofensiva maciça dos produtores de tabaco, charutos e cachimbos.[25]

No início do século XVI, como lembramos, Oviedo decifrara os índios fumantes de tabaco graças aos textos de Pomponio Mela e de Solino sobre os trácios. Em meados do século XVII a situação se inverteu, e o grande erudito Isaac Vossius leu no trecho de Pomponio Mela uma alusão ao tabaco. A hera, o medronheiro, o ciclâmen podem proporcionar embriaguez: mas qual outra erva, "praeter nicotianam", tem condições de entorpecer como o fumo?[26]

Essa pergunta retórica dava como certo que o fumo já era conhecido na Antiguidade: tese várias vezes avançada, desde o século XVI.[27] Voltou a ser amplamente discutida, em 1724, pelo erudito jesuíta Joseph-François Lafitau, na obra *Mœurs des sauvages amériquains, comparées aux mœurs des premiers temps* [Costumes dos selvagens americanos comparados aos costumes dos primeiros tempos] (1724).[28] Quanto aos gregos e romanos, Lafitau chegou, talvez um pouco a contragosto, a uma conclusão negativa. Mas um trecho de Máximo de Tiro sobre os citas,[29] assim como os já lembrados de Pomponio Mela e Solino sobre os trácios, lhe pareceram constituir sólidas provas (embora não definitivas) do uso do tabaco por parte daquelas populações bárbaras. Era um elemento que se somava aos outros inúmeros que demonstravam, segundo Lafitau, a origem europeia dos primeiros habitantes do continente americano.[30] No entanto, a demonstração da antiguidade do uso do tabaco desembocava numa inflamada exaltação das suas virtudes, significativa porque escrita em termos positivamente não eurocêntricos, e que assim derrubavam as precedentes conotações negativas. Aquilo que na Europa era um simples consumo voluntário, na América era (sublinhava Lafitau) uma erva sagrada, "de múltiplos usos religiosos" [*à plusieurs usages de religion*]. Além do poder que lhe é atribuído de "amortecer o fogo da concupiscência e as revoltas da carne, [o tabaco serve] para iluminar a alma, purificá-la, predispô-la aos sonhos e às visões extáticas; serve para evocar os espíritos, forçando-os a comunicar com os homens; para tornar esses espíritos favoráveis às necessidades das populações que lhes homenageiam; e para curar todas as enfermidades da alma e do corpo...".[31]

3. Sonhos e visões extáticas, comunicações com os espíritos: estamos nos aproximando do tema anunciado no título destas páginas: *Os europeus descobrem (ou redescobrem) os xamãs*. Tudo o que foi dito até aqui constitui uma série de digressões só aparentes, impostas pela natureza fugidia do objeto do discurso.

Nos anos em que o jesuíta Lafitau entregava a seus impressores o fruto de suas grandiosas e arriscadas meditações sobre os costumes do continente americano, a penetração russa na Ásia Central e no Extremo Oriente estava em plena expansão. Escritos pelos mais variados personagens, começaram a chegar ao Ocidente relatos daquelas terras remotas e das populações nômades que as habitavam.[32] Em 1698, um negociante de Lubeck, Adam Brand, secretário de uma embaixada enviada à China por Pedro, o Grande, escreveu uma relação, logo traduzida em diversas línguas europeias, que pela primeira vez registrava o termo tungue "xamã", como sinônimo de sacerdote ou mago.[33] A Brand fez eco, alguns anos depois (1704), o negociante holandês E. Isbrants Ides, que havia guiado a mesma embaixada.[34] Pouco mais tarde, o capitão dos dragões Johann Bernhard Müller, já a serviço do rei da Suécia, e depois prisioneiro de guerra dos russos, inseriu numa relação sobre os ostiaks e seus costumes uma descrição analítica (embora, tudo indica, não baseada em testemunho direto) de uma assembleia xamânica, acompanhada de catalepsias e adivinhações.[35] Em meados do século XVIII começaram a aparecer os trabalhos, algo imponentes, de estudiosos que tinham participado de verdadeiras expedições científicas à Sibéria, como a que se prolongou por quase um decênio e era formada por Johann Georg Gmelin, professor de química e botânica em Tübingen, pelo médico Messerschmidt, pelo filólogo Müller e pelo botânico Amman. Numa prolixa relação de viagem em três volumes, Gmelin contou seus encontros com os xamãs tungues e buriatos, que em alguns casos lhe revelaram seus truques.[36] Gmelin considerava esses indivíduos, é claro, uns grosseiros trapalhões; todavia, transcreveu escrupulosamente seus cantos.[37] Até mesmo os êxtases deles eram motivo de sua curiosidade: na sua grande obra latina sobre a flora siberiana ele notou que os buriatos se serviam da genebra para despertar do estupor seus *"praestigiatores"* (isto é, xamãs), e que os habitantes de Kamchatka usavam em seus cultos idolátricos a urtiga, que se dizia ser muito boa para proporcionar visões.[38]

Essa convergência de observações assegurou aos xamãs siberianos, durante poucos decênios, um papel de relevo no panorama traçado pela ciência comparada das religiões, então em vias de elaboração.[39] Um exemplo significativo nesse sentido é a pequena obra de Meiners, um professor de Gottingen: *Grundriß der Geschichte aller Religionem* [Esboço da história de todas as religiões] (Lemgo, 1785). O título é enganoso: trata-se de incunábulo da fenomenologia, não da história das religiões. A escolha de uma exposição "baseada na sucessão natural dos elementos constitutivos mais importantes" [*nach der natürlichen Folge ihrer wichtigsten Bestandtheile*], em vez da sucessão cronológico-geográfica, considerava em bloco todas as religiões, reveladas ou não, com óbvias implicações deístas. Aos xamãs era atribuído um nicho à parte, no capítulo dedicado, com significativa aproximação, aos *jongleurs* (literalmente, jograis) e aos sacerdotes.[40] Mas depois a subdivisão por tema fazia com que os xamãs reaparecessem nos lugares menos prováveis: por exemplo, no final das notas bibliográficas do capítulo sobre o sacrifício (compreendendo também os sacrifícios humanos), que começam com o Pentateuco, continuam com autores gregos e romanos e terminam com um viajante contemporâneo, J. G. Georgi, autor de uma descrição da Sibéria.[41]

Dez anos antes, Meiners havia publicado um amplo ensaio, "Sobre os mistérios dos antigos, e em particular sobre os segredos eleusínios", precedido de uma introdução de caráter comparado.[42] Aí ele havia diferenciado os mistérios celebrados pelos sacerdotes e os mistérios ligados a doutrinas orais ou escritas: em nenhuma das duas modalidades o fenômeno podia ser considerado universal. Isso era algo desconhecido dos samoiedas, dos habitantes de Kamchatka, das ordens dos tártaros (a respeito das quais Meiners remetia a Gmelin), dos californianos, dos esquimós, dos lapões e dos groenlandeses. A propósito de nenhuma dessas populações, observava Meiners, pode-se falar de religião comum ou de deuses nacionais, nem mesmo de sacerdotes no sentido próprio, mas apenas de "charlatães e adivinhos" [*Quacksalber und Wahrsager*].[43] Desse modo, os xamãs, ainda que evocados e não nomeados diretamente, entravam de forma estável na história religiosa da humanidade como uma marca do estágio mais pobre, mais elementar.

4. Assim, graças à expansão do Império Russo para o Oriente, os europeus descobriram os xamãs. Descobriram, ou, melhor, redescobriram. Essa precisão me parece oportuna por dois motivos. Em primeiro lugar, entre os séculos XVI e XVII eruditos como Peucer e Scheffer tinham recolhido e transmitido informações sobre os feiticeiros lapões, estreitamente aparentados (como Meiners percebera muito bem) aos xamãs siberianos.[44] Em segundo lugar, como procurei demonstrar amplamente em outro texto, dentro do bem conhecido estereótipo do sabá dos feiticeiros e feiticeiras encerrava-se um antiquíssimo núcleo xamânico.[45]

Conhecer (ou reconhecer) são operações complicadas. Percepções e esquemas culturais se entrelaçam, condicionando-se mutuamente. Para o médico sevilhano Monardes os sacerdotes índios que, ao saírem da catalepsia causada pelo fumo do tabaco, se punham a adivinhar o futuro eram inspirados pelo Demônio. Um grande erudito como Vossius reconhecera nos trácios de Pomponio Mela fumantes de tabaco. Vossius certamente se enganava (e, com ele, Lafitau). Mas, inversamente, estava certíssimo ao relembrar, a propósito do trecho de Pomponio Mela, a descrição de um rito dos citas, tirado do livro IV de Heródoto.[46] Ei-la:

> Depois de um funeral, os citas se purificam desse modo. Depois de esfregarem a cabeça com unguentos e em seguida lavá-la, eis o que fazem para o corpo: erguem três varas, inclinadas uma para a outra, e estendem ao redor cobertas de feltro de lã, ligando-as entre si o mais apertado possível, e depois, numa bacia que é posta no meio dessas varas e dessas cobertas, jogam pedras que ficaram incandescentes no fogo. Eles têm o cânhamo, porque cresce na terra deles, e é muito parecido com o linho, exceto a espessura e o comprimento [...]. Essa planta cresce espontânea e também é semeada, e com ela os trácios confeccionam também roupas que se parecem muitíssimo com as de linho [...]. Ora, pois, os citas pegam as sementes desse cânhamo, e, tendo se introduzido sob as cobertas de que se falou, jogam essas sementes sobre as pedras aquecidas. À medida que é jogada, a semente espalha um grande vapor e solta exalações odorosas tão intensas que nenhuma estufa grega poderia superá-las: e os citas, deliciados com esse banho de vapor, gemem de prazer. Isso tem para eles a função do banho, porque nunca lavam o corpo com água.[47]

As passagens mais ou menos parecidas de Máximo de Tiro, de Pomponio Mela e Solino, relacionadas respectivamente com os citas (o primeiro) e os trácios (os outros dois), derivam dessa página de Heródoto. Ela constitui um documento histórico de grande importância. Pelo que sei, o primeiro passo para a sua interpretação correta foi dado por um antiquário-naturalista, Engelbert Kaempfer (1651-1716).[48] As tabelas que acompanham a coleta das observações acumuladas durante anos e anos de viagens — *Amoenitatum Exoticarum politico-physico-medicarum fasciculi V* — dão uma ideia da ilimitada curiosidade de Kaempfer: passa-se de uma inscrição em caracteres cuneiformes transcritas das ruínas de Persépolis à esmerada representação dos pontos usados pelos acupunturistas japoneses para curar a diarreia intestinal.[49] Uma das observações (*"Kheif seu Keif, sive inebriantia Persarum et Indorum"*) discute as propriedades e os efeitos do tabaco, do ópio e do *cannabis*, ou *bangue*: neste último Kaempfer identificou a planta que inebriava com a fumaça os citas e os trácios.[50]

Essas linhas passaram, pelo que eu sei, despercebidas. No final do século XVIII, outro personagem, não menos extraordinário — o conde Jan Potocki, autor do *Manuscrito encontrado em Saragoça*, o romance que uma edição parcial, organizada por Roger Caillois, tornou famoso no mundo inteiro —, chegou, de modo independente, a conclusões semelhantes.[51] Num livro admirável, publicado em Petersburgo em 1802, *Histoire primitive des peuples de la Russie* [História primitiva dos povos da Rússia], Potocki decifrou pontualmente no livro IV de Heródoto os usos das populações nômades da Ásia Central. Nos adivinhos citas ele reconheceu sem hesitar "os xamãs da Sibéria".[52] Não havia encontrado vestígios, entre as populações tártaras, do costume de se entorpecerem com o fumo das sementes de cânhamo tostadas; mas observava que o haxixe, muito difundido no Cairo (onde ele passara uma temporada em 1790), dá uma embriaguez diferente daquela do ópio e das bebidas fermentadas, porque *"tient davantage de la folie"*.[53]

Até mesmo essas intuições passaram despercebidas. Num ensaio lido em 1811 e depois reelaborado para publicação em

1828, Niebuhr traçou com mão de mestre as linhas da história mais antiga dos citas, dos getas e dos sármatas, chegando a conclusões substancialmente parecidas com as de Potocki, mas sem mencioná-lo, decerto porque não conhecia seu livro. Na cerimônia funerária descrita por Heródoto (IV, 73-5), Niebuhr viu sem hesitação um ritual xamânico, que confirmava a hipótese por ele sustentada (e até agora discutida) de uma origem mongólica de parte das populações citas.[54]

A coincidência entre Potocki e Niebuhr sobre esse ponto específico não é casual. No curso de literatura eslava pronunciado no Collège de France em 1842-3, Adam Mickiewicz disse que Potocki tinha sido "o primeiro dos historiadores da Europa moderna a reconhecer a importância da tradição oral. Niebuhr pedia explicações sobre a história de Rômulo e Remo aos camponeses e às velhas dos mercados romanos. Muito tempo antes dele, Potocki tinha meditado nas cabanas dos tártaros sobre a história dos citas". E concluía: Potocki viajou, observou os lugares, falou com as pessoas — coisas que nenhum antiquário tinha feito antes dele.[55]

Mickiewicz, compreensivelmente, exagerava: basta pensar nas viagens feitas, por volta do final do século XVII, pelo antiquário e naturalista Kaempfer. Mas decerto tinha razão ao sublinhar a riqueza de uma visão redescoberta, nos últimos decênios, pelos estudiosos da etno-história. Por esse caminho se aventurara Karl Meuli, que, num ensaio publicado em 1935 ("Scythica"), em certa medida redescobriu, talvez pela última vez, as conotações xamânicas do rito funerário cita descrito por Heródoto. Digo "em certa medida redescobriu" porque nas copiosas notas que acompanham as páginas de "Scythica" faltam os nomes de Kaempfer e de Potocki, que em maior ou menor grau haviam antecipado suas teses fundamentais; não falta, porém, o nome de Niebuhr.[56] Nada disso diminui a originalidade do belíssimo ensaio de Meuli, que pela primeira vez analisava em profundidade os elementos xamânicos presentes na cultura cita, assim como sua absorção por parte dos colonos gregos instalados nas margens do mar Negro.[57]

Os resultados de uma escavação arqueológica feita poucos anos antes nas montanhas do Altai oriental tinham fornecido, sem que Meuli soubesse, uma confirmação antecipada e imprevisível das conclusões de seu ensaio. Na localidade chamada Pazyryk se encontraram alguns túmulos, que datavam de dois ou três séculos antes de Cristo, em que havia, conservados sob o gelo, um cavalo disfarçado de rena (hoje exposto no Hermitage); um tambor parecido com aqueles usados pelos xamãs; e algumas sementes de *Cannabis sativa*, em parte conservadas num recipiente de couro, em parte tostadas entre pedras contidas numa pequena bacia de bronze.[58]

5. Creio que o acúmulo do conhecimento sempre ocorre assim: por linhas quebradas em vez de contínuas; por meio de falsas largadas, correções, esquecimentos, redescobertas; graças a filtros e esquemas que ofuscam e fazem ver ao mesmo tempo. Nesse sentido, o episódio interpretativo que reconstituí com minúcia talvez excessiva pode ser considerado quase banal: não a exceção, mas a regra.

6. Tolerância e comércio — Auerbach lê Voltaire*

a Adriano Sofri

1. Na sexta das *Cartas filosóficas* de Voltaire (1734, mas escritas poucos anos antes), encontra-se uma página famosa:

> Entrem na Bolsa de Londres, esse lugar mais respeitável do que muitas cortes; verão reunidos aí os deputados de todas as nações para a utilidade dos homens. Lá, o judeu, o maometano e o cristão tratam um com o outro como se fossem da mesma religião e só chamam de infiel quem vai à bancarrota; lá o presbiteriano confia no anabatista e o anglicano aceita a promessa do quaker. Ao saírem dessas reuniões pacíficas e livres, uns vão para a sinagoga, outros vão beber; este vai se fazer batizar numa grande pia em nome do Pai, do Filho e do Espírito Santo; aquele faz cortarem o prepúcio do filho e mur-

---

* Em 1999, discuti uma versão anterior destas páginas, em inglês, com meus alunos da UCLA, com os participantes do European History & Culture Colloquium (Department of History, UCLA), com Pier Cesare Bori, com Alberto Gajano, com Francesco Orlando, com Adriano Sofri. A versão italiana leva em conta as suas observações e as críticas que me foram comunicadas por David Feldman. A todos, o meu agradecimento.

murarem sobre o menino palavras hebraicas que não entende; aqueles outros vão à sua igreja esperar a inspiração divina, com o chapéu na cabeça, e todos estão contentes.[1]

Erich Auerbach deteve-se longamente nesse texto em seu grande livro (*Mimesis*, 1946). Sua análise se abria com uma advertência: a descrição de Voltaire não tem pretensões realistas. A frase não é óbvia, assim como não era óbvia para Auerbach a noção de realismo.[2] Entre as muitas variantes de realismo analisadas em *Mimesis*, encontramos o realismo moderno, exemplificado pelos romances de Balzac e Stendhal, nos quais acontecimentos e experiências pessoais se entrelaçam com forças históricas impessoais.[3] Uma dessas forças é o mercado mundial evocado por Voltaire na página sobre a Bolsa de Londres. Auerbach, por sua vez, preferiu salientar as características voluntariamente deformadoras de uma descrição que, tirando os detalhes das cerimônias religiosas fora de seus respectivos contextos, faz delas algo de absurdo e cômico. Trata-se, observava Auerbach, de uma "técnica de refletor" (*Scheinwerfertechnik*), típica da propaganda:

> Especialmente nas épocas agitadas, o público sempre cai nessa arapuca, e todos somos capazes de extrair um bom número de exemplos do passado mais recente. [...] Quando uma forma de vida ou um grupo social esgotou seu papel ou apenas perdeu o apoio ou a tolerância, qualquer iniquidade que a propaganda atirar contra ele será saudada com alegria sádica.[4]

A referência explícita ao nazismo torna a aflorar logo depois numa observação amargamente irônica sobre Gottfried Keller: "Esse homem feliz não podia conceber nenhuma mudança política importante que não fosse ao mesmo tempo uma expansão da liberdade". *Mimesis*, escreveu retrospectivamente Auerbach, "é, de maneira plenamente consciente, um livro escrito por um homem determinado, numa situação determinada, no início dos anos 40 em Istambul".[5] Com essas palavras, Auerbach reafirmava a sua fidelidade ao perspectivismo crítico que havia elaborado refletindo sobre a *Ciência nova* de Vico.[6]

Mais de cinquenta anos se passaram desde a publicação de *Mimesis*. A voz de Voltaire na página comentada por Auerbach soa hoje mais forte do que nunca. Mas para ler adequadamente essa página devemos utilizar uma perspectiva dupla, bifocal, que leve em conta tanto Voltaire quanto seu agudíssimo leitor.

2. A brincadeira com a palavra *infidèle* assim como, em geral, a página de Voltaire sobre a Bolsa de Londres poderiam ter sido inspiradas no célebre elogio da liberdade intelectual e religiosa de Amsterdã contido no último capítulo do *Tratado teológico-político* de Spinoza (1670):

> Tome-se como exemplo a cidade de Amsterdã, que, com seu tão grande crescimento e com admiração de todas as nações, experimenta o fruto dessa liberdade. Com efeito, nessa mui venturosa República e nessa proeminentíssima cidade, todos os homens, de qualquer seita ou nação, vivem em suma concórdia e, para que emprestem seus bens para alguém, somente procuram saber se porventura é rico ou pobre e se costuma agir com boa-fé ou com dolo [*num bona fide, an dolo solitus sit agere*].[7]

As últimas palavras, na anônima tradução francesa do *Tratado teológico-político* publicada em 1678 e difundida com três frontispícios diferentes, seguem de perto o original latino: "S'il est homme de bonne foy ou accoûtumé à tromper".[8]

Nos escritos de Spinoza, a palavra "*fides*" tem, dependendo do contexto, significados diferentes, religiosos ou não: credulidade, preconceito, piedade, lealdade etc.[9] A passagem do âmbito religioso para o âmbito político é explícita no último capítulo do *Tratado teológico-político*: "Enfim, se levarmos em conta o fato de que a devoção de um homem ao Estado, como a Deus, só pode ser conhecida através das ações" [*Quod si denique ad hoc etiam attendamus, quod fides uniuscujusque erga rempublicam, sicuti erga Deum, ex solis operibus cognosci potest...*].[10] Nessas palavras ressoa o eco de um dos autores preferidos de Spinoza. Nos *Discursos sobre a primeira década de Tito Lívio*, Maquiavel sustentara que uma república bem-ordenada requer um vínculo religioso, uma religião cívica comparável à da antiga Roma.[11] Mas no elogio de Amsterdã e das suas liberdades, "*fides*" — mais precisamente a noção jurídica de "*bona fides*" [boa-fé] — significa confiabilidade comercial.[12] Spinoza parece ter aberto caminho para a tirada de Voltaire sobre a bancarrota como forma de infidelidade. Tornamos a encontrá-la, transformada em declaração solene, nas notas de dinheiro americanas: "*In God we trust*".[13]

O cotejo entre o elogio de Amsterdã e a descrição da Bolsa de Londres reforça a hipótese, já formulada numa base totalmente diferente, de que Voltaire conheceu o *Tratado teológico-político* antes de publicar as *Cartas filosóficas*.[14] Mas o tom dos dois trechos é diferente. Para Spinoza, Amsterdã era a demonstração viva da tese de que a liberdade de pensamento não é perigosa do ponto de vista político, mas ao contrário contribui para a felicidade geral por meio da prosperidade do comércio. Voltaire, mais de meio século depois, dava a entender que em Londres a prosperidade do comércio havia tornado as divisões religiosas totalmente irrelevantes. Na batalha histórica entre razão e intolerância religiosa, a Inglaterra era, para Voltaire, um modelo:

*Quoi! N'est-ce donc qu'en Angleterre
Que les mortels osent penser?*

[Como! Com que então é só na Inglaterra
Que os mortais ousam pensar?]

Esses versos, que distorciam agressivamente o significado de um trecho de Horácio (*Ep. I*, 2, 40, *ad Lollium*), transformando o "ser sábio" em "pensar", fazem parte da poesia escrita por Voltaire quando da morte da atriz Adrienne Lecouvreur. Meio século depois, Kant escolheu as mesmas palavras de Horácio, na mesma acepção deformada, para a sua famosa definição do Iluminismo: "*Sapere aude!*".[15]

3. Para exprimir a irrelevância das diferenças religiosas, Voltaire serviu-se do estranhamento, isto é, do processo literário que transforma uma coisa familiar — um objeto, um comportamento, uma instituição — numa coisa estranha, insensata, ridícula. Chklóvski, que foi o primeiro a identificar e analisar esse procedimento, notou que os filósofos fizeram largo uso dele. Nas *Cartas filosóficas*, encontramo-lo a cada passagem. Eis como Voltaire descreve na primeira carta seu encontro com um quaker não nomeado: "Havia mais gentileza no ar aberto e humano do seu rosto do que há em puxar uma perna atrás da outra e levar na mão o que é feito para cobrir a cabeça".[16]

Com uma perífrase laboriosa, deliberadamente deselegante, Voltaire convida o leitor a compartilhar o desprezo do quaker pelos ritos sociais. Pouco depois, o desprezo é ampliado aos ritos religiosos. "Somos cristãos" — diz o quaker — "e procuramos ser bons cristãos; mas não acreditamos que o cristianismo consista em jogar água fria na cabeça, com um pouco de sal."[17]

Depois do batismo, a guerra. Valendo-se do costumeiro procedimento de estranhamento, o quaker descreve, e condena, o alistamento para o serviço militar:

Nosso Deus, que ordenou que amássemos nossos inimigos e sofrêssemos sem nos queixarmos, certamente não deseja que atravessemos o mar para ir degolar nossos irmãos, só porque uns assassinos vestidos de vermelho, com um quepe de dois pés de altura, alistam cidadãos fazendo barulho com dois pauzinhos num couro de burro bem esticado.[18]

O procedimento literário usado por Voltaire tem atrás de si uma longa tradição que remonta a Marco Aurélio.[19] Em seus *Pensamentos*, Marco Aurélio diz do laticlavo dos senadores romanos: "Aquela toga orlada de púrpura nada mais é que lã de carneiro impregnada de sangue de peixe". Voltaire lançou sobre os comportamentos sociais um olhar parecido, reduzindo pessoas e acontecimentos aos seus componentes essenciais. Os soldados não passam de "assassinos vestidos de vermelho, com um quepe de dois pés de altura"; em vez de rufar o tambor, eles fazem "barulho com dois pauzinhos num couro de burro bem esticado". Até os gestos mais óbvios se tornam estranhos, opacos, absurdos, como se vistos pelos olhos de um estrangeiro, de um selvagem ou de um *philosophe ignorant*, como Voltaire se autodefiniu num escrito mais tardio.

Mas o modelo de Voltaire era inglês. Num dos seus cadernos de notas, redigido durante o exílio em Londres (1726-8), Voltaire fez uma comparação que antecipava o suco da sexta carta filosófica: "A Inglaterra é o ponto de encontro de todas as religiões, assim como a Bolsa é o ponto de encontro de todos os forasteiros". Em outra passagem, Voltaire anotou, na sua incerta grafia inglesa, uma versão mais elaborada da mesma ideia:

Onde não há liberdade de consciência raramente se encontra liberdade de comércio, porque a mesma tirania tolhe o comércio e a religião. Nas repúblicas e nos outros países livres, pode-se ver num porto uma quantidade de religiões igual à de navios. O mesmo deus é adorado de formas diversas por hebreus, maometanos, pagãos, católicos, quakers, anabatistas, que escrevem obstinadamente uns contra os outros, mas comerciam livremente, com confiança e em paz; como bons atores que, depois de terem recitado seus papéis e lutado um contra o outro no palco, passam o resto do tempo bebendo juntos.[20]

O título dado a esse trecho — *A Tale of a Tub* — foi considerado "desviante" pelo organizador moderno dos cadernos de notas de Voltaire.[21] Na realidade, esse título nos diz por que caminhos a técnica do estranhamento havia passado a fazer parte da elaboração das *Cartas filosóficas*. Em *A Tale of a Tub* [Conto do Tonel] (1704), Swift havia contado, com contínuas digressões, a história de três filhos que brigam pela herança do pai: uma parábola que simbolizava as disputas entre a Igreja de Roma, a Igreja da Inglaterra e os dissidentes protestantes. Embora criticando asperamente tanto os católicos quanto os entusiastas,* Swift declarava abertamente que os pontos de concordância entre os cristãos eram mais importantes do que as suas divergências.[22] Em suas notas, Voltaire voltou à fonte da parábola de Swift, a história dos três anéis que um velho pai deixa para os filhos; mas ampliou a referência originária a cristãos, hebreus e maometanos, incluindo até os pagãos. Na versão final, ambientada na Bolsa de Londres, em vez de num porto marítimo, os pagãos desapareceram e a mensagem deísta ficou mais atenuada. Mas a dívida de Voltaire para com Swift é mais ampla. *A Tale of a Tub* anunciava a publicação iminente de outros escritos do seu anônimo autor, entre os quais "Uma viagem à *Inglaterra* de uma personalidade eminente de *Terra incognita*, traduzida do original", ideia que reaparece alguns anos depois em

---

* Membros de seitas religiosas inglesas que se diziam diretamente inspirados pelo Espírito Santo. (N. T.)

forma invertida nas *Viagens de Gulliver* (1726). Sem as *Viagens de Gulliver*, Voltaire nunca teria sido o que foi.[23] Podemos imaginar o entusiasmo com que leu o inventário dos objetos contidos nos bolsos de Gulliver, escrupulosamente redigido por dois minúsculos habitantes de Lilliput. Entre esses objetos havia:

> uma grossa corrente de prata com uma maravilhosa espécie de engenhoca na ponta. Mandamos que tirasse aquilo que estava pendurado na corrente: era um globo feito metade de prata, metade de um metal transparente, e desse lado transparente vimos desenhadas umas estranhas figuras circulares [...]. Ele levou essa engenhoca a nossos ouvidos; ela fazia um barulho incessante, parecido com o de uma roda-d'água. E conjecturamos que devia ser algum animal desconhecido ou o deus que ele adorava; mas esta última hipótese é mais verossímil.[24]

Swift transforma um objeto cotidiano numa coisa sagrada; Voltaire transforma um evento sagrado numa coisa cotidiana: "Celui-ci va se faire baptiser *dans une grande cuve* [...]" [Este vai se fazer batizar *numa grande pia...*].[25] Em ambos os casos, vemos desenvolver-se a mesma estratégia de estranhamento. O olhar estupefato do estranho destrói a aura gerada pelo costume ou pela reverência. Nenhuma aura envolve, porém, os intercâmbios comerciais que se realizam na Bolsa de Londres: a racionalidade deles é óbvia.

Na seção das *Cartas filosóficas* dedicada a Swift ("Vingt-deuxième lettre: Sur M. Pope et quelques autres poètes fameux") não se diz nada sobre as *Viagens de Gulliver*. Mas na edição ampliada, publicada em 1756, Voltaire inseriu uma longa passagem sobre *A Tale of a Tub*, identificando como fontes a história dos três anéis e Fontenelle. E concluiu:

Portanto, quase tudo é imitação. A ideia das *Cartas persas* é tirada da ideia do *Espião turco*. Boiardo imitou Pulci, Ariosto imitou Boiardo. Os espíritos mais originais tomam empréstimos uns dos outros. [...] Acontece com os livros a mesma coisa que com o fogo em nossos lares; vamos buscar fogo no vizinho, acendemos o nosso, passamo-lo a outros, e ele pertence a todos.[26]

Uma esplêndida confissão mascarada.

4. Ao que tudo indica, Auerbach não tinha lido o ensaio de Chklóvski sobre o estranhamento.[27] Mas as ideias de Chklóvski, mediadas por Serguei Tretiakov, tiveram uma influência decisiva sobre a obra de Brecht, que Auerbach certamente conhecia muito bem. O *Verfremdungseffekt* de Brecht, tão profundamente ligado à tradição do Iluminismo, recorda de perto a "técnica do refletor" usada por Voltaire.[28] Auerbach salienta, daquela técnica, apenas os riscos, não o potencial crítico: um juízo unilateral que surpreende. Claro, os procedimentos artísticos ou literários são meros instrumentos, que podem ser usados para fins diversos ou até opostos. Uma arma (e o estranhamento também é uma) pode servir para matar uma criança ou para impedir que uma criança seja morta. Mas se examinarmos mais de perto a função do estranhamento nos escritos de Voltaire vemos emergir uma história mais complicada, que lança uma nova luz sobre a descrição da Bolsa de Londres e — indiretamente — sobre a leitura que Auerbach dela fez.

A publicação das *Cartas filosóficas* (1734) coincidiu com a redação do *Tratado de metafísica*, reelaborado até 1738.[29] Nessa obra incompleta, não destinada ao público e impressa somente depois da sua morte, Voltaire explorou a fundo as potencialidades subversivas do olhar de estranhamento que ele havia pousado na

sociedade inglesa. Na introdução ("Dúvidas sobre o homem")
escreveu:

> Poucos se atrevem a ter uma noção ampla do que é o homem. Os
> camponeses de uma parte da Europa não têm da nossa espécie outra
> ideia que a de um animal de dois pés, pele amorenada, que articula
> algumas palavras, cultiva a terra, paga, sem saber por quê, certos tri-
> butos a um outro animal que chamam de *rei*, vendem seus produ-
> tos o mais caro que podem e se reúnem certos dias do ano para
> entoar preces numa língua que não entendem.[30]

Só trinta anos depois Voltaire se arriscou a publicar esse trecho, em forma reelaborada, na pseudônima *Philosophie de
l'histoire* [Filosofia da história], republicada depois como introdução ao *Essai sur les moeurs* [Ensaio sobre os costumes].[31] Na
nova versão, a descrição de estranhamento da sociedade francesa era atribuída, de uma maneira decerto mais plausível, ao próprio Voltaire. No *Tratado de metafísica*, entretanto, o ponto de
vista dos camponeses introduzia em rápida sucessão os pontos
de vista, igualmente parciais, de um rei, de um jovem parisiense,
de um jovem turco, de um padre, de um filósofo. Para transcen-
der essas perspectivas limitadas, Voltaire imaginava um ser vindo
do espaço: uma invenção de cunho swiftiano, retomada mais tarde em *Micrômegas*.[32] Tendo partido em busca do homem, o viajante vê "símios, elefantes, negros, todos os quais parecem ter alguns
lampejos de razão imperfeita". Com base nessas experiências,
declara:

> O homem é um animal negro que tem lã na cabeça, caminha sobre
> duas patas, é quase tão hábil quanto um símio, menos forte que os
> outros animais do seu tamanho, dotado de um pouco mais de
> ideias do que estes e maior facilidade para exprimi-las; sujeito, de

resto, às mesmíssimas necessidades, nasce, vive e morre exatamente como eles.[33]

A ingenuidade do viajante vindo do espaço, por um lado, o faz cair numa generalização ridícula; por outro (mediante uma ambivalência cara a Voltaire), permite-lhe enxergar uma verdade decisiva: os seres humanos são animais. Pouco a pouco, o viajante descobre que aqueles seres pertencem a espécies diversas, cada uma das quais com uma origem independente e uma posição precisa na grandiosa hierarquia do cosmo: "Finalmente vejo homens que me parecem superiores aos negros, assim como os negros são superiores aos macacos e os macacos são superiores às ostras e aos outros animais da mesma espécie".[34]

Para frisar a diversidade entre as espécies humanas, Voltaire comparou-as a diversos tipos de árvore. Vinte anos depois, essa analogia é retomada e desenvolvida no *Essai sur les moeurs* (cap. CXIV). Mais uma vez, os negros tinham na argumentação de Voltaire uma importância decisiva:

> A membrana mucosa dos negros, reconhecidamente negra e que é a causa da cor deles, é uma prova manifesta de que há em cada espécie de homens, assim como nas plantas, um princípio que os diferencia. A natureza subordinou a esse princípio esses diferentes graus de gênio e essas características das nações, que vemos mudar tão raramente. É por causa disso que os negros são escravos dos outros homens. São comprados nas costas da África como animais, e multidões desses negros, transplantados para nossas colônias da América, servem a um pequeníssimo grupo de europeus.[35]

Voltaire pensava que a história humana se desenvolvera no interior de uma hierarquia constituída pelas diversas espécies humanas — hoje diríamos pelas raças. Muito embora as palavras "racismo" e "racista" não existissem na época, parece absolutamente legítimo indagar (como se fez tantas vezes) se Voltaire era ou não racista.[36] Parece útil, no entanto, distinguir preliminarmente racismo em senso lato e racismo em senso estrito. O primeiro sustenta que a) as raças humanas existem e b) são dispostas numa escala hierárquica. O segundo, além de subscrever a) e b), sustenta que c) a hierarquia entre as raças não pode ser modificada nem pela educação nem pela cultura. Voltaire, que era sem dúvida um racista em senso lato, nunca aderiu plenamente ao racismo em senso estrito: mas chegou bem perto, cada vez que falou dos negros. "A maioria dos negros e todos os cafres estão imersos na mesma estupidez", escreveu na *Philosophie de l'histoire*. Poucos anos depois, em 1775, acrescentou: "E nela permanecerão por muito tempo".[37]

5. A atitude de Voltaire em relação à questão da raça, mais especificamente quanto aos negros, era amplamente compartilhada pelos filósofos.[38] Mas um dado pessoal pode ter contribuído para reforçá-la. Desde jovem Voltaire havia investido vultosas somas na Companhia das Índias, que estava largamente envolvida no comércio de escravos.[39] Voltaire que, como se sabe, tinha um excelente faro para os negócios, sem dúvida estava a par disso. E, em todo caso, o tráfico de escravos era um elemento importante do sistema econômico ao qual cantou loas no poema "Le mondain" (ao qual se seguiu a *Défense du mondain ou l'Apologie du luxe*, 1736):

Le superflu, chose très nécessaire,
A réuni l'un et l'autre hémisphère.
Voyez-vous pas ces agiles vaisseaux
Qui du Texel, de Londres, de Bordeaux,
S'en vont chercher, par un heureux échange,

Des nouveaux biens, nés aux sources du Gange,
Tandis qu'au loin, vainqueurs des musulmans,
Nos vins de France enivrent les sultans?[40]
[O supérfluo, coisa muito necessária,
Uniu ambos os hemisférios.

Não vedes esses ágeis navios
Que de Texel, de Londres, de Bordeaux,
Vão buscar, por um feliz intercâmbio,
Novos produtos nascidos nas cabeceiras do Ganges,
Enquanto longe de nós, vencedores dos muçulmanos,
Os vinhos da França inebriam os sultões?]

O tom frívolo desse pequeno poema rococó contrasta com a gravidade do seu conteúdo. Uma das mercadorias que haviam contribuído para unificar os dois hemisférios eram os "animais negros" vendidos como escravos. O luxo estimula o progresso, havia explicado Mandeville na *Fábula das abelhas*.[41] Mas o paradoxo de Mandeville sobre os vícios privados que geram virtudes públicas se referia unicamente aos Estados europeus. O paraíso terrestre evocado na eufórica conclusão de "Le mondain" ("O paraíso terrestre é onde estou") era o fruto da pilhagem sistemática do mundo.

6. As raízes setecentistas das ideologias racistas mais tardias, embora muitas vezes revolvidas, não estão em discussão. Não creio, porém, que elas expliquem a aproximação entre Voltaire e a propaganda nazista, proposta por Auerbach. Claro, não se pode excluir que Auerbach tenha se sentido pessoalmente ofendido pelo comentário sarcástico de Voltaire sobre os ritos judaicos. A perseguição nazista havia feito de Auerbach um judeu e um exilado.[42] O verso de Marvell posto em epígrafe a *Mimesis* ("*Had we but world*

enough and time...") alude ironicamente às limitações históricas e geográficas que haviam condicionado a gênese do livro. A ironia escondia outra, mais amarga: Marvell prossegue garantindo à amada relutante que, se quiser, pode resistir a ele "até a conversão dos judeus" [*till the conversion of the Jews*].[43] Mas a irritação mesclada de admiração que Auerbach manifesta por Voltaire tinha implicações mais vastas.

No início do seu exílio em Istambul, Auerbach escreveu algumas cartas a Walter Benjamin, com quem tinha, evidentemente, relações de amizade. Numa delas, datada de 3 de janeiro de 1937, Auerbach fala das suas primeiras impressões sobre a Turquia:

> O resultado [da política de Kemal Atatürk] é um nacionalismo fanaticamente hostil à tradição; uma rejeição de toda a herança cultural maometana; a construção de uma relação imaginária com uma identidade turca originária e uma modernização tecnológica à europeia [...]. O resultado é um nacionalismo extremo, acompanhado pela destruição simultânea do caráter histórico nacional. Esse quadro, que em países como a Alemanha, a Itália e até a Rússia (?) não é visível a todos, aparece aqui em plena evidência.

Seguia-se uma previsão:

> Para mim, está se tornando cada vez mais claro que a atual situação internacional nada mais é que uma astúcia da providência [*List der Vorsehung*], destinada a nos levar, por um caminho tortuoso e sanguinário, rumo a uma internacional da trivialidade e a um esperanto cultural. Uma desconfiança desse gênero já tinha me ocorrido na Alemanha e na Itália, ao ver a tremenda falta de autenticidade da propaganda do "sangue e terra", mas só aqui as provas dessa tendência me pareceram quase certas.[44]

As ditaduras nacionalistas (o termo "Rússia", embora acompanhado de um ponto de interrogação, é sintomático) eram portanto uma etapa de um processo histórico que terminaria apagando todas as características específicas, inclusive as nacionais, levando à afirmação de uma civilização indiferenciada em escala mundial. Essa trajetória paradoxal sugeria a Auerbach a expressão "astúcia da providência": uma fusão, inspirada em uma observação de Croce, da providência de Vico com a astúcia da razão de Hegel.[45] Auerbach não tinha dúvidas, esse processo assinalaria uma grave perda no plano cultural. A mesma preocupação torna a emergir, depois do fim da Segunda Guerra Mundial, no ensaio *Philologie der Weltliteratur* [*Filologia da literatura mundial*], de 1952.[46] A Guerra Fria, que havia dividido o mundo segundo dois modelos contrapostos mas intimamente semelhantes, tendia a produzir uma padronização, uma perda de diversidade, uma uniformidade que enfraqueciam todas as tradições individuais e nacionais.

A continuidade evidente entre a carta a Benjamin de 1937 e o ensaio de 1952 lança luz sobre um texto cronologicamente intermediário, o capítulo de *Mimesis* que analisa a página de Voltaire sobre a Bolsa de Londres. Naquela página, Auerbach lê a antecipação de uma sociedade de massa culturalmente homogênea, regida pelas leis racionais do mercado. Não obstante as suas enormes diferenças, Iluminismo e nazismo lhe apareciam como etapas de um processo histórico longuíssimo, que reduziria as particularidades (religiosas ou de outro gênero) a elementos diversificados e irrelevantes, antes de suprimi-los definitivamente.

Uma tese muito semelhante é proposta por Adorno e Horkheimer na *Dialética do Iluminismo* (1947, mas escrita em 1944). As rápidas anotações de Auerbach na carta a Benjamin não podem ser comparadas com a elaborada complexidade dos "fragmentos filosóficos" de Adorno e Horkheimer. Mas não é difícil imaginar um diálogo de exilados entre Istambul e Santa Monica, no início dos anos 40, sobre a ambivalência do Iluminismo.

7. Essa ambivalência é declarada desde a introdução à *Dialética do Iluminismo* . "A crítica apresentada no primeiro ensaio", escrevem os dois autores, "pretende preparar um conceito positivo [do Iluminismo] que o libere do enredamento no domínio cego."[47] Ao longo do livro, essa noção positiva de Iluminismo, através de uma torção dialética, revela-se baseada na negação: "Não é o bom, mas o ruim, o objeto da teoria [...]. Seu elemento é a liberdade, seu tema, a opressão. Onde a língua se torna apologética, já está corrompida [...]. Só há uma expressão para a verdade: o pensamento que nega a injustiça".

Quem encarnou esse pensamento foi Voltaire, ao qual os autores se dirigem pateticamente: "Proclamaste aos quatro ventos — com *páthos*, comoção, violência e sarcasmo — a ignomínia da tirania".[48] Mas, como sabemos, o homem que escreveu o *Tratado sobre a tolerância* compartilhava com a maior parte dos seus contemporâneos uma série de atitudes, principalmente sobre a questão das raças humanas, que afirmavam a injustiça em vez de negá--la. Inútil repetir o lugar-comum sobre os limites históricos de um movimento majoritariamente masculino, branco e nascido na Europa. Mas que o Iluminismo morreu, não é nada seguro. Precisamente a biografia de Voltaire, que é o emblema do Iluminismo, mostra a riqueza e a complexidade das contradições indicadas por Horkheimer e Adorno.

8. Nessa biografia, há uma célebre reviravolta, ligada ao terremoto de Lisboa de 1755. A destruição de uma cidade inteira e a morte de um grande número de inocentes compeliram Voltaire a

ajustar as contas com o problema do mal. No "Poème sur le désastre de Lisbonne ou examen de cet axiome: Tout est bien" [Poema sobre o desastre de Lisboa ou exame do axioma: Tudo vai bem], composto pouco depois do acontecimento, Voltaire viu o mundo inteiro como uma série interminável de horrores:

> *Éléments, animaux, humains, tout est en guerre.*
>
> *Il le faut avouer, le* mal *est sur la terre:*
>
> *Son principe secret ne nous est point connu.*
>
> [Elementos, animais, humanos, tudo está em guerra.
>
> Forçoso é confessar, o *mal* está na terra:
>
> Seu princípio secreto não nos é conhecido.]

Voltaire procurou esse "princípio secreto" nos escritos de Bayle, que havia refletido com tanta profundidade sobre o mal, mas em vão. Bayle tampouco dava respostas. Voltaire repeliu a máxima de Pope ("Tudo vai bem") e sua própria filosofia passada: "*Les sages me trompaient, et Dieu seul a raison*" [Os sábios me enganavam, só Deus tem razão].

Voltaire não era, decerto, um grande poeta. Mas os versos banais do seu poema sobre o terremoto de Lisboa exprimem uma verdadeira participação, em última análise mais intelectual do que emotiva.[49] No prefácio (1756) e sobretudo no *post-scriptum*, Voltaire se exprimiu com maior cautela: "Infelizmente, é sempre necessário advertir que convém distinguir as objeções que um autor se faz das suas respostas às objeções".[50] Mas seu raciocínio havia mudado profundamente. Uma passagem de um escrito precedente mostra até que ponto ele havia sido "enganado": "No que diz respeito às recriminações de injustiça e de crueldade que se fazem a Deus, respondo em primeiro lugar que, supondo-se que exista um mal moral (o que me parece uma quimera), esse mal moral é tão impossível de explicar no sistema baseado na matéria quanto no sistema baseado num Deus".

A crueldade e a injustiça são, de fato, noções puramente humanas:

> Não temos da justiça outras ideias senão aquelas que nós mesmos formamos de toda ação útil à sociedade e conformes às leis estabelecidas por nós, para o bem comum; ora, não sendo essa ideia nada mais que uma ideia de relação entre os homens, ela não pode ter nenhuma analogia com Deus. É tão absurdo dizer de Deus, nesse sentido, que Deus é justo ou injusto, quanto dizer que Deus é azul ou quadrado.
>
> Portanto, é insensato recriminar Deus pelo fato de serem as moscas comidas pelas aranhas...[51]

A passagem foi extraída do *Tratado de metafísica*. Quando a escreveu, Voltaire tinha quarenta anos, estava saudável, feliz, em plena história de amor com Madame du Châtelet. O mal para ele simplesmente não existia. A velhice, como o próprio Voltaire reconheceu no "Poème sur le désastre de Lisbonne", havia contribuído para a sua conversão intelectual:

> *Sur un ton moins lugubre on me vit autrefois*
> *Chanter des doux plaisirs les séduisantes lois;*
> *D'autres temps, d'autres moeurs: instruit par la vieillesse,*
> *Des humains égarés partageant la faiblesse,*
> *Dans une épaisse nuit cherchant à m'éclairer,*
> *Je ne sais que souffrir, et non pas murmurer.[52]*
> [Num tom menos lúgubre me viram outrora
> Cantar dos doces prazeres as sedutoras leis;
> Outros tempos, outros costumes: instruído pela velhice,
> Compartilhando a fraqueza dos humanos desgarrados,

Procurando iluminar meu caminho na noite densa,
Só sei sofrer, não sei murmurar.]

Voltaire aludia aqui a duas pequenas obras escritas logo depois do *Tratado de metafísica*: "Le mondain" (que já recordamos) e a sua apologia, *La défense du mondain*. Na *Défense*, Voltaire polemizava com um imaginário crítico de "Le mondain", lembrando-lhe que o luxo em que vivia era possibilitado pela circulação mundial das mercadorias. Uma delas era a prata:

> *Cet argent fin, ciselé, godronné,*
> *En plats, en vase, en soucoupe tourné,*
> *Fut arraché dans la terre profonde*
> *Dans le Potose, au sein d'un Nouveau Monde.*[53]
> [Essa prata fina, cinzelada, lavrada,
> Em pratos, em vasos, em pires tornada,
> Foi arrancada na terra profunda
> Em Potosí, no seio de um Novo Mundo.]

E Voltaire concluía despreocupadamente: "*Tout l'univers a travaillé pour vous*" [Todo o universo trabalhou para vocês]. Passaram-se os anos. No *Essai sur les moeurs* (cap. CXLVIII), Voltaire falou das minas peruanas de uma maneira menos impessoal e mais sombria, fazendo menção aos "negros, que eram comprados na África e transportados para o Peru como animais destinados ao serviço dos homens" e que haviam sido reunidos aos mineiros indígenas.[54]

Essa menção poderia remontar aos primeiros meses de 1756, quando Voltaire trabalhava também nos últimos retoques ao *Essai sur les moeurs* e no "Poème sur le désastre de Lisbonne".[55] Uma etapa posterior dessa reflexão é atestada por um acréscimo inserido na edição de 1761 do *Essai sur les moeurs* (cap. CLII). Nela, vemos emergir uma atitude muito mais compassiva em relação aos escravos e aos seus sofrimentos:[56]

> Contavam-se, em 1757, na São Domingos francesa, cerca de 30 mil pessoas e 100 mil escravos negros ou mulatos, trabalhando nas usinas de açúcar, nas plantações de índigo, de cacau, que abreviam a sua vida para satisfazer aos nossos novos apetites, atendendo a nossas novas necessidades, que nossos pais não conheciam. Vamos comprar esses negros na Costa da Guiné, na Costa do Ouro, na Costa do Marfim. Há trinta anos conseguia-se um bom negro por cinquenta libras; é mais ou menos cinco vezes mais barato que um boi gordo [...]. Nós lhes dizemos que eles são homens como nós, que são redimidos pelo sangue de um Deus morto por eles, e os fazemos trabalhar como animais: eles são mal alimentados; se tentam fugir, cortam-lhes a perna e os mandam girar no braço a roda de um moinho de cana, depois de lhe porem uma perna de pau. E ante isso ousamos falar do direito das gentes! Esse comércio não enriquece um país; ao contrário, faz perecer homens, causa naufrágios; não é, sem dúvida, um verdadeiro bem; mas como os homens criaram para si novas necessidades, ele evita que a França compre caro do estrangeiro um supérfluo que se tornou necessário.[57]

As últimas palavras fazem eco a um verso de "Le mondain", escrito quase quarenta anos antes: "o supérfluo, coisa muito necessária...". A autocitação era consciente e talvez não fosse isenta de autoironia. Quando jovem, Voltaire havia abraçado euforicamente o mundo como ele era; ao envelhecer, havia terminado por aceitar a dor e o sofrimento como parte da condição humana. Mas, como escreveu La Rochefoucauld, "todos nós temos força bastante para suportar os males alheios".[58] A escravidão correspondia a novos desejos, a novas exigências, a novas necessidades; dava a entender Voltaire que era um resultado cruel mas inevitável do progresso.

* * *

9. Mas o terremoto de Lisboa de 1755 influiu sobre o pensamento de Voltaire num sentido mais geral também. A recusa da necessidade (inclusive a necessidade do mal) levou-o, de uma forma não muito coerente, a repelir a ideia da grande cadeia do ser, argumentada com eloquência por Pope no seu *Essay on Man* [Ensaio sobre o homem].[59] "Há provavelmente uma distância imensa entre o homem e o bruto, entre o homem e as substâncias superiores", escreveu Voltaire numa nota ao "Poème sur le désastre de Lisbonne".[60] Mas até esse frágil antropocentrismo acabaria se fraturando.

"Daria os 49 convidados que tive para jantar em troca da sua companhia", escreveu Voltaire a d'Alembert em 8 de outubro de 1760. D'Alembert respondeu comparando jocosamente os jantares de Ferney na Bolsa de Londres descrita por Voltaire: o jesuíta e o jansenista, o católico e o sociniano, o convulsionário e o enciclopedista se encontravam para se abraçarem e rir juntos.[61] Mas havia quem participasse desses convites, não para comer, mas para ser comido. Poucos anos depois (1763), Voltaire quis dar voz a eles no *Dialogue du chapon et de la poularde* [Diálogo do capão e da franga].[62] Em poucas páginas, escritas num tom aparentemente ligeiro, uma franga e um capão se confidenciam: foram castrados. O capão, o mais esperto do mundo, revela à ingênua franguinha o destino que os espera: vão ser mortos, cozidos e comidos. Chega o ajudante de cozinheiro; a franga e o capão se despedem.

Os diálogos entre animais é um gênero que remonta à Antiguidade greco-romana. Geralmente, trata-se de escritos com um fim didático: as vozes humanizadas dos animais dão aos seres humanos uma lição de moral. Voltaire partiu dessa tradição mas reelaborou-a, recorrendo mais uma vez ao estranhamento. A forma dialógica lhe permitiu prescindir do observador externo. Não se tratava de uma escolha obrigatória. No *Galimatias dramatique* [Galimatias dramático], escrito em 1757 e publicado em 1765, um jesuíta, um jansenista, um quaker, um anglicano, um luterano, um puritano e um muçulmano travam uma discussão teológica que, mais uma vez, evoca a descrição da Bolsa de Londres. O papel do observador distante e sensato é confiado não ao narrador, mas a um chinês, que tem a última palavra: esses europeus são todos loucos, deveriam ser trancados num manicômio.[63] Já no *Dialogue du chapon et de la poularde*, o estranhamento é confiado à voz dos dois atores.

Mas atores não é a palavra exata. Os dois animais são vítimas: não atuam, padecem.[64] Ao capão, que lhe pergunta por que está tão triste, a franga responde descrevendo minuciosamente a feroz operação à qual foi submetida: "Uma maldita criada me botou no colo, enfiou-me uma comprida agulha no cu, alcançou meu útero, enrolou-o em torno da agulha, arrancou-o e deu-o para seu gato comer".[65]

O desejo de comer petiscos refinados pode justificar uma mutilação tão feroz? Voltaire constrange quem o lê a fazer-se essa pergunta. Um uso (comer aves), que a maioria de nós acha natural, é de repente desfamiliarizado; o distanciamento intelectual cria as premissas de uma repentina identificação emotiva. O capão acusa os seres humanos, observando que alguns espíritos iluminados proibiram o consumo das carnes animais: os brâmanes indianos, Pitágoras e o filósofo neoplatônico Porfírio. O escrito de Porfírio intitulado *De abstinentia* [Sobre a abstinência] foi vertido para o francês com o título de *Traité... touchant l'abstinence de la chair des animaux* (1747). Voltaire possuía uma cópia dessa obra e sublinhou algumas páginas.[66] Porém, mais importante e mais próxima do espírito do *Dialogue du chapon et de la poularde* é uma fonte até aqui não apontada: a *Fábula das abelhas*, de Mandeville.

Uma das notas, designada com a letra P, inclui uma fábula que inspirou o poema de Voltaire "Le Marseillois et le lion" [O mavelhês e o leão] (1768).[67] Ao comentar a fábula, Mandeville fez menção ao uso de castrar os animais para tornar sua carne mais macia e descreveu em tom apaixonado como se matava um boi: "Quando lhe é feito um grande ferimento e lhe é cortada a veia jugular, que mortal pode ouvir sem experimentar compaixão os mugidos dolorosos que se misturam com os jorros de sangue?".

Na juventude, Mandeville se formara em medicina, que praticara por alguns anos. Havia escrito então uma obra (*De brutorum operationibus*, 1690), em que sustentava, acompanhando Descartes, que os animais, não tendo alma, são máquinas. A conclusão da nota P da *Fábula das abelhas* soa como uma retratação: "Quando uma criatura deu provas tão convincentes, tão claras, dos terrores de que é presa, das dores e dos sofrimentos que sente, existirá um discípulo de Descartes que esteja tão acostumado com o sangue a ponto de não confutar, com a sua compaixão, a filosofia daquele vão arrazoador?".[68]

O capão de Voltaire fazia eco a Mandeville: "De fato, cara franga, não seria um ultraje à divindade afirmar que temos sentidos para não sentir e cérebro para não pensar? Essa fantasia, digna, pelo que se diz, de um maluco de nome Descartes, não seria acaso o cúmulo do ridículo e uma inútil justificativa da barbárie?".[69]

O *Dialogue du chapon et de la poularde* parece, mais que uma exortação ao vegetarianismo, uma reflexão sobre a possibilidade de ampliar os limites da tolerância, até incluir os animais (ou pelo menos alguns deles).[70] Ainda mais ferino é o ataque que Voltaire lança, pela boca da franga, aos judeus. Retomando um dos seus temas favoritos, embora sem recorrer, como outras vezes, a forçados testemunhos bíblicos, Voltaire acusa os judeus de canibalismo, exclamando: "É justo que uma espécie tão perversa se devore a si mesma e que a terra seja purgada dessa raça".[71] Palavras como "espécie" e "raça" sugerem uma certa distância entre a franga e Voltaire, que geralmente fala dos judeus como um "povo".[72] Nem as vítimas inocentes, parece sugerir ironicamente Voltaire, estão imunes aos preconceitos. O capão define os homens como "aqueles animais que são bípedes como nós e que são muito inferiores a nós por não terem penas". O capão e a franga compartilham os preconceitos dos seus perseguidores, o que os torna ao mesmo tempo ridículos e familiares. No fim do diálogo, o capão, que falou com desprezo dos cristãos pelos seus cruéis usos alimentares, morre pronunciando as palavras de Jesus: "Ai! Agarram-me pelo pescoço. Perdoemos nossos inimigos".[73]

É uma alusão certamente privada de intenções blasfemas. O servo sofredor de Isaías, tomado como modelo por Jesus, por sua imagem reelaborada na escrita ou por ambos, é comparado com um cordeiro inocente levado ao matadouro (Is 53, 7).[74] Para a maior parte dos seres humanos, os sofrimentos dos animais parecem insignificantes, se comparados aos sofrimentos dos seres humanos. Mas muitas culturas recorrem aos animais para exprimir, condenando-a, a morte de seres humanos inocentes.

10. Em 1772, Voltaire escreveu uma "diatribe" intitulada *Il faut prendre un parti ou le principe d'action* [É preciso tomar partido ou o princípio da ação].[75] Estava com 78 anos. Mais uma vez, voltava a questões acerca das quais havia refletido obsessivamente no decorrer da sua longa vida: Deus, o mal, a tolerância. Voltaire falou do Ser Eterno, das leis eternas da natureza às quais todo ser vivo está sujeito. Descreveu o mundo como palco de um extermínio recíproco:

Todos os animais se massacram reciprocamente, movidos por um impulso irresistível. Não existe animal que não tenha a sua presa e que, para capturá-la, não recorra a algo semelhante à astúcia e à fúria, com que a execrável aranha atrai e devora a mosca inocente. Um rebanho de ovelhas devora numa hora, pastando a relva, mais insetos do que há homens na Terra.

Esse massacre, observou Voltaire, faz parte do projeto da natureza: "Essas vítimas só expiram depois de a natureza ter cuidadosamente providenciado o fornecimento de outras. Tudo renasce para o morticínio".[76]

Essa página causou uma impressão indelével num leitor contemporâneo seu: o marquês de Sade. No seu célebre panfleto *Franceses, mais um esforço se quiserem ser republicanos*, Sade sustenta que o assassinato é um comportamento plenamente normal, dado que no mundo natural o assassinato está presente em toda parte.[77] Voltaire tinha chegado a uma conclusão diferente. Ele usou palavras ditadas pela compaixão, como "vítimas" e "morticínio", e reforçou-as com uma condenação dos usos carnívoros dos seres humanos: "Há coisa mais abominável que alimentar-se continuamente de cadáveres?".

Dos sofrimentos dos animais, Voltaire passou aos sofrimentos dos seres humanos. O mal existe: guerras, doenças, terremotos provam isso. O princípio "Tudo vai bem" é absurdo. O Ser Supremo é, então, responsável pelo mal? Em *Il faut prendre un parti* discutem a esse respeito um ateu, um maniqueísta, um pagão, um judeu, um turco, um teísta e um cidadão. A autoapresentação dos vários interlocutores faz transparecer a atitude de Voltaire em relação a eles. Pelas argumentações do ateu prova respeito, mas seu porta-voz é o teísta, que explica que o mal é o resultado da distância entre o criador e as criaturas: uma argumentação insatisfatória, como admite o próprio Voltaire. O teísta escarnece de todas as religiões e critica principalmente os judeus: "Os cafres, os hotentotes, os negros da Guiné são muito mais razoáveis e honestos que os judeus. Vocês [judeus] superaram todas as nações em matéria de fábulas impertinentes, de má conduta e de barbárie; vocês pagam por isso tudo, é o destino de vocês".

Já o turco é louvado pela sua tolerância: "Principalmente, continuem a ser tolerantes: é o verdadeiro modo de comprazer ao Ser dos seres, que é igualmente o pai dos turcos e dos russos, dos chineses e dos japoneses, dos negros, dos morenos e dos amarelos, e da natureza inteira".[78]

A brusca passagem da intolerância (para com os judeus) à tolerância (para com todos os outros, pelo menos em teoria) revela uma incoerência profunda no pensamento de Voltaire. Seu Deus seria indiferente à cor da pele; Voltaire muitas vezes não o era. Em geral, ele não era um pensador rigoroso. Mas a incapacidade de viver à altura dos princípios universais do Iluminismo não diz respeito apenas a Voltaire. O Iluminismo, como se disse com frequência, é um projeto inacabado. No fim de *Il faut prendre un parti*, o cidadão almeja a tolerância, ampliando seus limites até incluir (de maneira jocosa, embora) os animais mesmos: "Em todas as discussões que se verificarão, é explicitamente proibido chamar o outro de cachorro, mesmo no auge da ira, a não ser que se tratem os cachorros de homens, no caso de nos roubarem o jantar ou nos morderem etc.benfeit etc.".[79]

Na sociedade tolerante delineada no fim de *Il faut prendre un parti*, as mulheres nem chegam a ser mencionadas. Pode ser que essa atitude, assim como a atitude para com os escravos, deva ser posta nos limites históricos do Iluminismo e, como tal, deva ser distinguida da sua herança ideal. Podemos nos indagar se essa herança é realizável. Podemos nos indagar se a sua realização é desejável. Como se viu, Auerbach responde afirmativamente à penúltima questão, e negativamente à última.

11. A reabertura da Bolsa de Nova York poucos dias depois do atentado às torres do World Trade Center mostrou (como Adriano

Sofri me fez ver) a extraordinária atualidade da página de Voltaire sobre a Bolsa de Londres. A racionalidade e a globalidade do mercado financeiro foram contrapostas ao fanatismo sectário dos fundamentalismos religiosos: um gesto em que Voltaire teria se reconhecido com entusiasmo.

A reação de Auerbach teria sido obviamente diferente. Ele estava acostumado a olhar longe e de longe. Nos acontecimentos sanguinários que se desenrolam ante os nossos olhos ele teria visto uma etapa do tortuoso itinerário destinado a impor no mundo inteiro, através de convulsões de todo tipo, uma sociedade culturalmente homogênea. Ante os seus olhos, a intolerância (como aquela da qual era pessoalmente vítima) e a tolerância contribuíam por caminhos opostos para o mesmo resultado. Auerbach talvez houvesse compartilhado também as preocupações de quem, numa perspectiva cósmica, considera que a diminuição da diversidade, tanto biológica quanto cultural, pode ameaçar, a longuíssimo prazo, a capacidade de adaptação da espécie humana. O físico Freeman Dyson demonstrou preocupação num dos capítulos mais intensos da sua autobiografia, intitulado "Clados e clones".[80] Passaram-se vinte anos; nesse meio-tempo nasceu Dolly.

7. Anacarse interroga os indígenas — Uma nova leitura de um velho best-seller*

1. "Toda quinta-feira à noite ele escrevia uma longa carta à mãe, com tinta vermelha, e fechava-a com três obreias; depois repassava seus cadernos de história ou lia um velho volume de *Anacarse* largado num canto da sala de estudos."[1]

Desde a primeira página de *Madame Bovary*, Charles, o futuro marido da protagonista, nos é apresentado como um indivíduo medíocre e ridículo. (A dimensão heroica do personagem só emergirá no fim do romance.) Todo detalhe que lhe diz respeito, inclusive a alusão ao "velho volume de *Anacarse*", que lera no colégio, em Rouen, tem algo de canhestro, de rançoso. Flaubert estipulou que a história de *Madame Bovary* começa por volta de 1835. Naquela data, *Voyage du jeune Anacharsis en Grèce* [Viagem do jovem Anacársis à Grécia], de Jean-Jacques Barthélemy, publicado em 1788, ainda era um best-seller. Durante um

---

* Agradeço a François Hartog, a quem devo o primeiro encontro com *Voyage du jeune Anacharsis en Grèce*, e a Cheryl Goldstein, que chamou minha atenção para o trecho de Flaubert citado no início.

século, teve cerca de oitenta edições, contadas também as antologias e as adaptações para adolescentes. Foi traduzido para o inglês, espanhol, alemão, italiano, dinamarquês, holandês, grego moderno e até para o armênio. Por meio desse livro grossíssimo, várias gerações de leitores jovens e menos jovens se familiarizaram com a história e as antiguidades da Grécia. O "velho volume de *Anacarse*" que Charles Bovary lia nos longos serões do colégio estava gasto pelo uso. Mas para Flaubert também era um objeto do passado, o testemunho de um gosto e de um mundo superados para sempre.[2]

Ao enorme sucesso seguiu-se o esquecimento. Hoje podemos permitir-nos lançar sobre *Voyage* um olhar equânime. "É um livro que pode ser livrado da poeira que o cobre", escreveu V.-L. Saulnier.[3] Talvez o contrário é que seja verdade. O que nos interessa em *Voyage du jeune Anacharsis*, hoje, é a sua inatualidade.

2. Jean-Jacques Barthélemy nasceu em 1716 em Aubagne, na Provença, numa família de comerciantes abastados.[4] Estudou num seminário, mas provavelmente nunca levou a sério a ideia de seguir uma carreira eclesiástica: ficou sendo para sempre *abbé*. Uma série de contribuições eruditas tornou-o conhecido no ambiente dos antiquários. Em 1753, tornou-se secretário do Cabinet des Médailles. Deixou o cargo no ano seguinte e partiu para Roma, acompanhando Étienne-François de Stainville, mais tarde duque de Choiseul, que havia sido nomeado embaixador da França.

Em Roma, onde passou três anos, Barthélemy encontrou uma atmosfera intelectual muito viva. Conheceu Winckelmann, com quem estabeleceu uma relação epistolar; envolveu-se nas discussões suscitadas pelas descobertas arqueológicas feitas em Herculano, iniciou uma pesquisa sobre o mosaico nilótico de Palestrina, que publicou poucos anos depois.[5] Naquele período, começou a refletir sobre um novo projeto, muito distante das suas pesquisas eruditas habituais.[6] Nas memórias autobiográficas publicadas cinquenta anos mais tarde, descreve-o assim:

> Eu me encontrava na Itália e me interessava, mais que pela condição presente das cidades que percorria, pelo seu antigo esplendor. Remontava espontaneamente ao século em que elas haviam disputado a glória de dar vida às ciências e às artes, e pensava que o relato de uma viagem prolongada, empreendida naquele país na época de Leão X, poderia pôr-nos diante de um dos espetáculos mais úteis e mais interessantes para a história do espírito humano. Uma descrição sumária bastará para dar uma ideia de tal relato. Um francês atravessa os Alpes; em Pávia encontra Gerolamo Cardano [...]. Em Parma vê Correggio, que está pintando o afresco da cúpula da catedral; em Mântua, o conde Baldassare Castiglione [...]. Em Ferrara, vê Ariosto [...]. Em Florença, Maquiavel e os historiadores Guicciardini e Paolo Giovio [...] em Roma, Michelangelo, que está construindo a cúpula de São Pedro e Rafael, que pinta as galerias do Vaticano [...]. Em Napoleão, encontra Talesio [!], que Bacon define como o primeiro restaurador da filosofia, dedicado a refazer o sistema de Parmênides; encontra Giordano Bruno, que a natureza parecia ter escolhido para intérprete...[7]

Barthélemy falou por páginas e páginas desse projeto deixado em germe. O tema derivava provavelmente do *Essai sur les moeurs* (1760), mais precisamente do capítulo em que Voltaire contrapõe as efêmeras lutas entre as cidades italianas ao progresso intelectual alcançado no século XVI.[8] Barthélemy deu um passo além e levantou a hipótese de que o progresso artístico e intelectual teria sido produzido pela "tendência à emulação dos vários governos" em que a Itália era dividida, tese posteriormente retomada por Sismondi e Burckhardt.[9] Como Michelet e Burckhardt, Barthélemy via "nessa espantosa revolução" [*cette étonnante révolution*] um primeiro e decisivo passo rumo ao mundo moderno: "Porque, afinal de contas, o século de Leão X foi a alvorada dos séculos seguintes, e muitos dos gênios que brilharam em várias nações nos séculos XVII e no XVIII devem grande parte da sua glória ao que a Itália havia produzido nos séculos precedentes".[10]

O projeto deveria assumir a forma de um relato de viagem redigido por um francês — um transparente alter ego do autor. Essa invenção narrativa, vagamente inspirada nas *Aventures de Télémaque* [Aventuras de Telêmaco], de Fénelon, ligava a apresentação a um período de tempo bastante circunscrito.[11] O imaginário viajante francês, como parece dar a entender o esboço bastante confuso de Barthélemy, assistia à decoração das *Stanze*, realizada por Rafael entre 1511 e 1514, e à construção da cúpula de São Pedro, que Michelangelo começou em 1550; via Correggio pintar os afrescos do teto da catedral de Parma em 1526 e encontrava Giordano Bruno em Nápoles cerca de meio século depois. Todos esses acontecimentos eram compatíveis com a vida de um indivíduo bastante longevo. Mas Barthélemy não hesitava em forçar as restrições narrativas que se havia imposto. Entre os contemporâneos de Ariosto incluía Petrarca, que vivera um século e meio antes dele, e Tasso, nascido onze anos depois. O primeiro, porque suas obras eram lidas e comentadas no século XVI, e o segundo, porque tinha se inspirado em Ariosto: "Do mesmo modo", comentava Barthélemy, "chamamos de Nilo tanto a nascente quanto a foz".[12] O panorama da vida artística e intelectual da Itália do século XVI evocaria, de forma condensada, um processo histórico muito mais longo. Por meio da descrição do seu fracassado projeto, Barthélemy pode ter influenciado na apresentação sincrônica do Renascimento italiano proposta por Burckhardt em seu famoso livro.

Barthélemy abandonou o projeto, porque se deu conta de que o seu preparo sobre o século XVI italiano era inadequado. Transferiu, porém, o mesmo artifício narrativo para um período histórico que as suas pesquisas eruditas lhe haviam tornado familiares: a Grécia do século IV a. C. Imaginei, lê-se na advertência à primeira edição de *Voyage*, que um cita de nome Anacarse fizesse uma viagem à Grécia observando os usos e costumes das populações, assistindo às festas, encontrando uma série de personagens famosos: "Compôs-se assim uma viagem, em vez de uma história; porque numa viagem tudo é posto em uso, inclusive os pequenos pormenores, que não é permitido ao historiador citar" [*qu'on y permet des détails interdits à l'historien*].[13]

3. Um romance histórico repleto de erudição, uma mistura indigesta inspirada nas *Aventures de Télémaque* de Fénelon: são essas as imagens hoje vagamente associadas a *Voyage du jeune Anacharsis*. Mas o trecho que vimos deixa entrever um experimento mais complexo. O tênue mecanismo romanesco acionado pelo imaginário viajante cita era, para Barthélemy, um instrumento, não um fim.[14] Mas quais eram os "os pequenos pormenores, que não é permitido ao historiador citar", recuperados graças ao artifício narrativo? Uma olhada em *Voyage* dá uma primeira resposta. Na terceira edição (1791), o primeiro volume é consagrado a uma recapitulação da história política e militar da Grécia. Os seis volumes que o seguem têm uma estrutura completamente diferente. A exposição formiga de notas de rodapé (20 mil, proclamou com orgulho Barthélemy).[15] Tomemos um capítulo ao acaso, o XXV: "*Des maisons et des repas des Atheniens*" ["Das casas e das refeições dos atenienses"]. O leitor se vê diante de uma minuciosa descrição de um simpósio, que as notas remetem a textos de autores gregos e, com menor frequência, latinos; excepcionalmente também é citado algum autor moderno, como Isaac Casaubon (para o seu comentário ao Ateneu) e Jacob Spon.[16] Os capítulos de *Voyage*

sobre as cerimônias religiosas, sobre as festas, sobre várias localidades visitadas por Anacarse são construídos da mesma maneira.[17]

Eram os argumentos tradicionalmente tratados pelos antiquários.[18] Nas suas memórias, Barthélemy declarou ter-se servido principalmente da grande coleção de antiguidades gregas organizada por Gronovius: doze volumes in-fólio, que contêm entre outros os tratados de Emmius, de Cragius, de Meursius.[19] Barthélemy inspirou-se principalmente na obra deste último, organizada por temas. Para preencher as lacunas deixadas por seus predecessores, Barthélemy controlou meticulosamente todo tipo de texto, inclusive algumas inscrições recém-publicadas. Uma miríade de pedrinhas diminutas, baseadas em citações, são reunidas para compor um mosaico gigantesco: *Voyage du jeune Anacharsis*.

4. Para o projeto chegar à conclusão foi preciso que transcorressem trinta anos. Numa carta escrita à sua amiga Madame du Deffand, em 18 de fevereiro de 1771, Barthélemy aludiu num tom amargo à decisão que tomara tanto tempo antes, em 1755, de acompanhar o duque de Choiseul a Roma, deixando o seu emprego no Cabinet des Médailles. Desde então, dizia, as obrigações contraídas com o duque e a duquesa de Choiseul (de quem era, respectivamente, protegido e *chevalier servant*, talvez amante) haviam impedido que seguisse a sua vocação, a de erudito.[20] Poucos meses depois, em dezembro de 1771, Luís XV, cedendo às insistências de Madame du Barry, exilou o poderosíssimo duque de Choiseul na sua residência rural de Chanteloup, perto de Amboise. Em seguida, Barthélemy também perdeu a posição (e grande parte da relativa prebenda) de secretário-geral da Guarda Suíça.[21] Após alguma hesitação, decidiu acompanhar o duque e a duquesa em seu exílio agreste e durante quatro anos viveu com eles na atmosfera afastada e tranquila de Chanteloup.

Para os duques de Choiseul e a sua pequena corte, Barthélemy havia escrito pouco tempo antes um pequeno poema heroico-cômico intitulado "La Chanteloupée, ou la guerre des puces contre Mme L.(ouise) D.(uchesse) d.(e) Ch.(oiseul)".[22] O poema só foi publicado, e com algum embaraço, depois da sua morte. No ano sexto da República, um escrito como aquele, um testemunho do mais frívolo Antigo Regime, parecia indigno de figurar entre as obras de Barthélemy. Mas a descrição da casa de Dinias, um rico morador de Atenas, incluída no já citado capítulo XXV de *Voyage*, evoca uma atmosfera não muito diferente. Anacarse pede à mulher de Dinias, Lisístrata, licença para visitar a sua residência:

> A penteadeira foi a primeira coisa a chamar minha atenção. Observei bacias e jarras de prata, espelhos de diversos materiais, agulhas para ajeitar os cabelos, ferros para frisá-los (a), fitas mais ou menos largas para mantê-los unidos, redes para prendê-los (b), pó amarelo para torná-los louros (c), vários tipos de pulseiras e brincos, caixinhas de ruge e de branco de chumbo, e de negro de fumo para tingir as sobrancelhas; e tudo o necessário para manter os dentes brancos (d).
>
> Estava examinando esses móveis com atenção, e Dinias não entendia como pudessem ser novidade para um cita.[23]

As notas de rodapé, indicadas pelas letras entre parênteses, remetiam a Luciano, Homero, Hesíquio e até a um escólio de Teócrito: trechos utilizados para compor uma descrição de um *boudoir* ateniense do século IV a. C., que é um texto de antiquariato rococó. Nem um historiador antigo, nem um historiador setecentista teriam admitido a possibilidade de deter-se em detalhes do gênero: frívolos, irrelevantes e, por isso, proibidos (*interdits*). Para um antiquário como Barthélemy, no entanto, era óbvio deter-se nos aspectos do que hoje chamamos de vida material, tão amplamente presentes em *Voyage du jeune Anacharsis*. O olhar interrogativo do viajante ignaro, o bárbaro Anacarse, remete ao olhar conhecedor do antiquário Barthélemy. O distanciamento ingênuo em que se baseia a ficção abre caminho para o distanciamento crítico.

5. *Voyage* não é nem um tratado sistemático de antiquariato, nem uma narrativa histórica. Barthélemy seguiu um terceiro caminho, na encruzilhada entre romance e erudição. Não deve ter sido alheio a essa opção o ambiente em que transcorreu grande parte da sua vida: um ambiente aristocrático aberto a curiosidades intelectuais de todo tipo, dominado pela imponente figura de Madame du Deffand, de quem a duquesa de Choiseul e o abade Barthélemy eram amigos íntimos e com quem trocavam cartas quase diárias.[24] Em 1771, quando recebeu o inesperado desabafo epistolar de Barthélemy sobre as suas relações com os duques de Choiseul (junto com o pedido, não atendido, de destruir a carta), Madame du Deffand estava com 74 anos. Era cega havia mais de duas décadas, mas transbordante de vitalidade e inteligentíssima. Considerava pessoas e livros com absoluta independência. Achava "detestável" o drama *Les Scythes* de Voltaire (com quem provavelmente teve algum contato quando jovem e com quem mantinha relação epistolar).[25] Aos 78 anos, lia *Sur la législation et le commerce des grains* [Sobre a legislação e o comércio de grãos] de Necker.*[26] Aos 81, escreveu a Barthélemy, que lhe havia aconselhado ler a *History of America* [História da América] de Robertson: "Faço uma retratação sobre a *América* de Robertson. De todas as coisas que para mim não têm nenhuma importância, é a mais agradável, a mais bem escrita, quase interessante".[27]

---

*Entenda-se: liam para ela e escreviam as cartas que ditava. [N. T.]

Nas cartas de Madame du Deffand topamos frequentemente com frases desse gênero. À duquesa de Choiseul, ela escreveu: "Não sei mais o que ler, os livros de filosofia e de moral eu não suporto, os livros de história me parecem romances compridíssimos e aborrecidíssimos sobre acontecimentos que nem sempre são verdadeiros e que, mesmo se fossem, muitas vezes não seriam mais interessantes; resta portanto a conversa, e com ela me contento, porque não tenho alternativas; às vezes ela é de boa qualidade, mas isso acontece raramente".[28]

Madame du Deffand mal havia lido, ou melhor, folheado, os doze volumes da *Cléopatre* [Cleópatra], publicados em meados do século XVII por La Calprenède. Mas também nesse romance interminável e (como ela mesma reconhecia) chato, havia encontrado alguns trechos "absolutamente belos": a conversa entre Agrippa e Artaman, a "comovente" descrição de uma batalha de gladiadores.[29] A duquesa de Choiseul e o abade Barthélemy, mais moços que Madame du Deffand (quarenta e dezenove anos menos, respectivamente), tinham, em matéria de romances e livros de história, gostos completamente diferente dos seus. A duquesa de Choiseul, que achava La Calprenède insuportável, escreveu a Madame du Deffand contrapondo ao poder despótico de Catarina da Rússia, tão exaltado por Voltaire, a glória humilde mas genuína ("aquela que inflama o coração e a imaginação") merecida pelo marquês Ginori, o homem que havia lançado as bases da prosperidade de Livorno: "Falam-nos de Catarina, e o marquês Ginori nos é desconhecido!".[30] Madame du Deffand, que não se interessava pela história da navegação dos romanos e dos cartagineses e se entediava com a leitura de Robertson, é repreendida por Barthélemy: o que lhe faltava, observou, era aquele sólido conhecimento da Antiguidade que se adquire por meio da leitura dos autores gregos e romanos. Escreveu Barthélemy:

As empreitadas desses povos [os romanos e os cartagineses] são pacíficas, mas movimentadas; e o movimento prende a atenção e o interesse. É verdade que esse interesse é tranquilo; tanto melhor, porque M. de Bucq pretende que a felicidade nada mais seja que o interesse calmo. Prefiro ver os romanos e os cartagineses, os espanhóis e os portugueses atravessar os mares para descobrir novos países a ver as facções de Guelfos e Gibelinos e as das Rosas Vermelha e Branca porem tudo a ferro e fogo para governar povos que teriam tranquilamente prescindido delas.[31]

A contraposição entre as paixões e os interesses, tanto no sentido psicológico quanto no econômico, surgida em fins do século XVII, tinha se tornado, durante o século seguinte, um tema fundamental da filosofia política.[32] As palavras de Barthélemy mostram que a mesma contraposição havia surgido, se bem que de forma mais subterrânea, no âmbito historiográfico. A menção polêmica à Guerra das Duas Rosas se referia provavelmente à *Histoire de la rivalité de la France et de l'Angleterre* [História da rivalidade entre a França e a Inglaterra] de Gaillard (1771), um livro que Madame du Deffand havia apreciado muito.[33] Gaillard falava de guerras e lutas intestinas para sustentar que os Estados europeus necessitavam de paz: "A Europa é civilizada, a Europa se crê esclarecida, e a Europa faz a guerra! Nós nos apressamos demais a aplaudir nossas Luzes: a Europa ainda é bárbara!".[34] Barthélemy dava razão a Gaillard, mas a sua *História* deixava-o indiferente. Os historiadores estavam aprendendo a falar das autoridades da paz, dos intercâmbios que haviam tornado possível a supremacia da Europa sobre o resto do mundo, mas era um gênero que abria caminho lentamente.[35] Para descrever as tranquilas ocupações dos homens e das mulheres que viviam na Grécia no século IV a. C., Barthélemy não se inspirou nos historiadores, mas sim nos antiquários, verdadeiros e falsos.

* * *

6. Em 1789, *The Monthly Review* resenhou o *Voyage du jeune Anacharsis*. A opinião, substancialmente favorável, terminava disparando uma flecha envenenada: será que Barthélemy se inspirou nas *Athenian Letters* [Cartas atenienses]?[36] Era uma alusão mais do que crítica. Com esse título havia aparecido em Cambridge, em 1741, de forma quase privada (foram impressas apenas doze cópias) um epistolário apócrifo, sem nome de autor.[37] Nele, um espião persa de nome Cleander e seus correspondentes trocavam informações detalhadas sobre a Grécia da época de Péricles, o Egito, a Pérsia. Cleander descrevia seus encontros com Heródoto, com Sócrates, com Aspásia; falava de teatro, de filosofia, de religião; contrapunha a liberdade política e a vitalidade comercial ateniense ao despotismo persa — uma alegoria transparente ao contraste entre Inglaterra e França.[38]

As *Athenian Letters* eram apresentadas como a tradução inglesa, mandada fazer pelo cônsul inglês em Túnis, de uma tradução espanhola, preparada por um "douto judeu", de um original escrito na "língua persa antiga", descoberto na biblioteca de Fez. A autenticidade das cartas era sublinhada por notas de rodapé. Numa delas, a veridicidade de uma inscrição grega recentemente publicada (o *Marmor Sandvicense*) era paradoxalmente comprovada pelas afirmações fictícias de Cleander, o espião persa.[39] Uma carta que descrevia, em forma de visão profética, os avanços científicos futuros, até Newton e Boyle, era denunciada como falsa e, por isso, relegada a um apêndice: floreio final que confirmava ironicamente a autenticidade global das *Athenian Letters*.[40] Cada carta era acompanhada por uma inicial maiúscula, o único rastro deliberadamente deixado pelos autores dessa brincadeira erudita. A identidade deles só foi desvendada por ocasião da reimpressão (cerca de uma centena de cópias) das *Athenian Letters*, advinda em

1781.[41] O novo prefácio era carregado de melancolia: naquele ínterim, quase todos os autores haviam morrido. "Quando um certo período de tempo transcorreu", escreveu um dos sobreviventes, "a verdade pode ser revelada: esvai-se a ilusão, cai a máscara."[42] Alguns dos participantes haviam desempenhado funções públicas: Charles Yorke, autor, com o irmão Philip, da maior parte da coletânea, havia assumido o título de Lord Chancellor; William Heberden, que havia descrito numa carta um encontro com Hipócrates, tornara-se um médico famoso.[43] Todos haviam estudado em Cambridge; quase todos tinham sido ligados ao Corpus Christi College. No grupo — uma dúzia de pessoas ao todo — havia antiquários como Daniel Wray e Thomas Birch, que havia arquitetado a iniciativa; um filólogo como Samuel Salter; um escritor de assuntos religiosos como Henry Coventry. Notável a presença de Catherine Talbot, posteriormente autora de ensaios várias vezes republicados: talvez a primeira mulher da Europa a escrever sobre história, ainda que, nesse caso, se tratasse de história fictícia.[44]

Numa carta à *Monthly Review*, Barthélemy, reconhecendo embora a semelhança entre a estrutura das *Athenian Letters* e a de *Voyage*, repele energicamente a acusação de plágio.[45] Para demonstrar a sua originalidade, declarou que num primeiro momento, durante a sua estada em Roma, havia cogitado escrever um livro baseado nas experiências de um viajante francês na Itália de Leão X; num segundo momento, havia decidido, em vez disso, aproveitar seus conhecimentos das antiguidades, transformando o viajante francês no cita Anacarse. Essas afirmações (retomadas mais tarde nas suas memórias autobiográficas) talvez fossem verdadeiras; já a outra, de só ter sabido da existência da coletânea inglesa depois de ter publicado *Voyage*, é pouco verossímil. Horace Walpole, que havia frequentado Barthélemy por muito tempo, conhecia muito bem vários dos autores das *Athenian Letters*.[46] E um dos personagens imaginários de *Voyage*, Arsame, ministro do rei da

Pérsia, em que os leitores contemporâneos, a começar por Walpole, reconheceram uma transparente homenagem ao duque de Choiseul, recordava em demasia, até no nome, o sátrapa Orsames, um dos interlocutores das *Athenian Letters*.[47]

7. Em *Voyage du jeune Anacharsis*, todos os detalhes são escrupulosa e minuciosamente documentados; nas *Athenian Letters*, os documentos inventados servem para sustentar os genuínos. Em ambos os casos, a híbrida mescla de autenticidade e ficção procura superar os limites da historiografia existente. Mas como contar a vida cotidiana, "os pequenos pormenores, que não é permitido ao historiador citar"? Aqui a dependência do *Voyage* de Barthélemy para com as *Athenian Letters* é evidente: Cleander, o espião persa, é o óbvio progenitor do cita Anacarse. Vinte e cinco anos antes do *Essai sur les moeurs* de Voltaire, as *Athenian Letters* exprimiam a exigência de um tipo de historiografia que ainda não existia: "Essas cartas dos nossos agentes, que retratam ao vivo os comportamentos dos gregos e dos persas, nos dão dos seus costumes uma ideia mais adequada do que a que podiam dar os severos antiquários, com seus tratados elaborados e formais".[48]

Mas Cleander tampouco era uma invenção original. Hoje, as *Athenian Letters* logo nos trazem à mente as *Cartas persas*. Mas o modelo das *Athenian Letters*, mencionado explicitamente na introdução à reedição de 1781, não era o livro de Montesquieu, mas sim aquele em que Montesquieu se inspirara: *L'esploratore turco* [O explorador turco] de Gian Paolo Marana (1861), que traduções e adaptações em francês e em inglês haviam difundido em toda a Europa (*L'espion turc, L'espion du grand seigneur dans les cours des princes chrétiens, The Turkish Spy*).[49]

O artifício narrativo é semelhante, os resultados completamente diferentes. O olhar corrosivo de Montesquieu, aqui e ali antecipado pelo libertino Marana (por exemplo, na descrição da eucaristia), olha sem compreender os hábitos sociais que nos circundam, desvendando com isso seu absurdo e seu arbítrio.[50] Nas *Athenian Letters* e em *Voyage du jeune Anacharsis*, o estrangeiro (o espião, o viajante) pede informações sobre os usos mais simples, sem nenhuma intenção polêmica. Num caso, o objetivo é desfamiliarizar um presente que tendemos a ter como normal.[51] No outro, o de nos familiarizar com um passado cuja fisionomia cotidiana nos foge: uma operação aparentemente banal, que na realidade pressupunha uma fratura profunda no interior da tradição historiográfica nascida na Grécia.

8. Heródoto (VIII, 26) conta que Xerxes, rei da Pérsia, depois da batalha das Termópilas, perguntou a um grupo de desertores da Arcádia o que os gregos estavam fazendo. Ao saber que estavam comemorando os jogos olímpicos, perguntou qual era o prêmio. Uma coroa de ramos de oliveira, responderam.

A pergunta de Xerxes, que nenhum grego teria sonhado fazer, sublinhava irremediavelmente a sua barbárie e a sua estranheza a um mundo em que o valor, e não o dinheiro, constituía o prêmio mais ambicionado. A coroa reservada ao vencedor dos jogos terminou simbolizando a relação de estranheza recíproca entre gregos e bárbaros. Num diálogo de Luciano de Samosata, um cita chega à Grécia e, ao saber que os jovens competiam por uma coroa de ramos de oliveira selvagem ou de pinheiro, cai na gargalhada. O nome do cita é Anacarse.[52]

Seu homônimo, o herói do *Voyage* de Barthélemy, também ignorava as regras do jogo vigentes na sociedade grega. As perguntas desse bárbaro traziam à luz tudo o que os historiadores, tanto antigos como modernos, haviam dado como óbvio e, por isso, não se tinham dado ao trabalho de mencionar.

* * *

9. Durante a longuíssima gestação de *Voyage du jeune Anacharsis* foi publicada uma obra de um gênero totalmente diferente, destinada a uma fama muito mais duradoura: *Declínio e queda do Império Romano*. Seu autor, Edward Gibbon, tinha se nutrido da mesma cultura antiquária de que provinha Barthélemy: a da Académie des Inscriptions.[53] Mas na formação de Gibbon haviam confluído outros elementos, a começar pelas ideias dos filósofos a que o abade Barthélemy havia permanecido, na verdade, alheio.[54] Gibbon foi considerado o fundador da historiografia moderna por ter sabido fundir antiquariato e história filosófica.[55] O caminho percorrido pelo abade Barthélemy, num nível infinitamente mais modesto, pressupunha a fusão entre antiquariato e romance: uma estratégia, a longo prazo, perdedora.

O século XIX olhou para a Grécia de Barthélemy como para um gigantesco panorama.[56] O sucesso de *Voyage du jeune Anacharsis* foi um fogo de palha que durou cem anos e hoje está apagado para sempre. Mas talvez seja justo reconhecer nesse livro, ora ilegível, um incunábulo da etnografia histórica, e no cita Anacarse, além de um descendente do espião anglo-persa Cleander, um antepassado involuntário de antropólogos ou pesquisadores, mais próximos de nós.[57]

8. No rastro de Israël Bertuccio[*]

1. O capítulo da autobiografia de Eric Hobsbawm intitulado "Entre historiadores" se inicia com esta pergunta: "Que aconteceu, durante a minha vida, com a maneira de escrever a história?". A resposta traça um quadro cheio de luzes e de sombras. Começa-se com uma longa batalha entre inovadores ("modernizadores", como os chama Hobsbawm) e tradicionalistas, que se iniciou por volta de 1890 e culminou na metade do século XX. Por algum tempo, os inovadores se autodefinirão "historiadores sociais": uma expressão vaga, em que Hobsbawm não se reconhece de modo algum. Eles "se opunham à preferência tradicional dos historiadores pelos reis, ministros, batalhas e tratados, isto é, os que tomavam decisões em alto nível, tanto militares como políticos".[1] Hobsbawm explica como os inovadores ganharam uma autori-

---

[*] Versões diferentes destas páginas foram apresentadas ao Archivio di Stato di Venezia, em janeiro de 2005 (para os 150 anos da Scuola di Archivistica, Paleografia e Diplomatica), ao Departamento de História da Universidade de Siena, em abril de 2005, e ao Departamento de História da Universidade de Pisa, em novembro de 2005.

dade cada vez maior na cena internacional: "No entanto, por volta de 1970, parecia razoável supor que estava ganha a guerra pela modernização da historiografia, que começara na década de 1890".[2] Mas no decorrer dos anos 70 o panorama muda de repente, e fica claro que, para Hobsbawm, não se tratou de um progresso. Para ilustrar essa mudança, são citados, de um lado, *O Mediterrâneo* de Braudel (1949) e, de outro, o "brilhante *tour de force*, de 'descrição densa'", de Clifford Geertz, dedicado à briga de galos em Bali (1973): um grosso livro e um breve ensaio que simbolizam, respectivamente, o estudo da "estrutura" e da "cultura". "Houve um movimento de mudança", continua Hobsbawm, "para longe dos modelos históricos ou 'os grandes *porquês*', um movimento da 'chave analítica para a descritiva', da estrutura econômica e social para a cultura, da recuperação dos fatos para a recuperação dos sentimentos, do telescópio para o microscópio — como na pequena monografia, imensamente influente, que trata da visão de mundo de um moleiro excêntrico da região italiana do Friuli do século XVI, do jovem historiador Carlo Ginzburg".[3] Em nota, Hobsbawm observa que *I benandanti* [Os andarilhos do bem], o primeiro (e, a seu ver, o "mais interessante") livro do autor deste, por ele imediatamente resenhado no *Times Literary Supplement*, "curiosamente não despertou minha atenção" na época.[4]

Passaram-se quase quarenta anos. O não mais jovem historiador se lembra com reconhecimento daquela generosa resenha e, antes mesmo, da forte impressão que lhe causou a leitura de alguns escritos de Hobsbawm.[5] Hoje, Hobsbawm vê nos meus trabalhos uma manifestação da lamentável reviravolta historiográfica que pôs em risco os efeitos positivos do movimento inovador. Não me reconheço completamente na sua caracterização (por exemplo, creio ter me mantido sempre distante da descrição pura e simples), mas não importa. O que me interessa são as observações de Hobsbawm sobre o estado da historiografia hoje e o que elas implicam. Segundo Hobsbawm, as ambições cognitivas da historiografia foram enfraquecidas pelos novos movimentos sociais surgidos nos anos 60: "Mais do que nunca a história é atualmente revista ou inventada por gente que não deseja o passado real, mas somente um passado que sirva aos seus objetivos. Estamos hoje na grande época da mitologia histórica". O pedido de reconhecimento feito pelas mulheres, pelas minorias étnicas ou sexuais, e assim por diante, chocou-se com a pretensão da historiografia de formular um discurso potencialmente universal. O que foi minado foi "a convicção de que as investigações dos historiadores, mediante regras geralmente aceitas de lógica e de evidência, distinguem entre fato e ficção, entre o que pode ser estabelecido e o que não pode, aquilo que é e aquilo que gostaríamos que fosse".[6]

Sobre esse último ponto, compartilho plenamente as preocupações de Hobsbawm: grande parte do que escrevi nos últimos vinte anos trata precisamente desse tema.[7] Sobre o que precede, haveria muito a dizer. Mesmo a liquidação do pós-modernismo como uma moda que aflorou apenas marginalmente a historiografia é, parece-me, um tanto rápida.[8] Em geral, parece-me necessário distinguir entre perguntas e respostas: uma lição que aprendi com alguém que foi muito importante para Hobsbawm também. As reflexões de Gramsci anotadas nos cadernos do cárcere nascem da consciência de que o fascismo havia vencido porque havia sabido dar uma resposta (reacionária) a questões que não eram reacionárias.[9] Essa observação tem implicações profundas, que também tocam o trabalho do historiador. Uma coisa é rechaçar respostas frágeis ou irrelevantes no plano intelectual; outra é rechaçar as perguntas que as geraram.

Em dezembro de 2004, *Le Monde Diplomatique* publicou com o título de "Um manifesto pela história" um texto que Eric Hobsbawm havia lido no mês anterior num congresso sobre a historiografia marxista organizada pela British Academy. A versão francesa compreendia uma passagem (que não consta do texto original) em que Hobsbawm observava mais uma vez que a historiografia atual passou "de uma perspectiva quantitativa a uma perspectiva qualitativa, da macro-história à micro-história, das análises estruturais às narrativas, da história da sociedade à história da cultura".[10] Nessa série de contraposições, eu me encontro continuamente do lado errado. Mas, quando Hobsbawm escreve que "o maior perigo político imediato para a historiografia é hoje o 'antiuniversalismo', ou seja, a convicção de que a minha verdade vale tanto quanto a tua, independentemente das provas apresentadas", estou completamente de acordo com ele.

Pode-se travar a mesma batalha usando táticas diferentes. No caso aqui analisado, procurei combater adotando a escala microscópica, a tendência pós-moderna de abolir a distinção entre história e ficção. Em outras palavras, entrei no terreno do adversário e parti das suas questões, mas cheguei a respostas completamente diferentes.

2. " 'Israël Bertuccio não tem mais caráter do que todos aqueles nobres venezianos?', pensava nosso plebeu revoltado" [*notre plébéien revolté*]...

Quem fala é Julien Sorel, o protagonista de *O vermelho e o negro*. Stendhal escreveu seu romance com uma fúria endiabrada entre 1828 e 1830, terminando de corrigir as provas logo depois da Revolução de Julho. A frase que acabo de ler foi tirada de um dos capítulos mais extraordinários de *O vermelho e o negro*. Julien Sorel acompanha Mathilde de la Mole a um baile da alta sociedade parisiense. A narração, na terceira pessoa, é continuamente interrompida pelas reflexões dos personagens.[11] O leitor vê o baile principalmente através dos olhos de Julien, o filho de camponeses que olha com ódio e desprezo para a alta sociedade de que não faz parte e que sonha destruir. Julien compara mentalmente a nobreza veneziana, que remonta ao ano de 700, com a aristocracia parisiense, muito mais recente, e conclui consigo mesmo: "No meio daqueles nobres de Veneza, de origem tão ilustre, é de Israël Bertuccio que a gente se lembra".

Quem é esse Israël Bertuccio com quem Julien Sorel, "plebeu revoltado", se identifica? O próprio Stendhal esclarece a alusão: "Acontece que, justamente na antevéspera, Julien tinha assistido a *Marino Faliero*, tragédia do sr. Casimir Delavigne".[12] Trata-se de uma referência pontual mas, como se verá, enganadora.

Marino Faliero de Delavigne fora encenada em Paris, no teatro da Porte Saint-Martin, em 30 de maio de 1829.[13] A tragédia fora precedida, desde 7 de maio, por uma paródia: um *vaudeville* de Varner e Bayard intitulado *Marino Faliero à Paris*, recheado de cançonetas deste gênero: "*Machine! Ce qui domine/ C'est cela;/ Machine / Le siècle est là*".[14] Mas na tragédia de Delavigne também não faltavam referências ao presente e, sobretudo, a um futuro que o público parisiense de 1829 deve ter sentido como iminente. O discurso do velho doge Marin Falier aos conjurados prefigura uma sociedade em que "somente o trabalho dará riqueza, o talento dará o poder, as virtudes darão a nobreza": a sociedade burguesa.[15] A massa de manobra da conjuração é constituída de pescadores, artesãos e gondoleiros liderados por Israël Bertuccio, que é descrito como "*un homme du peuple* [...] *un patron de galère*".[16] A cena em que o gondoleiro Pietro dá um tapinha familiar nas costas do doge e, ante o desdém deste, exclama perplexo "Entre iguais!", pode ter inspirado a reflexão de Julien Sorel: "Uma conspiração aniquila todos os títulos conferidos pelos caprichos da sociedade".[17] Mas o Bertuccio de Delavigne, que repreenderá o gondoleiro Pietro reafirmando a autoridade do doge, é uma figura desbotada do original: o *Marino Faliero* de Byron, escrito em 1820. À parte a ideia, banal, de transformar em adúltera a esposa do velho doge, apresentada por Byron como alvo imperturbável de uma calúnia, Delavigne seguiu rasteiramente o modelo, reivindicando uma originalidade inexistente.[18] Stendhal também notou isso e, num artigo anônimo publicado no *New Monthly Magazine*, falou friamente da tragédia de Delavigne, um escritor que ele não estimava.[19] A atitude de Julien Sorel e a de Stendhal não coincidem. Stendhal, como costuma fazer com frequência, despista seus leitores: a remissão explícita a Delavigne esconde uma remissão implícita a Byron.

Stendhal havia frequentado Byron em Milão entre 1816 e 1817. Muitos anos depois, Stendhal recordou-o perenemente "agitado [...] por alguma paixão": nele se alternavam sem parar o gênio do poeta, a fatuidade do nobre e uma vaidade levada às raias da loucura.[20] Mas quando, cedendo a um desses caprichos infantis que lhe eram caros, Stendhal se punha a citar os três maiores homens que já havia conhecido, Napoleão era acompanhado invariavelmente por Byron, seguidos, conforme o caso, por Canova ou Rossini.[21] Enquanto Byron viveu, Stendhal esperou seus escritos com impaciência. Em dezembro de 1820, escreveu a um amigo pedindo-lhe que mandasse uma cópia da segunda edição do *Marino Faliero* de Byron (a primeira já estava esgotada), contanto que o livro não fosse caro demais.[22] Mais cedo ou mais tarde certamente o terá lido.

Procurarei decifrar a identificação de Julien Sorel com Israël Bertuccio à luz dessa leitura verossímil. Mas antes será preciso dizer alguma coisa sobre a trama de *Marino Faliero*.[23]

Desde o título, Byron anuncia que a tragédia vinha acompanhada por notas que comprovavam a veridicidade histórica de certos detalhes. Às notas, seguia-se um apêndice, em que eram reproduzidos trechos de cronistas ou de historiadores relativos à história de Marin Falier. Nas crônicas (ou melhor, como veremos, numa parte delas), a conjuração antiaristocrática de 1335 era descrita como a reação a um duplo ultraje, de que haviam sido vítimas, respectivamente, o velho doge Marin Falier, ridicularizado como marido traído nos cartazes escritos por alguns jovens nobres, e Israël Bertuccio, chefe do Arsenal, esbofeteado por um nobre em seguida a uma altercação fútil. Byron retoma esse paralelismo: os destinos dos dois homens, tão distantes, se cruzam no decorrer de uma noitada. Os conjurados estão prontos. Na manhã seguinte, 15 de abril, o doge fará o sino tocar a rebate, sinal de perigo máximo (está em curso a guerra com os genoveses). Os nobres acudirão ao palácio ducal: lá serão massacrados e suas casas saqueadas. Mas um dos conjurados trai e o plano fracassa. A conspiração é descoberta; os líderes de origem plebeia, Israël Bertuccio e Filippo Calendario, são enforcados; o doge é decapitado.

Para Byron, como para os seus leitores, as ressonâncias contemporâneas desse caso eram óbvias. Isso já foi repetidamente ressaltado.[24] Byron escreveu o *Marino Faliero* em 1820, em Ravenna, onde vivia com Teresa Guiccioli (mas a ideia remontava a três anos antes). Por intermédio dos familiares de Teresa, ele tinha se aproximado do mundo do carbonarismo. Claro, o que era bom para a Itália não era necessariamente bom para a Inglaterra. Em fevereiro de 1820, por exemplo, Byron condenou asperamente a chamada conjura de Cato Street, que deveria assassinar alguns ministros. Essa reação avaliza a tradicional leitura do *Marino Faliero* como obra autobiográfica: na incerteza do velho doge, que hesita diante da perspectiva de massacrar a nobreza veneziana, lorde Byron projetaria a sua ambivalência em relação à sua origem aristocrática.[25]

Essas hipóteses, todas elas plausíveis, nos levam ao limiar da obra. Nela, vemos tomar forma as opções compositivas de Byron. Na essência, Byron seguiu a tradição histórica mas se distanciou dela (como assinalou no prefácio) quando apresentou a conjuração como já formada. Na tragédia, o doge adere à conjuração, "quando, na realidade, foi ele, com Israël Bertuccio, que a preparou". A vontade de construir uma tragédia modelada de acordo com as unidades aristotélicas e, por isso, privada da "irregularidade que constitui o ponto fraco das composições teatrais inglesas", induziu Byron a pôr Israël Bertuccio no centro da ação.[26] A importância dessa opção estrutural escapou aos críticos, inclusive os que demonstraram como Byron, no mesmo momento em que repelia Shakespeare em nome das unidades aristotélicas, escrevia uma tragédia impregnada de ecos shakespearianos, sobretudo de *Macbeth*.[27] Como já se notou, a dependência de *Marino Faliero* para com *Macbeth* é marcada por um rastro sangrento. Depois do assassinato de Banquo, Macbeth, atormentado pelo remorso, exclama: "*This my Hand will rather/ The multidinous Seas incarnadine/ Making the Greene, one Red*" [Esta minha mão tingirá de encarnado os mares multitudinários e fará do verde vermelho!].[28] Aqui *incarnadine* é verbo. Em *Marino Faliero*, a mesma palavra reaparece como adjetivo: "*When all is over*", diz o doge dirigindo-se a Israël Bertuccio, "*you'll be free and merry,/ and calmly wash those hands incarnadine*" [Quando tudo estiver acabado, estarás livre e alegre, e lavarás tranquilamente as mãos encarnadas].[29] Mas a analogia entre os dois trechos faz surgir a diferença. Macbeth sente-se sufocar de remorso pelo que fez, o doge pelo que está prestes a fazer: o massacre dos nobres que serão convocados ao palácio ducal. O contraste entre a tormentosa indecisão do doge e a implacável firmeza de Israël Bertuccio realça o contraste entre a débil vontade de Macbeth e a feroz determinação de lady Macbeth. Mas Byron relê e reescreve Shakespeare olhando ao mesmo tempo para trás, para a Revolução Francesa, e para a frente, para um futuro que está tomando forma. Israël Bertuccio encarna uma nova realidade: a impiedosa inocência do revolucionário. Em um diálogo em que solidariedade e ódio de classe se contrapõem com extrema violência, o doge exclama, dirigindo-se a Israël Bertuccio: "*You are a patriot, a plebeian Gracchus*" [és um patriota, um Graco plebeu].[30] É com esse "*plebeian Gracchus*" que Julien Sorel, "*plébéien révolté*", se identifica: jacobino extemporâneo, cuja desesperada energia desemboca, trágica e mesquinhamente, num gesto de violência privada.[31] Tal como Israël Bertuccio, também Julien Sorel, que escorraça o padre que veio visitá-lo antes da condenação à morte, ignora qualquer sentimento de culpa. Este também será um dos traços "atrozes" do personagem, que escandalizavam até um leitor inteligentíssimo e um tanto cínico como Mérimée.[32]

Pareciam também escandalosos os escritos de Byron (além da figura do autor). Em 1822, o autor de uma áspera crítica de *Caim*, que se escondia sob o pseudônimo de "Philo-Milton", salientou que as obras de invenção (*fiction*) são muito mais perigosas do que os ensaios e livros de história, porque são vendidas muito mais barato e são acessíveis a um público muito mais vasto. No caso de obras em tudo nocivas, escrevia "Philo-Milton", é necessário impedir a sua circulação com os meios mais eficazes.[33] Isso havia acontecido, exatamente no ano anterior, com o *Marino Faliero*, levado à cena no Drury Lane de Londres, numa versão castrada. O exemplar da tragédia de Byron conservado na Huttington Library de San Marino (Califórnia) mostra que o censor havia suprimido metade do texto, arremetendo principalmente contra as falas pronunciadas pelo doge e por Israël Bertuccio.[34] Para a censura, uma tragédia como *Marino Faliero* era duplamente perigosa, porque unia os perigos da história aos atrativos da invenção. Para nós, os personagens de Stendhal, Delavigne e Byron pertencem ao mundo da ficção literária. Para Byron as coisas eram diferentes: no prefácio de *Marino Faliero*, observou que, com exceção de Angiolina, esposa do doge, todos os personagens eram "rigorosamente históricos" [*strictly historical*]; e, para os *real facts*, remeteu o leitor aos textos publicados no apêndice.[35]

Acompanhemos seu convite. A fonte principal de Byron sobre a conjuração são as *Vite dei dogi* [Vidas dos doges], de Marin Sanudo, citadas explicitamente pelos *Rerum Italicarum Scriptores*, de Muratori.[36] No texto de Sanudo citado por Byron encontramos Israël Bertucci: "Mandaram para Filippo Calendaro, homem marítimo e de grande ascendência, e para Bertucci Israello, engenheiro e homem astuciosíssimo".[37] Surgem aqui duas dificuldades. A primeira, aparentemente desprezível, é a inversão do nome: Bertucci Israello, em vez de Israël Bertuccio (ou Bertucci), como era de esperar. A segunda é a profissão: engenheiro, em vez de almirante, como se lê na tragédia de Byron. Essa segunda dificuldade se resolve facilmente. A "crônica antiga", transcrita por Sanudo, conta, no parágrafo que precede o trecho citado, que um nobre da casa Bárbaro tinha dado um soco no almirante do Arsenal, o qual tinha ido se queixar com o doge. Byron fundiu os dois fatos, identificando tacitamente Israël Bertuccio com o almirante do Arsenal. Mas a primeira dificuldade é mais grave do que parece à primeira vista. Se cotejarmos o trecho citado de Sanudo no apêndice de *Marino Faliero* com o trecho correspondente no volume dos *Rerum Italicarum Scriptores*, descobriremos que a transcrição de Byron (ou de quem a fez para ele) é inexata. O texto reproduzido por Muratori fala de um "Bertucci Isarello, engenheiro e homem astuciosíssimo".[38]

Israello ou Isarello? Não se trata de uma alternativa irrelevante. Se aceitarmos a alternativa "Isarello", esvai-se a possibilidade ou a probabilidade de que pudesse se tratar de um judeu (e, de resto, acaso podia um judeu da Veneza do século XIV tornar-se, não digo almirante, mas "engenheiro" — qualquer que seja o significado exato desse termo?). Uma verificação dos textos é indispensável. Hoje, a edição das *Vite dei dogi* que se lê nos *Rerum Itali-*

carum Scriptores parece-nos totalmente inesperada: trata-se de uma versão italianizada, cheia de lacunas e imprecisões.[39] De um cotejo com uma cópia manuscrita da parte correspondente das *Vite dei dogi* (o segundo volume do manuscrito autografado por Sanudo se perdeu) emerge mais uma vez a leitura de "Isarello".[40] Mas a pesquisa não pode parar aqui. Um dos testemunhos mais antigos sobre a conjuração de Marin Falier está contido na crônica latina, incompleta, de Lorenzo de' Monaci, chanceler de Creta, escrita pouco depois de 1420, mas só impressa em 1758. Entre os episódios referidos na crônica está o soco dado por um nobre (aqui identificado como Giovanni Dandolo) num "Bertucium Israelo" de San Basilio, um homem do mar abastado (*"notabilis conditionis inter marinarios"*): talvez um armador. No índice onomástico da crônica de Lorenzo de' Monaci lê-se uma remissão a "Bertuccius Israël rebellis".[41] Tornamos a encontrar o nome transcrito (creio que independentemente) no apêndice do *Marino Faliero* de Byron. Será esse o verdadeiro nome do personagem cujo rastro estamos seguindo? Ou se trata, em vez disso, de um travestimento humanista que transformou "Isarello" em "Israelo"? E se houve travestimento, a quem devemos atribuí-lo? A Lorenzo de' Monaci ou ao erudito setecentista que publicou sua obra? Uma resposta a esta última pergunta poderá vir dos manuscritos do *Chronicon de rebus Venetis* de Lorenzo de' Monaci (o *Iter Italicum* de Kristeller registra um, setecentista, conservado na British Library).[42] Mas as outras perguntas mesmo assim continuariam de pé.

Tudo isso, é óbvio, nos afasta da ideia (compartilhada por Byron, que de qualquer modo não era historiador) de que nas crônicas se encontrem *real facts*, as coisas como de fato aconteceram. Para decifrarmos as contradições entre as crônicas, devemos procurar lê-las criticamente, inserindo-as, se possível, num contexto documental mais vasto. Devemos, em suma, continuar o caminho reverso que, seguindo o nome de Israël Bertuccio, nos levou de um romance a uma tragédia (duas, aliás), e destas às crônicas. Mas antes de passar à próxima etapa será oportuno esclarecer o sentido global dessa trajetória.

Partimos dos ecos literários da conjuração de Marin Falier; à força de retroceder, chegamos à conjuração. Sobre ela, dispomos de muitos estudos minuciosos, às vezes excelentes; falta uma pesquisa global adequada. Dada a excepcionalidade do caso, e a excepcionalidade da história de Veneza, é de desejar que uma pesquisa do gênero venha a ser efetuada (é uma afirmação apenas aparentemente paradoxal) numa perspectiva comparada. Desde já, porém, parece lícito duvidar da interpretação proposta nas últimas décadas por estudiosos autorizados, ou seja, de que a conjuração de Marin Falier se resuma a um choque entre facções ou partidos nobiliárquicos.[43] Essa interpretação parece decididamente incompatível com o envolvimento na conjura, ao lado do doge, de personagens provenientes do povo gordo (*"popularis pinguis conditionis"*, como os chamou Lorenzo de' Monaci).[44] As descrições detalhadas (posteriormente desenvolvidas pela tradição literária) da afronta que o doge e um personagem de origem popular teriam paralelamente sofrido são evidentemente uma tentativa de explicar de forma anedótica a anômala aliança social que deu vida à conjura.

É possível supor que, em todo caso, essas anedotas tenham reelaborado, amplificando-o, um acontecimento real? Vittorio Lazzarini, o erudito que contribuiu mais do que qualquer outro para o conhecimento da conjuração de Marin Falier, não excluiu essa eventualidade. Numa das mais admiráveis pesquisas eruditas publicadas em fins do século XIX, depois recolhidas em volume em 1963, Lazzarini analisou a página do cronista Lorenzo de' Monaci sobre o sopapo que o nobre Giovanni Dandolo teria dado em Bertucci Isarello.[45] (Na verdade, de' Monaci, como se viu, falou de um Bertuccio *Israël*, variante não registrada por Lazzarini.) Nas crônicas sucessivas, o episódio é retomado e ampliado. Mudam os nomes dos protagonistas: na chamada crônica Barbaro, quem dá a bofetada é Marco Barbaro, quem a recebe é Stefano Giazza, dito Gisello, almirante do Arsenal, que teria dito a Marin Falier: "*Meser lo dose, le bestia maligne se liga, e se ne le se pol ligar le se ammazza*". [Senhor doge, as bestas malignas a gente amarra e, conseguindo amarrar, mata.] Lazzarini comentou:

> Desconfiamos que os dois relatos diferentes sejam a tradição de um só fato, e de qualquer modo aceitamos o que se refere a Dandolo e a Bertuccio Isarello, porque narrado por um cronista quase contemporâneo, como de' Monaci, porque Giovanni Dandolo era na época comandante de galera e conselheiro do capitão-mor da armada, porque Bertuccio Isarello é personagem histórico, enquanto Stefano Giazza nunca aparece nos documentos e nas crônicas contemporâneas...[46]

"Bertuccio Isarello é personagem histórico": por trás dessa afirmação há uma pesquisa feita de forma extraordinariamente acurada nos cartórios venezianos. Dos cinco documentos encontrados por Lazzarini, basta recordar dois, ambos provenientes do fundo *Grazie*. Do primeiro, datado de 13 de julho de 1330, resulta que Bertuccio Isarello era então *nauclero*, isto é, dono de uma embarcação junto com Jacobello Lambardo.[47] O segundo, datado de 22 de fevereiro de 1345, informa que Bertuccio Isarello sofreu uma multa equivalente à metade do valor de uma carga de pimenta-do-reino.[48]

Esse é o nome do homem que teria participado, junto com o sogro Filippo Calendario, da conjuração do doge Marin Falier. Num ensaio exemplar, Lazzarini contestou a tradição que identificava Filippo Calendario como arquiteto do palácio ducal.[49] Nos documentos, Filippo é sempre indicado como "canteiro", salvo na já recordada "crônica antiga" transcrita por Sanudo, que fala de um "Filippo Calendario, homem marítimo e de grande ascendência, e

[...] Bertuzzi Isarello, engenheiro e homem astuciosíssimo".[50] Lazzarini supõe agudamente que as profissões do sogro e do genro foram trocadas: Bertuccio Isarello é que teria sido "homem marítimo e de grande ascendência".[51] Para compreender a importância deste último ponto bastará recordar de que modo deve ter-se realizado a conjura. Nicolò Trevisan, que na época fazia parte do Conselho dos Dez, escreveu na sua crônica que "Philippo Calendario, com todos aqueles de Castello, isto é, os homens do mar, naquela noite [da conjuração] deviam descer a terra".[52] Dos dez homens enforcados como responsáveis pela conjura, cinco eram, a diversos títulos, "homens do mar".[53] Outros quatro "homens do mar que foram grandes autores e traidores na dita traição" conseguiram fugir e foram banidos.[54] Somente uma pesquisa aprofundada poderá dizer o que levava os "homens do mar", depois da vitória dos genoveses em Porto Longo, a apoiar a tentativa de Marin Falier de se tornar senhor de baraço e cutelo de Veneza. Claro, os conjurados não estavam isolados. Os quatro magistrados nomeados pelo Conselho dos Dez para enfrentar a situação agiram com extrema rapidez. Era preciso dar um exemplo e impedir que o contágio se propagasse: "A terra estava em movimento", diz laconicamente uma crônica.[55]

Nas condenações se entrevê uma hierarquia simbólica. No vértice dela encontramos Bertuccio Isarello e Filippo Calendario. No dia 16 de abril, um dia depois da descoberta da conjura, eles foram enforcados "com mordaça na boca", provavelmente para evitar que arengassem à multidão.[56] Nenhum dos outros condenados compartilhou desse macabro privilégio. No dia 17 de abril o doge foi decapitado, depois de ter seu barrete atirado no chão.

3. A viagem reversa das bibliotecas ao arquivo, de Julien Sorel à conjura de Marin Falier, se desenrolou sob o signo da descontinuidade. Entre Israël Bertuccio e Bertuccio Isarello não existe ape-

nas a distância que divide a ficção da realidade histórica. Na contínua variação dos contextos, tudo — do nome à conotação social — se dissolve. Vem à mente o aforismo de Lichtenberg: "Se da minha faca troco a lâmina e depois o cabo, continuo tendo a mesma faca?".

Mas um apaixonado leitor de Lichtenberg nos convida a ver a questão de uma maneira diferente. Refiro-me a Ludwig Wittgenstein e à sua ideia de "semelhanças de família". Wittgenstein havia partido dos "retratos compósitos" de Francis Galton: imagens constituídas pela superposição de fotografias de membros da mesma família ou de um determinado grupo social.[57] Num primeiro momento, Wittgenstein usou os "retratos compósitos" de Galton para ilustrar a possibilidade de isolar um elemento comum, um fio vermelho (uma metáfora retomada das *Afinidades eletivas* de Goethe) no interior de um determinado conjunto. Mais tarde, nas reflexões publicadas após a sua morte com o título de *Investigações filosóficas*, Wittgenstein retomou o experimento de Galton para propor um ponto de vista completamente diferente. Os contornos fora de foco dos "retratos compósitos", fruto de entrelaçamentos e superposições parciais, sugeriam uma noção diferente, não essencialista, de "ar de família". A metáfora do fio vermelho que corre por toda a extensão da corda era substituída por um emaranhamento muito mais complexo. Numa série de ensaios esclarecedores, o antropólogo inglês Rodney Needham reconstruiu os precedentes históricos da ideia proposta por Wittgenstein, mostrando que o botânico setecentista Adanson já havia elaborado uma classificação análoga. As séries que Needham definiu como "politéticas" podem incluir componentes caracterizados por traços distintivos do tipo aba, bcb, dcd... Num caso assim, o primeiro e o último elemento da série não têm nenhum traço em comum.[58]

4. A longa sombra projetada nos séculos por Bertuccio Isarello é uma sombra fictícia, uma sombra alheia. Sua voz, sufocada pelo patíbulo, não chegou até nós. Mas justamente porque é importante distinguir entre realidade e ficção, devemos aprender a reconhecer quando uma se emaranha na outra, transmitindo-lhe algo que poderíamos chamar, com a palavra cara a Stendhal, de energia.[59]

9. A áspera verdade — Um desafio de Stendhal aos historiadores*

1. Balzac lançou um desafio explícito aos historiadores do seu tempo; Stendhal, um desafio implícito aos historiadores do futuro. O primeiro é conhecido, o segundo não. Procurarei analisar um de seus aspectos.

Eric Auerbach dedicou um dos capítulos centrais de *Mimesis* à relação de Stendhal e Balzac com a história.[1] Para avaliá-la, há que assinalar um dado estranhamente negligenciado pelos comentadores: na longa série de trechos analisados em *Mimesis*, poetas e romancistas — Homero, Dante, Stendhal, Balzac, Proust e outros — se alternam com historiadores como Tácito, Amiano Marcelino e Gregório de Tours, ou com memorialistas como Saint-Simon.

Hoje, uma coexistência do gênero pode parecer pacífica.

---

* Diferentes versões deste ensaio foram apresentadas em Harvard, numa mesa-redonda com o tema "Literatura e história"; na Siemens Stiftung de Munique e no Departamento de História da Universidade de Siena. Agradeço à Siemens Stiftung, na pessoa do seu diretor, Heinrich Meier, por ter me consentido passar um proveitoso período de pesquisas em Munique (2000).

Muitos leitores dão por líquido e certo que todos os textos discutidos por Auerbach são, em maior ou menor grau, textos de ficção. Essa interpretação de *Mimesis*, que sem dúvida contribuiu para a sua fama duradoura nas universidades americanas, teria horrorizado Auerbach.[2] O subtítulo do seu livro, não nos esqueçamos, é *A representação da realidade na literatura ocidental [Dargestellte Wirklichkeit in der abendländischen Literatur]*.[3] Auerbach tinha um senso fortíssimo da realidade e, em primeiro lugar, da realidade social. Sua visão "perspectivista", que se inspirava em Vico (embora seu núcleo central fosse, a meu ver, uma versão secularizada de uma ideia de santo Agostinho), se baseava na ideia de que o desenvolvimento histórico tende a gerar enfoques múltiplos da realidade.[4] Mas Auerbach não era um relativista. Ao comentar as descrições das revoltas militares que encontramos em Tácito ou Amiano, Auerbach frisou que esses historiadores não se preocupavam com os "problemas objetivos", como "as condições da população romana", e salientou que "um historiador moderno teria procurado explicar — ou, pelo menos, teria se indagado — como se havia chegado a tal corrupção; mas essas coisas não interessam a Amiano, que desse ponto de vista vai inclusive mais longe que Tácito".[5]

Portanto, Auerbach chega a caracterizar a natureza específica dos trechos de Tácito ou de Amiano, contrapondo o ponto de vista deles com um ponto de vista mais moderno e mais verídico. Não se trata de um exemplo isolado. Mesmo quando examina obras de ficção, Auerbach sempre leva em consideração, ora explícita, ora implicitamente, a realidade histórica, assim como foi percebida pela consciência moderna. No capítulo sobre Stendhal, por exemplo, Auerbach escreve: "A perspectiva temporal patenteia-se em toda parte [...]. Stendhal é o fundador daquele realismo sério e moderno que não pode representar o homem senão incluído numa realidade política, social e econômica em contínua evolução, como acontece hoje em qualquer romance ou filme".[6]

Mas, segundo Auerbach, o realismo sério, "moderno", de Stendhal não era, afinal de contas, plenamente moderno:

> A mentalidade com que Stendhal olha para os acontecimentos e o modo como procura reproduzi-los em suas conexões é muito pouco influenciada pelo historicismo [*Historismus*] [...] sua representação dos acontecimentos remete a uma '*analyse du coeur humain*' completamente enformada pela psicologia moralista clássica, e não pela investigação ou a intuição de forças históricas. Nele se encontram motivos racionais, empíricos, sensualistas, mas dificilmente motivos romântico-historicistas.[7]

Para encontrar uma atitude autenticamente historicista, observa Auerbach, temos de nos voltar para Balzac. Nele, romancista e historiador convergem, mostrando a verdade da ideia romântica de que as múltiplas formas culturais de um episódio estão unidas por uma coerência subterrânea: "Historicismo atmosférico e realismo atmosférico estão intimamente ligados; Michelet e Balzac são levados por idênticas correntes [...]. Tal concepção e tal prática [as de Balzac] são totalmente historicistas".[8]

Nesta altura, poderíamos ficar tentados a identificar o ponto de vista de Auerbach com o *Historismus* alemão — uma categoria que não deve ser confundida nem com o historicismo italiano, nem com o *New Historicism* americano.[9] Decerto, muitas passagens de *Mimesis* vão nessa direção. Mas pouco antes do fim, o livro envereda por outro caminho. Auerbach diz explicitamente aquilo de que o leitor já havia começado a desconfiar: que os protagonistas do último capítulo de *Mimesis*, Marcel Proust e Virginia Woolf, também inspiraram os princípios formais com base nos quais o próprio livro foi construído. De *Ao farol* e *Em busca do tempo per-*

dido, Auerbach tirou a ideia, totalmente estranha às histórias da literatura tradicionais, de que através de um acontecimento acidental, uma vida qualquer, um trecho tomado ao acaso, se possa chegar a uma compreensão mais profunda do todo.[10]

Como se concilia essa perspectiva histórica com as características dos trechos, tirados de livros de história e de ficção e analisados nas páginas de *Mimesis*? Auerbach, que desconfiava das formulações teóricas explícitas, evitou fazer-se essa pergunta.[11] Podemos tentar responder pondo em perspectiva um mestre do perspectivismo como Auerbach. O ponto de partida desse jogo de caixinhas chinesas ou *mise en abîme* será o trecho extraído de *O vermelho e o negro*, de que Auerbach partiu para uma das suas mais célebres análises.[12] Mas antes será útil propor algum elemento de contestação.

2. Na folha de guarda do exemplar de *O vermelho e o negro*, que faz parte do Fundo Bucci, conservado na Biblioteca Comunale Sormani de Milão, Stendhal garatujou algumas frases: "Roma, 24 de maio de 1834. Na minha juventude, escrevi algumas biografias (Mozart, Michelangelo), que são uma espécie de história. Arrependo-me de tê-las escrito. A *verdade*, tanto sobre as pequenas como sobre as grandes coisas, parece-me quase inatingível — em todo caso, uma verdade *um pouco circunstanciada*. Monsieur de Tracy me dizia: [riscado: só há verdade nos] só se pode alcançar a *Verdade* no Romance. Vejo cada dia mais que fora deles isso não passa de pretensão. Eis por que...".[13]

As epígrafes postas no início de cada um dos dois volumes que compõem *O vermelho e o negro* lançam alguma luz sobre essas frases. A primeira é atribuída a Danton: "*La vérité, l'âpre vérité*" [A verdade, a áspera verdade]. A segunda é atribuída a Sainte-Beuve: "*Elle n'est pas jolie, elle n'a point de rouge*" [Ela não é bonita, não usa ruge]. Para Stendhal, "verdade" queria dizer, antes de mais nada, recusa de qualquer embelezamento. Meu livro, declarava orgulhosamente, não é bonito: é imediato, direto, áspero. Uma crônica áspera: o subtítulo que se lê no frontispício da primeira edição do romance (1831) era "Chronique du XIXe siècle" (Crônica do século XIX), alterado poucas páginas depois para "Chronique de 1830" (Crônica de 1830). Às vezes as edições mais recentes eliminam um dos dois subtítulos.[14]

Naturalmente nenhum leitor jamais levou a sério a palavra "crônica". *O vermelho e o negro* sempre foi lido como um romance. Mas as intenções de Stendhal são claras. Por meio de um relato baseado em personagens e acontecimentos inventados, ele procurava alcançar uma verdade histórica mais profunda. É uma atitude compartilhada com outros romancistas do início do século XIX: em primeiro lugar, Balzac, "esse grande historiador", como Baudelaire o definiu.[15] Mas Stendhal tinha objetivos diferentes, e seguiu outro rumo.

3. No trecho de *O vermelho e o negro* que Auerbach escolheu como ponto de partida para a sua análise, o protagonista do romance, Julien Sorel, e seu protetor, o abade jansenista Pirard, conversam na mansão do marquês de la Mole. Julien começou a trabalhar para o marquês, que o convidou a participar dos seus ágapes. Julien pede ao abade Pirard que lhe obtenha a permissão de recusar o convite, porque aqueles jantares eram por demais tediosos. Pirard, "verdadeiro *parvenu*", fica escandalizado com a insolência daquele filho de camponeses. Um "leve ruído" revela que a filha do marquês, Mademoiselle de la Mole, está escutando a conversa: "Ela tinha vindo pegar um livro e tinha ouvido tudo; e sentiu logo certa estima por Julien. Eis um que não nasceu de joelhos, pensou, como aquele velho abade. Meu Deus! Como é feio".[16]

Voltaremos mais adiante a esse trecho. Enquanto isso, eis o comentário de Auerbach:

> Da cena, interessa-nos o seguinte: ela seria quase incompreensível sem o exato e detalhado conhecimento das condições políticas, sociais e econômicas de um momento histórico bem determinado, a saber, da França de pouco antes da Revolução de Julho, o que corresponde ao subtítulo do romance: *Crônica de 1830*. O tédio à mesa e nos salões daquela nobilíssima família, de que Julien se queixa, não é o tédio habitual; não nasce da obtusidade das pessoas que se reúnem naquela casa, onde na verdade também se encontram pessoas cultíssimas, brilhantes e agradáveis, e o dono da casa é inteligente e amável, mas constitui, isso sim, um fenômeno histórico-político da idade da Restauração. No século XVII, e menos ainda no século XVIII, esses salões eram tudo, menos tediosos.[17]

As observações de Auerbach são muito agudas, mas as suas conclusões são discutíveis. Pode-se demonstrar que Stendhal considerava o tédio não apenas um fenômeno do passado, ligado à sociedade francesa sob a Restauração, mas também um fenômeno que caracterizaria seja o presente, isto é, a sociedade que sucedeu a Revolução de Julho, seja o futuro previsível. Em apoio a essa interpretação pode-se citar a autorresenha de *O vermelho e o negro* que Stendhal preparou em 1832 para a revista *L'Antologia*. Tanto a autorresenha como o artigo de Vincenzo Salvagnoli baseado nas indicações de Stendhal só foram publicados postumamente.[18] Auerbach escreveu *Mimesis* no exílio, em Istambul, numa situação em que o acesso às fontes secundárias lhe era vedado e o acesso às fontes primárias, limitado. A escolha do trecho de *O vermelho e o negro* e o comentário de Auerbach poderiam ter sido influenciados por uma vaga recordação da autorresenha de Stendhal.

Trata-se de um texto extraordinário: um verdadeiro exercício de estranhamento. Ao dirigir-se a um público estrangeiro sob o véu do pseudônimo, Stendhal olhou o romance que havia publicado dois anos antes de uma dupla distância, geográfica e cultural. Os costumes e as atitudes morais descritos em *O vermelho e o negro* tinham se radicado na França, observou Stendhal, "entre 1806 e 1832". A vida de província na França de antes da revolução era muito alegre, como resulta "do gracioso romancinho" de Besenval intitulado *O spleen*. Hoje, continua Stendhal, "numa cidade que conte entre 6 e 8 mil habitantes tudo é triste e afetado. O visitante estrangeiro não sabe como passar a noite, tal como na Inglaterra".[19]

Os leitores de Stendhal podem ler com proveito *O spleen* de Besenval. O romance se passa em Besançon, um dos lugares em que se desenrola a ação de *O vermelho e o negro*; o nome da protagonista, Madame de Rennon, lembra o de Madame de Rênal; o protagonista odeia seu pai, assim como Julien Sorel (e o próprio Stendhal) odiava o dele.[20] No entanto, o mais notável é que Stendhal parta do *Spleen* de Besenval para identificar no tédio o tema central de *O vermelho e o negro*. Como salienta com razão Auerbach, o tédio é, para Stendhal, um fenômeno histórico, ligado a um espaço e a um tempo específicos. Mas tanto o período indicado — entre 1806, pouco depois do início do império de Napoleão, e 1832, ano em que a autorresenha é redigida — como o paralelo com a Inglaterra não se conciliam com a ideia de Auerbach de que o tédio descrito por Stendhal se localiza na "França de pouco antes da Revolução de Julho".

O que é o tédio, pois? É o produto (explica a autorresenha) da moralidade, de uma "França moral" ainda desconhecida dos estrangeiros, mas que se preparara para se tornar um modelo para toda a Europa:

> A França *moral* é ignorada no estrangeiro. É por isso que, antes de falar do romance do M. de S[tendhal], foi preciso dizer que nada se

parece menos com a França alegre, divertida, um pouco libertina, que foi de 1715 a 1789 o modelo da Europa, do que a França grave, moral, pesada, que nos legaram os jesuítas, as congregações e o governo dos Bourbon de 1814 a 1830. Como, em matéria de romance, não há nada mais difícil do que pintar a partir do real, do que não *copiar dos livros*, ninguém antes de M. de S[tendhal] havia se aventurado a retratar esses costumes tão pouco agradáveis, que, apesar disso, visto o espírito de carneiro da Europa, logo se difundirão de Nápoles a São Petersburgo.[21]

Era assim que Stendhal olhava para si mesmo em 1832. É possível que ele deformasse retrospectivamente o significado do seu romance? Essa pergunta levanta implicitamente uma questão sobre a qual se discutiu muito: a data de composição de *O vermelho e o negro*. Na autorresenha, Stendhal escreveu que, por ter feito o retrato "da sociedade de 1829 (época em que o romance foi escrito)", tinha se exposto ao risco de ser preso.[22] Na "Advertência" que precede *O vermelho e o negro*, Stendhal havia indicado uma data diferente: "Temos motivos para crer que [a obra foi escrita] em 1827".[23]

Essas duas datas, ligeiramente divergentes, são ambas inexatas. Sabemos do próprio Stendhal que a ideia de *O vermelho e o negro* lhe veio à mente em Marselha, na noite de 25 para 26 de outubro de 1829. Trabalhou no romance no inverno de 1829-30 e assinou contrato com o editor Levavasseur no dia 8 de abril de 1830. Durante o mês de maio daquele ano corrigiu as primeiras provas; mas em 1º de junho de 1830 ainda estava "ditando" a cena na catedral de Besançon, situada no capítulo XXVIII da primeira parte. A importância desses últimos acréscimos não escapou a Victor Del Litto.[24] É evidente que Stendhal continuou a retocar o romance, enquanto corrigia as provas. Uma enigmática nota de rodapé datada de "11 de agosto de 1830" mostra que a correção das provas (talvez acompanhada de fases de escrita ou reescrita) ainda estava em curso depois da Revolução de Julho. Michel Crouzet sustentou que *O vermelho e o negro* foi "escrito inteiramente antes de julho de 1830, por isso é intrinsecamente ligado à agonia da Restauração". É uma tese que não convence. O próprio Crouzet menciona numa nota de rodapé um elemento que não se ajusta à sua cronologia: Louis Lablache, o cantor que Stendhal retrata sob o nome de Géronimo, amigo de Julien Sorel, cantou com grande sucesso o papel de Geronimo no *Matrimônio secreto* de Cimarosa, em Paris, no dia 4 de novembro de 1830.[25] Esse dado faz supor, como sugere Henri Martineau, que Stendhal "tenha continuado a trabalhar na redação e na revisão do romance até novembro". Ele poderia ter ditado o trecho que alude ao triunfo de Géronimo, no dia 6 de novembro, na véspera da sua partida de Paris para Trieste, onde havia sido nomeado cônsul. A publicação de *O vermelho e o negro* é anunciada no dia 15 de novembro.[26]

Essa minuciosa discussão cronológica poderá parecer pedante e, em última análise, irrelevante. Mas os testemunhos até aqui apresentados explicam por que Stendhal datou a redação do romance de 1827 (na "Advertência") e de 1829 (na autorresenha). As duas datas, ambas inexatas, queriam sugerir aos leitores — até Auerbach se deixou enganar — que *O vermelho e o negro* era uma representação pontual da sociedade francesa sob a Restauração. Pontual, sem dúvida nenhuma: mas as características descritas eram destinadas a se prolongarem muito além da sua localização original, como Stendhal sugeriu indiretamente num dos dois subtítulos de *O vermelho e o negro*: "Crônica do século XIX". Numa nota de rodapé posta no fim do romance, que à primeira vista pretendia assinalar o valor puramente arbitrário dos lugares em que ele se desenrola (Verrières, Besançon), Stendhal acenou para as implicações históricas mais gerais da história por ele contada: "Nos países em que reina a opinião pública, o que de resto proporciona *a liber-*

dade, tem-se o inconveniente de que ela se imiscui até no que não lhe diz respeito: por exemplo, na vida privada. Daí a tristeza da América e da Inglaterra".[27]

Com o uso de termos como "opinião" e "liberdade", que evocam a atmosfera política da Revolução de 1830, Stendhal indicou a importância do romance para a França do episódio posterior à Restauração. A referência à Inglaterra e à América era igualmente eloquente. Para Stendhal, os dois países simbolizavam o futuro: um futuro tétrico, em que todas as paixões desapareceriam, salvo uma, a paixão pelo dinheiro.[28] Tédio e tristeza, produzidos pela intrusão da moralidade na vida privada, eram as características das sociedades industriais modernas, dentre as quais podia ser arrolada a França.[29]

4. Auerbach escreveu que Balzac "supera largamente [Stendhal] na vinculação orgânica entre o homem e a história. Essa concepção e essa prática [de Balzac] são totalmente historicistas".[30] É uma observação que não é justa para com Stendhal. Auerbach, desgarrado do *Historismus*, não notou que nos romances de Stendhal a ausência de um nexo orgânico entre o homem e a história é o resultado de uma escolha deliberada, expressa através de um procedimento formal específico. O isolamento dos heróis de Stendhal é realçado e reforçado por suas reflexões interiores que, alternando-se com a descrição das suas ações, dão lugar a uma espécie de contraponto. Esse procedimento, que foi definido como "discurso direto livre", geralmente se apresenta assim: uma narrativa na terceira pessoa é bruscamente interrompida por uma série de breves frases atribuídas a um dos protagonistas da narração.[31] O discurso direto livre, embora muito mais estruturado do que o fluxo do monólogo interior, põe o leitor numa relação estreita, quase íntima, com os personagens mais importantes do romance: Julien Sorel, Madame de

Rênal, Mademoiselle de la Mole. Releiamos a passagem que descreve a reação de Mademoiselle de la Mole ao diálogo entre Julien e o abade Pirard: "Ela tinha vindo pegar um livro e tinha ouvido tudo; e sentiu logo certa estima por Julien. Eis um que não nasceu de joelhos, pensou, como aquele velho abade. Meu Deus! Como é feio".[32]

Como se vê, Stendhal faz um uso muito parco dos sinais de pontuação.[33] Nenhuma abertura de aspas introduz as duas frases, embora ambas sejam marcadas por frases diretas ou interjeições: "pensou", na primeira; a interjeição "Meu Deus!" seguida de um ponto de exclamação na segunda. Mas quando os sinais de pontuação estão ausentes, a passagem da terceira à primeira pessoa — quer ocorra no interior de uma única frase, quer ocorra em duas frases contíguas — é mais brusca e muito mais surpreendente. Eis dois exemplos, referidos respectivamente a Julien Sorel e a Mathilde de la Mole, citados antes no texto original, depois na tradução italiana de Diego Valeri:

> "*A force d'examiner le comte Norbert, Julien remarqua qu'il était en bottes et en éperons;* [ponto e vírgula] *et moi je dois être en souliers, apparemment comme inférieur*". E: "*Ce Sorel a quelque chose de l'air que mon père prend quand il fait si bien Napoléon au bal.* [ponto] *Elle avait tout à fait oublié Danton.* [ponto] *Décidément, ce soir, je m'ennuie.* [ponto] *Elle saisit le bras de son frère...*".[34]

Na tradução italiana, a pontuação dos dois trechos foi naturalizada e tornada mais convencional:

> "*A forza di esaminare il conte Norberto, notò che aveva gli stivali e gli speroni* [ponto]. *E io devo portare le scarpe basse, evidentemente perché sono un inferiore!* [ponto de exclamação]".
> "*Quel Sorel ha qualcosa che mi ricorda mio padre quando fa il Napoleone nei balli in costume —.* [travessão ponto] *Ella aveva completa-*

mente dimenticato Danton. — [ponto travessão] *'Decisamente questa sera mi annoio'* [aspas]. *Prese sotto braccio suo fratello...*"[35]

O tradutor deve ter temido que o leitor, ainda que por uma fração de segundo, pudesse ficar desorientado: daí a inserção de pontos, pontos de exclamação, travessões e pontos, aspas. Mas o objetivo de Stendhal era esse mesmo: desorientar o leitor, imprimindo à narração um ritmo agitado, febril, baseado numa pontuação quebrada e fragmentada, que introduz mudanças inesperadas de pontos de vista.[36]

5. No trecho analisado por Auerbach, Julien evoca Mathilde para justificar-se do tédio que sentia nos ágapes do marquês: "Algumas vezes, vejo bocejar a própria senhorita de la Mole [...]". Alguns capítulos depois, Mathilde reaparece, bocejando e fixando em Julien "aqueles olhos tão bonitos, nos quais transparecia o tédio mais profundo [...]".[37] Mathilde pede que Julien a acompanhe a um baile. Julien compreende que deve aceitar; porém, mal começa o baile, para de se interessar por ela. Nesse ponto, a cena (uma das mais extraordinárias de todo o romance) é vista através dos olhos de Mathilde. Os únicos pensamentos a que temos acesso são os seus: "Decididamente, esta noite é um tédio" etc. Julien mergulha numa apaixonada conversa com o conde Altamira, um exilado que deixou Nápoles para escapar (como havia feito Domenico Fiore, amigo de Stendhal) de uma condenação à morte por motivos políticos. Os dois homens se aproximam. "Mathilde não perdia uma sílaba daquela conversa. O tédio desaparecera."[38]

Tanto Mathilde quanto Julien ficam fascinados com Altamira. Seu apaixonado engajamento político é a verdadeira antítese do tédio. Altamira diz a Julien: "Não há mais paixões verdadeiras no século XIX; é por isso que o tédio impera na França".[39]

Altamira fala do século XIX como se a França da Restauração fosse um caso particular que confirmasse uma lei mais geral. Nesse sentido, ele apenas faz eco aos dois subtítulos divergentes do romance: "Crônica do século XIX", "Crônica de 1830". Altamira fala em nome de Stendhal. Alguém objetará que os primeiros leitores de *O vermelho e o negro* liam essas páginas, ou antes, todo o romance, à luz da Revolução de Julho. O trecho em que Altamira faz votos de que a experiência dos países da América do Sul transmita à Europa os ideais de liberdade é acompanhado de uma nota de rodapé do editor (provavelmente escrita pelo próprio Stendhal), em que se adverte laconicamente que essa parte do romance, "enviada para a tipografia em 25 de julho de 1830", foi "impressa em 4 de agosto". Com base nisso, Michel Crouzet sustentou que a cena do baile e as reflexões de Altamira "estão em perfeita consonância com a Revolução [de Julho], que elas invocam e anunciam. Stendhal indica ao leitor que ele bem tinha dito que seu romance leva às barricadas e as contém, ainda que delas não fale".[40] Mas a nota de rodapé e o romance têm um significado completamente diferente. Julien Sorel não é um liberal, é um jacobino fora de época; *O vermelho e o negro* conta a história de uma trágica derrota individual, não de uma revolução vitoriosa. Stendhal pensava que a política, tal como a tinha vivido sob Napoleão durante a campanha da Rússia, era uma coisa do passado, que a tediosa era da indústria e do comércio havia tornado obsoleta. E a historiografia, tradicionalmente identificada com a história da vida pública, havia sido superada pelos romances, como Destutt de Tracy havia explicado a Stendhal. Os acontecimentos históricos estavam destinados a se repetirem, mas em forma reduzida e deformada. Mathilde se dá obscuramente conta disso enquanto observa Altamira: "'Acho que só a condenação à morte honra um homem', pensou Mathilde, 'é a única coisa que não se compra'".[41]

Aqui, como acontece com frequência nos romances de Stendhal, são antecipados de maneira obscura ou simbólica acontecimentos por vir. Mathilde sepultará a cabeça cortada de Julien, assim como a rainha Margarida de Navarra havia sepultado a cabeça do seu amante, Boniface de La Mole, decapitado na época das guerras de religião. Julien não morrerá por motivos políticos, mas por haver tentado matar sua amante, Madame de Rênal; não morrerá como um herói, mas como um criminoso. Num "século degenerado e enfadonho", como diz Mathilde, tudo pode ser comprado, e o heroísmo é impossível.[42]

6. Voltemos à cena do baile. Mathilde escuta a conversa de Julien e Altamira: "A srta. de la Mole, inclinando a cabeça com o mais franco interesse, estava tão perto dele que seus belos cabelos quase tocavam seu ombro".[43]

Mais uma vez, Mathilde é representada no ato de escutar, de orelhar — assim como Stendhal orelhava os discursos dos seus personagens, obrigando quem lê a fazer a mesma coisa. Para Stendhal, o eu é sinônimo de multiplicidade. Algumas vezes, ele se escrutava com ar divertido, perplexo ou entediado, como na frase escrita num exemplar de *Armance*: "Domingo tedioso, passeio pelo Corso with Mister Sten[dhal], e assim por toda a sua vida till the death".[44]

Cinquenta anos atrás, Jean Starobinski investigou num ensaio brilhante a paixão de Stendhal pelos pseudônimos (conhecem-se quase duzentos, usados em ocasiões públicas ou privadas). Starobinski, crítico e psicanalista, frisou o lado *voyeur* de Stendhal, citando em apoio da sua interpretação um trecho dos diários em que Stendhal fala das suas inclinações amorosas. Nesse ensaio, Starobinski não fala da obra de Stendhal. A relação entre a obra literária e a psicologia do autor não é nada simples: o crítico, observou Starobinski, deveria investigar o espaço situado entre uma e outra.[45] Os romances de Stendhal são impregnados de erotismo, mas os encontros amorosos entre os seus personagens são sempre deixados à imaginação do leitor.[46] Como escritor, Stendhal sempre se absteve do voyeurismo em sentido próprio; mas a escuta de conversas teve, em contrapartida, como se viu, uma função importante nas suas narrações.[47] O discurso direto livre havia sido usado, de maneira ocasional, por Goethe nas *Afinidades eletivas*: um romance que Stendhal leu, apreciou e ao qual prestou homenagem no título de um capítulo de *O vermelho e o negro* (I, VII). Mas um elemento de caráter psicológico também pode ter contribuído para o uso sistemático desse procedimento por Stendhal.

7. Em 1834-5, Stendhal releu *O vermelho e o negro*, com sentimentos contraditórios. No manuscrito de *Lucien Leuwen* rabiscou seus comentários. Entre outras coisas, criticou "certas frases truncadas, e a falta daquelas palavrinhas que ajudam o leitor benévolo a imaginar o que está acontecendo".[48] O romance lhe pareceu "verdadeiro, mas seco"; o estilo, "brusco demais, desconexo demais"; "quando eu o escrevia", observou, "só me preocupava com a essência das coisas".[49]

Stendhal, que em geral escrevia num estado de excitação, era incapaz de rever seus textos.[50] A insatisfação com a "secura" de *O vermelho e o negro* parece antecipar o estilo mais fluido da *Cartuxa de Parma*. Mas essa "secura" era o ponto de chegada de um projeto intelectual que remontava à juventude de Stendhal. No dia 29 de março de 1805, quando tinha uns vinte anos, ele escreveu em seu diário:

> Tenho a mania de mostrar a todos uma figura esfolada. Como um pintor que gostaria de se distinguir no gênero de Albani, que teria judiciosamente começado pelo estudo da anatomia e para o qual, objeto útil que era, esta teria se tornado tão agradável que, em vez de pintar um belo seio para encantar os homens, pintaria descobertos

e sangrentos todos os músculos que formam o peito de uma bela mulher, muito mais horrível, em sua mania tola, por dele se esperar uma coisa mais agradável. Esses pintores proporcionam uma nova repugnância por força da verdade dos objetos que apresentam. Se fossem falsos, apenas os desprezaríamos, mas são verdadeiros, perseguem a imaginação.[51]

Vinte e cinco anos depois, Mérimée escreveu a Stendhal, um dos seus amigos mais íntimos, dizendo o que pensava de *O vermelho e o negro*, publicado pouco antes. Mérimée retomou a metáfora usada pelo jovem Stendhal, que talvez tenha ouvido durante uma das suas conversas; mas em vez de se identificar com o pintor, identificou-se com o público horrorizado. Na primeira parte da carta, que se perdeu, Mérimée afirmava que alguém havia acusado Stendhal do mais grave dos delitos, "o de desnudar e pôr em plena luz certas chagas do coração humano que são por demais repugnantes de ver".

"Essa observação me pareceu justa", escreveu Mérimée. "O caráter de Julien tem traços atrozes; são inegavelmente verdadeiros, mas nem por isso deixam de ser horríveis. O objetivo da arte não é o de lançar luz sobre esses lados da natureza humana." E Mérimée compara *O vermelho e o negro* a *O quarto de vestir de madame* de Swift, observando: "Vocês são repletos dessas verdades intoleráveis".[52]

8. A comparação com Swift proposta por Mérimée não deve ser levada ao pé da letra. *O vermelho e o negro* não tem nada de escatológico. O que chocava Mérimée era a atitude indiferente de Stendhal em relação às convenções sociais e a vontade de desnudá-las. Mas a comparação entre Stendhal e Swift proposta por Mérimée deve ser aprofundada. Numa anotação à margem do manuscrito inacabado *Mina de Vanghel*, Stendhal observou que "num romance, descrever

usos e costumes deixa o leitor frio. Tem-se a impressão de uma coisa moralizante. Há que transformar a descrição em assombro, introduzir uma estrangeira que se assombra e transformar a descrição num sentimento".[53] Stendhal já tinha se valido desse procedimento. Julien Sorel, filho de camponês, se move estupefato entre a casa de Madame de Rênal, o seminário e a mansão do marquês de la Mole. Stendhal observava a sociedade francesa do seu tempo de um ponto remoto, através dos olhos de um jovem inexperiente e socialmente deslocado. Mérimée compartilhava o amor de Stendhal pelos detalhes concretos, etnográficos; mas "a áspera verdade" de *O vermelho e o negro* era demasiada para ele.

Os dois amigos eram muito diferentes, seja como escritores, seja como pessoas. Num retrato afetuosamente irônico, publicado poucos anos depois da morte de Stendhal, Mérimée escreveu: "Durante toda a vida, ele foi dominado pela sua imaginação e não fez nada que não fosse bruscamente movido pelo entusiasmo. No entanto, se gabava de só agir conforme a razão. 'Em tudo, há que se guiar pela LÓ-GICA' [*Il faut en tout se guider par la* LO-GIQUE], dizia ele, inserindo um intervalo entre a primeira sílaba e o resto da palavra. Mas não tinha paciência para suportar que a *lógica* dos outros não fosse igual à sua".[54]

Nesse traço psicológico, colhido pela intuição de Mérimée, vemos aflorar o duplo e contraditório vínculo de Stendhal com o Iluminismo e o Romantismo, com a racionalidade e as emoções, com a lógica e as crenças. Esse entrelaçamento, como ficamos sabendo na *Vida de Henry Brulard*, já estava presente no Stendhal de catorze anos. Ele havia começado a estudar matemática e não conseguia compreender como é que, multiplicando números negativos, se obtém um número positivo. Mas o pior ainda estava por vir:

No começo da geometria se diz: "Dá-se o nome de PARALELAS a duas linhas que, prolongadas até o infinito, nunca se encontrariam". E, desde o começo da Estática, esse bestalhão do Louis Monge diz mais ou menos o seguinte: "Pode-se considerar que duas linhas paralelas se encontram, se prolongadas até o infinito".

Imaginei estar lendo um catecismo, e dos mais canhestros. Foi em vão que pedi explicações a Monsieur Chabert [*outro professor de matemática*].

"Meu filho", diz ele assumindo aquele ar paternal que cai tão mal numa raposa do Dauphiné, o ar de Édouard Mounier (par da França em 1836), "meu filho, mais tarde você vai entender"; e o monstro, aproximando-se do seu quadro de lona encerada e traçando duas linhas paralelas bem próximas uma da outra, me diz:

"Dá para ver muito bem que podemos dizer que elas se encontram no infinito".

Quase desisti de tudo. Um confessor, hábil e bom jesuíta, teria podido me converter naquele momento comentando esta máxima:

"Você está vendo que tudo é erro, ou antes, que não há nada errado, nada verdadeiro, tudo é convenção. Adote a convenção que lhe faça ser mais bem recebido na sociedade. Ora, a canalha é patriota e sempre emporcalhará esse lado da questão; faça-se aristocrata como seus pais e encontraremos meio de mandá-lo a Paris e recomendá-lo a senhoras influentes".

Para dizê-lo com energia, teria me tornado um patife e hoje, em 1836, estaria riquíssimo.[55]

Olhando retrospectivamente para esse episódio, Stendhal vinculou sua paixão pela lógica ao ódio às convenções. Mas o que manteve esse episódio vivo por quarenta anos na memória de Stendhal deve ter sido a inesperada descoberta de uma fissura na geometria de Euclides, que lhe parecia sólida como uma rocha. Essa descoberta pode ter contribuído para o seu duradouro fascínio pelos fenômenos irracionais, como as paixões, que a razão deve aprender a analisar. O jovem Stendhal tinha uma grande admiração por Pascal, que comparou não só a Shakespeare mas consigo mesmo: "Quando leio Pascal", escreveu, "tenho a impressão de ler a mim mesmo [...] creio que, dentre todos os escritores, ele é o mais próximo da minha alma".[56] Essa afirmação (que não parece ter chamado a atenção dos estudiosos) é menos surpreendente do que parece. Aos ingênuos provincianos que lhe perguntavam qual era a sua profissão, Stendhal costumava responder: "Observador do coração humano".[57] Talvez pensasse na célebre frase de Pascal, "o coração tem razões que a própria razão desconhece". Numa carta à irmã Pauline, de quem gostava muito, Stendhal traduziu as palavras de Pascal no *Que sais-je?* de Montaigne: "Estou relendo a *Lógica* de Tracy com um vivo prazer; procuro raciocinar corretamente para encontrar uma resposta exata a esta pergunta: 'O que desejo?'".[58]

Nas *Souvenirs d'égotisme* [Recordações de egotismo], Stendhal escreveu: "Podemos conhecer tudo, exceto nós mesmos".[59]

9. O discurso direto livre dá voz ao isolamento dos personagens de Stendhal, à sua ingênua vitalidade derrotada por um processo histórico que leva de roldão e humilha as suas ilusões.[60] É um procedimento que parece vedado aos historiadores, porque o discurso direto livre, por definição, não deixa rastros documentários. Estamos numa zona situada aquém (ou além) do conhecimento histórico e inacessível a ele. Mas os procedimentos narrativos são como campos magnéticos: provocam indagações e atraem documentos potenciais.[61] Nesse sentido, um procedimento como o discurso direto livre, nascido para responder, no terreno da ficção, a uma série de perguntas postas pela história, pode ser considerado um desafio indireto lançado aos historiadores. Um dia eles poderão aceitá-lo de uma maneira que hoje nem conseguimos imaginar.

10. Representar o inimigo — Sobre a pré-história francesa dos *Protocolos**

1. Falarei de dois textos e da relação que os une. O primeiro praticamente só é conhecido pelos estudiosos, o segundo está difundido no mundo inteiro. Começarei pelo primeiro. O *Dialogue aux Enfers entre Machiavel et Montesquieu* [Diálogo no Inferno entre Maquiavel e Montesquieu] foi publicado anonimamente em Bruxelas no ano de 1864.[1] No frontispício, o autor, Maurice Joly, se autodefinia "um contemporâneo". No ano seguinte, Joly é identificado pela polícia francesa, processado e condenado a quinze meses de prisão por ter escrito frases sediciosas e ofensivas a Napoleão III. O *Diálogo* é logo traduzido para o alemão; em 1868, é reimpresso duas vezes em Bruxelas, com o nome do autor.[2] Após a queda do Segundo Império, Joly, que advogava sem muito sucesso, tentou a carreira política. Depois de uma violenta polêmica com Jules

---

* Versões ligeiramente diferentes deste ensaio foram apresentadas no Darwin College, Cambridge, e nos departamentos de História das Universidades de Siena e de Cagliari. Gopal Balakrishnan, Michele Battini, Pier Cesare Bori, Cesare G. De Michelis, Andrea Ginzburg, Maria Luisa Catoni, Mikhail Gronas e Sergei Kozlov me ajudaram a melhorar estas páginas.

Grévy, que havia sido seu protetor político por um certo período, Joly se viu completamente isolado. Em 1878 se matou; estava com menos de cinquenta anos.

Uma tradução espanhola do *Dialogue aux Enfers* apareceu em Buenos Aires em 1898; depois o livro foi esquecido. É redescoberto em 1921, quando (como direi mais adiante) foi identificado como a fonte dos *Protocolos dos sábios de Sião*, um panfleto antissemita publicado na Rússia em 1903.

Por muito tempo, o infeliz sucesso dos *Protocolos*, hoje mais virulento que nunca, obscureceu a originalidade do *Dialogue aux Enfers*. Recentemente, porém, o livro de Joly foi redescoberto, principalmente na França, como um texto importante do pensamento político do século XIX. Alguém o definiu como "um clássico". Procurarei analisar os motivos e as implicações dessa tardia fortuna.

2. Num escrito autobiográfico de 1870, Joly descreveu a gênese do *Dialogue aux Enfers*:

> Uma noite, quando passeava à beira do rio, perto do Pont Royal (ainda me lembro que fazia um tempo pavoroso), de repente me veio ao espírito o nome de Montesquieu, como alguém que poderia encarnar todo um lado das ideias que eu queria exprimir. Mas quem seria o interlocutor de Montesquieu? Uma ideia brotou em meu cérebro: ora bolas, Maquiavel!
>
> Maquiavel, que representa a política da força, ao lado de Montesquieu, que representará a política do direito; e Maquiavel será Napoleão III, que retratará por si mesmo sua abominável política.[3]

A polícia e os juízes que condenaram Joly leram o *Dialogue aux Enfers* de acordo com as intenções do autor. Com base nessa convergência, poderíamos concluir que o significado do *Dialogue* é claro e desprovido de toda ambiguidade. Mas uma leitura mais atenta faz surgir uma história diferente e mais complexa.

Faz tempo que os críticos literários nos ensinaram a olhar com ceticismo para as intenções dos autores. Ignorá-las seria obviamente um absurdo, mas é claro que o autor não é necessariamente o intérprete mais adequado da sua obra. O caso de Maurice Joly é, desse ponto de vista, exemplar.

A primeira coisa que devem nos indagar é a que gênero ou subgênero literário pertence o *Dialogue aux Enfers*. O trecho que acabo de ler mostra que Joly tinha pensado escrever um diálogo antes que lhe viessem à mente os nomes de Maquiavel e de Montesquieu. Joly disse que a ideia de escrever um diálogo lhe viera ao pensar no *Diálogo sobre o comércio de cereais* do abade Galiani, publicado anônimo em 1770 e republicado várias vezes. Mas a suposta conexão entre os dois textos, ecoada por todos os comentadores do *Dialogue aux Enfers*, não é muito convincente. No panfleto de Galiani, o cavaleiro Zanobi, porta-voz do autor, discute com dois desconhecidos, um dos quais é indicado apenas com as iniciais.[4] A alusão que Joly faz em outra circunstância à *Satyre Ménippée*, o panfleto anticatólico vindo à luz durante as guerras de religião, inspirado em Luciano de Samosata, parece muito mais pertinente.[5] O diálogo imaginário entre dois personagens famosos, Maquiavel e Montesquieu, evoca imediatamente o gênero literário dos diálogos dos mortos, tornado famoso (se não inventado) por Luciano de Samosata no século II d. C.[6] Como veremos, essa operação preliminar de contextualização reforça, em vez de reduzir, a originalidade do *Dialogue aux Enfers* de Joly.

3. Um gênero é definido por uma série de características que implicam ao mesmo tempo restrições e possibilidades. No pas-

sado, essas características eram definidas como "leis" — que, a exemplo das leis de verdade, podem ser violadas ou modificadas. Nos *Diálogos dos mortos* de Luciano, encontram-se, às vezes, personagens reais ao lado de figuras míticas, como no confronto, inspirado indiretamente em Plutarco, entre Aníbal e Alexandre Magno (com Minos como juiz e Cipião, que chega no fim do diálogo).[7] Mas no fim do século XVII, Fontenelle, em seus *Nouveaux dialogues des morts* [Novos diálogos dos mortos], eliminou as figuras mitológicas dando espaço unicamente aos personagens reais; desse modo, reinventou, modificando-o, um gênero que lhe oferecia a possibilidade de salientar, com irônica ligeireza, a superioridade dos modernos sobre os antigos.[8] Essa fórmula literária se difundiu rapidamente por toda a Europa, da França à Inglaterra, da Alemanha à Rússia.[9]

Joly, que deve ter conhecido bem os *Nouveaux dialogues des morts* de Fontenelle, retomou o gênero numa perspectiva diferente. A discussão no inferno entre Maquiavel e Montesquieu se desenrola ao longo de 25 diálogos (mais um epílogo, escrito alguns anos depois, que só recentemente foi republicado em apêndice ao texto principal).[10] Montesquieu começa recordando as ideias que havia formulado no *Espírito das leis*: primeira de todas, a autonomia recíproca dos três poderes, Legislativo, Executivo e Judiciário. Montesquieu pensa que o triunfo desse princípio, que distingue os Estados modernos de toda a Europa, são favas contadas; mas as suas informações sobre a história recente não vão além do ano de 1847. Com maligna complacência, Maquiavel põe Montesquieu a par do que aconteceu depois daquela data, expondo de maneira velada os acontecimentos franceses mais recentes: a revolução de 1848 e suas sequelas sanguinolentas; o golpe de Estado de 2 de dezembro de 1851; o plebiscito e a proclamação do Segundo Império um ano depois. Logo, conclui Maquiavel, num dos países mais evoluídos da Europa, lacerado por tensões políticas e sociais, um indivíduo (Luís Napoleão) se apoderou do poder pela força, instaurando um novo regime que combina eficazmente paz social com prosperidade. Trata-se da solução mais adequada à fragilidade que ameaça todas as sociedades modernas, como explica Maquiavel numa eloquente apologia do regime de Napoleão III:

> Não vejo salvação para essas sociedades, verdadeiros colossos com pés de barro, fora da instituição de uma centralização extrema, que ponha toda a força pública à disposição dos que governam; numa administração hierarquizada, semelhante à do Império Romano, que regule mecanicamente todos os movimentos dos indivíduos; num vasto sistema legislativo que tome de volta, uma a uma, todas as liberdades que haviam sido imprudentemente concedidas; num gigantesco despotismo, enfim, que possa golpear imediatamente e a todo momento tudo o que resistir, tudo o que se queixar. O cesarismo do Baixo Império me parece realizar bastante bem o que eu desejo para o bem-estar das sociedades modernas. Graças a esses vastos aparatos que, segundo me disseram, já funcionam em mais de um país da Europa, elas poderão viver em paz, como acontece na China, no Japão, na Índia. Não é possível que um vulgar preconceito nos faça desprezar essas civilizações orientais cujas instituições aprendemos cada dia a apreciar mais. O povo chinês, por exemplo, é muito trabalhador e bem administrado.[11]

Para os primeiros leitores do *Dialogue aux Enfers entre Machiavel et Montesquieu*, as palavras de Maquiavel tinham um significado transparente. Em 1850, Auguste Romieu havia cunhado o termo "cesarismo" para definir um regime que era "o resultado necessário de uma fase de extrema civilização [...] nem monarquia nem império, nem despotismo nem tirania, mas uma coisa peculiar ainda não bem conhecida".[12] No ano seguinte Romieu escreveu um opúsculo intitulado *Le spectre rouge de 1852* [O espectro vermelho de 1852], que apresentava o iminente golpe de Estado de Luís Napoleão como a única solução capaz de evitar uma revolta das classes inferiores. Romieu fazia o elogio da força e liquidava, em tom desdenhoso, a noção de direito natural: "Creio em necessidades sociais, não em direitos naturais. A palavra DIREITO não tem nenhum sentido, no meu entendimento, pois não vejo em parte alguma a sua tradução na natureza. Trata-se de uma invenção humana...".[13]

Sobre esse ponto, o Maquiavel de Joly fazia eco a Romieu: "Todos os poderes soberanos tiveram sua origem na força, ou, o que dá na mesma, na negação do direito. [...] Você não percebe, aliás, quão infinitamente vaga é a própria palavra 'direito'?".[14] Mas o Maquiavel de Joly associava brutalmente o "cesarismo" a um "despotismo gigantesco". Tratava-se de uma provocação dirigida a Montesquieu — o verdadeiro —, que tinha visto no despotismo oriental a própria antítese do progresso, encarnado na civilização europeia.[15] Joly certamente terá pensado nas amargas reflexões de Tocqueville sobre o futuro das sociedades democráticas, em que uma nova forma de servidão, "regrada, doce e tranquila", poderia misturar-se com "uma das formas externas da liberdade [...] à sombra da soberania popular".[16] Mas Tocqueville ainda via na liberdade de imprensa o antídoto mais forte contra os males da igualdade.[17] Joly, que havia vivido a experiência do Segundo Império, não tinha ilusões sobre esse ponto. Segundo o seu Maquiavel, o futuro mais adequado às sociedades modernas será uma forma de despotismo (poderíamos defini-lo como despotismo ocidental) que deixará intactos o sistema parlamentar e a liberdade de imprensa: "Um dos meus grandes princípios", diz o Maquiavel de Joly, "é opor os semelhantes. Assim como desgasto a imprensa mediante a imprensa, desgastarei a tribuna mediante a tribuna [...]. Dezenove vinte avos da Câmara serão homens meus, que votariam segundo as minhas ordens, enquanto eu manipularia os cordões de uma oposição fictícia e recrutada às escondidas".[18]

Essa estratégia, observa seu interlocutor, Montesquieu, levará "à aniquilação dos partidos e à destruição das forças coletivas", embora a liberdade política permaneça formalmente intacta.[19] Maquiavel concorda. Ele se propõe a usar uma estratégia análoga com a imprensa:

> [...] entrevejo a possibilidade de neutralizar a imprensa mediante a própria imprensa. Como o jornalismo é uma força tão grande, sabe o que faria o meu governo? Ele se tornaria jornalista, seria a encarnação do jornalismo. [...] Como o deus Vishnu, minha imprensa teria cem braços, e esses braços dariam a mão a todas as nuanças de opinião, quaisquer que sejam, em todo o território do país. Seriam todos do meu partido sem saber. Os que acreditarem falar sua língua falarão a minha, os que acreditarem fortalecer seu partido fortalecerão o meu, os que acreditarem marchar sob as suas bandeiras marcharão sob a minha.

"São concepções realizáveis ou fantasmagorias? Isso me dá vertigem", murmura Montesquieu.[20]

4. Acossado pela lógica implacável de Maquiavel, Montesquieu oscila entre o estupor e o horror. Montesquieu é um homem do passado; Maquiavel é um homem do presente e, talvez, do futuro. A inversão paradoxal da situação na história dos dois personagens inverte o significado que, de Fontenelle em diante, era atribuído com frequência ao gênero "diálogos dos mortos"; em termos mais gerais, parece liquidar sarcasticamente com a ideia de progresso. Mas Joly usa a forma dialógica de uma maneira tão sutil que esconde a sua atitude, até o ponto de torná-la quase indecifrável.

Quando Joly afirma ter-se suprimido como autor talvez dissesse algo que fosse além do óbvio significado literal — a prudente decisão de não exibir seu nome no frontispício do *Dialogue aux Enfers*.[21]

Como é sabido, Joly declarou retrospectivamente que a ideia de pôr em cena Montesquieu lhe fizera pensar que Maquiavel "seria Napoleão III, que retrataria por si mesmo sua abominável política".[22] Quando se citam essas palavras, costuma-se deixar de mencionar o que Joly havia escrito poucas linhas antes: que tinha pensado em Montesquieu "como alguém que poderia *encarnar plenamente um lado* das ideias que eu queria exprimir". Do mesmo modo que Montesquieu não encarnava todas as ideias de Joly, Maquiavel tampouco encarnava todas as ideias e a política de Napoleão III.

Um trecho mostrará o fundamento dessa afirmação. Maquiavel explica a Montesquieu que a nova Constituição surgida do golpe de Estado será submetida a uma votação popular, que a aceitará ou rejeitará globalmente. Trata-se, é óbvio, de uma alusão ao plebiscito de 2 de dezembro de 1852, que fez de Luís Napoleão um imperador legitimado pelo voto popular: um híbrido sem precedentes na história.[23] Maquiavel repeliu imediatamente o exemplo da América: estamos na Europa e a ideia de discutir a Constituição antes de votá--la seria absurda. Uma constituição deve ser obra de um só indivíduo, porque "as coisas nunca correram de outro modo: atestam-no a história de todos os fundadores de impérios, o exemplo de Sesóstris, Sólon, Licurgo, Carlos Magno, Frederico II, Pedro I":

> "É um capítulo de um dos seus discípulos que você está desenvolvendo", observa Montesquieu.
>
> "Quem é ele?", pergunta Maquiavel.
>
> "Joseph de Maistre", responde Montesquieu. "Há considerações gerais que têm a sua verdade, mas que não vejo como podem ser aplicadas."[24]

Montesquieu alude implicitamente a um trecho das *Considérations sur la France* [Considerações sobre a França] de De Maistre. No capítulo VI, intitulado "Da influência divina sobre as constituições políticas", lê-se: "Uma assembleia qualquer de homens não pode constituir uma nação; e, aliás, essa pretensão excede em loucura o que todos os manicômios do universo podem gerar de mais absurdo e de mais extravagante".[25]

Em apoio a essa afirmação desdenhosa, De Maistre citou em nota uma passagem tirada dos *Discursos sobre a primeira década de Tito Lívio* de Maquiavel (I, 9): "É necessário que seja um só aquele que dê a forma e de cuja mente dependa qualquer ordenamento semelhante".[26] Pouco depois, no mesmo capítulo das *Considérations*, De Maistre comparou ironicamente Montesquieu com um poeta pedante e Licurgo, o que havia ditado as leis de Esparta, com Homero. Portanto, no que concerne às constituições, De Maistre apelava para a autoridade de Maquiavel, e não de Montesquieu, a quem considerava um teórico abstrato, sem ligação com a realidade.

Joly compartilhava esse juízo, dado que em matéria de constituições apelava para a autoridade do ultrarreacionário De Maistre, e não de Montesquieu. Um ano antes do *Dialogue aux Enfers*, Joly publicou um livro intitulado *Le barreau de Paris. Études politiques et littéraires*: uma série de reflexões gerais misturadas com retratos, não raro de tom satírico, de advogados, às vezes indicados com pseudônimo. Numa nota a *Le barreau de Paris*, Joly aludiu em tom desdenhoso à "loucura das constituições e à sua incapacidade de construir o que quer que seja". Logo depois, elogiou De Maistre, definindo-o como um "autor cuja voz profética gozava, no início do século, de uma autoridade indiscutível" e citou com aprovação uma série de passagens do *Essai sur le principe générateur des constitutions politiques et des autres institutions humaines* de De Maistre, que corroboravam o trecho das *Considérations sur la France* já citado, inclusive a remissão aos *Discursos* de Maquiavel.[27]

Percebo que minha argumentação é bastante intrincada; vou tentar resumi-la. Comparei quatro livros, dois de De Maistre (*Considérations sur la France* e *Essai sur le principe générateur des constitutions*) e dois de Joly (*Le barreau de Paris* e *Dialogue aux Enfers entre Machiavel et Montesquieu*). O primeiro livro de De Maistre é citado no segundo; ambos são evocados, de forma implícita ou explícita, nos dois livros de Joly, escritos quase ao mesmo tempo (os leitores do *Dialogue aux Enfers* não deixarão escapar um aceno ao "maquiavelismo infernal" do *Barreau de Paris*).[28] Podemos considerar os quatro livros como fragmentos de um mesmo contexto. Mas, se pusermos um ao lado do outro, sempre veremos emergir uma figura ambígua. Os limites entre a realidade e a ficção se atenuam: o Maquiavel imaginário desenvolve argumentações já propostas pelo verdadeiro De Maistre, que por sua vez desenvolve argumentações propostas pelo verdadeiro Maquiavel. O elogio de De Maistre como "discípulo" ou "seguidor" do verdadeiro Maquiavel, que Joly faz Montesquieu pronunciar no *Dialogue aux Enfers*, também deve ser estendido em última análise ao Maquiavel imaginário.[29] Dir-se-ia, para resumir, que Joly projetou algo de si em ambos os interlocutores do diálogo. Por um lado, Joly compartilhava as ideias liberais de Montesquieu; por outro, apresentou as argumentações de Maquiavel como se fossem mais fortes, se não irrefutáveis mesmo. Essa cisão dolorosa põe o leitor diante de um diálogo baseado num abismo intransponível entre ideais e realidade, entre desejos e ideias: uma tensão que é o contrário de um pensamento autoconsolador.[30]

5. A atitude de Joly em relação ao regime de Napoleão III era decididamente hostil. Mas o *Dialogue aux Enfers entre Machiavel et Montesquieu* é muito mais do que um panfleto polêmico. Joly atacou Luís Napoleão e o uso cínico que ele fazia do poder, mas ao

mesmo tempo procurou compreender um regime que lhe parecia uma formação histórica sem precedentes. Joly deu muito maior relevo ao plebiscito de 2 de dezembro de 1852 do que ao golpe de Estado de 2 de dezembro de 1851. A violência empregada por Luís Napoleão para esmagar os opositores era muito menos original do que seu resultado: uma híbrida mistura de controle policialesco com liberdade de imprensa, de despotismo com legitimidade popular. Para compreender essas novidades (diz implicitamente Joly), é necessária a atitude distanciada, privada de sentimentalismos, de um Maquiavel atualizado; e não as ilusões de Montesquieu. Mas na amarga profecia do passado mais recente, que Maquiavel pronuncia, não há rastro do senso de triunfo que era de esperar de um porta-voz de Napoleão III. O Maquiavel de Joly é uma figura muito mais complexa, em que o verdadeiro Maquiavel (e, em particular, o autor do *Príncipe*), Napoleão III, e o próprio Joly se sobrepõem, criando um retrato compósito que recorda os experimentos fotográficos iniciados poucos anos depois por Francis Galton.[31]

A imagem desfocada construída por Galton pode sugerir um equivalente visual da ambiguidade que permeia o *Dialogue aux Enfers*. Na tentativa de compreender o Segundo Império, Joly entrou numa relação complexa e ambivalente com o personagem que, sob o nome de Maquiavel, deveria ter encarnado o papel de Napoleão III. Ao mesmo tempo, porém, a forma dialógica permitiu que o autor mantivesse certa distância em relação aos personagens por ele criados. É como se Joly escutasse a si mesmo, nas vestes de Montesquieu, no ato de ser agressivamente criticado por si mesmo nas vestes de Maquiavel.

A voz desse Maquiavel imaginário é a voz do inimigo. Não citarei aqui a conhecidíssima frase de Carl Schmitt sobre o inimigo (*hostis*) que encarna as nossas perguntas. Recordarei antes um verso de Ovídio (*Met.* 4, 428) que Joly pode ter conhecido: *Nam et fas est et ab hoste doceri*, é preciso aprender até com o inimigo.[32] Joly teria podido dizer: *principalmente* com o inimigo. Com ele devemos aprender as razões da nossa derrota.

6. A forma moderna de despotismo, escreveu Joly, inclui eleições livres e liberdade de imprensa. Em relação àquelas e a esta, ele decerto não compartilhava as ilusões dos liberais; a seu ver, o verdadeiro poder estava localizado em outra parte. Em 1864, quando o *Dialogue aux Enfers* é publicado pela primeira vez, uma afirmação do gênero deve ter parecido paradoxal a muitos leitores. Ela soa muito menos paradoxal hoje em dia. Também eu creio que a democracia é, como dizia Winston Churchill, "o pior regime, com exceção de todos os outros". Mas quando nos Estados Unidos da América, o maior país democrático do mundo, nas eleições políticas apenas uma minoria de cidadãos exerce o direito de voto (um direito em que muitas vezes se esgota a sua participação política), a autolegitimação da democracia parece fortemente abalada. Ainda mais dúbia é a capacidade de os votantes influírem nos centros reais de poder e nas decisões destes. No início do século XXI, os Estados democráticos parecem muito mais poderosos do que eram 150 anos atrás, quando Joly publicou sua análise do despotismo moderno; o controle que eles exercem sobre a sociedade parece muito mais apurado e eficaz; o poder dos cidadãos, infinitamente menor.

Tudo isso lança luz sobre a acolhida que o *Dialogue aux Enfers* teve no século XX. Nos anos 20 e 30, como veremos, ele é discutido exclusivamente por suas relações com os *Protocolos*. Depois do fim da Segunda Guerra Mundial, o *Dialogue aux Enfers* foi publicado três vezes na França, quatro na Alemanha, duas na Espanha, uma na Itália e uma nos Estados Unidos.[33] Alguns leitores viram no *Dialogue aux Enfers* uma lúcida profecia dos totalitarismos do século XX.[34] Mas a edição francesa mais recente, republicada três vezes (1987, 1992, 1999), apresenta o *Dialogue aux Enfers* sob uma nova luz. Para o autor do prefácio, Michel Bounan, é "um clássico da política que, com um século de antecipação, pôs a nu os procedimentos do despotismo moderno" que emergiu com a queda dos regimes totalitários.[35] Essa conclusão, que Bounan desenvolveu numa série de ensaios recentes, decifra o *Dialogue aux Enfers* de Joly através da sua imprevisível e distorcida fortuna póstuma: os *Protocolos dos sábios de Sião*. Um juízo sobre a análise de Bounan requer, antes de mais nada, um exame da relação que une as duas obras.

7. Alguém escreveu que na classificação mundial dos best-sellers, os *Protocolos* ocupam o segundo lugar, logo depois da Bíblia. Trata-se provavelmente de um exagero; o que é certo, porém, é que novas edições dos *Protocolos* aparecem a cada ano, no Oriente Médio, na América Latina, no Japão, na Europa (lembro-me de tê-los visto na vitrina de uma livraria do centro de Budapeste). Como se sabe, os *Protocolos* pretendem ser as atas de um congresso secreto de um grupo de conspiradores judeus que planejam uma infiltração em todos os níveis da sociedade: na economia, na imprensa, nas Forças Armadas, nos partidos políticos etc. A vitória dessa conspiração levará a uma monarquia judaica que dominará o mundo. Os *Protocolos* são acompanhados de um "*post-scriptum* do tradutor", em que este explica que o texto é a versão atualizada de um projeto conspiratório idealizado por Salomão e pelos Sábios de Sião em 929 a. C.

Um grande número de estudos analisou de forma detalhada a redação e a extraordinária riqueza dos *Protocolos*. Eis os dados essenciais.[36] O livro foi publicado pela primeira vez na Rússia em 1903; outras versões russas, em parte diferentes, apareceram nos anos seguintes. Mas a difusão mundial dos *Protocolos* começou depois da Revolução de Outubro, um acontecimento que uma parte da imprensa reacionária apresentou como o resultado de uma conspiração judaica. A tradução alemã, publicada em 1919, foi saudada pelo *Times* um ano depois como um documento importante e, portanto, implicitamente, digno de fé. Em 1921, Philip Graves, correspondente do *Times* em Istambul, escreveu três artigos demonstrando que os *Protocolos* eram uma falsificação, dado que muitas passagens decalcavam de perto trechos de um livro esquecido, publicado mais de meio século antes: o *Dialogue aux Enfers entre Machiavel et Montesquieu* de Maurice Joly. Graves tinha sabido do nexo que unia os dois textos por um personagem que ele não nomeava, um emigrante russo, mais tarde identificado como Mikhail Raslovlev. Embora algumas "fontes" dos *Protocolos* houvessem sido assinaladas antes, os artigos de Graves tiveram grande repercussão.[37] Mas a difusão dos *Protocolos* prosseguiu ininterrupta. O protonotário apostólico, monsenhor Jouin, que havia traduzido os *Protocolos* para o francês, comentou: "Pouco importa se os *Protocolos* são autênticos; basta que sejam verdadeiros" ("*Peu importe que les* Protocoles *soient authentiques; il suffit qu'ils soient vrais*").[38] No mesmo espírito, os clérigos medievais haviam forjado as suas *piae fraudes*: falsificações inspiradas na verdadeira religião. Quando em 1934 algumas organizações judaicas da Suíça moveram um processo por difamação contra dois dirigentes nacional-socialistas locais, que difundiam os *Protocolos* como prova confessa da existência de uma conspiração judaica mundial, a discussão se concentrou mais uma vez nas passagens do *Dialogue* de Joly plagiadas nos *Protocolos*.[39]

"Como Vishnu, a minha imprensa terá cem braços", diz o Maquiavel de Joly; "como o ídolo indiano Vishnu, teremos cem mãos", dizem os Sábios de Sião, num capítulo dos *Protocolos* que chama à infiltração dos órgãos de imprensa de qualquer tendência política.[40] A lista desses plágios é longa.[41] Quem redigiu os *Protocolos* utilizou o *Dialogue aux Enfers* como modelo, muitas vezes caindo em alguma negligência, como mostra o reaparecimento, num outro capítulo dos *Protocolos*, da metáfora centrada em Vishnu.[42] Existe uma forte semelhança estrutural entre as estratégias que se propõem a controlar a sociedade, descritas, respectivamente, pelos Sábios de Sião e pelo Maquiavel de Joly. Por exemplo, diz-se que o antissemitismo acabará fortalecendo o poder oculto dos judeus, assim como os opositores políticos acabariam se tornando um instrumento do regime de Napoleão III. Como se explicam essas semelhanças?

Até pouco tempo atrás, considerava-se que os *Protocolos* tivessem sido feitos na França entre 1894 e 1899.[43] Num livro recente intitulado *Il manoscritto inesistente* [O manuscrito inexistente], Cesare G. De Michelis propôs, com base em outros elementos internos, uma tese diferente: os *Protocolos* teriam sido confeccionados na Rússia em 1902-3.[44] Mas a hipotética origem russa se concilia mal com a estreita dependência dos *Protocolos* com o *Dialogue aux Enfers* de Joly, um texto esquecido e difícil de encontrar.[45] De Michelis objeta que o *Dialogue* não era de forma nenhuma "uma obra praticamente desconhecida"; mas em apoio a essa afirmação só pode citar a tradução espanhola, surgida, após trinta anos de silêncio, em Buenos Aires no ano de 1898.[46] De resto, De Michelis, que confunde o livro de Joly com um "subtexto" dos *Protocolos*, a ponto de servir-se do primeiro para reconstruir a transmissão textual dos segundos, é obrigado a supor, ainda que em termos muito vagos, que os autores (presumivelmente russos) do falso tiveram uma série de vínculos com a França, graças aos quais haviam obtido, ou o livro de Joly, ou, então, um pastiche feito de citações extraídas do livro de Joly.[47] Esse material também teria provavelmente incluído as passagens de autores franceses como Tarde ou Chabry, de que há ecos nos *Protocolos*.[48]

Eis-nos, pois, de volta à França. Mas será possível identificar um elo francês que ligue o livro de Joly aos *Protocolos*? Estranhamente, De Michelis não menciona a tentativa, conjectural mas interessante, de responder a essa pergunta feita num livro por ele justamente definido como o "fundamento" da literatura sobre os *Protocolos*: *L'Apocalypse de notre temps. Les dessous de la propagande allemande d'après des documents inédits* [O apocalipse da nossa época. Os bastidores da propaganda alemã, a partir de documentos inéditos], de Henri Rollin.[49] Trata-se de uma obra verdadeiramente notável, escrita por um historiador externo ao ambiente acadêmico (Rollin trabalhava para os serviços secretos franceses), publicada em 1939, logo depois da deflagração da Segunda Guerra Mundial, e republicada em 1991. Rollin reconstruiu com grande inteligência e erudição o contexto de que emergiram os *Protocolos*. A certa altura ressaltou que em 1872 Joly havia começado a colaborar (o que não pode deixar de ser surpreendente) para um jornal de extrema direita, *La Liberté*. Entre os jornalistas que trabalhavam em *La Liberté* estava Édouard Drumont, mais tarde porta-voz de um violento antissemitismo por meio de livros como *La France juive* [A França judia] (1886) e o diário *La Libre Parole*, de que era diretor.[50] Drumont mencionou Joly (*"ce bon Jolly"*), estropiando ligeiramente seu nome, tanto em *La France juive* (1886) como na sua autobiografia, intitulada *Le testament d'un anti-sémite* [O testamento de um antissemita] (1891).[51] Em 1894, quando o presidente da República francesa Sadi Carnot foi assassinado por um anarquista italiano, Drumont fugiu para Bruxelas, a fim de escapar das possíveis consequências de alguns artigos seus que continham frases vagamente filoanarquistas (Drumont combinava habilmente temas do antissemitismo católico com temas do antissemitismo socialista).[52] Numa entrevista ao *Figaro* de 18 de julho de 1894, Drumont ameaçou ressuscitar os panfletos antinapoleônicos publicados durante o Segundo Império: "Devemos preparar algum novo *Propos de Labiénus*", exclamou. Depois, apontando para uma volumosa caixa: "Documentos — documentos autênticos! Até hoje estive calado, movido pela compaixão ou pela caridade cristã. Travei uma guerra segundo as regras. Mas, se uma lei injusta nos puser fora da lei, começarei uma guerra implacável". Rollin supõe que Drumont havia topado com o *Dialogue aux Enfers*, escrito pelo seu ex-colega, um livro certamente mais fácil de encontrar em Bruxelas, onde havia sido publicado, do que em Paris.[53] Particularmente significativa é a alusão de Drumont a "algum novo *Propos de Labiénus*": uma sátira contra Napoleão III apresentada como um diálogo imaginário entre dois romanos antigos, que se inspirava obviamente no *Dialogue* de Joly, saído um ano antes.[54] No dia 10 de janeiro de 1896, Drumont ventilou mais uma vez em *La Libre Parole* a possibilidade de trabalhar um "jocoso panfleto" que seria uma continuação dos *Propos de Labiénus*. Dez dias depois, voltou ao tema: "Se os *Diálogos dos mortos* ainda estivessem na moda...".[55] Tudo isso não prova que Drumont tenha retomado o *Dialogue aux Enfers* como texto potencialmente antissemita, apresentando um texto de ficção como se fosse um documento; tampouco prova que Drumont tenha transmitido o texto de Joly a quem, na Rússia, redigiu os *Protocolos*. Mas a pista Drumont, sugerida por Rollin, merece ser aprofundada. No decorrer de 1898 — *l'année juive* [o ano judeu], como escreveu amargamente Drumont quando o ano se encerrava —, uma série de acontecimentos dramáticos reabriu inesperadamente o *affaire* Dreyfus. O documento que provava a culpa de Dreyfus se revelou uma falsificação; o coronel Henry, encarcerado por ser identificado como autor da falsificação, se matou. A essa altura, Drumont passou ao ataque. *La Libre Parole* lançou uma grande coleta de fundos para erigir um monumento ao coronel Henry, um homem que (escreveu Drumont) havia cometido, por ingenuidade, uma tolice, infinitamente menos grave "do que os meios infames que os judeus empregaram para enriquecer e se tornarem nossos amos".[56] Pouco depois, no dia 26 de fevereiro de 1899, *La Libre Parole* publicou na primeira página um artigo assinado por Gyp. Por trás desse pseudônimo escondia-se Sibylle Gabrielle Marie Antoinette, condessa de Mirabeau-Martel, conhecidíssima autora de páginas brilhantes de conteúdo ultranacionalista e antissemita. O artigo, intitulado *"L'affaire chez les morts"*, retomava em tom grotesco o gênero "diálogo dos mortos" que havia inspirado o *Dialogue aux Enfers* de Joly. Gyp apresentava Calvino, Joana d'Arc, Catarina de Médicis, Voltaire, Napoleão e Gavroche no ato de insultar e agredir Moisés, Jeremias Mayer Rothschild e Jacques de Reinach, todos identificados por um francês falado com sotaque alemão. Uma brincadeira vulgar que, lida hoje, tem em certos trechos um tom sinistramente profético. "Fui muito criticada no curso da História", diz Catarina de Médicis, "mas se houvesse uma noite de São Bartolomeu judaica eu não me espantaria nem um pouco."[57] A redação dos *Protocolos*, baseada no *Dialogue aux Enfers* de Joly — um livro que ninguém mais lia — deve ter nascido nesse clima e, talvez, bem nesses meses.[58]

8. Mas a semelhança entre o *Dialogue aux Enfers* de Joly e os *Protocolos* também deve ser discutida numa outra perspectiva, que concerne diretamente ao presente. O *Dialogue* inclui uma única alusão, hostil, aos judeus, num trecho retomado pelos *Protocolos* (no qual, entretanto, a alusão aos judeus foi omitida).[59] Mas esse ponto de interseção isolado tem escassa importância. Muito mais relevante (e inquietante) é o isomorfismo global entre os dois textos, para quem aceita a ideia de que Joly, através da análise do Segundo Império, entendido como exemplo de "despotismo moderno", tenha decifrado um fenômeno de longa duração, que em formas diversas chega até nós.[60] Mas se as coisas são postas nes-

ses termos, como interpretar os *Protocolos*? Como uma caricatura? Michel Bounan formulou uma hipótese diferente: os *Protocolos* foram "a contrafação policialesca de um tumulto revolucionário".[61] Essa definição parece pressupor a famosa definição de August Bebel — "o antissemitismo é o socialismo dos imbecis" —, mas vai muito além. Segundo Bounan, a conspiração real que inspirou a conspiração falsa — os *Protocolos* — é um exemplo clássico de uma característica que distingue o sistema descrito por Joly: "*Uma conspiração oculta e permanente* do Estado moderno destinada a manter indefinidamente a dependência" (mas Bounan usa, talvez de caso pensado, a áspera palavra de Tocqueville: *servitude*).[62]

Da biografia de Michel Bounan sei muito pouco. De algumas alusões esparsas em seus escritos e de outras notícias encontradas na internet, fica-se sabendo que foi próximo de Guy Debord e dos situacionistas, o grupelho que teve um papel de relevo na revolta parisiense de maio de 68. Hoje, Bounan parece ser o inspirador de uma pequena editora que republicou dois livros em torno dos quais gira esta pesquisa, o *Dialogue aux Enfers* de Joly e *L'Apocalypse de notre temps* de Rollin. Numa série de ensaios elegantes e concisos, explicitamente inspirados nessas obras, Bounan desenvolveu uma coerente visão conspiratória da história. Nas sociedades modernas o poder invade qualquer coisa; as energias de cada um (com exceção de uma pequena elite de privilegiados) são desviadas por falsas conspirações e falsos objetivos; o próprio sentimento de ser vítimas da injustiça foi apagado da percepção das vítimas — isto é, de todos. O panfleto mais recente de Bounan, intitulado *Logique du terrorisme* [Lógica do terrorismo], publicado em 2003, examina os acontecimentos dos últimos anos nessa perspectiva.

Nunca compartilhei a posição difusa que desqualifica automaticamente como absurdas todas as teorias explicativas baseadas na conspiração. É verdade que a maior parte dessas teorias é efetivamente absurda e, em certos casos, é até coisa pior. Mas como eu salientava faz um tempo num livro dedicado ao estereótipo do sabá das bruxas, as conspirações existem e as falsas conspirações muitas vezes escondem conspirações de sinal oposto[63] (observação que Bounan também faz). Depois do que aconteceu em 11 de setembro de 2001 em Nova York e (podemos acrescentar) em 11 de março de 2004 em Madri, a existência das conspirações encontra menos resistências; mas eu sei muito bem que as tentativas de identificar falsas conspirações que escondem conspirações de verdade podem levar a conclusões no mínimo extravagantes. É possível traçar uma fronteira entre um sadio ceticismo em relação a certas versões oficiais e a obsessão conspiratória? Eu acredito que Bounan ultrapassou essa fronteira, fazendo-se guiar pelo deletério princípio *is fecit cui prodest*, que transforma retroativamente, de uma maneira de todo ilógica, um fim obtido numa relação causal. (O fato de que um governo utilize as perspectivas políticas abertas por um ataque terrorista para deflagrar uma guerra não prova que o ataque terrorista tenha sido organizado por esse governo.) Dir-se-ia que Bounan ficou hipnotizado pelo próprio objeto de pesquisa, os *Protocolos*, e pela sua fonte, o *Dialogue aux Enfers* de Joly. Mas repelir uma visão conspiratória da história porque se trataria de uma versão invertida dos *Protocolos* não basta. Procurarei esclarecer meu ponto de vista voltando mais uma vez às relações entre o *Dialogue aux Enfers entre Machiavel et Montesquieu* de Joly e os *Protocolos*.

Joly acabou pagando um preço à forma literária em que formulou as suas ideias. O Maquiavel do *Dialogue aux Enfers* descreve detalhadamente, na primeira pessoa, as estratégias políticas que adotará, dando a impressão de que a realidade (que já se verificou) não poderá não se conformar à sua vontade. Rápidas alusões a fenômenos mais vastos e anônimos, como a fragilidade das sociedades modernas, são imediatamente deixadas de lado. Imaginando um indivíduo onipotente que modela a sociedade de acordo com as suas intenções, Joly abriu involuntariamente caminho para a desastrosa fortuna póstuma do *Dialogue*. Os que redigiram os *Protocolos* derramaram o material extraído do escrito de Joly numa fôrma preexistente: a fantasmagórica conspiração judaica. Mas também contribuíram para essa operação elementos que faziam parte do modelo formal utilizado por Joly. Toda ambiguidade desapareceu. Uma refinada parábola política se transformou numa tosca falsificação.

11. *Unus testis* — O extermínio dos judeus e o princípio de realidade*

para Primo Levi

1. No dia 16 de maio de 1348, a comunidade judaica de La Baume, uma pequena aldeia provençal, foi exterminada. Esse acontecimento é apenas um elo de uma longa cadeia de violências ocorridas na França meridional em decorrência da eclosão da Peste Negra, em abril do mesmo ano. A hostilidade contra os judeus, que muitos consideravam culpados por ter propagado a Peste jogando veneno nos poços, nas fontes e nos rios, se havia cristalizado pela primeira vez em Toulon, durante a Semana Santa. O gueto fora assaltado, homens, mulheres e crianças foram assassinados. Nas semanas seguintes, violências análogas se verificaram em outras localidades da Provença, como Riez, Digne, Manosque, Forcalquier. Em La Baume só houve um sobrevivente: um homem que dez dias antes tinha partido para Avignon, con-

---

* Esta é a tradução de um *paper* (título original: *Just One Witness*) apresentado no congresso *The Extermination of the Jews and the Limits of Representation*, realizado em Los Angeles, na UCLA, nos dias 25-29 de abril de 1990. Cf. *Probing the Limits of Representation. Nazism and the "Final Solution"*, S. Friedlander (org.), Cambridge, Mass., 1992. Modifiquei o texto original em alguns pontos.

vocado pela rainha Joana. Ele deixou uma comovida recordação do acontecimento em poucas linhas escritas num exemplar da Torá, hoje conservado na Österreichische Nationalbibliothek de Viena. Joseph Shatzmiller, combinando num belíssimo ensaio uma nova leitura do trecho escrito na Torá com um documento tirado de um registro fiscal, conseguiu identificar o nome do sobrevivente: Dayas Quinoni. Em 1349, ele tinha se estabelecido em Aix, onde recebeu o exemplar da Torá. Se voltou a La Baume depois do massacre, não sabemos.[1]

Agora vou falar brevemente de um caso diferente, embora de certo modo correlato. A acusação de propagar a Peste feita aos judeus em 1348 reproduzia tal e qual um esquema que já emergira uma geração antes. Em 1321, durante a Semana Santa, difundiu-se de repente um boato por toda a França e em algumas zonas vizinhas (Suíça ocidental, Espanha setentrional). Os leprosos ou, de acordo com outras versões, os leprosos incitados pelos judeus, ou ainda os leprosos incitados pelos judeus incitados pelos reis muçulmanos de Granada e da Tunísia, haviam urdido uma conspiração para envenenar os cristãos sadios. Os reis muçulmanos, obviamente, não havia como serem atingidos; mas por dois anos leprosos e judeus tornaram-se alvos de uma série de violências realizadas seja pela população, seja pelas autoridades políticas e religiosas. Procurei em outra ocasião destrinchar esse complexo emaranhado de acontecimentos.[2] Gostaria de analisar aqui um trecho extraído de uma crônica escrita no início do século XIV pelo chamado continuador de Guilherme de Nangis: um monge anônimo que, como o seu predecessor, vivia no mosteiro de Saint-Denis.

Depois da descoberta da suposta conspiração, muitos judeus, principalmente na França setentrional, foram mortos. Perto de Vitry-le-François, diz o cronista, cerca de quarenta judeus foram presos numa torre. Para não serem mortos pelos cristãos, eles decidiram, após longas discussões, matar-se uns aos outros. Encarregaram-se do gesto um velho, muito respeitado, e um jovem. Depois o velho pediu ao jovem que o matasse. O jovem aceitou com relutância, mas em vez de se suicidar apoderou-se do ouro e da prata contidos nos bolsos dos cadáveres que jaziam no chão. Tentou então escapar da torre com uma corda, feita de lençóis amarrados. Mas a corda não era bastante comprida e o jovem caiu no chão, quebrando a perna, e foi morto.[3]

O episódio não é, de *per si*, implausível. No entanto apresenta algumas inegáveis afinidades com dois trechos de *A guerra dos judeus* de Flávio Josefo. 1) O primeiro trecho (III, 8) fala de quarenta indivíduos que, depois de terem se escondido numa gruta de Jotapata, na Galileia, se suicidam todos, com exceção de dois: o próprio Josefo e um soldado seu amigo, que aceita não matá-lo; 2) o segundo descreve o célebre cerco de Massada, a desesperada resistência dos judeus reunidos dentro da fortaleza, seguida por um suicídio coletivo, também com duas exceções: duas mulheres (VII, 8-9).[4] Como interpretar as analogias entre os dois trechos de Josefo e a passagem, já mencionada, da crônica escrita pelo continuador de Guilherme de Nangis? Devemos supor uma convergência dos fatos ou, ao contrário, a presença de um *topos* historiográfico (que na versão mais recente incluiria uma alusão a outro *topos*, a avidez judaica)?

A hipótese de um *topos* historiográfico já foi formulada cautelosamente a propósito do relato dos acontecimentos de Massada feito por Josefo.[5] A obra de Flávio Josefo, amplamente conhecida na Idade Média, tanto em grego como na célebre versão latina preparada sob a direção de Cassiodoro, era particularmente difundida (pelo que se pode julgar do número de manuscritos que chegaram até nós) no norte da França e em Flandres.[6] Sabemos que Flávio Josefo fazia parte das leituras prescritas durante a Quaresma no mosteiro de Corbie por volta de 1050; suas obras no entanto não são mencionadas numa lista do século XIV de leituras prescritas aos monges de Saint-Denis, entre os quais estava, como já dito, o continuador de Guilherme de Nangis.[7] Além disso, falta uma prova direta da presença de manuscritos de *A guerra dos judeus* de Flávio Josefo na biblioteca de Saint-Denis.[8] Mas o anônimo cronista poderia tê-los consultado sem dificuldade: dentre os muitos manuscritos existentes na Bibliothèque Nationale de Paris, há um (que remonta ao século XII) proveniente da biblioteca de Saint-Germain-des-Prés.[9] Tudo isso permite afirmar que o continuador de Guilherme de Nangis pode ter conhecido a *A guerra dos judeus* de Flávio Josefo (ou a sua adaptação no século IV conhecida como "Hegesippo").[10] Mas daí não decorre necessariamente que o suicídio coletivo de perto de Vitry-le-François nunca tenha ocorrido. Ainda será preciso trabalhar sobre essa questão, embora, talvez, venha a ser impossível chegar a uma conclusão precisa.

2. Esses acontecimentos que remontam a um passado remoto e quase esquecido se conectam por intermédio de múltiplos fios ao tema que indiquei no subtítulo. Pierre Vidal-Naquet se mostra agudamente consciente, visto que decidiu publicar no mesmo volume (*Les Juifs, la mémoire, le présent* [Os judeus, a memória, o presente], Paris, 1981) um ensaio sobre "Flávio Josefo e Massada" e "Um Eichmann de papel": uma discussão detalhada daquela historiografia dita "revisionista", que sustenta a inexistência de campos de extermínio nazistas.[11] Mas a presença de conteúdos análogos — a perseguição dos judeus na Idade Média, o extermínio dos judeus no século XX — é, a meu ver, menos importante do que a analogia dos problemas de método postos por ambos os casos. Vou tentar explicar por quê.

As analogias entre os dois trechos de Josefo, respectivamente sobre o episódio de Jotapata e o cerco de Massada, tratam não só do suicídio coletivo como também da sobrevivência de dois indivíduos: Josefo e o soldado seu amigo, no primeiro caso; as duas mulheres, no segundo.[12] A sobrevivência de um indivíduo era um requisito necessário para que houvesse uma testemunha: mas por que dois? Creio que a escolha das duas testemunhas se explique pela recusa bem conhecida, presente tanto na tradição jurídica romana como na tradição judaica, de reconhecer a validade de uma única testemunha num julgamento.[13] Ambas as tradições eram, decerto, familiares a um judeu que se tornara cidadão romano, como Flávio Josefo. Mais tarde, o imperador Constantino transformou a recusa da única testemunha em lei propriamente dita, que foi depois incluída no código de Justiniano.[14] Na Idade Média, a alusão implícita a Deuteronômio 19, 15 (*Non stabit tesis unus contra aliquem*) tornou-se *testis unus, testis nullus*, uma máxima recorrente, em forma implícita ou explícita, nos processos e na literatura legal.[15]

Procuremos imaginar por um momento o que aconteceria se um critério desses fosse aplicado na pesquisa histórica. Nosso conhecimento dos fatos que se verificaram em La Baume em maio de 1348, perto de Vitry-le-François, num dia não registrado do verão de 1321, e na gruta dos arredores de Jotapata em julho de 67 baseia-se em testemunhas mais ou menos diretas. São elas, respectivamente, o indivíduo (identificado como Dayas Quinoni) que escreveu as linhas que se leem na Torá hoje conservada na Nationalbibliothek de Viena; o continuador de Guilherme de Nangis; Flávio Josefo. Nenhum historiador sensato repeliria esses testemunhos definindo-os como intrinsecamente inaceitáveis. Segundo a prática historiográfica normal, o valor de cada um deles deverá ser estabelecido através de uma série de cotejos. Em outras palavras, dever-se-á construir uma série que inclua pelo menos dois documentos. Mas suponhamos, por um momento, que o continuador de Guilherme de Nangis, na sua descrição do suicídio coletivo advindo nos arredores de Vitry-le-François, tenha apenas feito eco ao *A guerra dos judeus* de Flávio Josefo. O suposto suicídio coletivo acabaria se dissolvendo como fato, mas a sua descrição constituiria sempre um documento importante da difusão (que também é, salvo para um positivista inveterado, um "fato") da obra de Flávio Josefo na Île-de-France no início do século XIV.

O direito e a historiografia têm, pois, ao que parece, regras e fundamentos epistemológicos que nem sempre coincidem. Portanto, os princípios jurídicos não podem ser transferidos com todo o seu peso para a pesquisa histórica.[16] Essa conclusão parece contradizer a estrita contiguidade salientada por estudiosos quinhentistas como François Baudouin, o historiador do direito que declarou solenemente que "os estudos históricos devem se apoiar num sólido fundamento legal, e a jurisprudência deve estar unida à historiografia".[17] Numa perspectiva diferente, ligada à pesquisa antiquária, o jesuíta Henri Griffet, no seu *Traité des différentes sortes de preuves qui servent à établir la vérité de l'histoire* [Tratado dos diferentes tipos de provas que servem para estabelecer a verdade histórica] (1769), comparou o historiador a um juiz que verifica a credibilidade das diversas testemunhas.[18]

Hoje, essa analogia soa decididamente fora de moda. É provável que muitos historiadores hodiernos reagiriam com certo embaraço à palavra crucial do título do livro de Griffet: *preuves*, provas. Mas algumas discussões recentes mostram que a conexão entre provas, verdade e história, sublinhada por Griffet, não pode ser descartada facilmente.

3. Já mencionei "Um Eichmann de papel", o ensaio escrito por Pierre Vidal-Naquet para refutar a famigerada tese, proposta por Robert Faurisson e outros, segundo os quais os campos de exter-

mínio nazistas não teriam existido.[19] Esse mesmo ensaio foi republicado recentemente num pequeno volume intitulado *Les assassins de la mémoire* [Os assassinos da memória], que Vidal-Naquet dedicou à sua mãe, morta em Auschwitz em 1944. Não é difícil imaginar os motivos morais e políticos que levaram Vidal-Naquet a se envolver numa discussão detalhista, que compreende entre outras coisas uma minuciosa análise da documentação (depoimentos, possibilidades tecnológicas etc.) relativa às câmaras de gás. Outras implicações, de ordem mais explicitamente teórica, foram delineadas por Vidal-Naquet numa carta a Luce Giard incluída num volume em memória de Michel de Certeau lançado faz uns anos. *L'écriture de l'histoire* [A escrita da história], publicado por Certeau em 1975, foi (escrevia Vidal-Naquet) um livro importante, que contribuiu para arranhar a orgulhosa inocência dos historiadores: "Desde então tomamos consciência do fato de que o historiador *escreve*, produz um espaço e um tempo, embora estando ele próprio inserido num espaço e num tempo". Mas (continuava Vidal-Naquet) não devemos nos desfazer da velha noção de "realidade" no sentido, evocado por Ranke um século antes, daquilo "que propriamente aconteceu":

> Tive profunda consciência disso tudo no momento em que se iniciou o caso Faurisson, que infelizmente ainda dura. Normalmente, Faurisson é o antípoda de Certeau. O primeiro é um materialista grosseiro que, em nome da realidade mais tangível, extrai a realidade de tudo em que toca: a dor, a morte, os instrumentos da morte. Michel de Certeau ficou profundamente abalado com esse perverso delírio e me escreveu uma carta a esse respeito [...]. Eu tinha a convicção de que havia um discurso sobre as câmaras de gás, que tudo devia passar por dizê-lo [*mon sentiment était qu'il y avait un discours sur les chambres à gaz, que tout devait passer par le dire*], mas que além ou, melhor dizendo, aquém disso, havia algo de irredutível,

que, na falta de melhor, continuarei a chamar de realidade. Sem essa realidade, como se faz para distinguir entre romance e história?[20]

Nos Estados Unidos, a pergunta sobre a diferença entre romance e história costuma provir ou pelo menos remeter à obra de Hayden White. As diferenças entre Hayden White e Michel de Certeau, do ponto de vista da prática historiográfica, são óbvias, mas é impossível negar que entre *Metahistory* (1973) e *L'écriture de l'histoire* (1975, que também inclui ensaios escritos alguns anos antes) exista uma certa convergência. Mas para entender plenamente a contribuição de Hayden White creio ser necessário esboçar rapidamente sua biografia intelectual.[21]

4. Em 1959, no ato de apresentar ao público culto americano a tradução de um livro escrito por um dos mais fiéis seguidores de Croce — *Dallo storicismo alla sociologia* [Da história para a sociologia], de Carlo Antoni —, Hayden White falou do ensaio juvenil de Croce "La storia ridotta sotto il concetto generale dell'arte" [A história reduzida ao conceito geral de arte], definindo-o como uma contribuição "revolucionária".[22] A importância desse ensaio, publicado por Croce em 1893, aos 27 anos, já havia sido frisada pelo próprio Croce, na sua autobiografia intelectual (*Contributo alla critica di me stesso* [Contribuição à crítica de mim mesmo]) e, algum tempo depois, por R. G. Collingwood (*The Idea of History* [A ideia de história]).[23] Como era previsível, o capítulo de *Metahistory* dedicado a Croce inclui um exame detalhado de "La storia ridotta sotto in concetto generale dell'arte".[24] Mas a dezesseis anos de distância, White havia assumido uma atitude muito mais morna. Declarava ainda compartilhar algumas afirmações cruciais do ensaio de Croce, como a nítida distinção entre a pesquisa histórica, considerada uma atividade puramente propedêutica, e a

história propriamente dita, identificada com a narração histórica. Mas concluía assim:

> É difícil não ver na "revolução" introduzida por Croce na sensibilidade histórica um verdadeiro passo atrás, dado que entre seus efeitos estava o de excluir a historiografia da tentativa — que vinha emergindo na sociologia durante aqueles mesmos anos — de construir uma ciência geral da sociedade. Mais grave ainda foram as suas consequências no que concerne à reflexão dos historiadores sobre o lado artístico do trabalho deles. Croce tinha razão ao considerar a arte, em vez de uma mera reação física ou uma experiência imediata, uma forma de conhecimento da realidade: mas a sua concepção da arte como *representação* literal da realidade isolou de fato o historiador, como artista, dos progressos mais recentes, e cada vez mais importantes, que simbolistas e pós-impressionistas haviam alcançado em quase toda a Europa na representação dos diversos níveis de consciência.[25]

Nesse trecho já aparecem alguns elementos da obra sucessiva de Hayden White. A partir de *Metahistory* ele se interessou cada vez menos pela construção de uma "ciência geral da sociedade" e cada vez mais pelo "lado artístico da atividade historiográfica". Esse deslocamento de ênfase não está muito distante da longa batalha antipositivista de Croce, que inspirou, entre outras coisas, também a sua atitude desdenhosa em relação às ciências sociais. Mas em *Metahistory* a influência decisiva que Croce havia exercido nas primeiras fases do desenvolvimento intelectual de White estava superada. Sem dúvida o crédito de Croce continuava alto. Ele era definido como "o *historiador* mais bem-dotado de todos os filósofos da história deste século" e, na última página do livro, era calorosamente elogiado por sua presumida atitude "irônica".[26] Mas a avaliação global recordada acima atestava a existência de um significativo desacordo com a perspectiva teórica de Croce.

O principal motivo da insatisfação manifestada por White em relação ao pensamento de Croce versava, como se viu, sobre o seu "conceito da arte como *representação* literal da realidade": em outras palavras, sobre a sua atitude "realista".[27] Esse termo, que nesse contexto possui um significado cognitivo, e não meramente estético, tem, referindo-se a um filósofo neoidealista como Croce, um tom levemente paradoxal. Mas o idealismo de Croce era muito especial: o termo "positivismo crítico", proposto por um dos críticos mais agudos da sua obra, parece mais apropriado.[28] A fase mais nitidamente idealista do pensamento de Croce deve ser atribuída à forte influência exercida sobre ele por Giovanni Gentile, a quem esteve ligado por duas décadas de uma estreitíssima associação intelectual.[29] Num conhecido adendo à *Logica come scienza del concetto puro* [Lógica como ciência do conceito puro] (1909), Croce traçou um panorama retrospectivo do seu desenvolvimento intelectual, desde "La storia ridotta sotto il concetto generale dell'arte" ao recente reconhecimento da identidade entre história e filosofia, alcançado sob o impulso dos estudos de Giovanni Gentile ("meu caríssimo amigo [...] ao qual tanta ajuda e tantos estímulos deve a minha vida mental").[30] Alguns anos depois, no entanto, as ambiguidades intrínsecas dessa identidade (como também, num plano mais geral, da suposta convergência teórica entre Croce e Gentile) vieram à plena luz.[31] Croce, interpretando a filosofia como "metodologia da história", parecia dissolver a primeira na segunda. Gentile moveu-se na direção oposta. "As ideias sem fatos são vazias", escreveu num ensaio de 1936, "Il superamento del tempo nella storia" [A superação do tempo na história], "a filosofia que não é história é vazia abstração. Mas os fatos nada mais são que a vida do momento objetivo da autoconsciência, fora da qual não há pensamento real e construtivo". Portanto, a história [*res gestae*] "não deve ser um pressuposto da historiografia [*historia res gestarum*]". Gentile repelia vigorosamente "a metafísica histórica (ou historicismo) [que] é a metafísica que surge precisamente com base no conceito de que a historiografia tem por pressuposto a história. Conceito absurdo, como todos os conceitos das outras metafísicas; mas prenhe das piores consequências, como é sempre mais perigoso o inimigo que conseguiu penetrar em nossa casa e nela se esconder".[32]

Identificando a tal "metafísica histórica" com o "historicismo", Gentile reagia a "Antistoricismo" [Anti-historicismo], um ensaio de tom polemicamente antifascista que Croce havia acabado de publicar.[33] O núcleo teórico do ensaio de Gentile remontava à sua *Teoria generale dello spirito come atto puro* [Teoria geral do espírito como ato puro] (1918), uma obra que por sua vez constituía uma resposta a *Teoria e storia della storiografia* [Teoria e história da historiografia] (1915) de Croce.[34] Mas, em 1924, a querela filosófica entre os dois ex-amigos se havia transformado num rude antagonismo político e pessoal.

Essa aparente digressão era necessária para esclarecer os seguintes pontos:

a) O desenvolvimento intelectual de Hayden White só pode ser entendido se se levarem em conta as relações que ele teve na juventude com o neoidealismo italiano.[35]

b) No enfoque "tropológico" proposto por White em *Tropics of Discourse*, coletânea de ensaios publicada em 1978, o rastro do pensamento de Croce era mais uma vez perceptível. Em 1972, White escrevera que Croce

partiu [...] de um exame das bases epistemológicas do conhecimento histórico para chegar a uma posição em que procurava subsumir a história no conceito geral da arte. A sua teoria da arte, por sua vez, se apresentava como "ciência da expressão e linguística geral" (é o subtítulo da *Estética*). Ao analisar as bases linguísticas de todos os possíveis modos de apreender a realidade, Croce chegou quase a captar a natureza essencialmente tropológica da interpretação em geral. O que o impediu de formular essa ideia foi, muito provavelmente, a desconfiança "irônica" por ele nutrida em relação a qualquer sistema no âmbito das ciências humanas.[36]

Esse enfoque partia de Croce para tomar uma direção bem diferente. Quando lemos que "a trópica é o processo através do qual qualquer discurso *constitui* [o grifo consta do texto] os objetos que pretende descrever de forma realista e analisar de forma objetiva" (trata-se de uma passagem da introdução a *Trópicos do discurso*, 1978[37]), reconhecemos a crítica já recordada ao "realismo" de Croce.

c) Essa posição subjetivista foi certamente fortalecida pelo encontro de White com a obra de Foucault. Mas é significativo que White tenha procurado "decodificar" Foucault por meio de Giambattista Vico, isto é, o suposto pai fundador do neoidealismo italiano.[38] De fato, a afirmação de White sobre o discurso que cria seus objetos parece ecoar — com uma diferença substancial a que acenarei adiante — a insistência de Croce sobre a expressão e sobre a linguística geral combinada com o subjetivismo radical de Gentile, segundo o qual a historiografia [*historia rerum gestarum*] cria seu próprio objeto, a história [*res gestae*]. "*Le fait n'a jamais qu'une existence linguistique*": essas palavras de Barthes, usadas por White como epígrafe da coletânea *The Content of the Form* [O conteúdo da forma] (1987), poderiam ser atribuídas à imaginária combinação de Croce e Gentile que acabo de evocar. A leitura de Barthes, feita por White no início dos anos 80 (em *Trópicos do discurso* Barthes mal era citado[39]), também fortaleceu um esquema preexistente.

5. Nessa reconstrução há um elemento discutível: o papel atribuído a Gentile. Pelo que sei, White nunca analisou seus escri-

tos, aliás, nunca o citou (com uma única e importante exceção, sobre a qual me deterei daqui a pouco). No entanto, a familiaridade com a obra de Gentile pode ser tranquilamente pressuposta num estudioso como White que, através de Antoni, havia sido iniciado na tradição filosófica do neoidealismo italiano. (Ao contrário, um conhecimento direto da obra de Gentile deve ser excluído no caso de Barthes. A função decisiva que teve Barthes no desenvolvimento intelectual de Certeau pode explicar — ainda que só parcialmente — a convergência parcial entre este último e Hayden White.)

As íntimas relações que Gentile teve com o fascismo, até a sua trágica morte, de certo modo obscureceram, pelo menos fora da Itália, a primeira fase do seu percurso filosófico. A adesão de Gentile ao idealismo de Hegel era o resultado de uma leitura original dos escritos juvenis de Marx (*A filosofia de Marx*, 1899[40]). Ao analisar as *Teses sobre Feuerbach*, Gentile interpretou a práxis marxista através do célebre mote de Vico, *verum ipsum factum* — melhor dizendo, através da interpretação que dela tinha sido dada pelo neoidealismo. A práxis era considerada um conceito que implicava a identidade entre sujeito e objeto, enquanto o Espírito (o sujeito transcendental) cria a realidade.[41] A afirmação, feita por Gentile muito mais tarde sobre a historiografia que cria a história, outra coisa não era que um corolário desse princípio. Essa apresentação de Marx nas vestes de um filósofo substancialmente idealista exerceu um peso duradouro na vida política e intelectual italiana. Claro, o uso da expressão "filosofia da práxis" nos *Cadernos do cárcere* de Gramsci (onde seria de esperar "materialismo histórico") era ditado antes de mais nada pelo propósito de contornar a censura fascista. Mas Gramsci também fazia eco ao título do segundo ensaio de Gentile sobre Marx (*A filosofia da práxis*) assim como, e mais significativamente, à insistência de Gentile na "práxis" como conceito que reduzia fortemente (até quase eliminar) a posição decisiva do materialismo no pensamento de Marx. Outros ecos da interpretação de Marx proposta por Gentile foram identificados no marxismo juvenil e até no marxismo maduro de Gramsci.[42] Sustentou-se que o conhecido trecho dos *Cadernos do cárcere* em que a filosofia de Gentile era julgada mais próxima do futurismo do que a de Croce implicava um juízo favorável sobre Gentile: teria Gramsci em 1921 considerado talvez o futurismo como um movimento revolucionário que havia sido capaz de responder a uma demanda de "novas formas de arte, de filosofia, de costume, de linguagem"?[43] Uma contiguidade análoga entre a filosofia de Gentile e o futurismo, vistos ambos como exemplos negativos de "anti-historicismo", havia sido sugerida implicitamente, por sua vez, por Croce, numa perspectiva de antifascismo liberal-conservadora.[44]

À luz de uma leitura de esquerda da obra de Gentile (ou, pelo menos, de parte desta), o sabor quase gentiliano perceptível nos escritos de Hayden White a partir de *The Burden of History* [O ônus da história] — um manifesto por uma nova historiografia de enfoque modernista, publicado em 1966 — parece menos paradoxal.[45] Pode-se compreender facilmente a ressonância (assim como a intrínseca fraqueza) desse ataque às ortodoxias historiográficas liberais e marxistas. Entre o fim dos anos 60 e o início dos anos 70, o subjetivismo — inclusive o subjetivismo extremo — tinha um sabor nitidamente radical. Numa situação em que *desejo* era uma palavra considerada de esquerda, *realidade* (nela incluída a insistência sobre os "fatos reais") tinha um ar decididamente de direita. Essa perspectiva simplista, para não dizer suicida, parece hoje amplamente superada, no sentido de que as atitudes que implicam uma fuga substancial da realidade não são mais privilégio exclusivo de exíguas frações da esquerda. Deveria levar em conta disso tudo qualquer tentativa de explicar o fascínio, verdadeiramente singular, que hoje envolve, inclusive fora dos ambientes acadêmicos, as ideologias céticas. Nesse meio-tempo, Hayden White pronunciou-se "contra as revoluções, tanto as por cima, como as por baixo...".[46] Essa afirmação, como se lê numa nota de rodapé, nasce do fato de que "muitos teóricos consideram que o relativismo de que em geral sou acusado implica aquele gênero de niilismo que convida a um ativismo revolucionário de um tipo particularmente irresponsável. A meu ver, o relativismo é o equivalente moral do ceticismo epistemológico; além disso, considero que o relativismo é a base da tolerância social, e não a licença de fazer 'o que se bem quer'".[47]

Ceticismo, relativismo, tolerância: à primeira vista, a distância entre essa autoapresentação do pensamento de White e a perspectiva teórica de Gentile não poderia ser maior. A polêmica de Gentile contra os historiadores positivistas não tinha implicações céticas, enquanto a sua posição filosófica implicava um Espírito transcendental, e não uma multiplicidade de sujeitos empíricos.[48] Gentile nunca foi um relativista. Ao contrário, ele acalentou um engajamento religioso, intransigente, tanto em âmbito filosófico como em âmbito político.[49] E, naturalmente, nunca teorizou a tolerância, como atesta o apoio que deu ao fascismo, inclusive em seus aspectos mais violentos, como o "esquadrismo".*[50] A famigerada definição do porrete como "força moral" comparável à pregação — afirmação feita por Gentile no decorrer de um comício durante a campanha eleitoral de 1924[51] — era em tudo e por tudo coerente com a sua teoria rigorosamente monística: numa realidade criada pelo Espírito não há lugar para uma verdadeira distinção entre fatos e valores.

Não se trata de divergências teóricas marginais. Quem quer que sustente a existência de uma contiguidade teórica entre a perspectiva de Gentile e a de White deve levar em conta essas diversidades. Devemos nos perguntar, portanto, em que sentido White, em seu ensaio "The Politics of Historical Interpretation" [As políticas

---

* Esquadrismo: uso de bandos armados (*squadre*) contra os opositores. [N. T.]

da interpretação histórica], pôde afirmar que a sua concepção da história tem pontos de contato com a "que é associada convencionalmente às ideologias dos regimes fascistas", esses regimes de que ele repele os "comportamentos no plano político e social", considerando-os "inegavelmente horrendos".

6. Essa contradição, percebida com tanta clareza, leva-nos ao dilema moral implícito no enfoque de White. "Devemos evitar", afirma ele, "os sentimentalismos que nos levariam a rechaçar uma concepção da história simplesmente porque foi associada às ideologias fascistas. Devemos encarar o fato de que na documentação histórica não encontramos nenhum elemento que nos induza a construir seu significado num sentido em vez de num outro."[52] Nenhum elemento? De fato, ao discutir a interpretação do extermínio dos judeus fornecida por Faurisson, White não hesita em propor um critério com base no qual se possa julgar a validade de interpretações históricas em conflito. Percorramos a sua argumentação.

A afirmação de White ora citada pressupõe 1) a distinção (ou, melhor dizendo, a disjunção) proposta por Croce em seu primeiro ensaio teórico, "La storia ridotta sotto il concetto generale dell'arte", entre "pesquisa histórica positiva" e "história propriamente dita", ou seja, narração histórica; 2) uma interpretação cética dessa distinção, que converge sob muitos aspectos com o subjetivismo transcendental de Gentile. Ambos os elementos podem ser identificados na reação de White à refutação, fornecida por Vidal-Naquet "no terreno da história positiva", das "mentiras" de Faurisson sobre o extermínio dos judeus. A pretensão de Faurisson, diz White, é "moralmente ofensiva e intelectualmente desconcertante". Mas a noção de "mentira", por implicar conceitos como "realidade" e "provas", deixa White num embaraço evidente.

Prova-o este trecho singularmente equivocado: "A distinção entre uma mentira ou um erro e uma interpretação errônea pode ser mais difícil de rastrear quando lidamos com acontecimentos históricos menos amplamente documentados do Holocausto". Na verdade, também neste último caso, White não consegue aceitar as conclusões de Vidal-Naquet. White sustenta que há uma grande diferença "entre uma interpretação que 'transformaria profundamente a realidade do massacre' e uma interpretação que não teria alcançado um resultado do gênero. A interpretação israelense deixa intacta a 'realidade' do acontecimento, enquanto a interpretação revisionista o desrealiza, redescrevendo-o de tal modo que faz dele uma coisa diferente daquilo que as vítimas sabem do Holocausto".[53] A interpretação histórica do Holocausto fornecida pelos sionistas, diz White, não é uma *contre-vérité* (como havia sugerido Vidal-Naquet), mas uma verdade: "Sua verdade, como interpretação histórica, consiste precisamente na sua *eficácia* em justificar uma ampla gama dos atuais comportamentos políticos de Israel, que, do ponto de vista dos que os formulam, são essenciais não apenas para a segurança, como para a própria existência do povo judeu". De modo análogo, "os esforços do povo palestino em dar vida a uma resposta politicamente *eficaz* à política de Israel geram uma ideologia também *eficaz*, provida de uma interpretação da própria história dotada de um significado até hoje ausente".[54] Podemos concluir que, se a narração de Faurisson se tornasse *eficaz*, White não hesitaria em considerá-la verdadeira.

Uma conclusão do gênero é o resultado de uma atitude tolerante? Como se viu, White sustenta que ceticismo e relativismo podem proporcionar as bases epistemológicas e morais da tolerância.[55] Mas essa pretensão é insustentável, tanto do ponto de vista histórico como do lógico. Do ponto de vista histórico, porque a tolerância foi teorizada por indivíduos que tinham fortes convicções intelectuais e morais (o mote de Voltaire "Lutarei para defender a liberdade de expressão daqueles com quem estou em desacordo" é típico). Do ponto de vista lógico, porque o ceticismo absoluto entraria em contradição consigo mesmo se não fosse estendido também à tolerância como princípio regulador. Não só: quando as divergências intelectuais e morais não estão ligadas em última análise à verdade, não há nada a *tolerar*.[56] De fato, a argumentação de White que liga a verdade à eficácia chama inevitavelmente não a tolerância, mas o seu oposto — o juízo de Gentile sobre o porrete como força moral. No mesmo ensaio, como se viu, White convida a considerar sem "sentimentalismo" o nexo entre uma concepção da história por ele implicitamente elogiada e as "ideologias dos regimes fascistas". Ele define essa atitude como "convencional". Mas a menção do nome de Gentile (junto ao de Heidegger) nesse contexto não parece em absoluto convencional.[57]

7. A partir dos anos 60, as atitudes céticas de que estou falando tornaram-se cada vez mais influentes nas ciências humanas. Essa ampla difusão só em parte pode ser atribuída a uma suposta novidade. Somente um intento laudatório pode ter sugerido a Pierre Vidal-Naquet que "desde então [desde a publicação de *L'écriture de l'histoire*, de Michel de Certeau, em 1975] tomamos consciência do fato de que o historiador *escreve*, produz um espaço e um tempo, embora estando ele próprio inserido num espaço e num tempo". Como Vidal-Naquet sabe muito bem, a mesma posição (que às vezes levou a conclusões céticas) foi fortemente frisada, por exemplo, num ensaio metodológico nada audacioso, como *O que é história?* (1961) de E. H. Carr — assim como, muito tempo antes, por Benedetto Croce.

Considerando esses problemas numa perspectiva histórica, poderíamos apreender melhor as suas implicações teóricas. Proporei partirmos de um breve ensaio escrito por Renato Serra em

1912, mas publicado apenas em 1927, depois da sua morte prematura (1915). O título — *Partenza di un gruppo di soldati per la Libia* [Partida de um grupo de soldados para a Líbia][58] — dá apenas uma vaga ideia do seu conteúdo. O texto começa com uma descrição, redigida num estilo audaciosamente experimental, que recorda os quadros futuristas pintados por Boccioni naqueles mesmos anos, de uma estação ferroviária cheia de soldados que partem, rodeados por uma grande multidão.[59] Nesse ponto aparece uma série de observações antissocialistas, seguidas de uma reflexão sobre a história e sobre a narração histórica que desemboca de forma brusca num trecho de tom solenemente metafísico, repleto de ecos nietzschianos. Esse ensaio inacabado, que mereceria uma análise mais longa e aprofundada, reflete a complexa personalidade de um homem que, além de ser o melhor crítico italiano da sua geração, era um erudito com fortes interesses filosóficos. Na sua correspondência com Croce (a quem era ligado por relações pessoais muito próximas, embora não sendo um seguidor seu), explicou a gênese das páginas de que estou falando.[60] Elas haviam sido estimuladas por "Storia, cronaca e false storie" [História, crônica e falsa história] (1912), um ensaio de Croce depois revisto e incluído em *Teoria e storia della storiografia*. Croce havia mencionado a distância, sublinhada por Tolstói em *Guerra e paz*, entre um acontecimento real — uma batalha, por exemplo — e as lembranças fragmentárias e distorcidas deste, que servem de base para os relatos dos historiadores. O ponto de vista de Tolstói é conhecido: a distância só pode ser preenchida recolhendo as memórias de todos os indivíduos (até o mais humilde soldado) direta ou indiretamente envolvidos na batalha; Croce rejeita essa solução, e o ceticismo que a seu ver ela encerrava, como sendo absurda: "Nós, a todo instante, conhecemos toda a história que nos importa conhecer"; portanto, a história que não conhecemos é idêntica ao "eterno fantasma da 'coisa em si'".[61] Serra, ao se definir ironicamente como "um escravo da coisa em si", escreveu a Croce que se sentia muito mais próximo de Tolstói: "só que", acrescenta, "minhas dificuldades são, ou me parecem ser, mais complicadas".[62] Impossível não lhe dar razão:

> Tem gente que imagina de boa-fé que um documento pode ser uma expressão da realidade [...]. Como se um documento pudesse exprimir algo diferente de *si mesmo* [...]. Um documento é um fato. A batalha, um outro fato (uma infinidade de outros fatos). Os dois não podem fazer *um*. [...] O homem que age é *um fato*. E o homem que conta é *outro fato*. [...] Todo depoimento dá testemunho apenas de si mesmo, do seu momento, da sua origem, do seu fim, e de nada mais.[63]

Não eram reflexões de um teórico puro. Serra sabia o que era a erudição. Nas suas críticas cortantes não contrapunha artificiosamente as narrações históricas aos materiais com que são construídas. Serra sabia muito bem que qualquer documento, a despeito de seu caráter mais ou menos direto, sempre guarda uma relação altamente problemática com a realidade. Mas a realidade ("a coisa em si") existe.[64]

Serra repelia explicitamente qualquer perspectiva positivista ingênua. Mas as suas observações nos ajudam a repelir também um ponto de vista em que se somam positivismo (ou seja, uma "pesquisa histórica positiva" baseada na decifração literal dos documentos) e relativismo (ou seja, "narrações históricas" baseadas em interpretações simbólicas, incotejáveis e irrefutáveis).[65] As narrações baseadas numa só testemunha discutidas na primeira parte deste ensaio podem ser consideradas casos experimentais que refutam a existência de uma distinção tão nítida: uma leitura diferente da documentação disponível influi *imediatamente* sobre a narração. Uma relação análoga, embora em geral menos evidente, também pode ser conjecturada num plano mais amplo.

Portanto uma atitude totalmente cética em relação às narrações históricas não tem fundamento.

8. Sobre Auschwitz, Jean-François Lyotard escreveu:

> Suponhamos que um terremoto destrua não apenas vidas, imóveis e objetos, mas também os instrumentos para medir, direta ou indiretamente, os terremotos. A impossibilidade de fazer medidas quantitativas não exclui mas, ao contrário, sugere à mente dos sobreviventes a ideia de uma imensa força sísmica. [...] Com Auschwitz, adveio algo de novo na história (o que pode ser apenas um indício, e não um fato), a saber: que os fatos, os testemunhos que conservam os rastros do aqui e do agora, os documentos que indicam o sentido ou os sentidos dos fatos e dos nomes, e enfim a possibilidade de vários tipos de frases cuja relação constrói a realidade, tudo isso foi tanto quanto possível destruído. Não caberá porventura ao historiador levar em conta, além dos danos, os malefícios cometidos? Além da realidade, a metarrealidade, ou seja a destruição da realidade? [...] Seu nome [o de Auschwitz] assinala os limites em que o conhecimento histórico vê posta em discussão sua própria competência.[66]

Não estou de todo certo de que esta última observação seja verdadeira. A memória e a destruição da memória são elementos recorrentes na história. "A necessidade de contar para 'os outros', de fazer 'os outros' participarem", escreveu Primo Levi, "havia adquirido entre nós, antes da libertação e depois, o caráter de um impulso imediato e violento, a ponto de rivalizar com as outras necessidades elementares."[67] Como mostrou Benveniste, uma das palavras latinas que significam "testemunha" é *superstes* — sobrevivente.[68]

12. Detalhes, primeiros planos, microanálises — À margem de um livro de Siegfried Kracauer*

1. *History: The Last Things before the Last* [História: as últimas coisas antes das últimas], o livro póstumo e inacabado de Siegfried Kracauer, foi publicado pela primeira vez em brochura em 1995. Para essa ocasião, Paul Oskar Kristeller, que havia apresentado a primeira edição em 1969, escreveu um novo prefácio. Nos 26 anos transcorridos entre as duas versões do texto de Kristeller houve uma verdadeira *Kracauer-Renaissance*, atestada por reimpressões, traduções, ensaios de vários gêneros em diversas línguas. Mas para o Kristeller de 1995, esse reconhecimento tardio estava contaminado pela tendência a eliminar da imagem de Kracauer tudo o que não fosse redutível à Escola de Frankfurt. Como exemplos dessa leitura distorcida, Kristeller citou os ensaios de Gertrud Koch e de Inka Mülder-Bach sobre *History: The Last Things before the Last*, publicados no fascículo que a revista

---

* Uma versão francesa deste ensaio foi lida em junho de 2003 num congresso dedicado às reflexões de Kracauer sobre a história.

New German Critique havia dedicado a Kracauer em 1991. Escrevia Kristeller:

> Os dois artigos não resumem o conteúdo do livro e não revelam que ele difere de maneira substancial dos escritos precedentes de Kracauer. As notas de rodapé citam apenas livros e artigos que Kracauer ignorava e aludem a escritos precedentes de Kracauer, como se eles concordassem em tudo com o livro sobre a história. Além do mais, não advertem que este último, nas notas e na bibliografia, cita sobretudo fontes históricas, filológicas e filosóficas; nunca menciona os escritos precedentes do autor; acena muito raramente para os sociólogos que têm uma importância predominante nesses escritos. Enfim, e essa é a coisa mais grave, os dois artigos sustentam, de maneira implícita ou explícita, que a história estava no centro dos interesses intelectuais de Kracauer. Falta por enquanto uma interpretação adequada, dirigida aos estudiosos, da última obra de Kracauer.[1]

Esse juízo amargo, pronunciado pelo erudito que nos deixou um monumento de exatidão e probidade científica como o *Iter Italicum*, contém alguns erros factuais. Um rápido exame mostra que as notas dos ensaios de Gertrud Koch e Inka Mülder-Bach citam *quase somente* escritos de Kracauer ou conhecidos de Kracauer — à parte duas ou três remissões óbvias a ensaios recentes sobre a sua obra. Além disso (ao contrário do que Kristeller afirma), o ensaio de Inka Mülder-Bach ressalta os elementos de *divergência* entre o livro póstumo sobre a história e alguns dos escritos precedentes de Kracauer. A que devemos atribuir essas imprecisões tão insólitas por parte de Kristeller? Talvez à indignação. A referência de Mülder-Bach ao "extremo isolamento cultural e científico" em que Kracauer teria escrito seu livro sobre a história ignora tacitamente a afirmação de Kristeller (que não temos motivo para pôr em dúvida), segundo a qual aquele livro havia nascido das densas discussões que ele próprio, durante anos, tivera com o amigo.[2] Mas o ponto que desejo frisar é outro: a nítida cesura sustentada por Kristeller entre *History: The Last Things before the Last* e os escritos precedentes de Kracauer é totalmente insustentável.

O livro póstumo de Kracauer abre com uma declaração autobiográfica: "Só há pouco", escrevia ele, "descobri inesperadamente que meu interesse pelo tema da história, que começou a se manifestar há cerca de um ano [isto é, em 1960] e que até agora eu havia acreditado fosse alimentado pelo impacto da situação contemporânea sobre o meu modo de pensar, na realidade proveio das ideias que procurei tornar operacionais na minha obra *Theory of Film* [Teoria do filme]. Ao me dedicar à história, não fiz mais do que seguir as linhas de pensamento já presentes naquele livro". Continua Kracauer:

> A essa altura me dei conta num lampejo [*in a flash*] dos muitos paralelismos que podem ser estabelecidos entre a história [*history*] e os meios fotográficos, entre a realidade histórica [*historical reality*] e a realidade da câmera [*camera-reality*]. Reli recentemente, por acaso, meu artigo sobre fotografia e notei com enorme espanto que já a partir desse artigo dos anos 20 [fora publicado exatamente em 1927] eu havia estabelecido uma comparação entre o historicismo [*historism*] e a imagem fotográfica.[3]

A identificação do paralelismo entre história (no duplo sentido de processo e de narração, de *res gestae* e de *historia rerum gestarum*) e fotografia (no sentido amplo, até incluir o cinema) como elemento de continuidade entre o primeiro e o segundo Kracauer, para lá da cesura do exílio, provém portanto do próprio Kracauer. Essa declaração não pode ser ignorada, como faz implicitamente

Kristeller quando contrapõe o livro póstumo sobre a história aos escritos precedentes. Deve no entanto ser verificada, porque o trecho que cito põe lado a lado, sem maiores minúcias, história e historicismo: uma contiguidade dificilmente conciliável com as críticas ao historicismo formuladas repetidamente por Kracauer. Tanto a continuidade quanto a contiguidade condensadas naquele advérbio *já* são portanto discutíveis. Tratar-se-ia de uma minúscula incoerência atribuível ao caráter inacabado do manuscrito? Ou de um indício que assinala a presença de um elemento não resolvido no pensamento de Kracauer?

2. Para tentar resolver essa alternativa precisamos partir de alguns textos, indicados pelo próprio Kracauer, em torno dos quais a discussão dos últimos anos acumulou algum esclarecimento e muitos equívocos. Comecemos pelo artigo sobre a fotografia, publicado em 1927 na *Frankfurter Allgemeine Zeitung*, depois incluído por Kracauer na coletânea *Das Ornament der Masse* [A massa como ornamento] (1963).[4] Nele Kracauer observava que o historicismo "se afirmou quase ao mesmo tempo que a moderna técnica fotográfica", dando a entender que ambos eram produtos da sociedade capitalista. Mas essa coincidência escondia, segundo Kracauer, um paralelismo mais profundo. Os representantes do historicismo, como Dilthey (uma referência que Kracauer eliminou ao inserir o ensaio na coletânea), pensam "poder explicar qualquer fenômeno unicamente com base na sua gênese. Eles consideram [...] poder apreender a realidade histórica reconstruindo a cadeia dos acontecimentos na sua sucessão temporal, sem deixar nada de lado. Enquanto a fotografia proporciona um *continuum* espacial, o historicismo pretendia preencher o *continuum* temporal". Kracauer contrapunha ao historicismo e à fotografia a memória e suas imagens. Estas últimas são por definição

fragmentárias: "A *memória* não compreende nem a imagem espacial total nem todo o decurso temporal de um acontecimento".[5] E aqui aparece o significado profundo da contraposição entre o historicismo e a fotografia, de um lado, e a memória e suas imagens, de outro: "A objetiva que devora o mundo é o sinal do *medo da morte*. Acumulando fotografias sobre fotografias, pretender-se-ia banir a recordação daquela morte que, no entanto, está presente em toda imagem da memória".[6]

É bem verdade que, na conclusão do ensaio, com uma brusca inversão dialética, Kracauer aventa uma emancipação da fotografia do simples registro dos acontecimentos, da acumulação dos detritos das realidades naturais: uma possibilidade atribuída ao filme que (tal como o sonho e a obra de Kafka) seria capaz de recombinar de uma maneira imprevisível os fragmentos da realidade, trazendo à luz uma ordem superior. Mas, na essência, para o Kracauer de 1927, fotografia e historicismo estavam reunidos na mesma condenação. Kracauer contrapunha a eles a "história" entre aspas: uma história a ser escrita, uma história que de fato ainda não existia.

3. É correto ver nessas reflexões, como sugeriu retrospectivamente Kracauer, o germe do livro póstumo sobre a história? Sim e não: no meio há uma descontinuidade, resumível, como se observou, no nome de Proust, ou melhor, num trecho bem preciso da obra de Proust. No ensaio sobre a fotografia de 1927, Proust não comparece nem mesmo implicitamente, embora nesse ensaio se fale de memória e de imagens da memória.[7] Já em *Theory of Film* (1960) e em *History: The Last Things before the Last*, Kracauer analisou, respectivamente, as características do filme e da historiografia, remetendo várias vezes à página de *O caminho de Guermantes* em que o narrador, voltando inesperadamente para casa de uma

viagem, vê a avó sem ser visto e, por um instante, não a reconhece.[8] Releiamos algumas frases dessa página inesquecível:

> De mim [...] havia somente a testemunha, o observador de chapéu e sobretudo de viagem, o estranho que não é de casa, o fotógrafo que vem tirar um instantâneo de lugares que não mais se verão. O que, mecanicamente, se produziu nesse momento em meus olhos, quando avistei minha avó, foi precisamente uma fotografia. [...] Pela primeira vez e só por um instante, porque ela logo desapareceu, avistei no sofá, sob o abajur, vermelha, pesada e vulgar, doente, perdida nas suas fantasias, passeando por cima de um livro olhos meio loucos, uma velha acabada que eu não conhecia.[9]

Através do olhar estranhado, mecânico, que Proust compara com a objetiva impassível da máquina fotográfica, o narrador compreende de repente, sem querer, o que até então o amor o impediu de ver: que a avó vai morrer. A fotografia, que para o Kracauer de 1927 era "o sinal do *medo da morte*", tornou-se, através de Proust, o instrumento que permite superar esse medo, olhar a morte na cara. A premonição da morte, de resto, já estava no centro do trecho das *Mémoires* [Memórias] de Saint-Simon, em que, se não me engano, Proust tinha se inspirado. O duque de Saint-Simon entra nos aposentos do delfim, encontra-o na "cadeira higiênica entre seus camareiros e dois ou três dos seus primeiros oficiais. Fiquei estarrecido. Vi um homem de cabeça baixa, de um vermelho purpúreo, com um ar abestalhado, o qual nem sequer percebeu que eu me aproximava dele".[10] À parte a percepção da decadência física confiada a uma análoga notação de cor (*rouge, rouge pourpre*), o procedimento que é enfatizado nos dois trechos, o não reconhecimento, é o mesmo: "*Je vis un homme*" (Saint-Simon), "*j'aperçus* [...] *une vieille femme*" (Proust). Por trás da fisionomia alterada do indivíduo aflora o destino anônimo da espécie, a sua condição mortal.

"No filme, o rosto não tem valor se não faz aflorar o crânio que está embaixo. *Dança macabra*. Com que fim? Veremos." Nessas frases enigmáticas procurou-se ver uma primeira reflexão de Kracauer sobre a página de Proust. Elas são tiradas de um caderno que contém o esboço da introdução de um livro sobre cinema: o projeto em que Kracauer começou a trabalhar em Marselha em novembro de 1940, na angustiante espera do salvo-conduto que lhe permitiria emigrar com a mulher para os Estados Unidos.[11] Uma nova versão do projeto iniciado em Marselha, escrita em inglês em 1949, abre-se com uma referência explícita, desenvolvida mais tarde na redação final do livro, à página de Proust.[12] Em Marselha, Kracauer havia encontrado Walter Benjamin, que poucos meses depois fugiu para a Espanha e para o suicídio. Sabe-se que, no período que passaram juntos em Marselha, os dois amigos falaram do projeto de Kracauer sobre o cinema.[13] Não me parece arriscado supor que durante as discussões Benjamin tenha evocado o trecho de Proust que, alguns anos antes, ele próprio havia traduzido com Franz Hessel.[14] A comparação entre o olhar com que o narrador registra mecanicamente a decadência física da avó sem reconhecê-la e a impassibilidade da máquina fotográfica esclarecia as implicações da noção de "inconsciente ótico" que Benjamin havia proposto no ensaio "Breve história da fotografia" (1931).[15]

4. Por intermédio de Proust, mediado talvez por Benjamin, Kracauer substituiu a analogia entre fotografia e historicismo proposta em 1927 pela analogia — completamente diferente e, sob certos aspectos, oposta — entre fotografia e história (no sentido de *historia rerum gestarum* ou historiografia) discutida várias vezes em *History: The Last Things before the Last*. Mas para entender o significado da aproximação proposta por Kracauer é necessário recordar que, na página de Proust, o fotógrafo é o último termo de

uma série constituída de figuras mais ou menos análogas: "a testemunha, o observador, de chapéu e sobretudo de viagem, o estranho que não é de casa, o fotógrafo que vem tirar um instantâneo de lugares que não mais se verão". Para o exilado Kracauer, era óbvio identificar-se com o estranho, o estrangeiro, ou até mesmo com o judeu errante Assuero, que aparece no título de um dos capítulos do livro póstumo sobre a história.[16] Mas era uma identificação privada de patetismo (pelo menos na superfície). Kracauer frisava que o estrangeiro, aquele que está à margem, aquele que "não é de casa", é capaz de compreender mais e mais profundamente. O instante do não reconhecimento abre para o olhar de estranhamento do espectador o caminho da iluminação cognoscitiva.[17] Não é por acaso, observa Kracauer, que os grandes historiadores, de Tucídides a Namier, eram exilados: "É somente nesse estado de autoanulação, ou nesse ser sem pátria, que o historiador pode entrar em comunhão com o material que concerne à sua pesquisa. [...] Estrangeiro em relação ao mundo evocado pelas fontes, ele deve enfrentar a missão — missão típica do exilado — de penetrar as suas aparências exteriores, de modo a poder aprender a compreender esse mundo de dentro".[18]

Tudo isso nos leva a entender por que Kracauer repensou seu livro inacabado sobre a história como um desenvolvimento das teses formuladas em *Theory of Film*. A identificação do historiador com o exilado é o ponto de chegada de uma reflexão prolongada sobre a fotografia. A atitude de "passividade ativa" que Kracauer recomenda aos historiadores reelabora (como notou com exatidão Volker Breidecker) uma página de *Theory of Film* sobre as desoladas fotografias urbanas de Marville ou de Atget. A "melancolia" que foi reconhecida nessas paisagens parisienses, observa Kracauer, "favorece o autoestranhamento, o qual por sua vez impõe a identificação com todo tipo de objeto. É provável que o indivíduo deprimido se perca nas configurações casuais do ambiente, absorvendo-as com uma intensidade desinteressada que não é mais determinada pelas suas predileções anteriores. Esse tipo de receptividade recorda a do fotógrafo de Proust, visto no papel do estrangeiro". Mas é uma receptividade que se tece na escolha, na construção: a fotografia não é um mero espelho da realidade. O fotógrafo poderia ser comparado, observa Kracauer, com "um leitor cheio de imaginação, absorto em estudar e decifrar um texto cujo significado não consegue captar".[19] Essas observações, que se leem na primeira parte — de longe a mais significativa — de *Theory of Film*, explicam por que Kracauer escrevia a Adorno que o cinema, naquele livro, era somente um pretexto.[20] Kracauer, que durante anos havia lido com o jovem Adorno a *Crítica da razão pura*, queria explorar, no cinema e através do cinema, um modelo cognoscitivo.[21] Essa exploração prosseguiu no livro póstumo sobre a história: a última etapa, destinada a permanecer inacabada, de um percurso intelectual profundamente unitário, não obstante a variedade dos campos de pesquisa abordados.

5. Também se pode identificar uma inspiração kantiana no famoso ensaio de Panofsky sobre o cinema, principalmente no trecho em que ele menciona o "espetáculo fascinante de um novo meio artístico [que] pouco a pouco se torna consciente das suas legítimas (ou seja, peculiares) possibilidades e dos seus limites".[22] No entanto, como demonstrou agudamente Tom Levin, esse ensaio tomou quase logo em seguida um caminho diferente e menos ambicioso.[23] Muito mais fecundas são as reflexões potenciais sobre o cinema encerradas (sugere Levin) no ensaio de Panofsky sobre a perspectiva como forma simbólica, publicado nos *Warburg Vorträge* em 1927.[24] Uma alusão indireta a esse ensaio está contida, como foi visto, numa carta de Benjamin a Kracauer de 1928.[25] Mas mesmo que Kracauer não tenha lido o ensaio sobre a perspectiva,

pode ter apreendido seu núcleo essencial em outros escritos de Panofsky. O material preparatório do livro póstumo sobre a história compreende uma página de anotações, para a qual Volker Breidecker chamou a justo título a atenção, intitulada "Emphasis on minutiae — Close up — micro-analysis". Como exemplo de *close--up*, Kracauer mencionava o "princípio de disjunção" ilustrado por Panofsky, ou seja, a separação, típica da arte medieval, entre temas clássicos figurados de maneira anacrônica e imagens antigas cristianizadas.[26] No livro póstumo sobre a história, essa rápida referência é esclarecida em duas direções. O "princípio de disjunção" de Panofsky é citado antes como exemplo de perfeito equilíbrio entre "tendência realista" e "tendência criativa", junto com uma fotografia de Alfred Stieglitz; depois, como exemplo paradigmático de "micro-história" ou "história em escala reduzida", comparada a um *close-up*.[27] Em ambos os casos, a fotografia (ou o fotograma) figura como termo de cotejo; mas é a segunda comparação que me interessa aqui.[28]

Sem o cinema, sem o *close-up*, Kracauer teria podido falar de micro-história? Trata-se, é óbvio, de uma pergunta retórica. Não é por acaso que Kracauer, para frisar o nexo entre pesquisa macro--histórica e *close-ups* baseados em micropesquisas, cite uma passagem de Pudovkin sobre a pluralidade dos pontos de vista impostos pela narração fílmica.[29] A fotografia e seus prolongamentos (cinema, televisão) abriram, como no passado a perspectiva linear, uma série de possibilidades cognitivas: um novo modo de ver, de contar, de pensar.[30] As reflexões de Kracauer recolhidas no livro póstumo sobre a história nascem da consciência que emerge de um mundo que ainda hoje (hoje mais do que nunca) é o nosso.

Um novo modo de ver, mas até que ponto? Como escreveu T. S. Eliot, toda inovação expressiva constrói de trás para a frente a sua genealogia. O cinema não é exceção a essa regra. Serguei Eisenstein sustenta que o primeiro plano inventado por Griffith tinha um antepassado literário, a representação isolada dos detalhes nos romances de Dickens.[31] Em outro ensaio, o mesmo Eisenstein citou o encontro entre Emma e Rodolphe, em *Madame Bovary*, como um lindo exemplo de montagem alternada de diálogos.[32] Essa observação me havia escapado quando, alguns anos atrás, analisei uma série de procedimentos usados por Flaubert em *A educação sentimental* — primeiro de todos o célebre *blanc* tão admirado por Proust — inserindo-os num contexto plasmado pela fotografia, pelo panorama, pelo trem.[33] Havia igualmente me escapado uma reação precoce à *Educação sentimental*, de que gostaria de falar aqui: uma digressão que, se não me engano, ajuda a compreender melhor as reflexões de Kracauer.

6. No dia 6 de dezembro de 1869 apareceu na *Revue des Deux Mondes* um longo ensaio intitulado "Le roman mysanthropique" [O romance misantrópico], dedicado à *Educação sentimental*, que acabara de ser publicado.[34] O autor do ensaio, Saint-René Taillandier, havia escrito na juventude uma monografia sobre *Scot Erigène et la philosophie scholastique* [Scot Erigène e a filosofia escolástica] (1843), com um olho em Hegel e outro em Schelling; depois havia ensinado literatura em várias universidades (Estrasburgo, Montpellier); dali a pouco encerraria a sua carreira na Académie Française.[35] Em 1863 havia publicado na *Revue des Deux Mondes* um ensaio sobre *Salambô* intitulado "Le réalisme épique dans le roman" ["O realismo épico no romance"].[36] De um crítico universitário de formação católica e gostos moderados, como Taillandier, esperaríamos uma condenação da "imoralidade" e das audácias estilísticas de Flaubert. E a condenação vem, conforme previsto: mas dentro de um discurso crítico nada óbvio, principalmente para nós, pósteros habituados a ler *A educação sentimental* como um clássico. Taillandier, que o lia como o romance, saído do prelo,

de um escritor de sucesso e escandaloso, nos comunica, porém, inesperada, a sacudida do novo.

> Imaginem um artista que pretenda reproduzir a realidade da maneira mais fiel e que comece lançando sobre essa realidade o bizarro véu do seu sistema. Inutilmente se propõe a mostrar tudo, como o raio de sol que atravessa a câmera escura do fotógrafo... (p. 988)

A analogia entre Flaubert e um fotógrafo poderá parecer banal. Mas não o é de forma alguma, como mostram as frases que se seguem imediatamente:

> Inutilmente procura ser agudo, mordente, como a lâmina que talha a pedra, como a água-forte que grava o cobre: totalmente presa do efeito, só pensa no procedimento, no equipamento, nos instrumentos, nos ácidos. A rica variedade da natureza é esquecida: ei-lo recluso num laboratório malsão. O rude artesão do realismo perderá rapidamente o senso de realidade. Tem um pequeno número de modelos diante dos olhos, e esses modelos, cansados, desfigurados, entediados e tediosos, tornar-se-ão para ele uma imagem do destino humano (p. 988).

Taillandier reconhece que Flaubert "não é, certamente, um escritor medíocre", "produz pouco mas cada obra sua atesta uma meditação intensa e uma execução minuciosa". Mas um livro como *Madame Bovary* "é uma dissecção perita, feita com impassibilidade glacial", que escandalizou não pelo tema mas pela "indiferença do pensamento" que o inspirava (pp. 988-9). "O realismo épico de *Salambô* tinha a mesma característica de fantasia *inumana*" (no artigo precedente, Taillandier havia falado sem meios-termos de "*elemento de imaginação sádica*"[37]). Daí a pergunta: "O que era então esse escritor que, embora trabalhando com tanto cuidado a sua obra, permanecia entretanto tão totalmente estranho a ela? O que significava essa representação impassível?" (p. 989).

Impassibilidade, impassível: esses termos, que aparecem repetidamente no artigo, descendem da comparação inicial entre o escritor e o fotógrafo. Nessa impassibilidade, Taillandier enxerga "o resultado de um sistema, a expressão de uma filosofia oculta": uma misantropia no sentido mais amplo do termo. "Infligir ao homem ultrajes do gênero significa ultrajar o mundo e aquele que o fez, se admitirmos que o mundo é obra de alguém [...]. Uma espécie de ateísmo: eis a filosofia desse livro" (p. 990). Mas a essa intenção filosófica se une "o desejo de escrever uma página de história". Flaubert parece ter querido sugerir "a ideia de uma obra em que os acontecimentos públicos [dos últimos 25 anos] sejam explicados pelos comportamentos individuais. A educação do personagem principal corresponderia portanto à educação da sociedade parisiense num período da nossa história".

> É difícil não aceitar essa hipótese, extravagante embora — prossegue Taillandier —, no momento em que percebemos que, com toda evidência, o autor identifica o estilo que Michelet adotou nos últimos volumes da sua *História da França*. Encontramos a mesma maneira quebrada, convulsa, o mesmo modo de fragmentar a narração, de passar bruscamente de uma cena a outra acumulando os detalhes e suprimindo as passagens. O romance nunca falou uma língua assim; o leitor tem a impressão de se encontrar diante de uma crônica, de um diário seco e rápido, de uma coleção de notas, de sinais, de palavras; mas a diferença é esta, que no caso do historiador os sinais incidem, as palavras exprimem, as notas resumem, ora bem, ora mal, acontecimentos relevantes, enquanto no caso do romancista essas formas, sabiamente, laboriosamente destiladas, são aplicadas a aventuras totalmente insípidas. (pp. 993-4)

Sobre a comparação entre Michelet e Flaubert voltarei em breve. Mas Taillandier se dá conta de que a contraposição que lhe ocorreu espontaneamente entre os "acontecimentos relevantes" descritos pelo primeiro e as "aventuras totalmente insípidas" contadas pelo segundo é inexata. Quem lê *A educação sentimental* é tocado por algo bem diferente, pelo entrelaçamento de vidas privadas e acontecimentos públicos: nisso Taillandier entrevê "o propósito de confundir as coisas grandes com as pequenas, as sérias com as ridículas, para fundar nessa promiscuidade a doutrina do desprezo universal" (p. 999). Tudo é posto no mesmo plano: "Não se trata mais de uma banal indiferença, trata-se de uma vontade deliberada de desencantar o mundo e degradar a natureza humana" (p. 1002). A palavra *désenchanter* retorna perto da conclusão: terminado o livro, "dizemo-nos que tudo aquilo é falso, que o autor não representou nem o amor nem a ação, que caluniou a humanidade, que a vida é uma coisa que tem um valor e que a arte renega a si mesma quando se obstina a desencantar a obra de Deus" (p. 1003).

7. Estranheza do autor em relação à obra; procedimentos narrativos que são fins em si mesmos; impassibilidade; história em que se entrelaçam acontecimentos públicos e assuntos privados sem importância; irrelevância global; desencanto do mundo. Não seria difícil identificar no livro póstumo de Kracauer sobre a história temas semelhantes aos que Taillandier identificou em *A educação sentimental*: estranhamento, distância, entrelaçamento de micro e macro-história, rejeição da filosofia da história, ou seja, da busca de um sentido global na história humana. Talvez Kracauer não tenha lido o artigo de Taillandier; mas leu Flaubert, contemplou nos anos de Weimar a impassibilidade flaubertiana como um ideal e, lá pelo fim da guerra, planejou um ensaio (nunca escrito)

sobre o pessimismo de Flaubert e dos intelectuais da Terceira República.[38] Mas a convergência que delineei implica algo mais complexo do que a leitura de um mesmo autor por dois leitores tão diferentes, a um século de distância. Não se trata aqui apenas de acolhida, mas de acolhida e produção ao mesmo tempo. Num livro extraordinário, e ainda insuficientemente utilizado, Michael Baxandall demonstrou que os pintores italianos do século XV se dirigiam a um público que era capaz de decifrar as suas obras graças a uma série de experiências sociais compartilhadas: livros de ábaco, prédicas, dança.[39] Poder-se-ia repetir o experimento com a fotografia, escolhendo um âmbito específico: a França por volta da metade do século XIX, a Alemanha dos primeiros decênios do século seguinte, a Europa do início do século XXI. Que fique claro que essa perspectiva de busca não tem nada a ver com o determinismo. Se o homem é (entre as tantas definições possíveis) um animal metafórico, então poderíamos dizer que os livros de ábaco, a fotografia etc. propõem ao artista e a seu público experiências tratáveis como metáforas, como mundos *als ob*, em relação ao mundo fictício constituído pela obra. No caso que estamos discutindo, a fotografia ofereceu a Flaubert a possibilidade de elaborar uma série de experimentos cognitivos e narrativos, e aos seus leitores a possibilidade de decifrá-los. Quando Taillandier, sem fornecer referências precisas, levanta a hipótese de que Flaubert se inspirou no estilo tardio de Michelet — é "a mesma maneira quebrada, convulsa, o mesmo modo de fragmentar a narração, de passar bruscamente de uma cena a outra acumulando os detalhes e suprimindo as passagens" — é impossível não pensar na fotografia e (anacronicamente) na montagem cinematográfica.

Procuremos agora testar a hipótese de Taillandier num trecho tirado, quase que por acaso, do 19º e último volume da *Histoire de France* [História da França] de Michelet. É a descrição de um dos episódios da revolta nobiliárquica que precedeu a grande revolução: a chamada *journée des tuiles*, um tumulto ocorrido em Grenoble em 7 de junho de 1788. Michelet teve sob os olhos uma dezena de relatos daquela jornada: "O melhor, o de um frade, é de uma simplicidade encantadora". Valeria a pena ver de que modo ele reorganizou esse material (a começar pela pontuação). Mas vejamos Michelet:

> Era meio-dia. Àquele rumor sinistro, que ecoava pelos dédalos do vale profundo, os rústicos campônios da Tronche e das comunas vizinhas, num ímpeto terrível, agarraram os fuzis e puseram-se a correr. Mas as portas estavam pregadas. Não adiantava procurar as escadas. Desgraçadamente eram curtas. Acabaram abrindo uma brecha num muro que uma porta falsa fechava. Isso demandou muito tempo, mas a presença deles bastava para dar a entender que o campo estava em uníssono com a cidade.[40]

A essa sucessão de sensações visuais e auditivas, ritmadas por frases breves, quebradas como fotogramas, que se estende por páginas e páginas, poderíamos aproximar a estupenda cena da morte de Dussardier em *A educação sentimental*.[41] Em vez disso, porém, citarei um trecho redigido na prosa descuidada de um manual de direção cinematográfica:

> Para ter uma ideia clara e precisa da demonstração, o observador deve [...] primeiramente trepar no telhado de uma casa para ver o pátio em sua totalidade e calcular seu tamanho; depois, deve descer para olhar da janela do primeiro andar e ler os cartazes empunhados pelos manifestantes e, enfim, deve-se misturar com a multidão para ter uma ideia do aspecto externo dos participantes.

É o trecho de Pudovkin citado por Kracauer em apoio à sua tese sobre a implicação recíproca entre macro e micro-história, entre *long shots* e *close-ups*.[42] Pessoalmente, eu citaria as páginas de Kracauer em apoio à tese das implicações cognitivas (e não apenas retórico-ornamentais) de qualquer narração.[43] Sobre esse ponto, Kracauer se mostra para nós, hoje mais que nunca, um interlocutor indispensável.

8. "Na tela não há cosmo", escreveu Roger Caillois. Kracauer, que citou essas palavras com enfática aprovação, chegou ao ponto de afirmar: "No cinema, a arte é reacionária porque simboliza a totalidade [*wholeness*]".[44] Essa recusa obstinada da totalidade, que alimentou a desconfiança de Kracauer em relação à filosofia da história, lança uma luz irônica sobre as frases escritas em Marselha em novembro de 1940: "No filme, o rosto não tem valor se não faz aflorar o crânio que está embaixo. *Dança macabra*. Com que fim? Veremos". "*Zu welchem Ende?*" O ponto de interrogação deixa aberta a possibilidade de que além do fim, dado como certo, exista um *telos*, um objetivo. Mas o subtítulo, também irônico, do livro inacabado sobre a história — *The Last Things before the Last* — evoca o mundo da contingência, o mundo desencantado pelo qual haviam lutado Flaubert (como escreveu Taillandier) e Max Weber.[45] Parece-me que tudo isso desaconselha arrolar Kracauer, como alguém fez, entre os seguidores de um messianismo, ainda que atenuado.[46] O "NÃO!" que Kracauer escreveu no seu exemplar dos escritos de Benjamin publicados em 1955, ao lado da última frase da sétima tese sobre a filosofia da história, assinala uma dissensão que a trágica morte do amigo não havia apagado.[47] Vale a pena reler o que Benjamin tinha escrito:

Fustel de Coulanges recomenda ao historiador interessado em ressuscitar uma época que esqueça tudo o que sabe sobre fases posteriores da história. Impossível caracterizar melhor o método com o qual rompeu o materialismo histórico. Esse método é o da empatia. Sua origem é a inércia do coração, a *acedia*, que desespera de apropriar-se da verdadeira imagem histórica, em seu relampejar fugaz. Para os teólogos medievais, a *acedia* era o primeiro fundamento da tristeza. Flaubert, que a conhecia, escreveu: "Poucas pessoas adivinharão quanta tristeza foi necessária para ressuscitar Cartago" [*Peu de gens devineront combien il a fallu être triste pour ressusciter Carthage*]. A natureza dessa tristeza se tornará mais clara se nos perguntarmos com quem o investigador historicista estabelece uma relação de empatia. A resposta é inequívoca: com o vencedor. [48]

Kracauer, que se definia como defensor das causas perdidas e associava ao *close-up* o tema de Davi e Golias, isto é, a convicção de que as forças mais significativas se manifestam no que é pequeno e insignificante, não podia aceitar a conclusão de Benjamin.[49] Tampouco podia aceitar o que a precedia: a condenação da melancolia, da empatia, de Flaubert assimilado ao historicismo. Quanto ao historicismo, seu juízo era ambivalente. Mas a fé na ideia de progresso, expressa (com oscilações) por Dilthey, lhe parecia inaceitável.[50] O pessimismo de Flaubert lhe era muito mais próximo. No entanto, na ideia (antimessiânica) de redenção da realidade física percebe-se, apesar de tudo, um tênue acento utópico.[51]

13. Micro-história: duas ou três coisas que sei a respeito*

1. Creio que a primeira vez que ouvi falar de "micro-história" foi em 1977 ou 1978, da boca de Giovanni Levi. Acho que me apropriei dessa palavra nunca ouvida sem pedir elucidações sobre o seu significado literal: devo ter-me contentado, imagino, com a referência à escala reduzida da observação que o prefixo "micro" sugere. Lembro-me bem, no entanto, de que as nossas conversas de então falavam de "micro-história" como uma etiqueta colada numa caixa historiográfica a ser preenchida.[1]

Algum tempo depois, Giovanni Levi, Simona Cerutti e eu começamos a trabalhar numa coleção, publicada pela editora Einaudi, intitulada precisamente "Micro-histórias". Saíram, a partir de então, uns vinte volumes, de autores italianos e estrangeiros; alguns dos títulos italianos foram traduzidos para várias línguas;

---

* Agradeço a Patrick Fridenson, com quem discuti proveitosamente enquanto escrevia estas páginas. Perry Anderson leu-as e criticou-as antes que adquirissem uma forma definitiva: minha dívida para com ele é, mais uma vez, enorme.

chegaram até a falar de uma "escola micro-histórica italiana". Mas recentemente, graças a uma pequena pesquisa terminológica retrospectiva,[2] descobri que essa palavra, que acreditávamos desprovida de conotações, já havia sido utilizada por outros.

2. Pelo que sei, o primeiro a arvorar a noção de "micro-história" como uma autodefinição foi o estudioso americano George R. Stewart, em 1959. Stewart, nascido em 1895 e falecido em 1980, professor por muitos anos na Universidade de Berkeley, deve ter sido uma pessoa nada banal. A copiosa bibliografia desse polígrafo *liberal* compreende, além de vários romances (que não li), um precoce manifesto ecológico (*Not so Rich as You Think* [Não tão rico como pensa], 1968); uma recapitulação da história universal na forma de autobiografia da espécie humana (*Man: An Autobiography* [Homem: uma autobiografia], 1946); uma crônica, escrita em colaboração com outros, da resistência oposta pelo próprio Stewart e outros professores, entre eles Ernst Kantorowicz, ao juramento imposto na época de McCarthy pela administração da Universidade de Berkeley (*The Year of the Oath* [O ano do juramento], 1950).[3] Os livros mais conhecidos de Stewart (*Names on the Land* [Nomes sobre a terra], 1945, 1967; *American Place Names* [Nomes de lugares americanos], 1970) são dedicados à toponomástica dos Estados Unidos.[4] Numa conferência, partindo dos topônimos mencionados numa ode de Horácio, ele sustenta que, para interpretar um texto literário, é necessário, antes de tudo, decifrar as referências ambientais — lugares, vegetação, condições meteorológicas — que ele contém.[5] Essa paixão pelo detalhe microscópico também inspirou o livro que me interessa aqui: *Pickett's Charge. A Microhistory of the Final Charge at Gettysburg, July 3, 1863* [O ataque de Pickett. Uma micro-história do ataque final em Gettysburg, 3 de julho de 1863] (1959). Nele

Stewart analisa minuciosamente, ao longo de mais de trezentas páginas, a batalha decisiva da guerra civil americana. O título se refere a um episódio que durou uns vinte minutos: a carga desesperada de um batalhão sulista conduzida sem sucesso pelo major--general George Edward Pickett. O relato se desenlaça num espaço exíguo, num lapso de quinze horas. Os mapas e diagramas que acompanham o texto trazem registros como "O canhoneio (1.10--2.55 PM)". A sorte da batalha de Gettysburg será decidida em alguns segundos, entre um arvoredo e um muro de pedras.[6] Através da dilatação do tempo e da concentração do espaço, Stewart analisa com minúcia quase obsessiva o que define como o "momento culminante do acontecimento culminante da guerra, o momento central da nossa história" [*the climax of the climax, the central moment of our history*] — e, como tal, parte da história universal. Se a fracassada carga de George Edward Pickett tivesse sido coroada de sucesso, afirma Stewart, a batalha de Gettysburg poderia ter terminado de outra maneira, e "a existência de duas repúblicas rivais teria provavelmente impedido a intervenção decisiva nas duas guerras mundiais, que transformou os Estados Unidos numa potência global".[7] A micro-história de Stewart desemboca numa reflexão sobre o nariz de Cleópatra.

3. Poucos anos depois, desconhecendo Stewart, um estudioso mexicano, Luis González y González, inseriu a palavra "micro-história" no subtítulo de uma monografia (*Pueblo en vilo. Microhistoria de San José de Gracia* [Uma aldeia em tumulto], Cidade do México, 1968). Ela investiga, no espaço de quatro séculos, as transformações de uma aldeia minúscula, "ignorada". Mas as pequenas dimensões são resgatadas pela tipicidade: é esse (além do fato de que González y González nasceu e morou lá) o elemento que justifica a escolha de San José de Gracia entre mil outras aldeias aná-

logas. Aqui micro-história é sinônimo de local, escrita, como frisava González y González citando Paul Leuilliot, numa ótica qualitativa, e não quantitativa.[8] O sucesso de *Pueblo en vilo* (reimpresso, depois traduzido para o francês) animou o autor a teorizar a sua fundamentação em dois ensaios, "El arte de la microhistoria" e "Teoria de la microhistoria" [A arte e a teoria da micro-história], incluídos em duas coletâneas intituladas respectivamente *Invitación a la microhistoria* (1973) [Convite à micro-história] e *Nueva invitación a la microhistoria* [Novo convite à micro-história] (1982). Nessas páginas, cujo eco é perceptível em outras publicações mexicanas dos mesmos anos,[9] González y González distingue a micro-história da *petite histoire*, anedótica e desacreditada; reafirma a identidade com a história que, na Inglaterra, na França e nos Estados Unidos é chamada de história local e que Nietzsche havia definido como "antiquária ou arqueológica". Enfim, para repelir as objeções suscitadas pela palavra "micro-história", sugere duas alternativas: história "mátria", adequada para designar o mundo "pequeno, fraco, feminino, sentimental da mãe", como o mundo centrado na família ou na aldeia; ou história *yin*, o termo taoista que evoca tudo o que há de "feminino, conservador, terrestre, doce, obscuro e doloroso".[10]

4. Embora reivindicando a substancial paternidade da palavra "micro-história", González y González recordava que ela já aparecia na introdução de Braudel para o *Traité de sociologie* [Tratado de sociologia] organizado por Georges Gurvitch (1958), mas "*sin significación concreta reconocida*".[11] Na realidade, para Braudel, *microhistoire* tinha um significado muito preciso, mas negativo: era sinônimo de *histoire événementielle*, daquela "história tradicional" que via a "chamada história do mundo" dominada por protagonistas que mais pareciam maestros. No âmbito do tempo

breve e espasmódico, Braudel considerava que essa história tradicional era, em todo caso, menos interessante do que a microssociologia, de um lado, e do que a econometria, do outro.

Como se sabe, Braudel havia declarado a sua hostilidade à *histoire événementielle*, identificada com a história política, desde os tempos de *Mediterrâneo* (1949). Dez anos depois, Braudel manifestava de novo, com aspereza, a mesma intolerância. Mas ele era inteligente demais, impaciente demais para se contentar com repetir o que, por efeito da sua autoridade, acabara se tornando para muitos uma verdade estabelecida. Deixando subitamente de lado o que lhe pareciam agora "discussões antigas", Braudel escreveu: "O fato do cotidiano (para não falar no acontecimento, esse sociodrama) é repetição, regularidade, multiplicidade [*multitude*], o que não quer dizer, de forma absoluta, que seu nível não tenha fertilidade ou valor científicos. Seria preciso aprofundar essa questão".[12] Para que essa indicação fosse seguida passar-se-iam 25 anos.[13]

A possibilidade de um conhecimento científico da singularidade continuava excluída, para Braudel: o *fait divers* podia, eventualmente, ser resgatado somente por ser considerado repetitivo — um adjetivo que nas páginas de González y González se tornou "típico". Mas a micro-história continuava condenada.[14] A palavra, evidentemente calcada em *microeconomia*, *microssociologia*, permaneceu circundada de um halo tecnicista, como resulta da seguinte passagem de *Les fleurs bleues* [As flores azuis], o mais belo romance (talvez) de Raymond Queneau. Os dois interlocutores são o duque de Auge e seu capelão:

— O que o senhor gostaria de saber, exatamente?

— O que você acha da história universal em geral e da história geral em particular. Sou todo ouvidos.

— Estou muito cansado — disse o capelão.

— Depois você descansa. Diga uma coisa: esse Concílio de Basileia é história universal?

— É, sim. História universal em geral.

— E meus canhõezinhos?

— História geral em particular.

— E o casamento das minhas filhas?

— Mal é história dos acontecimentos. Micro-história, no máximo.

— O quê? — berra o duque de Auge. — Que diabo de língua é essa? Hoje é por acaso a sua Pentecostes?

— Queira me desculpar, senhor. É o cansaço, sabe.[15]

O duque de Auge (assim como, provavelmente, muitos leitores de Queneau em 1965) nunca tinha ouvido falar de micro-história. Talvez por isso, ignorando a precisa classificação do capelão, o editor que publicou em 1977 a tradução francesa de *Pueblo en vilo* de González y González não hesitou em substituir, no subtítulo e no texto, com efeitos involuntariamente cômicos, o termo "micro-história" por "história universal".[16]

5. *Microhistory, microhistoria, microhistoire*: a qual dessas tradições, totalmente independentes, se vinculou o italiano *microstoria*? No plano estritamente terminológico, em que me movi até agora, a resposta não é duvidosa: ao francês *microhistoire*. Penso em primeiro lugar na esplêndida tradução de *Les fleurs bleues* (de que citei apenas um trecho) que Italo Calvino preparou e deu a público em 1967. Em segundo lugar, a uma passagem de Primo Levi, em que a palavra *microstoria* aparece pela primeira vez (até onde sei) em italiano de maneira autônoma.[17] Trata-se do início de "Carbono", o capítulo que conclui *A tabela periódica* (1975):

O leitor, neste ponto, deve ter percebido há tempo que isto não é um tratado de química: a minha presunção não chega a tanto, "*ma voix est faible, et même un peu profane*". Não é tampouco uma autobiografia, a não ser nos limites parciais e simbólicos em que todo escrito é uma autobiografia, melhor dizendo, toda obra humana: mas de todo modo é sempre história. É, ou pretendia ser, uma micro-história, a história de um ofício e das suas derrotas, vitórias e misérias, como todos desejam contar, quando sente próximo de ver encerrar--se o ciclo da sua trajetória e a arte deixa de ser longa.[18]

Nada nessas palavras pacatas e melancólicas faz pressagiar que, doze anos depois, o autor tiraria a própria vida. Na aceitação do limite (da existência, das suas capacidades) que domina esse trecho entra também a redução de escala sugerida pela palavra "micro-história". Primo Levi talvez a tenha encontrado na versão italiana de Calvino e, quem sabe, cotejado com o texto de Queneau. O conhecimento da tradução de *Les fleurs bleues* me parece indiscutível, dados os estreitos laços que uniam Primo Levi a Calvino: aliás, a última página de "Carbono", com que se encerra *A tabela periódica*, faz eco à última página de *O barão nas árvores*.[19] Um novo encontro entre Calvino e Primo Levi por meio de Queneau deu-se alguns anos depois, solicitado pela tradução italiana da *Petite cosmogonie portative* [Pequena cosmogonia portátil].[20]

Pouco depois do seu aparecimento em *A tabela periódica*, a palavra *microstoria* entrou para o léxico historiográfico italiano perdendo, como acontece com frequência, a sua conotação pejorativa original. Na origem desse transplante estava Giovanni Levi (primo em terceiro grau de Primo).[21] "Micro-história" substituiu rapidamente "microanálise", que havia sido usada por Edoardo Grendi nos mesmos anos, mais ou menos com o mesmo significado.[22]

6. Um significado ainda a ser precisado: a história de uma palavra, é óbvio, determina apenas em parte seus usos possíveis. Prova-o indiretamente a *Zaharoff Lecture* que em 1976 Richard Cobb dedicou a Raymond Queneau: uma espécie de manifesto historiográfico que não coincide com nenhuma das tendências discutidas até o momento. Cobb partia da irônica simpatia de Queneau pelos personagens tímidos, modestos, provincianos dos seus romances; apropriava-se das suas palavras para contrapor os fatos do cotidiano — os únicos interessantes — aos da política; e concluía assumindo como mote a colorida imprecação lançada por Zazie sobre Napoleão.[23] Essencialmente, uma exaltação da historiografia menor (Cobb não usa o termo "micro-história") contra a historiografia centrada nos grandes e poderosos. A ingenuidade dessa interpretação é evidente. Queneau não se identificava em absoluto com os seus personagens. A ternura pela vida provinciana de Le Havre coexistia nele com uma onívora, enciclopédica paixão pelos saberes mais imprevisíveis. Sua curiosidade zombeteira pelos *faits divers* não o impedia de propor um remédio drástico ao caráter pré-científico da historiografia, elaborando um rigoroso modelo matemático dentro do qual se pudesse enjaular a desordenada série dos atos humanos.[24] Mas o autor de *Une histoire modèle* [Uma história modelo], assim como o ouvinte e, depois, editor dos cursos de Alexandre Kojève sobre a *Fenomenologia* de Hegel, não aparecem no retrato esboçado por Cobb e simplificado até a deformação. Nele, a tensão, que percorre toda a obra de Queneau, entre o calor do olhar aproximado do narrador e a frieza do olhar distanciado do cientista, está de todo ausente.[25]

Isso não tem nada de estranho. Cobb é um empirista que se declara acima das questões teóricas; e Queneau é para ele, no fundo, um mero pretexto.[26] Mas a proposta de uma historiografia menor feita em nome de Queneau tem uma importância sintomática que Cobb, convicto cultor da sua própria excentricidade, seria o primeiro a refutar. A contraposição entre a Historiografia com H maiúsculo e o "Napoléon mon cul" de Zazie pode fazer pensar — não obstante a óbvia diversidade do tom — na contraposição entre "história pátria" e "história mátria" delineada por Luis González y González. Claro, a *microhistoria* deste último insiste no fenômeno típico; a *petite histoire* de Cobb, no *fait divers* imprevisível e irrepetível. Mas em ambos os casos a escolha de uma perspectiva circunscrita e próxima faz transparecer uma insatisfação (explícita e agressiva, no caso de Cobb, discreta e quase imperceptível no de González y González)[27] em relação ao modelo macroscópico e quantitativo que dominou, primeiramente através da atividade de Fernand Braudel e dos historiadores reunidos em torno da revista *Annales*, a cena historiográfica internacional entre o fim dos anos 50 e a metade dos anos 70.

7. Nenhum dos estudiosos italianos de micro-história (um grupo provavelmente heterogêneo) se reconheceria na *histoire événementielle* de George Stewart, na história local de Luis González y González ou na *petite histoire* de Richard Cobb. Mas não se pode negar que a micro-história italiana, apesar de tão diferente (a começar pelas suas ambições teóricas), também nasce da oposição ao modelo historiográfico que acabo de mencionar. Na metade dos anos 70, ele é apresentado, com o aval de Braudel, como a culminância do estrutural-funcionalismo — paradigma historiográfico supremo, o terceiro dentre os que surgiram ao longo da trajetória mais que bimilenar iniciada com Heródoto.[28] Mas alguns anos antes, uma circunstância intrinsecamente cerimonial, como os *Mélanges* em homenagem a Braudel (1973), havia feito transparecer, no momento mesmo do triunfo, a existência de tensões e inquietudes subterrâneas. Uma leitura paralela de dois ensaios publicados naquela ocasião, *Un nouveau champ pour l'histoire*

sérielle: le quantitatif au troisième niveau [Um novo campo para a história serial: o quantitativo ao cubo], de Pierre Chaunu, e *Histoire et ethnologie* [História e etnologia], de François Furet e Jacques Le Goff, parece hoje, vinte anos mais tarde, instrutiva — até porque, em ambos os casos, um programa de trabalho historiográfico era introduzido e justificado por uma reflexão histórica geral.[29] Chaunu falava do fim das guerras de descolonização (referindo-se apenas à França) e das revoltas estudantis (na América e na Europa); da dispersão da Igreja romana após o Concílio Vaticano II; da crise econômica nos países mais evoluídos, que punha em discussão a própria ideia de desenvolvimento; da contestação aos ideais do Iluminismo, por ele interpretada coerentemente como transposição secularizada de um ideal escatológico. Furet (em páginas que devemos supor compartilhadas por Le Goff) observava que o fenômeno mundial da descolonização havia posto a grande historiografia oitocentista, nas duas versões — manchesteriana e marxista — , diante da não história: o desenvolvimento e a mudança tinham se chocado com a inércia, com a imobilidade. Era comum aos dois ensaios uma recusa clara das teorias da modernização (como a então em voga de W. W. Rostow, recordada por Furet e Le Goff) que em Chaunu se inseria numa recusa da modernidade *tout court*. Os programas de pesquisa que daí derivavam eram muito diferentes. Chaunu propunha analisar as sociedades tradicionais do Antigo Regime, observando que a "grande continuidade da cristandade latina que, insensivelmente, se transformou em Europa ocidental" era "infinitamente mais atraente do que os nhambiquaras ou os dogons", formulação que reunia numa repulsa desdenhosa populações de diferentes continentes, estudadas por etnólogos pertencentes a domínios intelectuais muito distantes (Claude Lévi-Strauss e Marcel Griaule).[30] Furet e Le Goff sugeriam, ao contrário, reatar os laços fazia tempo desfeitos entre história e etnologia, adotando uma perspectiva largamente comparada, baseada na recusa explícita (Le Goff) de um ponto de vista eurocêntrico. Mas, a essa altura, as posições voltavam a convergir: tanto Chaunu quanto Furet voltavam-se para uma *histoire sérielle*, baseada na análise de fenômenos "escolhidos e construídos em função do caráter repetitivo *deles*" (Furet).[31] Le Goff subscrevia a recusa do acontecimento singular pelos etnólogos e a sua concentração em "acontecimentos repetidos ou previstos": a análise do Carnaval de Romans feita por Le Roy Ladurie, conquanto elogiada, era evidentemente considerada uma exceção. Chaunu declarava que depois das economias e das sociedades havia chegado o momento de enfrentar com métodos análogos o terceiro nível, o das civilizações, e falava com calorosa aprovação do estudo de Michel Vovelle sobre os testamentos provençais. Le Goff ressaltava que a atenção ao homem cotidiano sugerida pela etnologia "conduz naturalmente ao estudo das mentalidades, entendidas como 'o que menos muda' na evolução histórica".[32] Ambos os ensaios terminavam reafirmando a validade do paradigma braudeliano, embora ampliando seus âmbitos de aplicação.

8. Avaliar o peso desse "embora" não é simples. Em todas as instituições, as novidades, ou melhor, as rupturas abrem caminho através da reafirmação da continuidade com o passado. Nos anos seguintes, justo quando a obra de Braudel era traduzida para novas línguas (a começar pelo inglês) e alcançava um público muito mais amplo que o dos especialistas, o paradigma que por comodidade chamei de braudeliano declinava rapidamente. Le Roy Ladurie, depois de proclamar que a escola historiográfica francesa fundada por Bloch e Febvre devia aceitar o desafio americano, convertendo-se ao computador, publicava com grande sucesso *Montaillou: povoado occitânico*, uma pesquisa feita de maneira artesanal sobre uma aldeia medieval habitada por duzentos indivíduos.[33]

Furet se dedicava àqueles temas de história política e história das ideias que havia considerado intrinsecamente refratários à *histoire sérielle*.[34] Questões consideradas periféricas pulavam para o centro da disciplina, e vice-versa. As páginas dos *Annales* (e das revistas de meio mundo) eram invadidas pelos temas indicados por Le Goff em 1973: a família, o corpo, as relações entre os sexos, as classes de idade, as facções, os carismas. Os estudos de história dos preços registravam uma queda brusca.[35]

Para descrever essa mudança de clima intelectual, que coincidia significativamente com o fim do longo período de desenvolvimento econômico iniciado em 1945, falou-se na França de *nouvelle histoire*.[36] O termo é discutível, mas as características mais importantes do fenômeno são claras: ao longo dos anos 70 e 80, a história das mentalidades a que Braudel atribuía uma importância marginal adquiriu, muitas vezes com o nome de antropologia histórica, um peso cada vez maior.[37] Contribuiu sem dúvida para esse sucesso a "ambiguidade" ideológica frisada por Le Goff em 1974.[38] Philippe Ariès escreveu a esse respeito palavras muito perspicazes:

> A crítica do progresso passou, de uma direita reacionária que, de resto, a tinha deixado de lado, a uma esquerda, ou melhor, a um esquerdismo de contornos indefinidos, confuso mas vigoroso. Creio (trata-se de uma hipótese) que exista uma relação entre a reticência, que emergiu no decorrer dos anos 60 ao desenvolvimento, ao progresso, à modernidade, e a paixão com que os jovens historiadores enfrentaram o estudo das sociedades pré-industriais e as suas mentalidades.[39]

Tratava-se de palavras implicitamente autobiográficas: Ariès, quando jovem, havia sido seguidor de Maurras e militado na Action Française. A partir dos anos 70, esse "*historien du dimanche*" (como Ariès se definia ironicamente) foi pouco a pouco se integrando ao grupo dos historiadores dos *Annales*,[40] até ser eleito para a École Pratique des Hautes Études. Essa trajetória acadêmica pode ser considerada um dos inúmeros sintomas de uma mudança muito mais ampla, não apenas francesa e não apenas acadêmica. Dele fazem parte, por exemplo, a retomada muitas vezes inconsciente dos temas do anticapitalismo romântico pelos movimentos ecológicos orientados à esquerda.[41]

A "*réticence nouvelle*" mencionada por Ariès podia se traduzir em atitudes divergentes. Como o leitor recordará, Furet havia proposto combater a abstração etnocêntrica das teorias da modernização com uma dose de etnologia.[42] Chaunu havia sugerido jogar fora, junto com as teorias da modernização, os ideais da modernidade ligados ao Iluminismo. A segunda alternativa, aparentemente mais radical — pelo menos do ponto de vista ideológico —, renunciava a pôr em discussão os instrumentos de trabalho do historiador. A primeira se movia nessa direção, mas parava no meio do caminho. Penso, retrospectivamente (daqui em diante falarei mais que nunca a título pessoal), que as pesquisas italianas de micro-história partiram de um diagnóstico que coincidia em parte, de fato, com o que era formulado por Furet, para chegar porém a um prognóstico completamente diferente do seu.

9. O elemento de convergência é constituído pela rejeição do etnocentrismo e da teleologia que caracterizavam (salientava Furet) a historiografia que nos foi transmitida pelo século XIX. A afirmação de uma entidade nacional, o advento da burguesia, a missão civilizadora da raça branca, o desenvolvimento econômico proporcionaram sucessivamente aos historiadores, conforme o ponto de vista e a escala de observação adotados, um princípio unificador que era ao mesmo tempo de ordem conceitual e narrativa. A história etnográfica de tipo serial propõe romper com essa

tradição. Nesse ponto os caminhos percorridos pela história serial e pela micro-história divergem: uma divergência que é, ao mesmo tempo, intelectual e política.

Selecionar como objeto de conhecimento apenas o que é repetitivo e, por isso, passível de serialização, significa pagar um preço, em termos cognoscitivos, muito alto. Em primeiro lugar, no plano cronológico: a história antiga, como observava o próprio Furet, exclui um tratamento desse tipo;[43] a história medieval geralmente o torna difícil (para grande parte dos temas indicados por Le Goff a documentação é falha). Em segundo lugar, no plano temático: âmbitos como a história das ideias e a história política (é sempre Furet quem ressalta) escapam por definição desse tipo de investigação. No entanto, o limite mais grave da história serial aflora justamente através do que deveria ser seu objetivo fundamental: "A identificação dos indivíduos com o papel que representam como atores econômicos ou socioculturais". Essa "identificação" é duplamente enganadora. Por um lado, põe entre parênteses um elemento óbvio: em qualquer sociedade, a documentação é intrinsecamente distorcida, uma vez que as condições de acesso à sua produção estão ligadas a uma situação de poder e, portanto, de desequilíbrio. Por outro, anula as particularidades da documentação existente em benefício do que é homogêneo e comparável. Com um toque de orgulho científico, Furet afirmava: "O documento, os 'fatos' não existem mais como tais, e sim unicamente em relação à série que os precede e os segue; é o valor relativo deles que se torna objetivo, e não a sua relação com uma inatingível substância 'real'".[44] Depois da dupla filtragem de que se falou, não é de espantar que a relação dos dados da série com a realidade se tornava "inatingível".

Que o conhecimento histórico implique a construção de séries documentais, é óbvio. Menos óbvia é a atitude que o historiador deve adotar em relação às anomalias que afloram na documentação.[45] Furet propunha desconsiderá-las, observando que o "hápax" (isto é, o que é documentalmente único) não é utilizável numa perspectiva de história serial. Mas, a rigor, o hápax não existe. Todo documento, inclusive o mais anômalo, pode ser inserido numa série. Não só isso: pode servir, se analisado adequadamente, a lançar luz sobre uma série documental mais ampla.

10. No início dos anos 60, comecei a estudar os processos da Inquisição, procurando reconstruir, além das atitudes dos juízes, as dos homens e das mulheres acusados de feitiçaria. Logo percebi que essa perspectiva não etnocêntrica implicava um cotejo com as pesquisas dos antropólogos (primeiro de todos, Claude Lévi-Strauss). Mas as implicações historiográficas, conceituais e narrativas de uma opção assim só me ficaram claras muito lentamente, ao longo dos anos que separaram *Os andarilhos do bem* (1966) de *História noturna* (1989).[46] Na metade desse trajeto escrevi um livro em que procurava reconstruir as ideias e as atitudes de um moleiro friulano do século XVI, processado e condenado à morte pela Inquisição (*O queijo e os vermes*, 1976). A rejeição do etnocentrismo não me havia levado à história serial, mas ao seu contrário: a analisar de perto uma documentação circunscrita, ligada a um indivíduo desconhecido, a não ser por ela. Na Introdução, eu polemizava, entre outras coisas, com um ensaio publicado nos *Annales* em que Furet sustentava que a história das classes subalternas nas sociedades pré-industriais só pode ser analisada numa perspectiva estatística.[47]

Recentemente, Michel Vovelle repeliu, como fictícia, a alternativa entre biografia de um indivíduo e pesquisa serial.[48] Também acho, em princípio. Mas, na prática, a alternativa se coloca: trata-se de avaliar seus custos e benefícios, nos planos prático e (mais ainda) intelectual. Roger Chartier escreveu que "nessa escala reduzida, *e sem dúvida somente nessa escala*, podem ser compreendidas, sem reduções deterministas, as relações entre sistemas de crenças, de valores e de representações, por um lado, e pertencimento social, por outro".[49] Mesmo quem não estiver disposto a aceitar uma conclusão tão incisiva admitirá que a experiência era não só legítima, mas oportuna, quando mais não fosse, para analisar seus resultados.

Reduzir a escala de observação queria dizer transformar num livro aquilo que, para outro estudioso, poderia ter sido uma simples nota de rodapé numa hipotética monografia sobre a Reforma protestante no Friul. Os motivos que me levaram então a fazer essa opção não me são totalmente claros. Desconfio dos que me vêm à mente hoje (e são naturalmente muitos) porque não gostaria de projetar no passado as intenções amadurecidas no decorrer de todos estes anos. Pouco a pouco, me dei conta de que uma grande quantidade de acontecimentos e conexões que eu ignorava totalmente contribuiu para orientar as decisões que eu imaginara tomar autonomamente: um fato em si banal, mas sempre surpreendente, porque contradiz as nossas fantasias narcísicas. Quanto meu livro deve (só para dar um exemplo óbvio) à atmosfera política que se respirava na Itália na primeira metade dos anos 70? Um pouco, talvez muito. Mas tenho a impressão de que as raízes das minhas opções devem ser buscadas alhures.

Para tentar identificá-las, pelo menos em parte, começarei de um dado talvez não muito óbvio. *O queijo e os vermes* não se limita a reconstruir uma história individual: conta-a. Furet tinha rejeitado a narração, mais especificamente a narração literária, como expressão, tipicamente teleológica, da *histoire événementielle*, cujo tempo "é constituído por uma série de descontinuidades descritas segundo a modalidade do contínuo: a matéria clássica de um *relato*".[50] A esse tipo de narração literária, Furet contrapunha a exposição por problemas da história etnográfica serial. Desse modo, ele fazia seu o lugar-comum difuso que ainda hoje identifica tacitamente uma forma específica de narração, moldada nos romances naturalistas do século XIX tardio, com a narração histórica *tout court.*[51] É verdade: a figura do historiador-narrador onisciente, que esquadrinha os mais ínfimos detalhes de um acontecimento ou as motivações recônditas que inspiram o comportamento dos indivíduos, dos grupos sociais ou dos Estados, impôs-se pouco a pouco como óbvia. Mas ela é apenas uma das muitas possíveis, como os leitores de Marcel Proust, de Virginia Woolf, de Robert Musil sabem, ou deveriam saber, muito bem.[52]

Antes de começar a escrever *O queijo e os vermes* ruminei muito tempo sobre as relações entre hipóteses de pesquisa e estratégias narrativas (a leitura recente dos *Exercícios de estilo* de Queneau havia estimulado muito a minha disponibilidade para a experimentação).[53] Eu propusera a mim mesmo reconstruir o mundo intelectual, moral e fantástico do moleiro Menocchio por meio da documentação produzida por aqueles que o tinham mandado para a fogueira. Esse projeto, sob certos aspectos paradoxal, *podia* traduzir-se num relato capaz de transformar as lacunas da documentação numa superfície uniforme.[54] Podia, mas evidentemente não devia: por motivos que eram ao mesmo tempo de ordem cognitiva, ética e estética. Os obstáculos postos à pesquisa eram elementos constitutivos da documentação, logo deviam tornar-se parte do relato; assim como as hesitações e os silêncios do protagonista diante das perguntas dos seus perseguidores — ou das minhas.[55] Desse modo, as hipóteses, as dúvidas, as incertezas tornavam-se parte da narração; a busca da verdade tornava-se parte da exposição da verdade obtida (e necessariamente incompleta). O resultado ainda podia ser definido como "história narrativa"? Para um leitor que tivesse um mínimo de familiaridade com os romances do século XX a resposta era óbvia.

11. Mas o impulso para esse tipo de narração (mais genericamente, o impulso a tratar de história) me vinha de mais longe: de *Guerra e paz*, da convicção expressa por Tolstói de que um fenô-

meno histórico só pode se tornar compreensível por meio da reconstrução da atividade de *todas* as pessoas que dele participaram.[56] Tenho consciência de que essa afirmação, assim como os sentimentos que a tinham gerado (populismo, raivoso desprezo pela história vazia e convencional dos historiadores), deixou em mim, a partir do instante em que a li pela primeira vez, uma marca indelével. *O queijo e os vermes,* a história de um moleiro cuja morte é decidida longe, por um homem (um papa) que um minuto antes nunca tinha ouvido falar dele, pode ser considerado um fruto mínimo e distorcido do projeto grandioso e intrinsecamente irrealizável de Tolstói: a reconstrução dos incontáveis relatos que ligavam o resfriado de Napoleão antes da batalha de Borodin, a disposição das tropas, a vida de todos os participantes da batalha, inclusive o mais humilde soldado.

No romance de Tolstói, o mundo privado (a paz) e o mundo público (a guerra) ora correm paralelamente, ora se encontram: o príncipe Andrei participa da batalha de Austerlitz, Piotr da de Borodin. Desse modo, Tolstói avançava pelo caminho esplendidamente aberto por Stendhal com a descrição da batalha de Waterloo vista através dos olhos de Fabrício del Dongo.[57] Os personagens romanescos faziam emergir a penosa inadequação com que os historiadores haviam enfrentado o acontecimento histórico por excelência (ou assim tido). Tratava-se de um verdadeiro desafio intelectual. Esse desafio parece pertencer a um passado hoje superado, assim como o estão a *histoire-bataille* e a polêmica contra a *histoire-bataille.*[58] Mas uma reflexão sobre a batalha como tema historiográfico ainda pode servir: dela emerge indiretamente uma aporia fenomenal do ofício de historiador.

12. Para representar a *Batalha entre Alexandre e Dario à beira do Isso* (Munique, Alte Pinakothek, 1529), Albrecht Altdorfer esco-

lheu um ponto de vista altíssimo e distante, comparável ao de uma águia voando. Com a agudeza de olhar da águia, pintou os reflexos da luz nas armaduras, os arreios, as couraças dos cavalos, as cores gritantes das bandeiras, as cândidas plumas esvoaçantes sobre os elmos, o emaranhamento dos cavaleiros armados de lanças, como um enorme porco-espinho, depois (cada vez mais distantes) as montanhas atrás do campo de batalha, os acampamentos, as águas, os vapores, o horizonte curvo que sugere a forma da esfera terrestre, o céu imenso em que fulguram o sol que se põe e a lua que surge. Nenhum olho humano jamais conseguirá focalizar ao mesmo tempo, como fez Altdorfer, a especificidade histórica (verdadeira ou suposta) de uma batalha e a sua irrelevância cósmica (ilustração 10).[59]

Uma batalha é, a rigor, invisível, como nos recordaram (e não só por efeito da censura militar) as reportagens da TV durante a Guerra do Golfo. Só um diagrama abstrato ou uma imaginação visionária como a de Altdorfer podem comunicar uma imagem inteira. Parece lícito estender essa conclusão a qualquer acontecimento, com maior razão a qualquer processo histórico: o olhar aproximado nos permite captar algo que escapa da visão de conjunto, e vice-versa.

Essa contradição está no cerne de um capítulo ("The structure of the historical universe" [A estrutura do universo histórico]) do último livro de Siegfried Kracauer, publicado postumamente com uma introdução de Paul Oskar Kristeller: *History: The Last Things before the Last* (1969). Embora declarando-se, sobre esse ponto, mais otimista do que seu amigo Kracauer, Kristeller admitia que "a discrepância entre história geral e história especial, ou, *segundo os termos por ele usados*, entre micro e macro-história, constitui um dilema real".[60] *Les fleurs bleues*, de Queneau, é de 1967;

10. Albrecht Altdorfer, Batalha entre Alexandre e Dario à beira do Isso *(Munique, Alte Pinakothek, 1529).*

Kracauer tinha morrido um ano antes. Nesse caso, estamos provavelmente diante de uma invenção independente. Mas não é o termo "micro-história" que importa, é o significado que ele adquire pouco a pouco na reflexão de Kracauer.

Primeiro, "micro-história" parece ser para ele um mero sinônimo de "pesquisa monográfica". Mas a comparação "micro-história" e primeiro plano cinematográfico (*close-up*) (óbvia por parte do autor de *De Caligari a Hitler* e *Theory of Film*) introduz elementos novos. Kracauer observa que algumas pesquisas de caráter específico, como as de Hubert Jedin sobre os concílios de Constança e de Basileia, podem modificar as visões de conjunto desenhadas pela macro-história. Devemos então concluir, com Aby Warburg, que "Deus está nos detalhes"? É a tese sustentada por "dois grandes historiadores" como o Tolstói de *Guerra e paz* e sir Lewis Namier (a comparação proposta por Kracauer é significativa). Mas, apesar da simpatia manifestada por essas posições, Kracauer reconhece que existem fenômenos que só podem ser apreendidos numa perspectiva macroscópica. Isso significa que a conciliação entre macro e micro-história não está em absoluto garantida (como considera, equivocadamente, Toynbee). No entanto é perseguida. Segundo Kracauer, a melhor solução é a seguida por Marc Bloch em *La société féodale* [A sociedade feudal]: um contínuo vaivém entre micro e macro-história, entre *close-ups* e planos gerais ou grandes planos gerais [*extreme long shots*], a pôr continuamente em discussão a visão conjunta do processo histórico por meio de exceções aparentes e causas de breve período. Essa receita metodológica desembocava numa afirmação de natureza decididamente ontológica: a realidade é fundamentalmente descontínua e heterogênea. Portanto, nenhuma conclusão alcançada a propósito de um determinado âmbito pode ser transferida automaticamente para um âmbito mais geral (é o que Kracauer chama de "*law of levels*").

Essas páginas póstumas de um historiador não profissional como Kracauer constituem, ainda hoje, a meu ver, a melhor introdução à micro-história. Pelo que sei, elas não tiveram nenhum peso no surgimento dessa tendência historiográfica.[61] Claro, não tiveram nenhum peso para mim, que delas só tomei conhecimento com deplorável atraso, há apenas alguns anos. Mas, quando as li, pareceram-me estranhamente familiares. O motivo, creio eu, é duplo. Por um lado, seu eco indireto chegou até mim muito tempo antes, através do encontro decisivo com *Minima moralia*, a obra-prima em que Adorno, apesar de uma adesão nunca desmentida à ideia de totalidade, manifestava implicitamente sua dívida para com a tradição micrológica inaugurada por Simmel e levada adiante por seu amigo (e, sob certos aspectos, mestre) Kracauer.[62] Por outro lado, as ideias de Kracauer sobre a história (a começar da ideia, crucial, de descontinuidade da realidade) são uma explícita e consciente reelaboração de alguns fenômenos capitais da cultura do nosso século: de Proust ao cinematógrafo. O fato de que certas ideias estejam no ar significa, afinal, que, partindo das mesmas premissas, é possível chegar de maneira independente a conclusões similares.

13. Demonstrar a existência de convergências intelectuais e, ao mesmo tempo, a ausência de contatos diretos muitas vezes é uma operação nada fácil. Daí, se não me equivoco, o interesse (que vai bem além da relevância do objeto) da genealogia que procurei reconstruir até aqui: em parte verdadeira, em parte fictícia; em parte consciente, em parte inconsciente. Olhando as coisas à distância, descubro que as nossas pesquisas eram um fragmento de uma tendência mais geral, cujos contornos me escapavam quase inteiramente então. Talvez não seja um acaso que a palavra "micro-história" tenha sido usada pela primeira vez, pelo que parece, no

título de um livro que descreve com minúcia quase maníaca uma batalha (ainda que a conclusão do livro de George Stewart sobre a batalha de Gettysburg evoque muito mais Conrad do que Tolstói). Menos casual ainda é o fato de que alguns anos depois, sem dúvida de maneira independente, Kracauer tenha identificado a micro-história com Tolstói: uma página que li, devo confessar, com um prazer misto de leve desapontamento (logo, o caminho que percorri não era tão anômalo assim, afinal de contas).

Percebo uma dificuldade. A extraordinária capacidade que tem Tolstói de comunicar ao leitor a certeza física, palpável, da realidade parece incompatível com a ideia, própria do século XX, que ele colocou no centro da micro-história: a de que os obstáculos postos à pesquisa sob a forma de lacunas e distorções da documentação devem se tornar parte do relato. Em *Guerra e paz* acontece exatamente o contrário: tudo o que precede o ato da narração (das recordações pessoais à memorialística da era napoleônica) é assimilado e deixado para trás a fim de permitir que o leitor entre numa relação de especial intimidade com os personagens, de participação imediata nas suas histórias.[63] Tolstói supera de um salto a brecha inevitável entre as pistas fragmentárias e distorcidas de um acontecimento (uma batalha, por exemplo) e o próprio acontecimento. Mas esse salto, essa relação direta com a realidade, só pode se dar (ainda que não necessariamente) no terreno da ficção: ao historiador, que só dispõe de rastros, de documentos, a ele é por definição vedado. Os afrescos historiográficos que procuram comunicar ao leitor, com expedientes muitas vezes medíocres, a ilusão de uma realidade extinta, removem tacitamente esse limite constitutivo do ofício do historiador. A micro-história escolhe o caminho oposto: aceita o limite explorando as suas implicações gnosiológicas e transformando-as num elemento narrativo.

Esse caminho havia sido, de certo modo, antecipado pelo crítico italiano Renato Serra, num breve mas denso ensaio escrito em

1912, publicado postumamente: *Partenza di un gruppo di soldati per la Libia*.[64] Serra, numa carta a Benedetto Croce, escreveu que havia partido das ideias sobre a história expressas por Tolstói em *Guerra e paz*.[65] Num ensaio incluído mais tarde no volume intitulado *Teoria e storia della storiografia*, Croce havia repelido a posição de Tolstói, definindo-a como absurda e cética: "Nós, a todo instante, conhecemos toda a história que nos importa conhecer"; portanto, a história que não conhecemos é idêntica ao "eterno fantasma da 'coisa em si'".[66] Serra, ao se autodefinir ironicamente como "um escravo da coisa em si", confessava a Croce que se sentia muito mais próximo de Tolstói: "só que", acrescenta, "minhas dificuldades são, ou me parecem ser, mais complicadas".[67]

De fato, *Partenza* retoma as reflexões de Tolstói (sem nomeá-lo), mas desenvolve-as numa direção completamente diferente. Toscas cartas mandadas pelos soldados à família, artigos de jornal escritos para agradar a um público distante, relatos de ações de guerra rabiscados às pressas por um capitão impaciente, reelaborações de historiadores cheios de veneração supersticiosa por esse tipo de documento: todas essas narrativas, independentemente do seu caráter mais ou menos direto, têm (explica Serra) uma relação altamente problemática com a realidade. Em frases que se tornam pouco a pouco mais rápidas e quase febris, Serra registra o ritmo de um pensamento que gira em torno da alta contradição não resolvida entre a certeza da existência da "coisa em si" e a desconfiança na possibilidade de alcançá-la por meio dos depoimentos:

> Tem gente que imagina de boa-fé que um documento pode ser uma expressão da realidade [...]. Como se um documento pudesse exprimir algo diferente de *si mesmo* [...]. Um documento é um fato. A batalha, outro fato (uma infinidade de outros fatos). Os dois não podem fazer *um*. [...] O homem que age é *um fato*. E o homem que conta é *outro fato*. [...] Todo depoimento dá testemunho apenas de

si mesmo, do seu momento, da sua origem, do seu fim, e de nada mais. [...] Todas as críticas que fazemos à história implicam o conceito da história verdadeira, da realidade absoluta. É preciso enfrentar a questão da memória; não na medida em que é esquecimento, mas na medida em que é *memória*. Existência das coisas em si.[68]

14. Li essas páginas somente no início dos anos 80. Mas a sua essência chegara a mim mais de vinte anos antes, através de Arsenio Frugoni, de quem fui aluno na Universidade de Pisa. Em seu livro *Arnaldo da Brescia nelle fonti del secolo XII* [Arnaldo de Brescia nas fontes do século XII] (1954), ele havia mostrado como a ótica específica de cada fonte narrativa contribuía para apresentar o mesmo personagem sob um prisma cada vez diferente.[69] Hoje, parece-me que o sarcasmo de Frugoni sobre a ingênua arte combinatória dos eruditos positivistas partia da polêmica antipositivista de Serra ("Todo depoimento dá testemunho apenas de si mesmo, do seu momento, da sua origem, do seu fim e de nada mais"), procurando superar as suas implicações céticas.

Não tenho certeza de que Frugoni conhecia a *Partenza di un gruppo di soldati per la Libia*. Já a leitura (ou releitura) fresquíssima desse texto me parece claramente visível num escrito de um gênero totalmente diferente: "Lembrança de uma batalha", de Italo Calvino (1974).[70] "É preciso enfrentar a questão da memória", havia escrito Serra. Calvino retoma o discurso a partir daí, ainda que a sua batalha seja outra: um episódio da guerrilha contra a ocupação alemã, que ele procura trazer à luz quase trinta anos depois. De início, tudo lhe parece claro, ao alcance da mão: "Não é verdade que já não me lembro de nada, as lembranças ainda estão lá, escondidas no novelo cinzento do cérebro...". Mas a formulação negativa ("Não é verdade...") já está contaminada pela dúvida, que esfarela as recordações à medida que a memória as traz à luz: "E meu medo de agora é que, assim que uma lembrança se perfilar, ela vá logo tomando um matiz errado, maneirista, sentimental, como sempre acontece com a guerra e a juventude, e se torne um pedaço de relato com o estilo de então, que não pode nos dizer como as coisas eram de fato, mas somente como acreditávamos vê-las e dizê-las". Pode a memória abolir a mediação constituída pelas ilusões e distorções do nosso eu de outrora, para alcançar as "coisas" (as "coisas em si")? A conclusão faz eco, com uma variante amargamente irônica, à falsa confiança do início: "Tudo o que escrevi até aqui me serve para compreender que daquela manhã já não recordo quase nada".

As últimas palavras de "Lembrança de uma batalha" ("O sentido de tudo aparecendo e desaparecendo") insistem na precariedade da nossa relação com o passado. E no entanto esse "quase" ("quase nada") sugere que o passado, apesar de tudo, não é inalcançável. Para mim, que creio ter aprendido muito com Calvino, essa conclusão é subjetivamente importante. Mas também o é objetivamente, para desfazer a imagem corrente de Calvino (do último Calvino) como escritor pós-moderno. A cansativa e dolorosa reflexão autobiográfica elaborada na "Lembrança de uma batalha" nos transmite uma imagem bem diferente da euforia cética hoje em moda.

15. Num ensaio publicado recentemente em *History and Theory* [História e teoria], F. R. Ankersmit, estudioso holandês de teoria da historiografia, sustentou que a tendência a concentrar a atenção nos fragmentos, em vez de em conjuntos mais vastos, é a expressão mais típica da "historiografia pós-moderna".[71] Para esclarecer seu ponto de vista, Ankersmit serviu-se de uma metáfora vegetal (que na verdade remonta a Namier e, talvez, a Tolstói).[72] No passado, os historiadores se ocupavam do tronco da árvore ou dos galhos; seus sucessores pós-modernos se ocupam

apenas das folhas, ou seja, de fragmentos minúsculos do passado que investigam de maneira isolada, independentemente do contexto mais ou menos amplo (os galhos, o tronco) de que faziam parte. Ankersmit, que adere às posições céticas formuladas por Hayden White no início dos anos 70, vê com muita simpatia essa virada na direção do fragmento. Ela exprime, a seu ver, uma atitude antiessencialista ou antifundacionalista que traz à luz (Ankersmit não se preocupa muito com as contradições formais) a natureza "fundamentalmente pós-moderna da historiografia": uma atividade de tipo artístico, que produz narrações incomensuráveis entre si. A ambição de conhecer o passado está superada: o significado dos fragmentos é buscado no presente, no mundo "em que a sua configuração pode ser adaptada a formas de civilidade existentes no dia de hoje". Como exemplos dessa tendência historiográfica, Ankersmit cita dois livros franceses (*Montaillou*, de Emmanuel Le Roy Ladurie, e *O domingo de Bouvines*, de Georges Duby), um livro americano (*O retorno de Martin Guerre*, de Natalie Zemon Davis) e um livro inexistente (*Microhistories*, deste autor).

Na última década, Giovanni Levi e eu polemizamos repetidas vezes contra as posições relativistas, dentre elas a que reduz a historiografia a uma dimensão textual, privando-a de qualquer valor cognoscitivo, e que Ankersmit faz sua calorosamente.[73] Entre essa polêmica e a dívida que exprimi nestas páginas para com Calvino (e, mais em geral, para com o romance dos séculos XIX e XX) não há nenhuma contradição. A atitude experimental que aglutinou, no fim dos anos 70, o grupo de estudiosos italianos de micro-história ("uma história com aditivos", como a definiu ironicamente Franco Venturi) baseava-se na aguda consciência de que todas as fases que marcam a pesquisa são *construídas*, e não *dadas*. Todas: a identificação do objeto e da sua relevância; a elaboração das categorias pelas quais ele é analisado; os critérios de evidência; os modelos estilísticos e narrativos por meio dos quais os resultados são transmitidos ao leitor. Mas essa acentuação do momento construtivo inerente à pesquisa se unia a uma rejeição explícita das implicações céticas (pós-modernas, se quiserem) tão largamente presentes na historiografia europeia e americana dos anos 80 e do início dos 90. A meu ver, a especificidade da micro-história italiana deve ser buscada nessa aposta cognoscitiva.[74] Gostaria de acrescentar que meu trabalho nesses anos, embora absorvido em grande parte por um livro de embasamento decididamente macro-histórico (*História noturna*), prosseguiu, pelo menos nas intenções, ao longo desse duplo eixo.

16. Piero della Francesca, Galileu, uma comunidade de tecelões piemonteses do século XIX, um vale da Ligúria do século XVI: esses exemplos escolhidos ao acaso mostram que as pesquisas micro-históricas italianas examinaram tanto temas de importância reconhecida, ou dada como evidente, quanto temas antes ignorados ou relegados a âmbitos considerados inferiores, como a história local.[75] O que unifica programaticamente todas essas pesquisas é a insistência no contexto, ou seja, exatamente o contrário da contemplação isolada do fragmento, elogiada por Ankersmit. Mas, enquanto a escolha de Galileu não necessita de justificações prévias, é inevitável indagar-se: por que justo aquela comunidade, justo aquele vale? Nesses casos, a referência, explícita ou implícita, a uma dimensão comparada é inevitável. Franco Ramella (*Terra e telai* [Terra e tecelões], 1984) e Osvaldo Raggio (*Faide e parentele* [Vinganças e parentelas], 1990) mostraram que o estudo intensivo do Val di Mosso e da Fontanabuona podem obrigar-nos a olhar de outro modo problemas como, respectivamente, a protoindústria e o nascimento do Estado moderno. Mas a referência à riqueza dos resultados ainda é vaga demais. Um objeto, como se viu, pode ser escolhido por ser típico (González y González) ou por ser repetitivo e, por isso, seria-

lizável (Braudel, a propósito do *fait divers*). As pesquisas micro-históricas italianas enfrentaram a questão da comparação de uma forma diferente e, em certo sentido, oposta: através da anomalia, e não através da analogia. Antes de tudo, supondo como potencialmente mais rica a documentação mais improvável: a "exceção normal" evocada por Edoardo Grendi com essa expressão que se tornou merecidamente famosa.[76] Em segundo lugar, mostrando, como fizeram Giovanni Levi (*A herança imaterial*, 1985) e Simona Cerutti (*La ville et les métiers* [A cidade e os ofícios], 1990), que toda configuração social é o resultado da interação de incontáveis estratégias individuais: um emaranhado que somente a observação próxima possibilita reconstituir.[77] É significativo que a relação entre essa dimensão microscópica e a dimensão contextual mais ampla tenha se tornado em ambos os casos (tão diferente, embora) o princípio organizador da narração.[78] Como já observara Kracauer, não se podem transferir automaticamente para um âmbito macroscópico os resultados obtidos num âmbito microscópico (e vice-versa). Essa heterogeneidade, de que apenas começamos a perceber as implicações, constitui, ao mesmo tempo, a maior dificuldade e a maior riqueza potencial da micro-história.[79]

17. Recentemente, Giovanni Levi falou da micro-história, concluindo: "É um autorretrato, não um retrato de grupo".[80] Eu tinha me proposto a fazer a mesma coisa, mas não consegui. Tanto os limites do grupo de que eu fazia parte quanto os limites do meu próprio eu me pareceram retrospectivamente móveis e incertos. Descobri com surpresa quanto haviam sido importantes, sem eu saber, livros que eu nunca tinha lido, acontecimentos e pessoas de que ignorava a existência. Se isso é um autorretrato, então o seu modelo são os quadros de Boccioni, em que o caminho entra na casa, a paisagem na face, o exterior invade o interior, o eu é poroso.

* * *

Post-scriptum

Domenico Scarpa (a quem agradeço vivamente) me fez ver que a palavra "micro-história" aparece em alguns textos de Andrea Zanzotto que remontam aos anos 60, mais precisamente:

1) Numa passagem de *Retorica su: lo sbandamento, il principio "resistenza"* (VI), publicado na coletânea "La beltà" (1968), que reunia poesias escritas entre 1961 e 1967 ("A maior parte é dos últimos quatro anos": cf. *Le poesie e prose scelte* [Poesia e prosa escolhidas], S. Dal Bianco e G. M. Villalta [Org.], Milão, 1999, p. 309):

> *Ma... La staffetta valica le forre e gl'incendi*
> *le rovine che vorrebbero prendere forma di rovine*
> *i mosaici laggiù i piumaggi,*
> *fortemente storicizzato*
> *nel senso della microstoria*
> *è questo suo affanarsi e retorico e fuori tempo massimo.*
> *Va' corri. Spera una zuppa di fagioli*
> *Spera arrivare possedere entrare*
> *Nel templum-tempus*
> [Mas... O estafeta vara os desfiladeiros e os incêndios
> as ruínas que gostariam de tomar forma de ruínas
> os mosaicos ali as plumagens
> fortemente historicizado
> no sentido da micro-história
> essa sua pressa é retórica e fora do tempo máximo.
> Vai corre. Espera uma sopa de feijão
> Espera chegar possuir entrar
> No templum-tempus]

2) Nas notas do autor (p. 352), Zanzotto escreve: "Esse é um modo de entrar no *templum-tempus* de uma história finalmente 'verdadeira', que no entanto, sob um certo ângulo visual, pode parecer fora do tempo máximo, na sombra de um possível esvanecimento da própria ideia de história, hoje atual. Nessa sombra tudo tende a se aplanar na micro-história (historieta). O *templum-tempus* é tema heideggeriano, aqui retomado livremente".

3) "Micro-história" aparece com um significado semelhante no escrito, talvez da mesma época, "Alcune prospettive sulla poesia oggi" (Algumas perspectivas sobre a poesia atual, in *L'Approdo Letterario*, 35, 1966), ibid., p. 1137: "A ciência e a técnica criaram um entupimento, uma congestão de 'revelações' (invenção e descoberta), que justifica largamente a designação de apocalíptica dada ao nosso tempo. O desmascaramento final, a desmistificação-desmitologização se voltaram depois em particular contra aquela que, até ontem sentida como 'macro-história' (orientada pela transcendência ou pela dialética), se transfigurou em 'micro-história' que se esvanece em a-historicidade".

Nessas passagens, como se vê, Zanzotto usava a palavra "micro-história" num sentido bem diferente do que lhe deram mais tarde os historiadores italianos. Mas Scarpa observa com razão que desde 1962, na polêmica resenha da antologia *I novissimi* [Os novíssimos], Zanzotto contrapunha à "arqui-história" de Sanguineti uma história que tendia "a configurar-se inclusive como historietas, *nugae*, movimento de áreas deprimidas" (*Le poesie e prose scelte*, op. cit., p. 1110). Eu me pergunto se Zanzotto, que evidentemente se detinha havia tempo na ideia do esvanecimento da grande história em historieta, não tirou a palavra "micro-história" de Queneau (*Les fleurs bleues*, 1965): uma hipótese, por enquanto, não verificável, como me informa gentilmente Gian Mario Villalta.

14. O inquisidor como antropólogo*

1. A analogia sugerida no título[1] me ocorreu pela primeira vez durante um congresso sobre história oral realizado em Bolonha uns dez anos atrás. Historiadores da Europa contemporânea, antropólogos e estudiosos de história africana, como Jack Goody e Jan Vansina, discutiam sobre diversos modos de utilizar os testemunhos orais. Veio-me repentinamente à cabeça que os historiadores que estudam sociedades muito mais antigas (como, por exemplo, a Europa da Idade Média tardia ou da primeira Idade Moderna), sobre as quais temos uma quantidade considerável, enorme até, de documentos escritos, também se servem às vezes de testemunhos orais — mais precisamente, de registros escritos de testemunhos orais. De fato, os atos processuais produzidos pelos tribunais laicos e eclesiásticos poderiam ser comparados com o

---

* Versões precedentes deste ensaio foram lidas num congresso sobre a Inquisição (De Kalb, Illinois, outubro de 1985) e num seminário realizado, a convite de Ernest Gellner, no Departamento de Antropologia da Universidade de Cambridge (abril de 1988).

caderno de notas de um antropólogo em que tenha sido registrado um trabalho de campo feito séculos atrás.

As diferenças entre inquisidores e antropólogos são óbvias, e não vale a pena perder tempo salientando-as. As analogias (inclusive entre réus e "indígenas") me parecem menos óbvias e, por isso, mais interessantes. Proponho-me a analisar suas implicações a partir das pesquisas que fiz, servindo-me sobretudo de documentos inquisitoriais, sobre a história da feitiçaria na Europa da Idade Média e do início da Idade Moderna.

O atraso com que se percebeu o incalculável valor histórico das fontes inquisitoriais é surpreendente. Num primeiro momento, como se sabe, a história da Inquisição foi realizada (quase sempre de maneira polêmica) numa ótica exclusivamente institucional. Mais tarde, os processos inquisitoriais começaram a ser utilizados pelos historiadores protestantes que pretendiam celebrar a atitude heroica dos seus antepassados diante da perseguição católica. Um livro como *I nostri protestanti* [Os nossos protestantes], publicado em fins do século XIX por Emilio Comba,[2] pode ser considerado uma continuação, no plano arquivístico, da tradição iniciada no século XVI por Crespin, com a sua *Histoire des Martyrs* [História dos mártires]. Os historiadores católicos, por sua vez, foram mais relutantes em utilizar atos inquisitoriais nas suas pesquisas. Por um lado, devido a uma tendência mais ou menos consciente a redimensionar as repercussões da Reforma; por outro, devido a um sentimento de mal--estar em relação a uma instituição considerada, no âmbito da própria Igreja romana, com um embaraço cada vez maior. Um douto sacerdote do Friul, como Pio Paschini (a quem agradeço por ter-me facilitado, trinta anos atrás, o acesso ao arquivo até então inacessível da Cúria arquidiocesana de Udine), não fez nenhum uso, nas suas pesquisas sobre a heresia e a Contrarreforma nas fronteiras orientais da Itália, dos processos inquisitoriais conservados naquele arquivo.[3] Quando entrei pela primeira vez na grande sala cheia de armários em volta, onde estavam conservados, em perfeita ordem, quase 2 mil processos inquisitoriais, senti a emoção de um garimpeiro que dá com uma rocha inexplorada.

Diga-se, porém, que no caso da feitiçaria a relutância em utilizar processos inquisitoriais foi compartilhada durante muito tempo, tanto por historiadores de fé confessada (católicos ou protestantes) como por historiadores de formação liberal. A razão é evidente. Em ambos os casos faltavam elementos de identificação religiosa, intelectual ou até simplesmente emocional. Em geral, a documentação fornecida pelos processos de feitiçaria era considerada uma mistura de estranhezas teológicas com superstições camponesas. Estas últimas eram consideradas intrinsecamente irrelevantes; as outras podiam ser estudadas melhor e com menor dificuldade com base nos tratados demonológicos impressos. A ideia de deter-se nas longas e (pelo menos assim parecia) repetitivas confissões dos homens e das mulheres acusados de feitiçaria era pouco atraente para estudiosos a cujos olhos o único problema histórico aceitável era constituído pela perseguição à feitiçaria, e não por seu objeto.

Hoje, uma atitude desse gênero parece provavelmente velha, superada — muito embora, não nos esqueçamos, há pouco mais de vinte anos era compartilhada por um historiador ilustre como Hugh Trevor-Roper.[4] Mas, entrementes, a situação mudou profundamente. No panorama historiográfico internacional a feitiçaria passou da periferia ao centro, até se tornar um tema não apenas respeitável mas até mesmo na moda. Trata-se de um sintoma, entre tantos outros, de uma tendência historiográfica hoje consolidada, oportunamente identificada há alguns anos por Arnaldo Momigliano: o interesse pelo estudo de grupos sexuais ou sociais (mulheres, camponeses) representados de uma maneira geralmente inadequada nas chamadas fontes oficiais.[5] Sobre esses grupos, os "arquivos da repressão" proporcionam testemunhos particularmente ricos. Mas na importância assumida pela feitiçaria entra um elemento mais específico (se bem que ligado ao precedente): a influência crescente exercida pela antropologia sobre a história. Não é por acaso que o livro clássico sobre a feitiçaria entre os azandes, publicado por Evans-Pritchard há mais de cinquenta anos, proporcionou a Alan Macfarlane e Keith Thomas uma fundamentação teórica para os seus estudos de feitiçaria no século XVII.[6]

Que da obra de Evans-Pritchard se possam tirar múltiplas ideias interpretativas, não há dúvida. Mas a comparação entre as feiticeiras da Inglaterra setecentista e das suas (ou dos seus) colegas azandes deveria ser completada por uma comparação, sistematicamente evitada nos estudos mais recentes, com as feiticeiras que no mesmo período eram perseguidas no continente europeu. Supôs-se que a aparência singular dos processos de feitiçaria na Inglaterra (a começar pela falta quase absoluta de confissões baseadas no sabá) deve ser reportada às características específicas do sistema legal vigente na ilha. Claro, aos historiadores que pretenderem reconstruir as crenças sobre a feitiçaria compartilhadas pela gente comum, os processos de feitiçaria instaurados na Europa continental proporcionam um material muito mais rico do que os ingleses.

Nesse ponto, as ambíguas implicações da analogia entre antropólogos e inquisidores (e historiadores) começam a aflorar. As fugidias confissões que os inquisidores tentavam arrancar dos acusados proporcionam ao pesquisador as informações que ele busca — claro que com um objetivo totalmente diferente. Mas, enquanto lia os processos inquisitoriais, muitas vezes tive a impressão de estar postado atrás dos juízes para espiar seus passos, esperando, exatamente como eles, que os supostos culpados se decidissem a falar das suas crenças — por sua conta e risco, naturalmente.

Essa contiguidade com os inquisidores contradizia, de certo modo, a minha identificação emocional com os acusados. Mas no plano cognitivo a contradição se configurava de forma diferente. O impulso dos inquisidores no sentido de buscar a verdade (a verdade deles, naturalmente) nos legou uma documentação extremamente rica, decerto, mas profundamente distorcida pelas pressões físicas e psicológicas que caracterizavam os processos de feitiçaria. As sugestões dos juízes eram particularmente evidentes nas perguntas ligadas ao sabá: o fenômeno que, na visão dos demonólogos, constituía a própria essência da feitiçaria. Em situações como essas, os réus tendiam a fazer eco, de modo mais ou menos espontâneo, aos estereótipos inquisitoriais difundidos de ponta a ponta da Europa por pregadores, teólogos e juristas.

As características ambíguas da documentação inquisitorial provavelmente explicam por que muitos historiadores decidiram se concentrar na perseguição à feitiçaria, analisando modelos regionais, categorias inquisitoriais etc.: uma perspectiva mais tradicional, mas também mais segura em relação à tentativa de reconstruir as crenças dos réus. No entanto, as ocasionais referências aos feiticeiros azandes não podem ocultar a evidência: entre os numerosos estudos que nos últimos vinte anos foram dedicados à história da feitiçaria europeia, pouquíssimos se inspiraram de fato em pesquisas antropológicas. A discussão que se desenrolou faz algum tempo entre Keith Thomas e Hildred Geertz mostrou que o diálogo entre historiadores e antropólogos comporta não poucas dificuldades.[7] Nesse âmbito, o problema da documentação se mostra decisivo. Ao contrário dos antropólogos, os historiadores das sociedades do passado não são capazes de produzir as suas fontes. Desse ponto de vista, os documentos de arquivo não podem, decerto, ser considerados um correlato das fitas magnéticas. Mas dispõem os historiadores, efetivamente, de uma documentação que possibilita reconstruir — para lá dos estereótipos inquisitoriais — as crenças na feitiçaria difundidas na Europa da Idade Média e do início da Idade Moderna? A resposta deve ser buscada no plano da qualidade, não no plano brutalmente quantitativo. Num livro que se distancia da tendência dominante nas pesquisas sobre a feitiçaria, Richard Kieckhefer traçou uma distinção entre estereótipos cultos e feitiçaria popular, baseada num exame detalhado da documentação anterior a 1500 (considerando, erradamente, repetitiva a documentação posterior a essa data). Ele insistiu na importância de dois tipos de documento: as denúncias das pessoas que consideravam ter sido acusadas erroneamente de feitiçaria e as declarações dos que eram chamados a testemunhar nos processos de feitiçaria.[8] Segundo Kieckhefer, denúncias e depoimentos proporcionam, das crenças populares na feitiçaria, uma imagem muito mais digna de fé do que as que emergem das confissões dos réus. Nessa perspectiva a analogia entre processos da Inquisição e notas tomadas pelos antropólogos durante seu trabalho de campo teria, para o historiador, um significado substancialmente negativo: a presença daqueles antropólogos remotos seria tão prejudicial que dificultaria o conhecimento das crenças e dos pensamentos dos pobres indígenas levados à presença deles.

Essa conclusão me parece excessivamente pessimista, como procurarei mostrar continuando a refletir sobre a analogia inicial. Suas bases são textuais. Em ambos os casos, vemo-nos diante de textos intrinsecamente *dialógicos*. A estrutura dialógica pode ser explícita, como na série de perguntas e respostas que pontua um processo inquisitorial ou numa transcrição das conversas entre um antropólogo e o seu informante. Mas também pode ser implícita, como nas notas etnográficas que descrevem um rito, um mito ou um instrumento. A essência do que chamamos de "atitude antropológica", ou seja, o confronto prolongado de culturas diferentes, pressupõe uma perspectiva dialógica. Suas bases teóricas, do ponto de vista linguístico (não psicológico), foram frisadas por Roman Jakobson numa passagem muito densa, destinada a definir "as duas características cruciais e complementares do comportamento verbal": "O discurso interno é essencialmente um diálogo e [...] todo discurso citado é *feito seu* e remodelado por quem cita, seja ele a citação de um *alter* ou de uma fase anterior de *ego* (*dissi*)".[9] Numa perspectiva menos geral, outro grande estudioso russo, Mikhail Bakhtin, insistiu na importância do elemento dialógico nos romances de Dostoiévski.[10] Segundo Bakhtin, eles se caracterizam por uma estrutura dialógica ou polifônica, em que os personagens são considerados forças antagônicas: ninguém fala em nome do autor, ou identificando-se com o ponto de vista do autor. Não é este o espaço para discutir as observações de Bakhtin sobre o gênero específico em que deveriam ser inseridos os romances de Dostoiévski. Penso, no entanto, que a noção bakhtiniana de texto dialógico possa lançar luz sobre algumas características que de vez em quando afloram na superfície dos processos inquisitoriais por feitiçaria.

Os personagens que vemos se embaterem nesses textos não se encontravam, é óbvio, no mesmo plano (o mesmo poderia ser dito, se bem que num sentido diferente, dos antropólogos e seus informantes). Essa desigualdade no plano do poder (real e simbólico) explica por que a pressão exercida pelos inquisidores para arrancar dos réus a verdade que procuravam era, em geral, coroada de sucesso. Esses processos parecem-nos, além de repetitivos, monológicos (para usar um dos termos prediletos de Bakhtin), no sentido de que geralmente as respostas dos réus apenas fazem eco às perguntas dos inquisidores. No entanto, em certos casos excepcionais encontramo-nos diante de um verdadeiro diálogo: percebemos vozes distintas, diferentes, opostas mesmo. Nos processos friulanos de que me ocupei faz anos, os andarilhos do bem fornecem longas descrições das batalhas noturnas que costumavam travar em espírito as feiticeiras, pela fertilidade dos campos. Aos olhos dos inquisidores, esses depoimentos nada mais eram que descrições camufladas do sabá das feiticeiras. Mas, apesar dos seus esforços, foi preciso meio século para superar a defasagem entre as expectativas dos inquisidores e as confissões espontâneas dos andarilhos. Tanto a defasagem quanto a resistência dos andarilhos às pressões dos inquisidores indicam que estamos diante de um estrato cultural profundo, totalmente estranho à cultura dos inquisidores. A própria palavra *benandanti* [andarilhos do bem] lhes era desconhecida: seu significado (tratava-se de um sinônimo de "feiticeiro" ou, ao contrário, de "antifeiticeiro"?) foi, em certo sentido, a aposta da longa luta que viu inquisidores e andarilhos do bem se contraporem no Friul, entre cerca de 1570 e 1650. Por fim, essa disputa semântica foi resolvida por quem tinha mais poder (sempre acontece assim, como os leitores de *Através do espelho* bem sabem). Os andarilhos se transformaram em feiticeiros.[11]

O valor etnográfico desses processos friulanos é extraordinário. Não apenas palavras, mas gestos, silêncios, reações quase imperceptíveis como um súbito rubor foram registrados pelos escrivães do Santo Ofício com obstinada minúcia. Aos olhos profundamente desconfiados dos inquisidores, o mais ínfimo indício podia sugerir um caminho para chegar à verdade. Naturalmente, esses documentos não são neutros; a informação que nos fornecem não é nada "objetiva". Eles devem ser lidos como produtos de uma relação específica, profundamente desigual. Para decifrá-los, devemos aprender a captar por trás da superfície lisa do texto um sutil jogo de ameaças e medos, de ataques e retiradas. Devemos aprender a desembaraçar os fios multicores que constituíam o emaranhado desses diálogos.

Não é preciso recordar que nos últimos anos os antropólogos tornaram-se cada vez mais conscientes da dimensão textual da sua atividade. Para os historiadores, que muitas vezes (nem sempre) têm de lidar com textos, esta não é, à primeira vista, uma grande novidade. Mas a questão não é tão simples assim. Ter consciência dos aspectos textuais da atividade do etnógrafo ("o que faz o etnógrafo? escreve", observou ironicamente Clifford Geertz)[12] implica a superação de uma epistemologia ingenuamente positivista, ainda hoje compartilhada por muitos historiadores. Não existem textos neutros: mesmo um inventário notarial implica um código, que temos de decifrar. "Todo discurso citado", como observa Jakobson, "é *feito seu* e remodelado por quem cita." Até aqui, tudo bem. Mas será válido ir além, a ponto de sustentar, como fizeram recentemente, de maneira mais ou menos explícita, alguns historiadores e antropólogos (sem falar em vários filósofos e críticos literários), que um texto só tem condições de documentar a si mesmo, ou seja, o código com base no qual é constituído? O refinado ceticismo que inspira a rejeição do chamado "erro referencial" leva a um beco sem saída, e não só: ele é, na verdade, insustentável. O confronto entre inquisidores e antropólogos resulta, também desse ponto de vista, esclarecedor. Já vimos que uma realidade cultural contraditória pode surgir inclusive de textos pesadamente controlados, como os processos inquisitoriais. A mesma conclusão pode ser estendida aos textos das relações etnográficas.

Um cético radical poderia objetar a esta altura que um termo como "realidade" (ou até "realidade cultural") é ilegítimo: o que está em jogo aqui seriam apenas vozes diferentes no interior do mesmo texto, e não realidades diferentes. Rebater uma objeção do gênero parecerá a alguns uma perda de tempo: afinal de contas, a integração de diversos textos num texto de história ou de etnografia se baseia na referência comum a algo que devemos chamar, *faute de mieux*, de "realidade externa". No entanto, essas objeções céticas aludem, ainda que de forma distorcida, a uma dificuldade real. Procuremos dar um exemplo.

Em 1384 e em 1390, duas mulheres, Sibillia e Pierina, foram processadas pela Inquisição milanesa. Os processos se perderam, restaram apenas duas sentenças, muito detalhadas (numa, é amplamente citada uma sentença precedente). Esses documentos foram descobertos no fim do século passado por Ettore Verga, que os analisou num ensaio muito penetrante.[13] Desde então foram estudados várias vezes, de pontos de vista diferentes. Richard Kieckhefer, no seu já citado *European Witch-Trials* [Julgamentos europeus de feiticeiras], relacionou esses processos a "um rito ou festa popular".[14] Essa afirmação soa como uma homenagem à desacreditada tese de Margaret Murray, que sustentava a realidade física do sabá das feiticeiras: homenagem surpreendente, porque, examinando bem, as confissões das duas mulheres milanesas são repletas de detalhes envoltos num halo mítico. Toda quinta-feira elas costumavam ir a uma assembleia presidida por uma misteriosa senhora, Madonna Horiente. Lá se encontravam todos os animais, com exceção do asno e da raposa; também participavam indivíduos que haviam sido decapitados ou enforcados; durante a reunião, eram ressuscitados bois mortos — e assim por diante. Em 1390, uma das mulheres, Sibillia, disse ao inquisidor Beltramino da Cernuscullo, que seis anos antes ela tinha confessado a outro inquisidor, Ruggero da Casale, que costumava ir "ao jogo de Diana, que *chamam de Herodíades*" [*ad ludum Diane quam appellant Herodiadem*], cumprimentando-a com as palavras "Salve, Madonna Horiente". Essa série de nomes (Diana, Herodíades, Madonna Horiente) parece, à primeira vista, desconcertante. Mas a solução é muito simples. Tanto Sibillia quanto Pierina falavam somente de Horiente: a identificação desta última com Diana e Herodíades fora sugerida pelo inquisidor, Ruggero da Casale. Este, por sua vez, tinha se feito guiar pelo célebre *Canon episcopi*, um texto redigido no início do século X (mas que remonta, muito provavelmente, a um capitular franco) em que se falava de certas mulheres supersticiosas definidas como seguidoras de Diana e de Herodíades. A mesma identificação havia sido acolhida como óbvia pelo segundo inquisidor, Beltramino da Cernuscullo, que a tinha atribuído implicitamente a Pierina: na sentença, lê-se que ela ia "*ad ludum Diane* quam vos appelatis *Herodiadem*" [ao jogo de Diana que *vós chamais* de Herodíades].[15] Aparentemente, estamos diante da costumeira projeção de estereótipos inquisitoriais num estrato de crenças folclóricas. Mas aqui as coisas são mais complicadas. Essas personagens femininas da religião folclórica remetem a uma inegável unidade subterrânea. Perchta, Hodal, dame Habonde, Madonna Horiente são variantes locais de uma única deusa feminina, profundamente ligada ao mundo dos mortos. Que outra coisa era a *interpretatio romana* ou *biblica* (Diana ou Herodíades) proposta pelos inquisidores senão uma tentativa de apreender essa unidade subterrânea?

Sustentar que os inquisidores faziam mitologia comparada seria evidentemente um absurdo. Mas a existência de uma continuidade entre a mitologia dos inquisidores é inegável. Eles traduziam, melhor dizendo, transpunham num código diferente e menos ambíguo crenças essencialmente estranhas à sua cultura. O que fazemos não é, afinal de contas, muito diferente, não só em teoria, mas às vezes também na prática. No caso que estamos discutindo, por exemplo, a documentação de que dispomos já está contaminada pela interpretação dos inquisidores. Nossa tarefa de intérpretes parece muito mais fácil quando, como no caso dos andarilhos do bem, os inquisidores não entendiam. Mas, quando entendiam (ou pelo menos entendiam melhor), a dimensão dialógica do processo se atenua ou até desaparece, e a documentação, para quem quer reconstruir as crenças dos réus, parece menos estimável, menos pura.

Mas dizer "contamina a interpretação" significa não fazer justiça à acuidade antropológica dos inquisidores: devemos acrescentar "mas também iluminada". Dicas interpretativas mais ou menos fragmentárias, sugeridas por inquisidores, pregadores e canonistas, nos proporcionam preciosos elementos que permitem preencher as lacunas da documentação. Vejamos outro exemplo: Johannes Herolt, um frade dominicano que desenvolveu uma intensa atividade de pregador em meados do século XV, incluiu na sua coleção de sermões um longo elenco de supersticiosos. Entre eles havia "os que acreditam [*credunt*] que, durante a noite, Diana, chamada em língua vulgar de *Unholde*, ou seja, *die selige Frawn* [a beata], perambula com seu exército, percorrendo grandes distâncias" [*cum exercitu suo de nocte ambulet per multa spacia*]. Essa citação é tirada de uma edição dos *Sermones* [Sermões] de Herolt, impressa pela primeira vez em Colônia em 1474. Em edições sucessivas, realizadas em Estrasburgo em 1478 e em 1484, no elenco dos sinônimos de Diana foram acrescentadas Fraw Berthe e Fraw Helt (este último em substituição a *Unholde*).[16] O texto de Herolt continha ecos evidentes do *Canon episcopi*: há mulheres (dizia este último) que "*credunt se et profitentur nocturnis horis cum Diana paganorum dea et innumera multitudine mulierum equitare super quasdam bestias, et multa terrarum spatia intempestae noctis silentio pretransire...*" [afirmam cavalgar à noite certas bestas junto com Diana, deusa dos pagãos, e com uma grande multidão de mulheres; percorrer grandes distâncias no silêncio da noite profunda...].[17] Mas Herolt não citou o *Canon* ao pé da letra: utilizou-o como um esquema, acrescentando ou eliminando detalhes com base na sua experiência pessoal, ou seja, daquilo que poderíamos chamar seu trabalho de campo. A referência às cavalgadas desaparece; alguns sinônimos de Diana, ligados a crenças germânicas locais, foram acrescentados ou substituídos primeiro pelo autor, depois pelos impressores; à própria Diana é atribuído um exército [*cum exercitu suo*]. Este último detalhe é, dentre todos, o mais singular. Pelo que sei, não aparece nem nos textos clássicos nem nos medievais. No entanto, ele se explica facilmente se inserido no contexto das crenças folclóricas ligadas, em quase toda a Europa, à "caçada selvagem" [*wild hunt, wilde Jagd, chasse sauvage*] ou ao "exército furioso" [*wütischend Heer, mesnie furieuse*]. No texto de Herolt, Diana é apresentada à frente de um exército de almas. Esse documento relativamente precoce confirma a hipótese, que expus em outra oportunidade, de uma ligação entre esse estrato de crenças (já testemunhadas no *Canon episcopi* e que, depois, confluíram no sabá) e o mundo dos mortos.[18] Poder-se-ia objetar que essa interpretação coincide em certo sentido com a dos inquisidores ou pregadores como Herolt. Eles não eram estudiosos neutros, distantes: o objetivo deles — muitas vezes alcançado — era o de induzir outras pessoas (réus, ouvintes, fiéis em geral) a crer no que eles consideravam ser a verdade. Essa continuidade entre as fontes e as mais antigas interpretações implicará talvez que é impossível escapar das malhas das categorias usadas por aqueles distantes antropólogos — os pregadores, os inquisidores?

Uma pergunta assim parece repropor as objeções, emprestadas de uma atitude radicalmente cética, que decorrem da já recordada rejeição do "erro referencial". É verdade, no entanto, que nesse caso estamos diante de um ceticismo de alcance mais circunscrito, que decorre das características específicas da documentação que estamos discutindo. Mas essa forma de ceticismo moderado também parece injustificada. Nossa interpretação pode ser controlada recorrendo a uma comparação mais ampla do que a que estava à disposição dos inquisidores. Além disso, podemos utilizar os casos em que a falta de comunicação no plano cultural entre juízes e réus possibilitava, paradoxalmente, o surgimento de um verdadeiro diálogo — no sentido, proposto por Bakhtin, do choque não resolvido entre vozes em conflito. Mencionei acima o caso dos andarilhos, chamando-o de "excepcional". Não se trata, porém, de um caso único: a esplêndida documentação sobre as "mulheres de fora" sicilianas, descoberta alguns anos atrás pelo folclorista dinamarquês Gustav Henningsen no Archivo Histórico Nacional de Madri, mostra que na Europa do século XVI existiam outros exemplos documentados de crenças imunes aos estereótipos inquisitoriais.[19] De um modo mais geral, salientemos que a difusão de um fenômeno, quem sabe até documentado de maneira fragmentária, não pode ser assumida como um indício da sua importância histórica. Uma leitura aprofundada de um pequeno número de documentos, mesmo se ligados a um nível circunscrito de crenças, pode ser muito mais esclarecedora do que uma enorme quantidade de documentos repetitivos. Claro, os historiadores das sociedades passadas não são capazes de produzir seus documentos, como fazem hoje os antropólogos ou como faziam, há tanto tempo, os inquisidores. Mas se quiserem interpretar esses documentos terão alguma coisa para aprender com ambos.

Post-scriptum

Essas reflexões foram lidas recentemente numa perspectiva para mim imprevisível. Em novembro de 2003, durante uma visita a Moscou, fui convidado para uma discussão pública na sede do *Memorial*, um grupo bastante conhecido, inclusive na Itália, que há anos trabalha, com grande energia e coragem, com a história das perseguições na era stalinista — assim como com a questão dos direitos civis na Chechênia. Nas observações à margem dos processos inquisitoriais do século XVI, reapresentadas aqui, meus interlocutores haviam entrevisto a possibilidade de captar, nos autos dos processos stalinistas, o choque de várias vozes.

15. Feiticeiras e xamãs[*]

O caminho que me levou idealmente da Itália norte-oriental, onde haviam começado as minhas pesquisas sobre feitiçaria, às estepes da Ásia central é tortuoso. Tentarei contá-lo.

O grande sinólogo francês Marcel Granet disse certa vez que "*la méthode, c'est la voie après qu'on l'a parcourue*", o método é o caminho depois que o percorremos.[1] A palavra "método" deriva efetivamente do grego, mas a etimologia proposta por Granet — *meta-hodos*, depois do caminho — talvez seja imaginária. Em todo caso, a tirada brincalhona de Granet tinha um conteúdo sério, ou melhor, polêmico: em qualquer âmbito científico, o discurso sobre o método só tem valor quando é reflexão *a posteriori* sobre uma pesquisa concreta, e não quando se apresenta (o que é, de longe, o caso mais frequente) como uma série de prescrições *a priori*. Espero que o relato que vou fazer sobre o modo como a minha pesquisa nasceu e se desenvolveu possa fornecer uma con-

---

[*] Versão revista de uma conferência lida em Tóquio em 1992, por ocasião da tradução em japonês de *História noturna: decifrando o sabá* (1989).

firmação, em si mínima e insignificante, à irônica afirmação de Granet.

Contar o itinerário de uma pesquisa quando ela já chegou a uma conclusão (ainda que se trate, por definição, de uma conclusão provisória) sempre comporta, é óbvio, um risco: o da teleologia. Retrospectivamente, as incertezas e os erros desaparecem, ou se transformam em degraus de uma escada que leva direto à meta: o historiador sabe desde o início o que quer, procura, por fim encontra. Mas na pesquisa real as coisas não são assim. A vida de um laboratório, descrita por um historiador com formação antropológica, como Bruno Latour, é muito mais confusa e desordenada.[2]

1. A experiência que vou descrever também é de certa forma confusa e desordenada, embora ela se refira a um indivíduo — eu mesmo —, e não a um grupo. No início há uma iluminação repentina, a aparição de um tema de pesquisa (a feitiçaria) a um estudante de vinte anos da Universidade de Pisa, no fim dos anos 50. Até um momento antes, eu não tinha certeza de querer ser historiador; mas quando esse tema se apresentou à minha mente não tive mais dúvidas. Aquele era o meu tema, o tema sobre o qual eu estava disposto a trabalhar anos a fio (não imaginava quantos).

Indaguei-me várias vezes os motivos desse entusiasmo repentino, que retrospectivamente me parece ter todas as características de uma paixão: o fulminante, o entusiasmo, a inconsciência (pelo menos aparente). Da história da feitiçaria, eu não sabia nada: meu primeiro gesto (depois repetido muitíssimas outras vezes, para outros temas de pesquisa) foi o de procurar o verbete "feitiçaria" na *Enciclopédia italiana* para obter algumas informações elementares. Talvez pela primeira vez eu experimentava de fato o que chamaria de "euforia da ignorância": a sensação de não saber nada e de estar a ponto de começar a aprender alguma coisa. Creio que o intenso prazer associado a esse momento contribuiu para impedir que eu me tornasse um especialista, que aprofundasse um campo bem delimitado de estudos. O impulso para enfrentar periodicamente temas e setores de pesquisa que ignoro completamente não só se conservou como se acentuou com o passar dos anos.

Que um aluno do segundo ano da universidade ignore tudo do tema de pesquisa que escolhe, é uma banalidade. Menos banal talvez seja constatar que uma desproporção análoga entre conhecimentos preliminares escassos ou nulos e a importância do objeto caracteriza provavelmente todas ou quase todas as escolhas verdadeiramente importantes que um indivíduo faz no decorrer da sua existência. (É essa desproporção que chamamos retrospectivamente de destino.) Mas então o que nos induz a escolher? Por trás do meu entusiasmo de então pelo tema de pesquisa que tinha aparecido de repente diante dos meus olhos, creio adivinhar hoje um emaranhado de memórias e experiências infantis misturadas confusamente com paixões e preconceitos muito mais recentes. ·

Quanto terão importado na minha opção as fábulas que me contavam quando eu era criança? Minha mãe lia para mim as fábulas recolhidas em fins do século XIX pelo escritor siciliano Luigi Capuana, povoadas de todo tipo de magias e de horrores: mães-dragão com a boca ensanguentada com as carnes de "cordeirinhos e cabritinhos que pareciam meninos"; seres minúsculos de olhar inocente, enfeitados com turbantes emplumados que, virada a página, se transformavam em monstruosos lobisomens de bocarra escancarada. Crocetta, uma mocinha dos Abruzos, que morava no povoado em que minha família viveu durante três anos, contava a mim e ao meu irmão (como fiquei sabendo ao ler um escrito da minha mãe, Natalia Ginzburg, intitulado "Inverno in

Abruzzo") histórias não muito diferentes das que foram recolhidas por Capuana. Numa delas um menino é morto pela madrasta e dado de comer ao pai; então, seu esqueleto descarnado se põe a cantar: "E a minha triste madrasta/ Me cozinhou no caldeirão/ E meu pai me comeu/ Fez de mim um bom bocado".[3] Através das sinistras ambiguidades das fábulas eu devo ter começado, como todas as crianças, a decifrar a realidade: em primeiro lugar, o mundo misterioso dos adultos.

Antropofagia e metamorfoses animalescas estão no centro de *História noturna*. Resolver estudar a feitiçaria significou para mim, de repente e acima de tudo, concentrar a atenção nas confissões das feiticeiras, sob certos aspectos tão parecidas com as histórias das fábulas que eu havia ouvido na infância. Mas sobre os motivos dessa escolha, que só percebi obscuramente então, enxertavam-se outros de outra ordem, ao mesmo tempo emocional e ideológica. Nasci numa família politicamente de esquerda. Meu pai, Leone Ginzburg, russo de nascimento (nasceu em Odessa) que emigrou para a Itália com a família, perdeu em 1934 o cargo de livre-docente de literatura russa na Universidade de Turim por ter se recusado a jurar fidelidade ao regime fascista. Ele tinha 25 anos então. Logo depois foi preso e condenado por atividade antifascista; ficou dois anos na prisão. Quando a Itália entrou em guerra, em 1940, ao lado da Alemanha nazista, por ser judeu e antifascista, foi internado em Pizzoli, um povoado dos Abruzos próximo de L'Aquila, onde a ele se reuniram a mulher e os filhos. Na queda do regime fascista, foi a Roma, onde retomou a atividade política; preso e reconhecido, morreu em 1944 na seção do presídio Regina Coeli controlada pelos nazistas. Em seu livro, *Il populismo russo* [O populismo russo], Franco Venturi falou dos escritos e da pessoa do meu pai, que havia conhecido e frequentado nos ambientes da emigração antifascista italiana em Paris, como "uma nova e original encarnação" do espírito dos *narodniki*.[4] No cerne da experiência dos populistas russos havia, como se sabe, uma forte simpatia moral e intelectual pelos valores expressos pela sociedade camponesa. Encontrei uma atitude semelhante num livro saído depois do fim da guerra e logo traduzido para várias línguas: *Cristo si è fermato a Eboli* [Cristo parou em Eboli]. Seu autor, o escritor e pintor Carlo Levi, tinha sido amigo do meu pai, havia participado com ele da conspiração antifascista no grupo Giustizia e Libertà e havia sido confinado pelo regime numa aldeola da Lucânia.[5] Creio que esses paralelismos contribuíram para a profunda impressão que *Cristo si è fermato a Eboli* me causou quando o li, adolescente. Um sentimento de identificação era inevitável, embora o país descrito por Levi fosse muito mais isolado e selvagem do que aquele onde transcorrera uma parte da minha infância. Mas não foram somente as circunstâncias da composição do livro que me comoveram. Levi nunca esconde a sua diversidade em relação aos camponeses meridionais, às suas ideias e às suas crenças, mas nunca assume uma atitude de superioridade em relação a eles: leva tudo a sério, inclusive os feitiços e as fórmulas mágicas. De *Cristo si è fermato a Eboli* penso ter aprendido que distanciamento intelectual e participação emocional, paixão pela racionalidade e respeito pela diversidade cultural são atitudes não apenas compatíveis mas capazes de poder se alimentar reciprocamente. Com a minha mãe aprendi uma coisa mais importante ainda (e não só para o meu trabalho de pesquisa): que entre inteligência e privilégio social e cultural não há nenhuma relação.

Retrospectivamente creio que tanto a marca duradoura das fábulas ouvidas na minha infância quanto o populismo absorvido no meu ambiente familiar contribuíram para orientar bem depressa minha pesquisa para o estudo das vítimas da perseguição, em vez de para o estudo da perseguição como tal. Era uma opção historiográfica duplamente anômala. No fim dos anos 50, a feitiçaria, havia tempos um tema canônico para os antropólogos, ainda era considerada pela maior parte dos historiadores (como observou com distanciada ironia o historiador inglês Keith Thomas) um objeto de pesquisa marginal e bizarro.[6] No máximo, admitia-se a legitimidade de analisar a perseguição da feitiçaria como episódio aberrante da história intelectual europeia da Idade Média tardia e do início da Idade Moderna. No decorrer dos anos 70 e 80, a feitiçaria tornou-se um tema historiográfico, pode-se dizer, na moda: mas o interesse dos historiadores, inclusive quando assumiu formas muito mais complexas do que no passado, continuou a se concentrar de maneira quase exclusiva na perseguição e nos seus mecanismos culturais e sociais. As vítimas permaneceram quase sempre na sombra.[7]

Enumerei alguns dos motivos que me impeliam justamente nessa direção. Neste ponto, devo acrescentar mais um: a dificuldade de uma pesquisa desse gênero. Alguns dos obstáculos mais sérios apareceram pouco a pouco ao longo dos anos. Eu via então sobretudo um: as formas aparentemente semelhantes assumidas pela feitiçaria (não pela sua perseguição) em tempos e lugares muito distantes entre si. Era necessário, pensava eu, reintroduzir a feitiçaria na história, historicizando seus traços aparentemente atemporais. Nessa vontade de enfrentar um desafio cognoscitivo havia um traço inevitável de arrogância juvenil: a vontade de provar aos outros e, em especial, a nós mesmos, no limiar da linha de sombra de que fala Conrad, de que somos capazes.

Deixei por último um elemento de que só me tornei consciente muitos anos depois, quando um amigo me fez ver que a opção de estudar a feitiçaria e, em particular, as vítimas da perseguição à feitiçaria, não era tão estranha assim para um judeu que havia conhecido a perseguição.[8] Essa observação simples me deixou estupefato. Como eu podia ter deixado escapar um dado tão óbvio? E no entanto, durante anos, a analogia entre judeu e feiticeira, e a consequente eventualidade de que eu tivesse podido me identificar com o objeto da minha pesquisa, nem sequer me passou pela cabeça. Hoje, sou propenso a ver nisso tudo o efeito do recalque. O que é ao mesmo tempo evidente e oculto, ensinou-nos Freud, é o que não se quer ver.

2. Peço desculpas por ter falado tanto dessas circunstâncias pessoais. Gostaria de superar a tentação narcisista que existe em cada um de nós para considerá-las como dados de uma experiência *in vitro*. Que a biografia de um historiador — do ambiente familiar à educação recebida e às amizades — não é irrelevante para compreender seus escritos, é ou deveria ser ponto pacífico. Mas em geral não se vai além dessa constatação. Gostaria de aproveitar do que por convenção chamamos de *identidade*, numa acepção ao mesmo tempo biológica e de documentação pessoal (embora um termo como "contiguidade" fosse preferível), entre o eu mesmo de agora e o eu mesmo de então, para examinar retrospectivamente de que modo esses elementos interferiram na minha pesquisa concreta. Os que enumerei até aqui contribuíam para escolher um tema (a feitiçaria) sob um ângulo determinado (as vítimas da perseguição). Mas nenhum deles, dos mais reprimidos (o judaísmo) aos mais conscientes (a vontade de transgressão disciplinar), implicava uma hipótese específica de pesquisa. A hipótese com que iniciei minha pesquisa — a de que a feitiçaria podia ter sido, em alguns casos, uma forma rústica e elementar de luta de classe — parece-me hoje uma tentativa de justificar, para mim e para os outros, uma pesquisa desprovida de uma verdadeira legitimação historiográfica. Enfim, minha vontade de transgressão disciplinar nada tinha de ilimitada.

Por trás da minha hipótese havia a leitura dos ensaios de Eric Hobsbawm, tanto os reunidos em *Primitive Rebels* [Rebeldes primitivos] (1959), como — e sobretudo — os de uma resenha de estudos publicada por ele em 1960, em *Società*, a revista ideológica do Partido Comunista italiano, com um título — "Per la storia delle classi subalterne" [Para uma história das classes subalternas] — que fazia eco a um termo usado por Antonio Gramsci em suas notas do cárcere. Para mim também, como para tantos outros estudiosos italianos da minha geração, a leitura dos escritos de Gramsci havia sido um acontecimento decisivo. O Gramsci proposto por Hobsbawm era um Gramsci lido e interpretado através da antropologia social britânica.[9] Mas os livros de antropologia em que eu me apoiava naqueles anos eram outros: em primeiro lugar, os de Lévi-Strauss, que trinta anos depois deveria se tornar o principal interlocutor de *História noturna*.

Comecei a ler os processos da Inquisição conservados no Arquivo de Estado de Módena. Dentre esses papéis topei com um processo de 1519 contra uma camponesa, Anastasia la Frappona, acusada de ter tentado matar, por meio de feitiços, a patroa que a tinha mandado embora, com o marido, das terras que ela lavrava.[10] "Em geral, os historiadores encontram o que procuram — um fato que me parece embaraçoso", escreveu Morton Smith, historiador americano do judaísmo e das origens cristãs.[11] Não estou seguro de também ter experimentado uma sensação de embaraço diante da inesperada confirmação da minha hipótese sobre a feitiçaria como instrumento elementar de luta de classe. Mas, na verdade, a minha pesquisa tomou logo outro rumo.

Desde a conclusão do ensaio que escrevi sobre aquele processo eu frisava a possibilidade de decifrar nos documentos inquisitoriais não apenas as superposições dos juízes, mas também (e isso era muito menos esperado) as vozes, expressões de uma cultura irredutivelmente diferente, dos réus.[12] A luta, o antagonismo continuavam sendo centrais, mas se transferiam para um plano cultural, decifrável por meio de uma leitura minuciosa dos textos. Impeliam-me nessa direção os escritos de filólogos de línguas românicas como

Eric Auerbach, Leo Spitzer e Gianfranco Contini. Procurei aprender com eles a arte de "ler lentamente" (é isso, recordou Roman Jakobson, a filologia),[13] aplicando-a a textos não literários.

Digo tudo isso *a posteriori*: não quero projetar no passado uma clareza que na época eu não tinha. Entre 1961 e 1962, percorri a Itália seguindo os rastros dos arquivos da Inquisição. Eu atravessava momentos de dúvida e descontentamento; tinha a impressão de perder tempo. Minha hipótese inicial, sobre a feitiçaria como forma elementar de luta de classe, não me satisfazia mais; mas eu não estava em condições de substituí-la por outra, mais satisfatória. Fui bater em Veneza, onde está conservado no Arquivo de Estado um dos fundos inquisitoriais mais ricos: mais de 150 grossos envelopes repletos de interrogatórios e de processos, que cobrem um período de dois séculos e meio (de meados do século XVI ao fim do XVIII, quando a Inquisição foi suprimida). Um estudioso pode pedir cada dia um número limitado de envelopes: creio que três, na época. Como eu não sabia, literalmente, o que estava procurando, fazia pedidos ao acaso — sei lá, envelopes números 8, 15 e 37 — e punha-me a folhear as páginas dos processos. Parecia-me estar jogando uma espécie de roleta veneziana. Realço esses detalhes triviais porque eles me possibilitam realçar a absoluta casualidade da descoberta: o interrogatório, realizado em 1591, de um jovem pastor de gado de Latisana, um pequeno centro não muito distante de Veneza. O pastor, que se chamava Menichino della Nota, contou que, quatro vezes por ano, saía à noite em espírito com outros, nascidos como ele sob uma boa estrela, chamados *benandanti* ("andarilhos do bem", palavra para mim, na época, totalmente desconhecida e incompreensível), para combater os feiticeiros num grande prado todo florido de rosas: o prado de Josafá. Se os andarilhos do bem venciam, a colheita seria abundante; se os feiticeiros venciam, haveria escassez.

Eu me lembro perfeitamente de que, depois de ler esse documento (não mais de três ou quatro páginas), entrei num estado de agitação tão grande que tive de interromper o trabalho. Enquanto eu passeava diante do arquivo fumando um cigarro depois do outro, pensava ter tido uma sorte enorme. Penso isso agora, mas hoje essa constatação me parece insuficiente. O acaso tinha me posto diante de um documento totalmente inesperado: por que (pergunto-me) a minha reação tinha sido tão entusiasmada? Era como se eu houvesse *reconhecido* de repente um documento que me era perfeitamente ignorado até um instante antes; não só isso: que era profundamente diferente de todos os processos de Inquisição com que eu tinha me deparado até então. É precisamente sobre esse ponto que gostaria de refletir.

Quando eu era estudante, tive a sorte de assistir a um seminário de Gianfranco Contini. Subitamente, Contini parou e pôs-se a contar uma anedota. Eram dois filólogos românicos, ambos franceses, mas fora isso diferentíssimos. O primeiro era um homem de barba comprida, apreciador das irregularidades morfológicas, gramaticais, sintáticas; quando encontrava uma, acariciava a barba murmurando com voz deliciada: "*C'est bizarre*". O segundo, verdadeiro representante da tradição cartesiana, com uma mente lucidíssima e um crânio calvo, procurava de todas as maneiras reduzir o fenômeno linguístico a uma regra e, quando conseguia, esfregava as mãos, dizendo: "*C'est satisfaisant pour l'esprit*". Estou disposto a admitir que o contraste entre anomalia e analogia encarnado pelos dois filólogos de Contini (um contraste iniciado há mais de 2 mil anos, com os gramáticos da era alexandrina) é apenas aparente: trata-se na verdade de atitudes complementares. No entanto, devo confessar que tendo a me identificar com o filólogo barbudo, o apreciador das anomalias: por uma propensão psicológica, que porém gostaria de justificar racionalmente. A violação da norma contém em si (na medida em que a pressupõe) a própria norma, mas o inverso não é verdadeiro. Quem estuda o funcionamento de uma sociedade partindo do conjunto das suas normas, ou de ficções estatísticas como o homem mediano ou a mulher mediana, permanece inevitavelmente na superfície. Creio que a análise intensiva de um caso anômalo (a contemplação da bizarrice isolada não me interessa) é infinitamente mais frutífera.

Foi o caminho que acabei percorrendo no caso da feitiçaria. Parti de um documento anômalo (o interrogatório do andarilho Menichino della Nota) para reconstruir um fenômeno anômalo e geograficamente periférico (as crenças dos andarilhos do Friul), que por sua vez me deu a chave para decifrar as origens do sabá das feiticeiras numa escala desmedida — o continente euro-asiático.[14] *História noturna*, assim como, mais de vinte anos antes, *Os andarilhos do bem*, nascem literalmente daquelas páginas encontradas por acaso tantos anos atrás no Arquivo de Estado de Veneza. O que me havia induzido a reagir com tamanho entusiasmo a um documento totalmente inesperado?, perguntei-me. Creio poder dar a resposta: as mesmas características que teriam podido induzir outra pessoa a considerar o mesmo documento como pouco relevante, quando não a descartá-lo totalmente. Hoje e, com maior razão trinta anos atrás, o relato de uma experiência extática vivida por um pastor de gado do século XVI em termos fabulosos e absolutamente anormais tem muita probabilidade de ser tratado por um historiador sério como um depoimento pitoresco da ignorância dos que se furtavam obstinadamente à instrução dada pelas autoridades eclesiásticas.[15]

O acaso que me levou ao interrogatório do andarilho Menichino della Nota poderia não ter se dado nunca. No entanto, algumas vezes ocorreu-me pensar que aquele documento estava ali me esperando e que toda a minha vida passada me predispunha a encontrá-lo. Nessa fabulação absurda creio que há um núcleo de verdade. Conhecer, como ensinou Platão, é sempre um *reconhecer*. É só o que já sabemos, o que já faz parte da nossa bagagem de experiências que nos permite conhecer o novo, isolando-o da massa de informações desordenadas e casuais que chovem continuamente sobre nós.

3. Nos processos de feitiçaria feitos na Europa ao longo de mais de dois séculos e meio, desde o início do século XV a meados do século XVII, e até depois, quase sempre assistimos a uma comunicação unidirecional, coagida, secundada pela sugestão psicológica e pela tortura. Os juízes, leigos e eclesiásticos, sabiam o que deviam esperar dos acusados e solicitavam-no com perguntas sugestivas ou mediante a força. Nem sempre conseguiam obter o que buscavam: às vezes, o réu ou ré continuavam a proclamar sua inocência ou morriam na tortura. Claro, nem tudo o que era confessado pelos réus era resultado da imposição dos juízes: as descrições de feitiços destinados a proporcionar o amor ou a morte provinham claramente de uma cultura diferente, a dos réus. Mas, no caso do sabá — a reunião noturna acompanhada de orgias, banquetes e homenagens ao demônio —, os homens e as mulheres acusados de feitiçaria parecem limitar-se a fazer eco, com poucas variantes, a um esquema elaborado pelos demonólogos e, posteriormente, imposto pela perseguição à feitiçaria na maior parte da Europa e (graças à colonização) nas Américas.

O panorama que emerge dos processos contra os andarilhos do bem é completamente diferente. Eles são dominados (principalmente os mais antigos) por uma completa falta de comunicação entre os juízes e os réus. Os andarilhos falavam, muitas vezes sem nem sequer serem solicitados, das batalhas pela fertilidade que eles travavam de noite, em espírito, armados de ramos de erva-doce, contra feiticeiras e feiticeiros armados com caules de sorgo. Tudo isso era, para os inquisidores, incompreensível; o próprio termo "*benandanti*" [andarilhos do bem] lhes era desconhecido e, várias vezes, ao longo de cinquenta anos, perguntaram o que significava. É essa falta de comunicação que faz aflorar um estrato de crenças profundas e ocultas: um culto extático, centrado na fertilidade, que ainda era vivíssimo entre o século XVI e o seguinte, entre camponeses e camponesas de uma região como o Friul, situada nos confins norte-orientais da Itália e que, na época, fazia parte dos domínios venezianos.

Após uma reação inicial de desconcerto, os inquisidores procuravam orientar-se. Como os relatos sobre as batalhas noturnas pela fertilidade os faziam pensar no sabá, procuraram forçar os andarilhos (embora sem recorrer à tortura) a admitir que eram feiticeiros. Eles protestaram vivamente ante essas pressões; mas, depois, pouco a pouco, cederam. Nos seus relatos, distribuídos ao longo de cinquenta anos, vemos insinuar-se pouco a pouco a imagem do sabá dos feiticeiros. Essa transformação, que podemos acompanhar passo a passo, quase em câmara lenta, me fez supor que um fenômeno análogo — a imposição da imagem do sabá sobre um estrato de crenças estranhas a ele — também pudesse ter se verificado fora do Friul.

Mas essa hipótese, que procurei verificar em *História noturna*, ainda não diz nada sobre as experiências contadas pelos andarilhos com tamanha abundância de detalhes pitorescos. Ao contrário dos inquisidores, eu não tinha a possibilidade de influir nos relatos dos andarilhos. Mas eu também, como os inquisidores, procurei reduzir à analogia a anomalia com que havia topado, inserindo-a numa série apropriada. E aqui as semelhanças entre andarilhos e xamãs se me impuseram com uma evidência irresistível. Em ambos os casos, trata-se de indivíduos cujas características físicas ou psicológicas, muitas vezes ligadas ao nascimento, designam os profissionais do êxtase. Em ambos os casos, o êxtase é acompanhado pela faculdade que permite ao espírito a saída do corpo, muitas vezes com forma de animal. Em ambos os casos, o espírito (do xamã ou do andarilho) se vê envolvido em experiências arriscadas de que depende a saúde ou o bem-estar físico da comunidade.

No prefácio a *Os andarilhos do bem*, eu explicava não ter enfrentado a relação entre andarilhos e xamãs, que eu declarava "indubitável", para não descer ao terreno de uma comparação puramente tipológica. Afirmava que seguia nisso o exemplo de Marc Bloch, que em seus *Reis taumaturgos* havia contraposto a comparação propriamente histórica entre fenômenos pertencentes a sociedades historicamente em contato à comparação antropológica, que examina fenômenos pertencentes a sociedades não ligadas por relações históricas documentadas. Como exemplo do segundo tipo de comparação, Bloch, que escrevia em 1924, citava Frazer. Quase meio século depois, a questão não podia ser enfrentada nos mesmos termos. A comparação a-histórica com que eu necessitava ajustar as contas era a de Lévi-Strauss (assim pensava eu). Por algum tempo, enquanto eu escrevia *Os andarilhos do bem*, me diverti com a ideia de apresentar minha documentação de duas maneiras distintas: uma histórica, a outra formal-estrutural. Eu tinha a impressão de que, escolhendo a primeira (como acabei fazendo), não teria conseguido tratar de forma adequada os elementos que pareciam historicamente intratáveis — antes de tudo, as analogias entre os andarilhos e os xamãs.

O dilema "história ou estrutura" voltou a se apresentar em meados dos anos 70, quando decidi enfrentar os problemas deixados em aberto pelo livro sobre os andarilhos numa escala muito mais vasta do que o Friul. Nesse meio-tempo, minha atitude havia mudado, em duas direções aparentemente opostas. Por um lado, eu não estava mais disposto a deixar de fora da minha pesquisa eventuais conexões a-históricas. Por outro lado, eu já não estava tão certo de que a relação entre os andarilhos e os xamãs fosse de natureza puramente tipológica. O primeiro caminho me levava para fora da historiografia; o segundo trazia para dentro dela, mas através de um problema que qualquer historiador teria julgado simplesmente impossível de propor.

O livro que escrevi — *História noturna* — é o resultado dessas pressões contraditórias. Ele se inicia com uma primeira parte decididamente histórica, centrada no surgimento da ideia de conspiração, pedra angular do estereótipo inquisitorial do sabá. Segue uma segunda parte, organizada de acordo com critérios puramente morfológicos, que analisa uma série de cultos extáticos de tipo xamânico, documentados em boa parte da Europa. Nesse contexto reaparecem os andarilhos friulanos, árvores de uma floresta que compreende figuras como os *kresniki* da península balcânica, os *burkudzäutä* do Cáucaso, os *táltos* da Hungria, os *noadji* da Lapônia etc. A presença da Hungria e da Lapônia é particularmente importante, por serem áreas pertencentes ao âmbito linguístico ugro-finês, habitadas por populações cujos remotos antepassados provinham ou podiam provir da Ásia Central. No caso dos *táltos* húngaros e dos *noadji* lapônios, a semelhança com os xamãs é particularmente estreita. Podemos considerá-los uma ponte entre a Ásia Central e regiões como o Friul, a península balcânica ou a Ossétia caucasiana, habitadas por populações de línguas indo-europeias. Como explicar essa distribuição geográfica? O primeiro capítulo da terceira parte propõe uma explicação histórica, levantando a possibilidade de uma difusão de crenças e práticas xamânicas da Ásia em direção à Europa, graças aos citas: uma população de língua iraniana (logo, pertencente ao tronco indo-europeu), talvez proveniente da Ásia Central, que alguns séculos antes da nossa era se estabeleceu na zona ao norte do mar Negro, entrando em contato com os gregos e, mais tarde, com os celtas. Mas esse capítulo, intitulado "Conjecturas euroasiáticas", termina realçando os limites das teorias difusionistas: como escreveu Claude Lévi-Strauss, a transmissão cultural pode ser explicada pelas relações externas, mas somente as relações internas são capazes de explicar a permanência. Essa objeção traz de volta ao primeiro plano o dilema "história ou estrutura". Por muito tempo pareceu-me que a impossibilidade de escolher entre uma e outra estivesse ligada à atenuação em mim (e ao meu redor) das motivações ideológicas que no passado me haviam empurrado preconceituosamente para uma explicação em termos históricos. Muitas vezes me comparei mentalmente ao asno de Buridan, obrigado a morrer de fome (a renunciar a terminar meu livro) entre duas interpretações documentalmente equivalentes.

Recentemente esse dilema apareceu para mim sob uma nova luz. É uma possibilidade que me foi sugerida por Adriano Sofri, quando relacionou uma frase minha sobre o propósito de demonstrar experimentalmente, no livro sobre o sabá, a existência da natureza humana, com o que foi chamado de o "pessoal jusnaturalismo" da minha mãe.[16] Será (indaguei-me) que a tese oposta, de que eu havia partido 25 anos antes, não podia ser reduzida ao historicismo do meu pai? Não estou propenso a excluí-lo, se bem que o historicismo que havia inicialmente guiado minhas pesquisas não era o de Croce (cujos livros li nos exemplares do meu pai, que havia sido muito ligado a ele), mas a sua versão mais radical, e por isso renegada por Croce, proposta por Ernesto De Martino em *Il mondo magico* [O mundo mágico].[17] A existência dessa dimensão psicológica, de que eu não tinha a menor consciência, poderia ter agido sobre a minha pesquisa de duas maneiras. Em primeiro lugar, contribuindo para tornar paralisante (como se sente paralisada a criança a quem perguntam se gosta mais da mamãe ou do papai) o dilema em que me debati por tanto tempo; em segundo lugar, estimulando-me a procurar uma solução que fosse compatível não apenas com as exigências da documentação mas também com minhas exigências psicológicas.

4. Que fique claro: estou longe de pensar que as respostas específicas que dei à minha pesquisa eram determinadas psicologicamente. Pergunto-me se, para serem aceitas, elas não tiveram de ajustar as contas com um veto psicológico inconsciente que teria podido repeli-las como absurdas ou infundadas. Se esse veto existe, como creio (claro que não só no meu caso), posso compreender retrospectivamente por que a minha decisão de evitar o dilema de que falava tenha sido aceita. O segundo capítulo da terceira parte (o mais amplo de todo o livro) procura combinar as duas perspectivas, a histórica e a estrutural ou morfológica, analisando um só elemento do conjunto de crenças que confluíam no estereótipo do sabá: o manquejar do diabo. Não posso resumir a argumentação, muito complexa, que me induziu a encontrar um fio comum que liga figuras aparentemente muito diferentes, como Édipo e Cinderela. Mas também essa rápida exposição de *História noturna* terá mostrado que, aí, história e morfologia não estão justapostas (como no projeto, depois abandonado, da dupla versão de *Os andarilhos do bem*), mas entrelaçadas: duas vozes que se alternam, discutem e por fim buscam um acordo. É uma escolha que espelha a discussão que se desenrolou dentro de mim, incessantemente, no decorrer dos quinze anos de que necessitei para escrever a *História noturna*.

Apêndice — Provas e possibilidades

(Posfácio a Natalie Zemon Davis,
O retorno de Martin Guerre)

1. Extraordinária, quase prodigiosa, assim parece aos contemporâneos o caso de que Natalie Zemon Davis fala. O primeiro a investigá-lo e narrá-lo sob essa luz já havia sido o juiz Jean de Coras. Montaigne evocou-o rapidamente, em seu ensaio "Dos coxos": "*Il me souvient* [...] *qu'il me sembla avoir rendu l'imposture de celuy qu'il jugea coulpable si merveilleuse et excedant de si loing nostre connoissance, et la sienne qui estoit juge, que je trouvay beaucoup de hardiesse en l'arrest qui l'avoit condamné à estre pendu*".[1] É um juízo contundente, que introduz as célebres páginas sobre as "*sorcieres de mon voisinage*", acusadas de crimes que Montaigne considera ainda mais inverossímeis e não provados. A temeridade dos juízes que as condenam à morte é implicitamente comparável à de Coras: "*Après tout, c'est mettre ses conjectures à bien haut pris que d'en faire cuire un homme tout vif*".[2] Sobriedade, senso de limite: os temas mais caros a Montaigne constituem o fio condutor do ensaio. Eles lhe haviam inspirado, pouco antes da inesperada lembrança de Coras, belíssimas palavras: "*On me faict hayr les choses vray-semblables quand on me les plante pour infaillibles. J'ayme ces mots, qui amollissent et*

moderent la temerité de nos propositions: A l'avanture, Aucunement, Quelque, On dict, Je pense, *et semblables*".[3]

Com uma sensação de mal-estar que teria recebido a aprovação de Montaigne, Natalie Zemon Davis escreve ter sentido, no filme sobre o caso de Martin Guerre para o qual havia colaborado, a falta de "todos esses 'talvez' e desses 'pode ser' de que o historiador dispõe quando a documentação é insuficiente ou ambígua". Entenderíamos mal essa declaração se distinguíssemos nela somente o fruto de uma prudência acumulada trabalhando em arquivos e bibliotecas. Ao contrário, diz Davis, é precisamente durante a finalização do filme, que, ao ver "na fase de montagem Roger Planchon experimentando diversas entonações para a fala do juiz [Coras] [...], pareceu-me ter à disposição um verdadeiro laboratório historiográfico, um laboratório em que o experimento não gerava provas irrefutáveis, mas sim possibilidades históricas" (p. x).

A expressão "laboratório historiográfico" é, naturalmente, metafórica. Enquanto um laboratório é um lugar onde se desenvolvem experiências científicas, o historiador é, por definição, um pesquisador a quem os experimentos, no sentido próprio do termo, são vedados. Reproduzir uma revolução, um desbravamento, um movimento religioso é impossível, não só na prática mas em princípio, para uma disciplina que estuda fenômenos temporalmente irreversíveis *como tais*.[4] Essa característica não é própria somente da historiografia — basta pensar na astrofísica ou na paleontologia. E a impossibilidade de recorrer a experimentos em sentido próprio não impediu que alguma dessas disciplinas elaborasse critérios de cientificidade *sui generis*,[5] baseados na consciência comum, na noção de prova.

O fato de que essa noção tenha sido elaborada inicialmente no âmbito jurídico foi removido com a maior naturalidade pelos historiadores contemporâneos. Até não muito tempo atrás a polêmica contra a *histoire événementielle* em nome da reconstrução dos fenômenos mais amplos — economias, sociedades, culturas — havia aberto um fosso aparentemente insuperável entre investigação historiográfica e investigação judiciária. Esta última, aliás, era vista frequentemente como modelo deletério dos requisitórios moralistas pronunciados pela velha historiografia política. Mas, nos últimos anos, a redescoberta do acontecimento (até da batalha campal, como a de Bouvines, estudada por Duby[6]) como terreno privilegiado para analisar os entrelaçamentos de tendências históricas profundas, pôs implicitamente em discussão certezas que pareciam definitivas. Além disso, e mais especificamente, a tentativa — testemunhada também por esse livro de Davis — de captar a concretude dos processos sociais por meio da reconstrução de vidas de homens e mulheres de classe não privilegiada, repropôs de fato a parcial contiguidade entre a ótica do historiador e a ótica do juiz, quando mais não fosse porque a fonte mais rica para pesquisas desse gênero é constituída precisamente por atos provenientes de tribunais leigos ou eclesiásticos. Nessas situações, o historiador tem a impressão de fazer uma pesquisa por interposta pessoa: a do inquisidor ou do juiz. Os autos processuais, diretamente acessíveis ou (como no caso de Davis) indiretamente, podem ser comparados à documentação de primeira mão recolhida por um antropólogo em seu trabalho de campo e deixada em herança para os historiadores futuros. Trata-se de uma documentação preciosa, mesmo inevitavelmente insuficiente: uma infinidade de perguntas que o historiador se faz — e que faria, se dispusesse da máquina do tempo, a acusados e testemunhas —, os juízes e os inquisidores do passado não formularam, nem podiam fazê-lo. Não se trata apenas de distância cultural, mas de diversidade de objetivos. A embaraçosa contiguidade profissional entre historiadores ou antropólogos atuais e juízes e inquisidores do passado cede lugar, a uma certa altura, a uma divergência nos métodos e nos objetivos. Isso não impede que entre os dois pontos de vista exista uma superposição parcial, que nos é clamorosamente recordada no momento em que historiadores e juízes se encontram trabalhando fisicamente em contato, na mesma sociedade e em torno dos mesmos fenômenos.[7] Um problema clássico, que podia parecer definitivamente superado — o da relação entre investigação histórica e investigação judiciária —, revela implicações teóricas e políticas inesperadas.

Os autos do processo movido em Toulouse contra Arnaud du Tilh, bígamo e impostor, foram infelizmente perdidos. Davis teve de se contentar com reelaborações literárias como o *Arrest memorable* do juiz Jean de Coras e a *Admiranda historia* de Le Sueur. Na sua detalhista leitura desses testemunhos, ricos embora, percebe-se o pesar (plenamente compartilhado pelo leitor) com a perda da fonte judiciária. Podemos apenas imaginar que mina de dados involuntários (isto é, não procurados pelos juízes) esse processo teria proporcionado a uma estudiosa como Davis. Mas ela se fez uma série de perguntas a que haviam respondido, quatro séculos antes, Jean de Coras e seus colegas do Parlamento de Toulouse. Como Arnaud du Tilh havia conseguido tão bem personificar o papel de Martin Guerre, o verdadeiro marido? Teria havido um acordo prévio entre os dois? E até que ponto a esposa, Bertrande, tinha sido cúmplice do impostor? Claro, se Davis se houvesse limitado a tudo isso não teria saído da anedota. Mas é significativo que à continuidade das perguntas corresponda a continuidade das respostas. A reconstrução dos fatos efetuada pelos juízes quinhentistas é substancialmente acolhida por Davis, com uma relevante exceção. O Parlamento de Toulouse julgou Bertrande inocente e o filho, nascido do seu segundo casamento, legítimo, pois concebido na convicção de que Arnaud era o verdadeiro marido (ponto juridicamente delicadíssimo, sobre o qual Coras se deteve com doutas argumentações numa página do *Arrest memorable*). Já segundo Davis, Bertrande compreendeu imediatamente, ou quase, que o suposto Martin Guerre era na realidade um estranho, e não seu marido: portanto, se ela o recebeu como tal, foi por livre escolha, e não por ser vítima inconsciente de um engano.

Trata-se de uma conclusão conjectural (os pensamentos e os sentimentos de Bertrande infelizmente são inacessíveis), mas, na sua evidência, para nós quase óbvia. Os historiadores que, lembra polemicamente Davis, tendem a representar os camponeses da época como indivíduos quase privados de liberdade de escolha, objetarão a esse ponto que se trata de um caso excepcional, logo o representativo — jogando com a ambiguidade entre representatividade estatística (verdadeira ou suposta) e representatividade histórica. Na realidade, o argumento deve ser invertido: é justamente a excepcionalidade do caso Martin Guerre que lança alguma luz sobre uma normalidade documentalmente elusiva. Inversamente, situações análogas contribuem para preencher de certo modo as lacunas do caso que Davis se propôs a reconstruir: "Quando não encontrava o homem ou a mulher que estava procurando, eu me voltava, na medida do possível, para outras fontes do mesmo tempo e do mesmo lugar, a fim de descobrir o mundo que eles deviam conhecer e as reações que podem ter tido. Se o que ofereço é, em parte, de minha invenção, está no entanto solidamente arraigado nas vozes do passado" (pp. 6-7).

O termo "invenção" (*invention*) é voluntariamente provocatório — mas, no fim das contas, desviante. A pesquisa (e a narração) de Davis não é centrada na contraposição entre "verdadeiro" e "inventado", mas na integração, sempre escrupulosamente assinalada, de "realidades" e "possibilidades". Decorre daí o pulular, em seu livro, de expressões como "talvez", "deviam", "pode-se presumir", "certamente" (que na linguagem historiográfica costuma significar "muito provavelmente") etc. A este ponto a divergência entre a ótica do juiz e a ótica do historiador aparece com clareza. Para o primeiro, a margem de incerteza tem um significado puramente negativo e pode desembocar num *non liquet* — em termos modernos, numa absolvição por falta de provas. Para o segundo, ela deflagra um aprofundamento da investigação, que liga o caso específico ao contexto, entendido aqui como lugar de possibilidades historicamente determinadas. A biografia dos personagens de Davis se torna, de vez em quando, a biografia de outros "homens e mulheres do mesmo tempo e do mesmo lugar", reconstruída com sagacidade e paciência mediante fontes cartoriais, judiciárias, literárias. "Verdadeiro" e "verossímil", "provas" e "possibilidades" se misturam, permanecendo embora rigorosamente distintos.

Falamos, a propósito do livro de Davis, de "narração". A tese segundo a qual todos os livros de história — inclusive os que são baseados em estatísticas, gráficos, mapas — têm um componente intrinsecamente narrativo é rejeitada por muitos (equivocadamente, a meu ver). Todos, porém, estão dispostos a reconhecer que alguns livros de história — entre os quais, sem dúvida, *O retorno de Matin Guerre* — têm uma estrutura mais narrativa do que outros. O caso de Martin Guerre, tão dramático e rico de golpes teatrais, evidentemente se prestava a uma escolha expositiva do gênero. O fato de que tenha sido contado sucessivamente por juristas, romancistas, historiadores e cineastas faz dele um caso útil para refletir sobre um problema hoje muito debatido — a relação entre narrações em geral e narrações historiográficas.

As mais antigas exposições do caso — a *Admiranda historia* de Le Sueur e o *Arrest memorable* de Jean de Coras — têm, como observa Davis, um aspecto destoante, apesar de escritas, ambas, por juristas. Têm em comum a insistência sobre a novidade inaudita do caso do falso marido; mas, enquanto a *Admiranda historia* se inspira no filão, então difundidíssimo, das histórias de prodígios, o *Arrest memorable* é um texto anômalo, que, em sua alternância de relato e doutas observações, reproduz a estrutura das obras jurídicas. Na dedicatória a Jean de Monluc, bispo de Valence, posta no início da primeira edição, Coras salientava modestamente os limites literários da sua pequena obra — "o discurso é breve, admito, mal urdido, toscamente acabado, escrito num estilo excessivamente agreste" — exaltando porém seu tema: "um tema tão bonito, tão atraente e tão monstruosamente estranho".[8] Quase no mesmo momento, o soneto de abertura destinado ao leitor da tradução francesa da *Historia* de Le Sueur (*Histoire admirable d'un faux et supposé mary*) declarava enfaticamente que o caso ultrapassava "as histórias prodigiosas" de autores cristãos ou pagãos, "os escritos fabulosos" dos poetas antigos (citando pouco depois as *Metamorfoses* de Ovídio), as "pinturas monstruosas", as astúcias de Plauto, de Terêncio ou dos "novos cômicos" e "os casos mais estranhos dos argumentos trágicos".[9] A analogia com as substituições de pessoa da comédia antiga era de esperar: o próprio Coras havia comparado o caso do falso Martin Guerre ao *Anfitrião* de Plauto. Já Le Sueur havia falado, e duas vezes, de "tragédia". Na parte acrescentada em 1565 à nova edição do *Arrest*, acompanhada de 111, em vez de cem anotações, Coras seguiu seu exemplo. A introdução do termo "tragédia" era seguida por um comentário: "Foi mesmo uma tragédia, para aquele rústico gentil [*gentil rustre*], dado que a conclusão foi para ele funesta e miserável. Porque ninguém sabe a diferença entre tragédia e comédia". Esta última afirmação era imediatamente contradita por uma aparente digressão em que Coras, acompanhando a formulação de Cícero, contrapunha a comédia, que "descreve e representa em estilo baixo e humilde as histórias privadas dos homens, como amores e seduções de moçoilas" à tragédia, em que são "representados em estilo alto e grave os costumes, as adversidades e as vidas cheias de peripécias, de capitães, duques, reis e príncipes".[10] A estreita correspondência entre hierarquia estilística e hierarquia social que inspirava essa tradicional contraposição era implicitamente repelida por Coras, que se limitava a aceitar a equivalência (que ainda nos é familiar) entre comédia e final feliz, de um lado, e tragédia e final lamentável, de outro. O que o induzia a rejeitar a doutrina tradicional (que ele conhecia muito bem, apesar de afirmar ignorá-la) era o caráter excepcional do caso, e sobretudo do seu protagonista: Arnaud du Tilh, dito Pansette ("aquele rústico gentil"). O fascínio ambivalente exercitado sobre Coras por seu herói (aquele herói que, como juiz, ele havia contribuído para mandar ao patíbulo), é analisado por Davis com muita fineza. Pode-se acrescentar que essa ambivalência é realçada precisamente pela expressão fortemente contraditória *gentil rustre* — verdadeiro oxímoro, que Coras repete duas vezes.[11] Pode um campônio ser capaz de "gentileza" — virtude relacionada, por definição, ao privilégio social? E como descrever esse contraditório prodígio? Com o estilo "alto e grave" da tragédia, como requer o adjetivo (*gentil*), ou com o estilo "baixo e humilde" da comédia, o único apropriado ao substantivo (*rustre*)? Le Sueur também havia sentido, a certa altura, a necessidade de tornar mais prestigiosos os personagens da sua história, observando a propósito do casamento precoce de Martin Guerre com Bertrande, uma menina de dez anos, que o desejo de posteridade é comum "não só aos grão-senhores, mas também aos plebeus [*mechaniques*]".[12] Coras, num ímpeto enfático, chega a dizer que diante da "feliz disposição de uma memória tão extraordinária" exibida por Arnaud du Tilh durante o processo, os juízes tinham estado a ponto de compará-lo com "Cipião, Ciro, Teodato, Mitridates, Temístocles, Cineas, Metrodoro ou Lúculo" — ou seja, àqueles "capitães, duques, reis e príncipes" que são os heróis das tragédias. Mas a "conclusão miserável" de Arnaud — comenta, quase se emendando, Coras — teria ofuscado o esplendor de tais personagens.[13] A vida humilde e a morte infame no patíbulo impediam portanto de ver em Arnaud du Tilh, dito Pansette, um personagem de tragédia no sentido tradicional do termo; mas, em outro sentido — o que Coras assumiu e que chegou até nós —, justamente graças a essa morte a sua história podia ser definida como trágica. Em

Arnaud, nesse campônio impostor, que lhe parecia inclusive envolto num halo demoníaco, Coras reconhecia implicitamente, ao forçar as amarras da doutrina clássica baseada na separação dos estilos, uma dignidade que extraía a sua origem da comum condição humana — o tema que estava no centro das reflexões do seu contemporâneo e crítico Montaigne. Como bem viu Natalie Davis, o juiz tinha conseguido de certo modo identificar-se com a sua vítima. Quanto contribuía para isso a provável adesão de ambos à fé reformada, é difícil dizer. Mas enquanto escrevia o *Arrest memorable* Coras não imaginava estar destinado a uma "conclusão miserável" — o enforcamento —, igual àquela que havia infligido a Arnaud.

A doutrina clássica da separação dos estilos e a sua transgressão operada pelo cristianismo são os fios condutores da grande obra de Eric Auerbach sobre a representação da realidade na literatura da Europa ocidental. Analisando trechos históricos da plena e da tardia Antiguidade (Tácito, Amiano Marcelino) e da Idade Média (Gregório de Tours), junto com trechos de poetas, dramaturgos ou romancistas, Auerbach indicou um caminho que não foi continuado. Valeria a pena fazê-lo, mostrando como resumos de fatos de crônica mais ou menos extraordinários e livros de viagens a países distantes contribuíram para o nascimento do romance e — através desse intermediário decisivo — da historiografia moderna. Então o reconhecimento por Jean de Coras de uma dimensão trágica no caso de Arnaud du Tilh encontrará um lugar adequado entre os testemunhos da fratura de uma visão rigidamente hierárquica ante o choque da diversidade — social, cultural ou natural, conforme os casos.[14]

2. Nos últimos anos, como já recordamos, a dimensão narrativa da historiografia foi vivamente discutida por filósofos e pesqui-

sadores e, mais recentemente, por historiadores de primeira linha.[15] Mas a absoluta falta de diálogo entre uns e outros impediu até agora de chegar a resultados satisfatórios. Os filósofos analisaram proporções historiográficas individualizadas, geralmente fora do contexto, ignorando o trabalho preparatório de pesquisa que as tornara possíveis.[16] Os historiadores se indagaram se havia ocorrido nos últimos anos um retorno à historiografia narrativa, desdenhando as implicações cognitivas dos vários tipos de narração.[17] Justamente a página de Coras discutida há pouco recorda que a adoção de um código estilístico seleciona certos aspectos da realidade em vez de outros, realça certas conexões em vez de outras, estabelece certas hierarquias em vez de outras. Que tudo isso esteja ligado às relações mutáveis que se desenvolveram no decorrer de dois milênios e meio entre narrações historiográficas e outros tipos de narração — da epopeia ao romance, ao cinema —, parece óbvio. Analisar historicamente essas relações — feitas, pouco a pouco, de trocas, hibridações, contraposições, influências num só sentido — seria muito mais útil do que propor formulações teóricas abstratas (com frequência, implícita ou explicitamente normativas).

Bastará um exemplo. A primeira obra-prima do romance burguês se intitula *Robinson Crusoé: a aventura de um náufrago numa ilha deserta*. No prefácio, Defoe insistia na veridicidade da narrativa (*story*), contrapondo história a ficção: "*The story is told with modesty, with seriousness* [...]. *The Editor believes the thing to be a just history of facts; neither is there any appearance of fiction in it...*".[18] Já Fielding intitulou, sem mais, seu principal livro *A história de Tom Jones*, explicando ter preferido história a vida ou a uma apologia da vida para se inspirar no exemplo dos historiadores. Mas de quais?

> Propomo-nos a seguir o método dos escritores que querem dar a conhecer as revoluções políticas, em vez de imitarmos o historiador

laborioso e prolixo que, por amor à regularidade da série, se crê obrigado a encher com os detalhes de meses e anos em que não acontece nada de importante tanto papel quanto reserva às épocas em que se desenvolveram os mais grandiosos acontecimentos na cena da humanidade.[19]

O modelo de Fielding é Clarendon, autor da *History of the Rebellion* [História da rebelião]: com ele aprendeu a condensar ou dilatar o tempo da narração, rompendo com o tempo uniforme da crônica ou da epopeia, marcado por um metrônomo invisível.[20] Essa aquisição é tão importante para Fielding que o induz a intitular todos os livros em que está subdividido *Tom Jones*, a partir do quarto, com uma indicação temporal, que até o décimo livro se torna progressivamente, convulsivamente mais breve: um ano, meio ano, três semanas, três dias, dois dias, doze horas, cerca de doze horas... Dois irlandeses — Sterne[21] e Joyce — levarão às últimas consequências a dilatação do tempo narrativo em relação ao tempo cronológico, e teremos todo um romance dedicado à descrição de um único, interminável dia dublinense. Assim, na origem dessa memorável revolução narrativa encontramos a história da primeira grande revolução da era moderna.

Nas últimas décadas, os historiadores discutiram muito sobre os ritmos da história; pouco ou nada, o que é significativo, sobre os ritmos da narração histórica. Uma investigação sobre as eventuais repercussões do modelo narrativo inaugurado por Fielding sobre a historiografia do século XX ainda está, se não me engano, por ser feita. É claríssima, ao contrário, a dependência — não limitada ao tratamento do fluxo temporal — do romance inglês, nascido em oposição ao filão "gótico", em relação à historiografia anterior ou da mesma época. Escritores como Defoe ou Fielding buscam no prestígio que envolve esta última uma fonte de legitimação para um gênero literário iniciante, ainda desacreditado socialmente. Recorde-se a seca declaração de Defoe sobre as aventuras de Robinson, apresentadas como "uma acurada história de fatos" sem "aparência de ficção". De uma maneira mais elaborada, Fielding afirma ter querido evitar cuidadosamente "o termo *romance*", que no entanto teria sido apropriado para definir *Tom Jones*, para não cair no descrédito que envolve "todos os escritores que não derivam seus materiais dos documentos". *Tom Jones*, ao contrário, conclui Fielding, merece de fato o nome de história (que figura no título): todos os personagens são bem documentados, porque derivam "do vasto e autêntico cadastro da natureza [*doomsday-book of nature*]".[22] Fundindo brilhantemente a referência ao cadastramento ordenado por Guilherme, o Conquistador, com a imaginação tradicional do "livro da Natureza", Fielding reivindicava a verdade histórica da sua obra, comparando-a a um trabalho de arquivo. Eram historiadores tanto os que se ocupavam de "acontecimentos públicos" quanto os que, como ele, se limitavam às "cenas da vida privada".[23] Para Gibbon, porém, ainda que no âmbito de um elogio hiperbólico ("aquela refinada representação dos costumes humanos que viverá mais tempo que o palácio do Escorial e do que a águia imperial da casa da Áustria"), *Tom Jones* não deixava de ser, apesar do título, um *romance*.[24]

Mas com o crescimento do prestígio do romance a situação muda. Embora continuando a se comparar com os historiadores, os romancistas se desvinculam pouco a pouco da sua posição de inferioridade. A declaração falsamente modesta (na realidade, arrogante) de Balzac na introdução da *Comédia humana* — "*La Société française allait être l'historien, je ne devais être que le secrétaire*" — adquire todo o seu sabor nas frases que se seguem pouco depois: "*Peut-être pouvais-je arriver à écrire l'histoire oubliée par tant d'historiens, celle des moeurs. Avec beaucoup de patience et de courage, je réaliserais, sur la France au XIXe siècle, ce livre que nous* *regrettons tous, que Rome, Athènes, Tyr, Memphis, la Perse, l'Inde ne nous ont malheureusement pas laissé sur leurs civilisations...".*[25] Esse grandioso desafio é lançado aos historiadores, reivindicando um terreno de investigação que eles deixaram substancialmente inexplorado: "*J'accorde aux faits constants, quotidiens, secrets ou patents, aux actes de la vie individuelle, à leurs causes et à leurs principes, autant d'importance que jusqu'alors les historiens ont attaché aux événements de la vie publique des nations".*[26]

Balzac escrevia essas palavras em 1842. Cerca de uma década antes, Giambattista Bazzoni, na introdução ao seu *Falco della Rupe, o la guerra di Musso*, tinha se expressado em termos parecidos:

> O Romance histórico — escrevia ele — é uma grande *lente* que se aplica a um ponto do imenso quadro [pintado pelos historiadores, povoado pelos grandes personagens; desse modo] o que mal era visível recebe as suas dimensões naturais; um leve esboço se torna um desenho regular e perfeito, ou melhor, um quadro em que todos os objetos recebem sua verdadeira cor. Não mais os reis, os duques, os magistrados de sempre, mas a gente do povo, as mulheres, as crianças fazem sua aparição; são postos em ação os vícios, as virtudes domésticas e patenteada a influência das instituições públicas sobre os costumes privados, sobre as necessidades e as felicidades da vida, que é o que, no fim das contas, deve interessar à universalidade dos homens.[27]

O ponto de partida dessas reflexões de Bazzoni eram, naturalmente, *Os noivos*. Mas devia passar ainda algum tempo até que Manzoni se decidisse a publicar as páginas *Del romanzo storico e, in genere, de' componimenti misti di storia e d'invenzione* [Do romance histórico e, em geral, dos componentes mistos de história e ficção], em que toda a questão era discutida analiticamente. A um interlocutor imaginário ele atribuía uma imagem do romance histórico como forma não só diferente mas superior à historiografia corrente:

> A intenção do seu trabalho era pôr diante dos meus olhos, numa forma nova e especial, uma história mais rica, mais variada, mais completa do que a que se encontra nas obras a que se dá esse nome, mais comumente e como que por antonomásia. A história que esperamos de você não é somente um relato cronológico de fatos políticos e militares e, por exceção, de algum acontecimento extraordinário de outro gênero; mas sim uma representação mais geral do estado da humanidade num tempo, num lugar, naturalmente mais circunscrito do que aquele em que costumam se estender os trabalhos de história, no sentido mais usual do vocábulo. Há entre estes e o seu a mesma diferença, de certo modo, que entre uma carta geográfica, em que estão assinaladas as cadeias de montanhas, os rios, as cidades, os burgos, as grandes estradas de uma vasta região, e uma carta topográfica, na qual tudo isso é mais detalhado (digo tudo aquilo que pode caber num espaço muito mais restrito de território), em que também estão assinaladas as elevações menores, as desigualdades ainda menos sensíveis do terreno, as gargantas, os canais d'água, as aldeias, as casas isoladas, os atalhos. Costumes, opiniões, tanto gerais como particulares a esta ou àquela classe de homens; efeitos privados dos acontecimentos públicos que se chamam mais propriamente de históricos, e das leis ou da vontade dos poderosos, qualquer que seja a maneira como se tenham manifestado; em resumo, tudo o que havia de mais característico, em todas as condições da vida e nas relações de umas com as outras numa sociedade dada, num tempo dado; eis o que você se propôs a dar a conhecer...

Para o interlocutor imaginário a presença de elementos de ficção era, nesse programa, contraditória. Como Manzoni respondia a essas e a outras objeções relativas ao romance histórico, não importa aqui. Sublinhemos porém que ele acabava contrapondo ao romance histórico uma história "possível", já expressa embora por muitos "trabalhos, cuja finalidade é, exatamente, dar a conhecer, não tanto o curso político de uma parte da humanidade, num tempo dado, quanto o seu modo de ser, sob aspectos diversos e, mais ou menos, múltiplos". Palavras vagas que logo cediam a vez ao reconhecimento apenas velado de que a história havia "ficado aquém do que tal intento podia requerer, aquém do que os materiais, procurados e observados com um propósito mais vasto e mais filosófico, podiam proporcionar...". Daí a exortação para que o futuro historiador pesquise "nos documentos de qualquer gênero" fazendo "tornar-se documentos inclusive certos escritos cujos autores estavam mil milhas longe de imaginar que punham no papel documentos para os pósteros...".[28]

Quando Balzac reivindicava a importância da vida privada dos indivíduos, contrapondo-a à vida pública das nações, pensava em *O lírio do vale*: "*La bataille inconnue qui se livre dans une vallée de l'Indre entre* madame de Mortsauf *et la passion est peut-être aussi grande que la plus illustre des batailles connues*".[29] E quando o interlocutor imaginário de Manzoni falava dos "efeitos privados dos acontecimentos públicos que se chamam mais propriamente de históricos, e das leis ou da vontade dos poderosos, qualquer que seja a maneira como se tenham manifestado", aludia naturalmente a *Os noivos*. Mas nas considerações de caráter geral formuladas por ambos é impossível não encontrar, *a posteriori*, a prefiguração das características mais manifestas da pesquisa histórica das últimas décadas — da polêmica contra os limites de uma história exclusivamente política e militar à reivindicação de uma história da mentalidade dos indivíduos e dos grupos sociais, e até (nas páginas de Manzoni) a uma teorização da micro-história e do uso sistemático de novas fontes documentais. Trata-se, como já foi dito, de uma releitura *a posteriori*, isto é, anacrônica, mas nem por isso totalmente arbitrária. Foi preciso um século para que os historiadores começassem a aceitar o desafio lançado pelos grandes romancistas do século XIX — de Balzac a Manzoni, de Stendhal a Tolstói — enfrentando campos de pesquisa anteriormente desdenhados com a ajuda de modelos explicativos mais sutis e complexos que os tradicionais. A crescente predileção dos historiadores por temas (e, em parte, por formas expositivas) antes reservados aos romancistas — fenômeno impropriamente definido como "renascimento da história narrativa" — nada mais é que um capítulo de um longo desafio no terreno do conhecimento da realidade. Com relação aos tempos de Fielding, o pêndulo oscila hoje na direção oposta.

Até não muito tempo atrás, a maioria dos historiadores enxergava uma nítida incompatibilidade entre a acentuação do caráter científico da historiografia (tendencialmente assimilada às ciências sociais) e o reconhecimento da sua dimensão literária. Hoje, ao contrário, esse reconhecimento é estendido cada vez mais a obras de antropologia ou de sociologia, sem que isso implique necessariamente, de quem o formula, um juízo negativo. O que em geral é ressaltado, porém, não é o campo de conhecimento identificável nas narrações de ficção, por exemplo, nas narrativas romanescas, mas sim o nível fabulatório identificável nas narrações com pretensões científicas — a começar pelas narrativas historiográficas. A convergência entre os dois tipos de narração deve ser buscada — para ser breve — no plano da arte, e não no da ciência. Hayden White, por exemplo, examinou as obras de Michelet, Ranke, Tocqueville e Burckhardt como exemplos de *historical imagination* [imaginação histórica].[30] E François Hartog (independentemente de White e inspirando-se mais nos escritos de Michel de Certeau) analisou o quarto livro de Heródoto, dedicado aos citas, como um discurso autossuficiente, acabado em si como a descrição de um mundo imaginário. Em ambos os casos, as pretensões à verdade das narrações historiográficas são excluídas pela análise. É verdade que Hartog não rejeita em princípio a legitimidade de um cotejo entre as descrições de Heródoto e os resultados, digamos, das escavações arqueológicas na zona ao norte do mar Negro ou das pesquisas sobre o folclore dos ossetas, remotos descendentes dos citas. Mas justamente um cotejo totalmente ocasional com a documentação osseta, recolhida pelos folcloristas russos no fim do século XIX, leva-o a concluir que Heródoto "atenuou e entendeu mal" num ponto essencial a "alteridade" da adivinhação cita.[31] Como não concluir que um *essai sur la représentation de l'autre* (é esse, precisamente, o subtítulo do livro de Hartog, "ensaio sobre a representação do outro") implicava necessariamente um cotejo menos episódico entre o texto de Heródoto e outras séries documentais? Analogamente, White declarara ter querido limitar sua pesquisa aos elementos "artísticos" presentes na historiografia "realista" do século XIX (Michelet, Ranke, Tocqueville etc.) — servindo-se de uma noção de "realismo" deduzida explicitamente por Auerbach (*Mimesis*) e Gombrich (*Arte e ilusão*).[32] Mas esses dois grandes livros, apesar da sua diversidade (justamente salientada por White), são fundados na convicção de que é possível decidir, após verificação da realidade histórica ou natural, se um romance ou um quadro são mais ou menos adequados, do ponto de vista da representação, do que outro romance ou outro quadro. A recusa, essencialmente relativista, de descer a esse terreno faz da categoria "realismo", usada por White, uma fórmula carente de conteúdo.[33] Uma verificação das pretensões de verdade inerentes às narrações historiográficas como tais implicaria a discussão dos problemas concretos, ligados às fontes e às técnicas da pesquisa, a que os historiadores tinham se proposto em seu trabalho. Se esses elementos são desdenhados, como faz White, a historiografia se configura como puro e simples documento ideológico.

É essa a crítica que Arnaldo Momigliano fez às mais recentes posições de White (mas ela poderia ser estendida, com as devidas diferenças, a Hartog). Momigliano recordou polemicamente algumas verdades elementares: por um lado, que o historiador trabalha com fontes, descobertas ou a serem descobertas; por outro, que a ideologia contribui para impulsionar a pesquisa, mas que depois deve ser mantida à distância.[34] Esta última prescrição, porém, simplifica por demais o problema. O próprio Momigliano mostrou melhor do que qualquer outro que princípio de realidade e ideologia, controle filológico e projeção no passado dos problemas do presente se entrelaçam, condicionando-se reciprocamente, em *todos* os momentos do trabalho historiográfico — da identificação do objeto à seleção dos documentos, aos métodos de pesquisa, aos critérios de prova, à apresentação literária. A redução unilateral desse entrelaçamento tão complexo à ação imune a atritos do imaginário historiográfico, proposta por White e por Hartog, parece redutiva e, no fim das contas, improdutiva. Foi precisamente graças aos atritos suscitados pelo princípio de realidade (ou como quer que se queira chamá-lo) que os historiadores, de Heródoto em diante, acabaram apesar de tudo se apropriando amplamente do "outro", ora em forma domesticada, ora, ao contrário, modificando de forma profunda os esquemas cognoscitivos de que haviam partido. A "patologia da representação", para dizê-lo com Gombrich, não esgota a possibilidade desta última. Se não tivesse sido capaz de corrigir suas imaginações, expectativas ou ideologias com base nas indicações (às vezes desagradáveis) provenientes do mundo externo, a espécie *Homo sapiens* teria perecido faz tempo. Entre os instrumentos intelectuais que lhe permitiram adaptar-se ao meio ambiente (natural e social), modificando-o progressivamente, também deve ser incluída, afinal de contas, a historiografia.

3. Hoje, a insistência na dimensão narrativa da historiografia (de qualquer historiografia, ainda que em diferente medida) se faz acompanhar, como se viu, de atitudes relativistas que tendem a anular *de fato* qualquer distinção entre *ficção* e *história*, entre narrações fantásticas e narrações com pretensão de verdade. Contra essas tendências, ressalte-se, ao contrário, que uma maior consciência da dimensão narrativa não implica uma acentuação das possibilidades cognoscitivas da historiografia, mas, ao contrário, sua intensificação. É precisamente a partir daqui, portanto, que deverá começar uma crítica radical da linguagem historiográfica de que, por ora, só temos algumas referências.

Graças a Momigliano sabemos que contribuição decisiva o estudo das antiguidades deu ao nascimento da historiografia moderna.[35] Mas foi precisamente aquele que o próprio Momigliano indicou como símbolo da fusão entre antiquarismo e historiografia filosófica — Edward Gibbon — que teve de denunciar, numa nota autocrítica ao capítulo XXXI do *Declínio e queda do Império Romano*, dedicado às condições da Britânia na primeira metade do século V, o condicionamento exercido pelos esquemas narrativos sobre a apresentação dos resultados da pesquisa. "*I owe it to myself and to historic truth*", escrevia Gibbon, "*to declare, that some circumstances in this paragraph are founded only on conjecture and analogy. The stubborness of our language has sometimes forced me to deviate from the conditional into the indicative mood.*"[36] Por sua vez, Manzoni, numa página do escrito *Del romanzo storico e, in genere, de' componimenti misti di storia e d'invenzione*, expôs uma solução diferente. Depois de ter contraposto carta geográfica a carta (ou mapa) topográfica como imagens, respectivamente, da historiografia tradicional e do romance histórico, entendido como "forma nova e especial..., mais rica, mais variada, mais completa" de história, Manzoni complicou a metáfora convidando a distinguir explicitamente, no interior do mapa, partes certas e partes conjecturais.

A proposta não era, em si, nova: procedimentos semelhantes estavam em uso fazia tempo entre filólogos e antiquários, mas a sua extensão à história narrativa não era nem um pouco óbvia, como mostra a passagem de Gibbon. Manzoni escrevia, pois:

> Não será fora de propósito observar que a história às vezes pode se servir até mesmo do verossímil, e sem inconveniente, porque o faz de boa maneira, isto é, expondo-o na sua forma própria e distinguindo-o assim do real. [...] É uma parte da miséria do homem não poder conhecer senão algo do que já foi, inclusive no seu pequeno mundo; e é uma parte da sua nobreza e da sua força poder conjecturar além daquilo que pode saber. A história, quando recorre ao verossímil, não faz nada mais do que secundar ou suscitar essa tendência. Para então, por um momento, de relatar, porque o relato, nesse caso, não é o bom instrumento, e adota em vez dele o instrumento da indução. Dessa maneira, fazendo o que é requerido pela razão diferente das coisas, faz também o que convém ao seu novo intento. De fato, para poder reconhecer essa relação entre o positivo relatado e o verossímil proposto, uma condição necessária é precisamente que um e outro se apresentem distintos. É mais ou menos como quem, desenhando a planta de uma cidade, acrescenta, em cores diferentes, ruas, praças, edifícios em projeção; e, ao apresentar de forma distinta das partes que existem as que poderiam existir, faz com que se veja a razão de pensá-las reunidas. A história, quero dizer, abandona então o relato, mas para se aproximar, da única maneira possível, do que é a finalidade do relato. Conjecturando como relatando, ela sempre tem em mira o real: é aí que está a sua unidade.[37]

O preenchimento das lacunas feito (e logo depois denunciado) por Gibbon poderia ser comparado à restauração de uma pintura, entendida como um drástico repintar; e a indicação sistemática das conjecturas historiográficas proposta por Manzoni, a uma restauração em que as lacunas sejam indicadas por meio do *rigatino*.* Uma solução como essa estava, em todos os sentidos, à frente do seu tempo; a página de Manzoni permaneceu sem eco. Não se encontra rastro dela nem mesmo no ensaio "Immaginazione, aneddotica e storiografia" [Imaginação, anedotismo e historiografia], em que Croce discutiu com muita acuidade alguns exemplos de falaciosas restaurações narrativas ditadas pela "imaginação combinatória".[38] Croce, de resto, limitava fortemente o peso das suas observações referindo-as exclusivamente ao anedotismo, próximo do romance histórico: a historiografia, no sentido mais próprio e mais elevado do termo, estava, a seu ver, intrinsecamente imunizada contra riscos do gênero. Mas, como vimos, um historiador do quilate de Gibbon não era desse parecer.

Quem entendeu num sentido muito mais radical as implicações do ensaio sobre Croce foi Arsenio Frugoni.[39] No seu *Arnaldo da Brescia nelle fonti del secolo XII*, ele polemizou asperamente com o "método filológico-combinatório", ou seja, com a obstinada e ingênua confiança dos estudiosos na providencial complementaridade dos testemunhos do passado. Essa confiança havia criado de Arnaldo uma imagem artificial e inverossímil, que Frugoni dissolvia lendo cada fonte de dentro, contra a luz, na sua irrepetível singularidade. Das páginas de são Bernardo, de Oto de Frisinga, de Gerhoh de Reichersberg e outros, emergiam diversos retratos de Arnaldo de Brescia, feitos de ângulos visuais diferentes. Mas essa operação de "restauração" era acompanhada pela tentativa de reconstruir, nos limites do possível, a personalidade do "verda-

---

* Técnica italiana de restauração, segundo a qual se preenche a parte faltante da pintura com finíssimas linhas paralelas, que, propositadamente visíveis de perto, fazem a lacuna desaparecer à distância. (N. T.)

deiro" Arnaldo: "O nosso retrato será como um daqueles fragmentos de escultura antiga, mas com traços, me iludo?, de uma sugestividade vigorosa, livre das contrafações criadas pelos acréscimos posteriores".[40]

O *Arnaldo*, publicado em 1954, foi discutido somente pelos especialistas. Mas é evidente que ele não se dirigia apenas aos heresiólogos e aos estudiosos dos movimentos religiosos do século XII. Hoje, trinta anos depois, podemos lê-lo como um livro antecipador, que talvez tenha sido prejudicado por uma certa timidez ao levar a fundo o projeto crítico inicial. A um olhar retrospectivo, parece claro que seu alvo não era apenas o método filológico-combinatório mas também a narração histórica tradicional, irresistivelmente propensa, muitas vezes, a preencher (com um advérbio, uma preposição, um adjetivo, um verbo no indicativo em vez de no condicional...) as lacunas da documentação, transformando um torso numa estátua completa.

Um resenhista agudo como Zerbi percebia com preocupação no livro de Frugoni uma tendência ao "agnosticismo historiográfico", só fracamente contrastada pelas "aspirações de uma verdadeira mentalidade histórica, que se sente mortificada ao não distinguir mais que pó, ainda que o pó seja de ouro".[41] Não se trata de uma preocupação infundada: a supervalorização das fontes de caráter narrativo, perceptível em Frugoni (assim como é hoje, a partir de pressupostos culturais totalmente diferentes, em Hartog), contém o germe de uma dissolução idealista da história na história da historiografia. Mas, em princípio, a crítica dos testemunhos proposta com tanta fineza por Frugoni não só não exclui mas facilita a integração de séries documentais diferentes, com uma consciência desconhecida do velho método combinatório. Nessa direção há muita coisa a fazer.

4. No próprio ato de propor a inserção das conjecturas, indicadas como tais, na narração historiográfica, Manzoni sentia a necessidade de reafirmar, de um modo meio contorcido, que "a história [...] abandona então o relato, mas para se aproximar, da única maneira possível, do que é a finalidade do relato". Entre conjecturas e relato histórico, entendido como exposição de verdades positivas, havia, na opinião de Manzoni, uma óbvia incompatibilidade. Hoje, ao contrário, o entrelaçamento de verdades e possibilidades, assim como a discussão de hipóteses de pesquisa contrastantes, em alternância com páginas de evocação histórica, não desconcertam mais. A nossa sensibilidade de leitores se modificou por mérito de Rostovzev e de Bloch — mas também de Proust e de Musil. Não é apenas a categoria da narração historiográfica que se transformou, mas a da narração *tout court*. A relação entre quem narra e a realidade aparece mais incerta, mais problemática.

Os historiadores, porém, às vezes têm dificuldade em admiti-lo. E neste ponto entendemos melhor por que Natalie Zemon Davis pôde definir a sala de montagem do filme sobre Martin Guerre como um verdadeiro "laboratório historiográfico". A sucessão das cenas em que Roger Planchon experimentava pronunciar com diversas entoações a mesma fala do juiz Coras transformava de repente (teria dito Gibbon) o indicativo da narração histórica num condicional. Todos os espectadores de *Oito e meio* (historiadores ou não) viveram uma experiência de certo modo parecida, ao assistir à cena em que várias aspirantes a atriz se sucedem para encarnar o mesmo personagem, pronunciando de modo chocho ou canhestro a mesma fala, diante do protagonista-diretor. No filme de Fellini, o efeito de irrealidade é acentuado pelo fato de que o espectador já viu atuar a personagem "real", que as atrizes aspirantes se esforçam por encarnar — personagem "real" que, por sua vez, é naturalmente uma personagem cinematográfica. Esse vertiginoso jogo de espelhos nos recorda um fato bem conhecido, que a mistura de realidade e ficção, de verdade e possibilidade, está no cerne das elaborações artísticas deste século. Natalie Zemon Davis recordou-nos quanto proveito os historiadores podem tirar disso para o seu trabalho.

Termos como "ficção" ou "possibilidade" não devem induzir a erro. A questão da prova permanece mais que nunca no cerne da pesquisa histórica, mas seu estatuto é inevitavelmente modificado no momento em que são enfrentados temas diferentes em relação ao passado, com a ajuda da uma documentação que também é diferente.[42] A tentativa feita por Natalie Zemon Davis de contornar as lacunas com uma documentação arquivística, contígua no espaço e no tempo à que se perdeu ou nunca se materializou, é apenas uma das muitas soluções possíveis (até que ponto? valeria a pena discutir esse problema). Entre as que certamente têm de ser excluídas está a invenção. Além de contraditório, seria, pelo que precede, absurdo. Entre outras coisas porque alguns dos mais célebres romancistas do século XIX falaram com desdém do recurso à invenção, atribuindo-o quando muito, com ironia, justamente aos historiadores. *"Cette invention est ce qu'il y a de plus facile et de plus vulgaire dans le travail de l'esprit, ce qui exige le moins de réflexion, et même le moins d'imagination"*, escrevia Manzoni na *Lettre à M. Chauvet* [Carta ao sr. Chauvet], reivindicando para a poesia a investigação do mundo das paixões, que estaria vedado contudo à história — aquela história que, "por sorte", está acostumada a adivinhar, como diz a célebre tirada de *Os noivos*.[43] "Por que a história é tão aborrecida", perguntava-se um personagem de Jane Austen, "se em boa parte é necessariamente fruto da invenção?"[44] "Representar e ilustrar o passado, as ações dos homens, é tarefa tanto do historiador como do romancista; a única diferença que posso ver", escrevia Henry James no fim do século XIX, "é totalmente favorável a este último (à proporção, é claro, do seu êxito) e consiste na maior dificuldade que ele encontra para reunir as provas, que estão longe de ser puramente literárias."[45] E poderíamos continuar.

Para os romancistas de um século ou meio século antes, porém, o prestígio da historiografia se baseava numa imagem de veridicidade absoluta, em que o próprio recurso às conjecturas não tinha nenhum papel. Ao contrapor os historiadores que se interessavam por "acontecimentos públicos" aos que, como ele próprio, se limitavam às "cenas da vida privada", Fielding salientava a contragosto a posição de maior credibilidade dos primeiros, baseada em "documentos públicos e no testemunho convergente de muitos autores": em outras palavras, no testemunho concorde das fontes arquivísticas e narrativas.[46] Essa contraposição entre historiadores e romancistas hoje nos parece bem distante. Hoje, os historiadores reivindicam o direito de tratar não só dos gestos públicos de Trajano, Antonino Pio, Nero ou Calígula (são os exemplos adotados por Fielding), mas também das cenas da vida privada de Arnaud du Tilh, dito Pansette, de Martin Guerre, da sua mulher Bertrande. Unindo ponderadamente erudição e imaginação, provas e possibilidades, Natalie Zemon Davis mostrou que também se pode escrever a história de homens e mulheres como eles.

Indico a seguir onde e quando os escritos que compõem este livro foram publicados pela primeira vez:

1. "Ekphrasis and Quotation", in *Tijdschrift voor Filosofie*, 20, 1988, pp. 3-19.

2. "La conversione degli ebrei di Minorca (417-418)", in *Quaderni Storici*, 79, 1992, pp. 277-89.

3. "Montaigne, Cannibals and Grottoes", in *History and Anthropology*, 6, 1993, pp. 125-55.

4. "Fiction as Historical Evidence. A Dialogue in Paris, 1646", in *The Yale Journal of Criticism*, 5, 1992, pp. 165-78.

5. "Gli europei scoprono (o riscoprono) gli sciamani", in F. Graf (org.), *Klassische Antike und neue Wege der Kulturwissenschaften. Symposium Karl Meuli (Basel, 11.-13. September 1991)*, Basileia, 1992, pp. 111-28.

6. "Tolleranza e commercio. Auerbach legge Voltaire", in *Quaderni Storici*, 109, 2002, pp. 259-83.

7. "Anarchasis interroga gli indigeni. Una nuova lettura di un vecchio best--seller", in A. Burguière, J. Goy, M.-J. Tits-Dieuaide (org.), *L'Histoire grande ouverte. Hommages à Emmanuel Le Roy Ladurie*, Paris, 1997, pp. 337-46 (publicado sem notas).

8. "Sulle orme di Israël Bertuccio" (inédito).

9. "L'aspra verità. Sulla sfida di Stendhal agli storici" (inédito).

10. "Rappresentare il nemico. Sulla preistoria francese dei *Protocolli*" (inédito).

11. "*Unus testis*. Lo sterminio degli ebrei e il principio di realtà", in *Quaderni Storici*, 80, 1992, pp. 529-48.

12. "Particolari, primi piani, microanalisi. In margine a un libro di Siegfried Kracauer", in *Paragone*, LIV, 642-644-646 (ago.-dez. 2003), pp. 20-37.

13. "Microstoria: due o tre cose che so di lei", in *Quaderni Storici*, 86, 1994, pp. 511-39.

14. "L'inquisitore come antropologo", in R. Pozzi e A. Prosperi (org.), *Studi in onore di Armando Saitta dei suoi allievi pisani*, Pisa, 1989, pp. 23-33.

15. "Witches and Shamans", in *New Left Review*, 200, jul.-ago. 1993, pp. 75-85.

Apêndice. "Prove e possibilità", posfácio a N. Zemon Davis, *Il ritorno di Martin Guerre: Un caso de doppia identità nella Francia del Cinquecento*, Turim, 1984, pp. 129-54.

Todos os textos foram revistos (ou amplamente reescritos, no caso dos cap. 1 e 4). Uma versão em inglês do capítulo 10 será incluída em *Evidence*, um volume coletivo que será publicado pela Cambridge University Press.

Seis dos dezesseis escritos reunidos aqui (correspondentes aos cap. 1, 3, 11, 14, 15 e ao apêndice) foram publicados em japonês, junto com outro ensaio já publicado em italiano e com um prefácio escrito especialmente, num volume intitulado *Rekishi o Sakanadeni Yomu* (*Ler a história a contrapelo*), organizado por Tadao Uemura, Tóquio, 2003. Aceitei com muito prazer a escolha proposta pelo organizador, até porque coincidia em parte com o projeto em que eu estava trabalhando.

Notas

INTRODUÇÃO [pp. 7-14]

1. F. La Mothe Le Vayer, "Discours sur l'histoire", in *Oeuvres*, 15 vol., Paris, 1669, vol. II, p. 152: "C'est le temps qui compose ce qu'on nomme proprement le fil de l'Histoire. Car la Chronologie est un filet plus nécessaire à se démeller d'une narration historique, que ne fut jamais à Thesée celuy qui le tira de tous les détours du Labyrinthe" [É o tempo que compõe o que se chama fio da história. Pois a cronologia é um fio mais necessário a se orientar numa narrativa histórica do que aquele com que Teseu escapou dos desvios do labirinto].

2. A. Frugoni, *Arnaldo da Brescia nelle fonti del secolo XII*, Roma, 1954 (nova edição com introdução de G. Sergi, Turim, 1989).

3. M. Bloch, *Apologia della storia, o Mestiere di storico*, trad. italiana de G. Gouthier; Turim, 1998, pp. 48 ss., em particular pp. 50-1.

4. C. Ginzburg, *I benandanti. Stregoneria e culti agrari tra Cinquecento e Seicento*, Turim, 1966. [Há tradução brasileira: *Os andarilhos do bem* (Companhia das Letras, 1988)].

5. Id., *Spie. Radici di un paradigma indiziario* (1979), depois na coletânea *Miti emblemi spie*, Turim, 1989, pp. 158-209, especialmente pp. 166-7. Ver também, do autor deste livro, *Nessuna isola è un'isola. Quattro sguardi sulla letteratura inglese*, Milão, 2002, pp. 13-4. Há tradução brasileira: *Mitos, emblemas, sinais* (Companhia das Letras, 1990) e *Nenhuma ilha é uma ilha* (Companhia das Letras, 2005).

6. Isso também vale para três livros que se entrecruzaram com este: *Occhiacci di legno. Nove riflessioni sulla distanza*, Milão, 1998; *Rapporti di forza. Storia, retorica, prova*, Milão, 2000; *Nessuna isola è un'isola*, cit. Lembro-me de uma ocasião importante de reflexão: o seminário "Proof and persuasion in History", organizado por Anthony Grafton e Sue Marchand (Davis Center for Historical Studies, Princeton, 1993). [Há tradução brasileira: *Olhos de madeira* (Companhia das Letras, 2001) e *Relações de força* (Companhia das Letras, 2002)].

7. O exemplo mais conhecido é o de P. Feyerabend: ver, do autor deste livro, *Occhiacci di legno*, cit., pp. 155-9.

8. M. Bloch, *Apologia della storia*, cit., pp. 50-1 (utilizei a tradução de C. Pischedda, Turim, 1969, p. 69).

9. Ib., p. 80 (trad. de C. Pischedda, p. 99). Sobre essa passagem ver, do autor deste livro, *A proposito della raccolta dei saggi storici di Marc Bloch*, em "Studi medievali", terceira série, VI (1965), pp. 335-53, especialmente pp. 338-40.

10. Cf. *Rapporti di forza*, cit., pp. 47, 87-108.

11. A. Jolles, *Forme semplici*, cap. "Il caso", in *I travestimenti della letteratura. Scritti critici e teorici (1897-1932)*, S. Contarini (org.)., Milão, 2003, pp. 379-99, em particular p. 393.

12. Ver o belo ensaio de Y. Thomas, *L'extrême et l'ordinaire. Remarques sur le cas médieval de la communauté disparue*, em J.-C. Passeron, J. Revel (org.), *Penser par cas*, Paris, 2005, pp. 45-73. A experiência mental proposta por Hobbes, que em *De corpore* descreve o *annihilatio* do mundo com exceção de um único indivíduo (ver G. Paganini, *Hobbes, Gassendi und die Hypothese von Weltvernichtung*, em M., Molsow, M. Stamm [org.], *Konstellationsforschung*, Frankfurt a. M. 2005, pp. 258-339), poderia ter uma raiz casuística.

13. "A história", escreve o gramático Asclepíades de Mirlea, "pode ser verdadeira ou falsa ou 'como-se-fosse-verdadeira': verdadeira é aquela que tem por objeto os fatos realmente ocorridos, falsa é aquela que tem por objeto ficções e mitos, 'como-se-fosse-verdadeira' é aquela que se encontra nas comédias e nos mímicos" (Sexto Empírico, *Contro i matematici*, I, 252; trad. italiana de A. Russo, Bari, 1972, p. 82). Ver adiante, cap. 3.

1. DESCRIÇÃO E CITAÇÃO [pp. 17-40]

1. Sobre esse ponto remeto ao cap. 11 ("*Unus testis* — O extermínio dos judeus e o princípio de realidade"), sobretudo às observações à margem do texto de Renato Serra (pp. 222-3).

2. W. Benjamin, *Avanguardia e rivoluzione. Saggi sulla litteratura*, trad. ita-

liana de A. Marietti, Turim, 1973, p. 233 (sigo a tradução francesa: *Essais sur Bertolt Brecht*, Paris, 1969, p. 149).

3. Ver adiante, cap. 11.

4. E. Benveniste, "Les relations de temps dans le verbe français", in *Problèmes de linguistique générale*, Paris, 1966, vol. I, pp. 237-50.

5. R. Caillois, *Ponzio Pilato*, trad. italiana de L. De Maria, Turim, 1963.

6. Essa expressão retoma o "*effet du réel*" de que fala R. Barthes, mas numa perspectiva oposta à sua. Para Barthes, que identifica realidade e linguagem, "o fato nunca tem mais do que uma existência linguística" e a "verdade", entre aspas, é assimilada à polêmica contra o "realismo" (trad. italiana: "Il discurso della storia", em *Il brusio della lingua. Saggi critici IV*, Turim, 1988, pp. 138-49, especialmente pp. 147 e 149; ver também pp. 151-9). Penso que os fatos também têm uma existência extralinguística, e que a noção de verdade é parte de uma história muito longa, que coincide talvez com a história da espécie. Mas os processos usados para controlar e comunicar a verdade mudaram ao longo do tempo.

7. Cf. F. W. Walbank, *A Historical Commentary on Polybius*, Oxford, 1979, vol. III, p. 585, que se baseia em P. Pédech, *La méthode historique de Polybe*, Paris, 1964, p. 583, nota 389. Cf. também F. W. Walbank, *A Historical Commentary*, cit., Oxford, 1967, vol. II, p. 496, e P. Pédech, *La méthode*, cit., p. 258, nota 19. Além desses: A. Roveri, *Studi su Polibio*, Bolonha, 1964, índice, no verbete "*enargeia*", e sobretudo G. Schepens, "Emphasis *und* enargeia in *Polybios' Geschichtstheorie*", in *Rivista Storica dell'Antichità*, 5 (1975), pp. 185-200. Para uma leitura diferente de Políbio, XXXIV, 3 (*energeia* e não *enargeia*), cf. K. Sachs, *Polybius on the Writing of History*, Berkeley, 1981, p. 154, nota 8.

8. Cf. T. Cave, *The Cornucopian Text*, Oxford, 1979, p. 28, nota 39; A. Wartelle, *Lexique de la "Rhétorique" d'Aristote*, Paris, 1982, pp. 142-4; P. Pirani, *Dodici cappi pertinenti all'arte historica del Mascardi*, Veneza, 1646, pp. 56, 84 (talvez devido a um erro de impressão); S. Leontief Alpers, "Ekphrasis and Aesthetic Attitudes in Vasari's *Lives*", in *Journal of the Warburg and Courtauld Institutes*, 23 (1960), p. 194, nota 19, induzida ao erro por F. Junius, *The Painting of the Ancients*, Londres, 1638, p. 300 (*Energia*); mas ver o texto original, *De pictura veterum*, Amstelaedami, 1637, p. 185 (*enaergeia*). Não consegui ver C. Nativel, *La théorie de l'enargeia dans le "De pictura veterum" de Franciscus Junius: sources antiques et développements modernes*, in R. Démoris (org.), *Hommage à Elizabeth Sophie Chéron. Texts et peintures à l'âge classique*, Paris, 1992, pp. 73-85.

9. A confusão já era assinalada por Agostino Mascardi (1636): ver adiante, nota 70.

10. As páginas que se seguem, correspondentes aos parágrafos 3-6, são substancialmente as mesmas da versão original (1988). Nas notas acrescentei

referências a estudos publicados sucessivamente sobre o tema da *enaergeia* (muitos são citados por B. Vouilloux, *La description des œuvres d'art dans le roman français au XIXe siècle*, em *La description de l'œuvre d'art. Du modèle classique aux variations contemporaines*, Atas do colóquio organizado por O. Bonfait, Roma, 2004, pp. 153-84, em especial p. 179, nota 13; mas todo o volume é importante). Considero particularmente úteis: C. Calame, "Quand dire c'est faire voir: l'évidence dans la rhétorique antique", in *Études de Lettres*, 4 (1991), pp. 3-20; A. D. Walker, "*Enargeia* and the Spectator in Greek Historiography", in *Transactions of the American Philological Association*, 123 (1993), pp. 353-77; P. Galand-Hallyn, *Les yeux de l'éloquence. Poétiques humanistes de l'évidence*, Orléans, 1995.

11. Cf. G. M. Rispoli, "*Phantasia* ed *enargeia* negli scolî all'*Iliade*", in *Vichiana*, 13 (1984), pp. 311-39; G. Zanker, "*Enargeia* in the Ancient Criticism of Poetry", in *Rheinisches Museum*, nova série, 124 (1981), pp. 296-311, em especial p. 304, nota 29, e p. 310, nota 57.

12. Cf. P. Chantraine, *Dictionnaire étymologique de la langue grecque*, Paris, 1968, vol. I, p. 104. Cf. também D. Mülder, "Götteranrufungen in *Ilias* und *Odyssee*", in *Rheinisches Museum*, 79 (1930), pp. 7-34, sobretudo p. 29. *Enarges* não é mencionado por Ch. Mugler, *Dictionnaire historique de la terminologie optique des Grecs*, Paris, 1964.

13. Cf. A. Roveri, *Studi su Polibio*, cit., pp. 76-7.

14. Marco Fabiano Quintiliano, *L'istituzione oratoria*, R. Faranda (org.), Turim, 1968, I, p. 489: "Evidentia in narratione est quidem magna virtus, cum quid veri non dicendum, sed quodammodo etiam ostendendum est".

15. Cf. Ib., I, p. 719: "Quae non tam dicere videtur quam ostendere, et adfectus non aliter quam si rebus ipsis intersimus sequentur"; e ver as notas de Quintiliano, *Institution Oratoire*, J. Cousin (org.), Paris, 1977, vol. IV, livros VI, VII, pp. 194-5, sobre a importância da *enargeia* no pensamento histórico greco-romano.

16. Cícero, *Partitiones oratoriae*, 20: "Haec pars orationis, quae rem constituat paene ante oculos".

17. *Rhetorica ad Herennium*, IV, 68: "Demonstratio est, cum ita verbis res exprimitur; ut geri negotium et res ante oculos esse videatur [...]. Statuit enim rem totam et prope ponit ante oculos".

18. Cf. J. de Romilly, *Magic and Rhetoric in Ancient Greece*, Cambridge (Mass.), 1975.

19. Sobre essa noção cf. G. Schepens, *L' "autopsie" dans la méthode des historiens grecs du Ve siècle avant J.-C.*, Bruxelas, 1980.

20. Demétrio, *Dello stile*, prefácio de D. M. Schenkeveld, trad. italiana de A. Ascani, Milão, 2003, §§ 209-20, pp. 173-9. Cf. W. R. Roberts, *Demetrius on Style* (1902), Hildesheim 1969, pp. 206 ss. Cf. também B. Weinberg, "Translations and

Commentaries of Demetrius *On Style* to 1600: a Bibliography", in *Philological Quarterly*, XXX, 4 (out. 1951), pp. 353-80; D. M. Schenkeveld, *Studies in Demetrius on Style*, Amsterdã, 1964, p. 61; P. O. Kristeller e F. E. Cranz (org.), *Catalogus translationum et commentariorum...*, Washington DC, 1971, vol. II, pp. 27-41 (B. Weinberg); G. Morpurgo-Tagliabue, *Demetrio: Dello Stile*, Roma, 1980.

21. Cf. L. Canfora, *Totalità e selezione nella storiografia classica*, Bari, 1972.

22. Cf. E. H. Gombrich, *Art and Illusion*, Londres, 1962, pp. 99 ss. (trad. italiana *Arte e illusione*, Turim, 1965, pp. 143 ss.); H. Strasburger, *Die Wesensbestimmung der Geschichte durch die antike Geschichtsschreibung*, Wiesbaden, 1978 ("Sitzungsberichte der wissenschaftlichen Gesellschaft an der Johann Wolfgang Goethe Universität Frankfurt/Main", vol. V, 3, 1966), p. 78, nota 1, e p. 79, nota 3.

23. Cf. H. Strasburger, *Die Erzählungskunst des T. Livius*, Berlim, 1934; G. Avenarius, *Lukians Schrift zur Geschichtsschreibung*, Meisenheim a. G., 1956, pp. 130 ss. *Enargeia* é mencionada em J. Martin, *Antike Rhetorik*, Munique, 1974, pp. 252-3, 288-9. Um exame mais amplo em H. Lausberg, *Handbuch der literarischen Rhetorik*, Munique, 1960, §§ 810-9; e cf. P. Galand, "L'*enargia* chez Politien", in *Bibliothèque d'humanisme et Renaissance*, XLIX, 1 (1987), pp. 25-53 (ambos muito úteis, embora não toquem na relação com a historiografia). Sobre as implicações filosóficas de *energeia*, cf. A. A. Long, "Aisthesis, Prolepsis and Linguistic Theory in Epicurus", in *Bulletin of the Institute of Classical Studies, London*, 18 (1971), pp. 114-33. Sobre Duris de Samo, além de H. Strasburger, *Die Wesensbestimmung*, cit., ver a discussão entre G. Schepens, *Emphasis*, cit., e K. Sachs, *Polybius*, cit, pp. 149 ss. E outra bibliografia em J. R. Morgan, "Make-believe and Make believe: the Fictionality of the Greek novels", in Ch. Gill, T. P. Wiseman (org.), *Lies and Fiction in the Ancient World*, Austin, Texas, 1993, pp. 175-229, em particular p. 184, nota 15.

24. Platão, *Politico*, trad. italiana de E. Martini, em *Tutte le opere*, G. Pugliese Carratelli (org.), Florença, 1974, p. 296.

25. Filóstrato, o jovem, *Immagini*, 10 (utilizei, modificando-a aqui e ali, a tradução de V. Lancetti, *Le opere dei due Filostrati*, Milão, 1831, vol. II).

26. Plutarco, *La gloria di Atene*, I. Gallo e M. Mocci (org.), Nápoles, 1992, p. 51.

27. Cf. H. Strasburger, *Die Wesensbestimmung*, cit., pp. 80, 87, nota 3. Calame afirma que a relação entre a *ekphrasis* e a descrição era marginal: mas a *ekphrasis* em sentido amplo incluía as exposições particularizadas (cf. *Quand dire*, cit., pp. 5, 13-4).

28. A presença dessas noções nas discussões estéticas contemporâneas é testemunhada por M. Krieger, *Ekphrasis. The Illusion of the Natural Sign*, Baltimore, 1992 (sobre *energeia*, ver pp. 67-112).

29. A mesma contraposição foi sugerida, de modo independente, por T. P. Wiseman, "Lying Historians: Seven Types of Mendacity", in Ch. Gill, T. P. Wiseman (org.), *Lies and Fiction*, cit., pp. 122-46, em especial pp. 145-6.

30. "Quia in quibusdam causis obscuranda veritas esset. Quod est ridiculum: nam qui obscurare vult, narrat falsa pro veris, et in iis quae narrat debet laborare ut videantur quam evidentissima" ["porque em algumas causas a verdade deve ser encoberta. Isso é ridículo: pois quem deseja encobrir narra coisas falsas em lugar das verdadeiras e, naquilo que narra, deve esforçar-se para que pareça o mais evidente possível"] (Quintiliano, *L'istituzione*, cit., I, p. 489; tradução ligeiramente modificada).

31. A. Momigliano, "Ancient History and the Antiquarian", in *The Journal of the Warburg and Courtauld Institutes*, 19 (1950) (trad. italiana "Storia antica e antiquaria", in *Sui fondamenti della storia antica*, Turim, 1984). Mas ver também, id., "The Rise of Antiquarian Research", in R. Di Donato (org.), *The Classical Foundations of the Modern Historiography*, Berkeley-Los Angeles, 1990 (Sather Lectures, 1961-2), cap. 3, pp. 54-79 (trad. italiana *Le radici classiche della storiografia moderna*, Florença, 1992, com o acréscimo de uma nova introdução do organizador, pp. 59-83).

32. F. Robortello, *De convenientia supputationis Livianae Ann. cum marmoribus Rom. quae in Capitolio sunt. Eiusdem de arte, sive ratione corrigendi veteres authores, disputatio. Eiusdem Emendationum livro duo*, Patavii, 1557. Cf. A. Carlini, *L'attività filologica di Francesco Robortello*, Udine, 1967 ("Atti dell'Academia de Udine", 7. série, vol. VII [1966-9], pp. 53-84); E. J. Kenney, *The Classical Text*, Berkeley, 1974, pp. 29-36 (ao qual talvez S. Timpanaro fazia alusão quando observava que o texto de Robortello "merece ser lembrado sem anacronística severidade": *La genesi del metodo del Lachmann* [1963], Turim, 2003, p. 13, nota 1). Sobre sua biografia, sempre útil, G. G. Liruti, *Notizie delle vite et opere scritte da' letterati del Friuli*, Veneza, 1972, vol. III, pp. 413-83: mas a denúncia de Celio Secondo Curione como herético por parte de Robortello será posteriormente controlada, também à luz do que está dito na nota seguinte.

33. F. Robortello, *De historica facultate, disputatio. Eiusdem Laconici, seu sudationis explicatio. Eiusdem de niminibus Romanorum. Eiusdem de rhetorica facultate. Eiusdem explicatio in Catulli Epithalamium...*, Florentiae, 1548. A *Disputatio* foi republicada pelo polonês Stanislao Ilovius, discípulo de Curione, em dois volumes organizados por ele: cf. Dionigi di Alicarnasso, *Nonnulla opuscula...*, ex oficina Roberti Stephani, Lutetiae, 1556 (pp. 42-62; segue-se uma carta a Curione); Demetrio Falereo, *De elocutione liber*, por Ioannem Oporinum, Basileae, 1557 (pp. 226-46). Esta última coletânea inclui um texto do Ilovius que copia, desde o título, o de Robortello (*De historica facultate libellus*, cit., pp. 215-

-26). Sobre a retomada das ideias de Robortello por parte de Francesco Patrizi, que o definia como "mestre" (*Della historia, diece dialoghi*, Veneza, 1560, c. 6r), voltarei mais adiante. Tanto Robortello como Patrizi estão presentes no *Artis historicae penus*, organizado por J. Wolff, Pietro Perna, Basileae, 1579. A importância da *Disputatio* de Robortello e a dívida de Speroni e de Patrizi em relação a ele escaparam a G. Spini, "I trattatisti dell'arte storica nella Controriforma italiana", in *Contributi alla storia del Concilio di Trento, Quaderni di Belfagor*, I (1948), pp. 109--36 (ver adiante, nota 47). Muito melhor, embora em parte condicionado pelo ensaio anterior, é G. Cotroneo, *I trattatisti dell' "ars historica"*, Nápoles, 1971, pp. 121-68 (sobre Robortello).

34. *Sexti philosophi Pyrrhoniarum hypotiposeon livri III... latine nunc primum editi, interprete Henrico Stephano*, Parisiis, 1562. Sobre todos esses temas, cf. R. Popkin, *The History of Scepticism. From Savonarola to Bayle*, Oxford, 2003, em especial pp. 17 ss. [ed. rev. e amp.]. Ver também A. Seifert, *Cognitio historica*, Berlim, 1976, pp. 17-8; L. Floridi, *Sextus Empiricus: the Transmission and Recovery of Pyrrhonism*, Oxford, 2002, p. 31.

35. G. F. Pico, *Examen vanitatis doctrinae gentium, et veritatis Christiane disciplinae, distinctum in libros sex*, impressit Mirandulae Joannes Maciochius Bundenus, c. LXXXII r (livro III, cap. 3: "Quid sceptici contra grammaticam soleant disputare: ubi et quaepiam ex aliis auctoribus" ["O que os céticos costumam discutir com os gramáticos: 'onde' e 'o que' em vários autores"]). Ver Ch. Schmitt, *Gian Francisco Pico della Mirandola (1460-1533) and his Critique of Aristotle*, Haia, 1967, p. 49.

36. H. Mutschmann, "Die Überlieferung der Schriften des Sextus Empiricus", in *Rheinisches Museum*, nova série, LXIV (1909), pp. 244-83.

37. Sobre esse ponto ver adiante, cap. 3.

38. A primeira edição de *Adversus mathematicos*, de Sexto Empírico, apareceu em 1569: a *Artis historicae penus* é de dez anos depois.

39. Ver, por exemplo, E. Kessler, *Theoretiker humanistischer Geschichtsschreibung*, Munique, 1971 (superficial). Totalmente equivocado, J. Jehasse, *La Renaissance de la critique. L'essor de l'humanisme érudit de 1560 à 1614*, Paris, 2002, p. 101, que atribui a Robortello um "subjetivismo radical" que exclui a possibilidade de se certificar até mesmo as verdades de fato.

40. "Thucydides nobis exemplo sit, qui libro sexto omnem antiquitatem urbium, ac populorum Siciliae diligentissime ac verissime explicit. Et quoniam ad hanc antiquitatem cognoscendum multum nos iuvant vetustorum aedificiorum reliquiae, atque aut marmoribus, aut auro, aere, et argento incisae literae haec quoque teneat oportet. Idem Thucydides (quid enim opos est ab huius tanti praeclari historici authoritate discedere?) ex inscriptione marmoris, quod in arce

fuerat positum, ut posteris esset monimentum, probat, quod multi aliter recensebant; Hippiam Atheniensium fuisse tyrannum, et liberos quinque suscepisse."

41. Luciani, *Come si deve scrivere la storia*, F. Montanari e A. Barabino (org.), Milão, 2002, §§ 19, 34.

42. Cf. F. Robortello, *emendationum libri duo* (na coletânea *De convenientia*, cit.), cc. 34v-37r; ver também c. 22v etc. Uma pequena reconstituição da polêmica em W. McCuaig, *Carlo Sigonio: The Changing World of the Late Renaissance*, Princeton, 1989, pp. 28 ss., 43 ss.

43. Discuti esse tema em *Rapporti di forza*, Milão, 2000. Cotroneo (*I trattatisti dell' "ars historica"*, cit.) insiste na dimensão aristotélica e retórica da *Disputatio* de Robortello, sem no entanto compreender a ligação entre retórica e evidência.

44. Não consegui ver G. Lloyd, "Annalen, Geschichten, Mythen", in M. Teich, A. Müller (org.), *Historia Magistra Vitae?*, in *Österreichische Zeitschrift für Geschichtswissenschaften*, XVI, 2 (2005), pp. 27-47.

45. "'Historiam' ab 'annalibus' quidam differre eo putant, quod, cum utrumque sit rerum gestarum narratio, earum tamen proprie rerum sit 'historia' quibus rebus gerendis interfuerit is qui narret" (trad. italiana Aulo Gelio, *Le notti attiche*, G. Bernardi-Perini [org.], Turim, 1992, I, p. 523).

46. "Historia est eorum temporum quae vidimus, annales vero sunt eorum annorum quos aetas nostra non vidit" (trad. italiana Isidoro de Sevilha, *Etimologie o origini*, A. Vilastro Canale [org.], Turim, 2004, vol. I, p. 183).

47. Cf. S. Speroni degli Alvarotti, *Dialogo della Istoria*, in *Opere... tratte de' mss. originali*, Veneza, 1740, vol. II, pp. 210-328. Os organizadores, Natale delle Laste e Marco Forcellini, definiram como "monstruosa" uma edição precedente (*Dialoghi*, Meietti, Veneza, 1596, pp. 361-502; a passagem é citada em M. Pozzi (org.), *Trattatisti del Cinquecento*, Milão-Nápoles, 1978, vol. I, p. 503). Na realidade, como observou J.-L. Fournel ("Il *Dialogo della Istoria*: dall'oratore al religioso", in *Sperone Speroni, Filologia Veneta*, II [1989], pp. 139-67, em especial pp. 150-1), a primeira parte do diálogo publicada por Meietti em 1596, com base em um manuscrito hoje ilocalizável, reproduz uma redação anterior bastante diferente. (Fournel falou, com cautela a meu ver injustificada, de anterioridade provável em vez de certa: *Les dialogues de Sperone Speroni: liberté de parole et règles de l'écriture*, Marburg, 1990, p. 235). Essa cronologia relativa é comprovada pela série de notas no final da primeira parte (*Dialoghi*, cit. vol. II, pp. 411-2), depois desenvolvidas na redação seguinte, isto é, na última (*Opere*, cit., vol. II, pp. 250 ss.). As cartas que Alvise Mocenigo escreveu entre 27 de agosto de 1585 e 11 de outubro de 1587 (*Opere*, cit., vol. V, pp. 378-81) a Speroni para informá-lo do estado da transcrição do *Dialogo della Istoria* se referem à penúltima redação, como se depreende pelo trecho (depois suprimido) em que o ex-discípulo de Pomponazzi, isto é, o próprio Speroni, nascido em 1500, é descrito

como "um velho de mais de 86 anos" (p. 373). Entre outubro de 1587 e 2 de junho de 1588 (data da morte), Speroni encontrou forças para trabalhar numa nova redação da primeira parte do *Dialogo*. Este último, datado erradamente de 1542, foi apresentado como o inspirador da *Disputatio* na história escrita por "um outro dos figurões do pedantismo do *Cinquecento*, Francesco Robortello" (G. Spini, *I trattatisti dell'arte storica*, cit., pp. 113-4). Um pouco de pedantismo teria permitido restabelecer a cronologia das duas obras e a relação entre elas.

48. Sobre esses personagens, ver as notas de M. Pozzi na edição da segunda parte do *Dialogo della Istoria (Trattatisti del Cinquecento*, cit., pp. 725-7).

49. S. Speroni, *Opere*, cit., vol. II, p. 222. Esse testemunho não atraiu a curiosidade dos estudiosos (de Bruno Nardi a Paul Oskar Kristeller) que trabalharam na obra de Pomponazzi. Que o "livreto" seja hoje ilocalizável, é confirmado por A. Daniele, "Sperone Speroni, Bernardino Tomitano e l'Accademia degli Infiammati di Padova", in *Sperone Speroni*, cit., p. 16.

50. Cf. S. Speroni, *Dialoghi* (ed. 1596, cit.), p. 373. O trecho não figura na edição das *Opere*, o que não impediu Fournel ("Il *Dialogo della Istoria*: dall'oratore al religioso", cit., p. 163) de reconhecer a identidade do antigo discípulo.

51. S. Speroni, *Dialoghi* (ed. 1596, cit.), pp. 386, 392.

52. Id., *Opere*, cit., vol. II, p. 201. O diálogo é publicado pela primeira vez nos *Dialoghi* póstumos de 1596. A afirmação atribuída a Trapolino retomava de forma mais agressiva um trecho em que Giulio Cesare Scaligero definia Lívio como poeta por ter, tal qual Tucídides, inserido arengas completamente inventadas (cf. G. C. Scaligero, *Poetices libri septem*, Genevae, 1561, p. 5).

53. Sobre Trapolino, ver B. Nardi, *Studi su Pietro Pomponazzi*, Florença, 1965, pp. 104-21; E. Garin, *Storia della filosofia italiana*, Turim, 1966, vol. II, pp. 564-5.

54. Cfr. M. Pozzi, "Sperone Speroni e il genere epidittico", in *Sperone Speroni*, cit., pp. 55-88.

55. S. Speroni, *Opere*, cit., vol. II, p. 319.

56. Ib., pp. 319-20.

57. Republicado em M. Pozzi (org.), *Discussioni linguistiche del Cinquecento*, Turim, 1988.

58. S. Speroni, *Dialoghi* (ed. 1596, cit.), p. 387.

59. Ibid., p. 389.

60. Id., *Opere*, cit., vol V, p. 380. Pelas razões expostas acima (nota 47), a carta está referida na penúltima versão do *Dialogo*.

61. Desde 1578 Baronio estava novamente em Santa Maria della Vallicella, onde Antoniano pregava toda semana (um documento de 1581 o definia como "homem nosso, mas que não coabita"): cf. L. Ponnelle, L. Bardet, *San Filippo Neri e la società romana del suo tempo (1515-1595)*, Florença, 1931, p. 352, nota 10. Ver

também os verbetes "Baronio, Cesare" e "Antoniano, Silvio", em *Dizionario biografico degli italiani* (escritos, respectivamente, por A. Pincherle e P. Prodi). O "mito" da inspiração filipina dos *Annales* de Baronio (cf. S. Zen, *Baronio storico. Controriforma e crisi del metodo umanistico*, Nápoles, 1994, pp. 117 ss.) transfigurou uma situação real.

62. A. Pincherle se limita a registrar a mudança de título ("Baronio, Cesare", cit., p. 472). Em 1581, na minuta de uma carta para Carlo Borromeo, Filipe Neri mencionava, entre as tarefas do Oratório, "*la Historia ecclesiastica*" (L. Ponnelle, L. Bardet, *San Filippo Neri*, cit., p. 277).

63. Cf. C. Baronio, *Annales Ecclesiastici*, I, Romae 1593[4], introdução: "Relinquemus historicis Ethnicis locutiones illas per longiorem ambitum periphrastice circumductas, orationesque summa arte concinnatas, fictas, ex sententia cuiusque compositas, ad libitum dispositas; et Annales potius quam Historiam scribemus" ["Deixemos aos historiadores pagãos aquelas falas perifrasticamente dilatadas por períodos muito longos e os discursos arranjados com suma arte, forjados, compostos com as falas de cada um, dispostos à vontade e, assim, escreveremos 'Anais' de preferência a 'História'"]. Cf. também C. K. Pullapilly, *Caesar Baronius, Counter-Reformation Historian*, Notre-Dame, 1975, p. 171. Sobre a simplicidade da prédica desejada pelo Oratório, cf. L. Ponnelle, L. Bardet, *San Filippo Neri*, cit., pp. 328-9.

64. PL, XXII, 7, 30 (a Eustóquio).

65. Um eco de uma carta de Cícero a Ático (II, 1): "Horridula mihi atque imcompta visa sunt".

66. Cf. C. Baronio, *Annales*, I, cit., pp. 4-5. Indicam essa passagem A. Pincherle, verbete "Baronio, Cesare", cit., p. 476; A. Grafton, *The Footnote. A Curious History*, Cambridge (Mass.), 1999, p. 164.

67. Cf. A. L. Lepschy, G. Lepschy, "Punto, e virgola. Considerazioni sulla punteggiatura italiana e europea", in I. Fried, A. Carta (Org.), *Le esperienze e le correnti culturali europee del Novecento in Italia e in Ungheria*, Budapeste, 2003, pp. 9-22, especialmente pp. 20-1. A. Castellani, "Le virgolette di Aldo Manuzio", in *Studi linguistici italiani*, 22 (1996), pp. 106-9, nota que a introdução das aspas é um exemplo da dependência do livro impresso ao manuscrito: as aspas (") na margem retomam na verdade a *diple* usada nos manuscritos gregos e romanos: cf. P. McGurk, "Citation Marks in Early Latin Manuscripts", in *Scriptorium*, XV (1961), pp. 3-13. Para uma discussão precoce sobre a *diple* ver P. Vettori, *Explicationes suarum in Ciceronem castigationum*, Parisiis, 1538, p. 48 (a propósito de Cícero, *Ad Atticum*, VIII, 2). Com base na nota de Castellani estará correto C. J. Mitchell, "Quotation Marks, National Compositorial Habits and False Imprints", in *The Library*, 6ª série, 5 (1983), pp. 360-84, em particular pp. 362-3.

68. Um exemplo de ambos (1597) é reproduzido em M. B. Parkes, *Pause and Effect. Punctuation in the West*, Berkeley, LA, 1993, p. 261. Uma pesquisa sobre a história da nota (talvez na margem, e não no pé de página: mas a distinção não toca no ponto essencial) está em parte para ser feita: no brilhante *flash-back* de A. Grafton (*The Footnote*, cit.) o episódio que precede "The Cartesian Origins of the Footnote", isto é, Bayle (cap. 7) tem uma importância positivamente inadequada.

69. A. Mascardi, *Dell'arte historica*, Roma, 1636, pp. 25, 313-4.

70. Ibid., pp. 419 ss., em particular pp. 426-7. Giulio Cesare Scaligero, mal distinguindo os dois termos, tinha traduzido *energeia* por "eficácia" (*Poetices*, cit., pp. 116 ss.).

71. A. Mascardi, *Dell'arte historica*, cit., pp. 122-3.

72. Ibid., pp. 125 ss. Ver, do mesmo Mascardi, *La congiura del Conte Gio. Luigi de' Fieschi*, Veneza, 1629; *Oppositioni e difesa alla congiura del Conte Gio. Luigi de' Fieschi descritta da Agostino Mascardi*, Veneza, 1630.

73. O trecho é citado por F. Haskell, *History and its Images. Art and Interpenetration of the Past*, New Haven-Londres, 1993, pp. 93-4, que curiosamente não assinala a alusão a uma figura exemplarmente estudada por ele em *Patrons and Painters* (1963, e reimpresso várias vezes com acréscimos e correções). Há muitas novidades sobre Cassiano dal Pozzo e suas atividades em D. Freedberg, *The Eye of the Lynx. Galileo, His Friends, and the Beginnings of Natural History*, Chicago, 2002. Vários volumes do Museu Cartáceo foram publicados numa série, esplendidamente ilustrada, dirigida por Francis Haskell e Jennifer Montagu.

74. Cf. M. Crisolora, *Roma parte del cielo. Confronto tra l'Antica e la Nuova Roma*, introdução de E. V. Maltese, tradução italiana de G. Cortassa, Turim, 2000 (com rica bibliografia). Para a identificação do destinatário da carta, cf. ibid., p. 59, nota 2. Ver também M. Baxandall, "Guarino, Pisanello and Manuel Chrysoloras", in *Journal of the Warburg and Courtauld Institutes*, 28 (1985), pp. 183-203, especialmente pp. 197-9; Id., *Giotto and the Orators*, Oxford, 1971, pp. 80-1.

75. M. Crisolora, *Roma*, cit., pp. 59-98, e em particular pp. 65-6. Quanto à alusão a "Heródoto e outros historiadores", não sigo P. N. Miller, que propõe traduzir *historian* por "descrição": ver o seu ensaio "Description Terminable and Interminable" in *Historia. Empiricism and Erudition in Early Modern Europe*, G. Pomata e N. G. Siraisi (org.), Cambridge, Mass., 2005, pp. 357-8.

76. Segundo E. V. Maltese, essa afirmação "não tem precedentes na literatura antiga" (introdução a M. Crisolora, *Roma*, cit., p. 20).

77. Ibid., p. 96.

2. A CONVERSÃO DOS JUDEUS DE MINORCA (417-8) [pp. 41-52]

1. Cf. P. Brown, *Il culto dei santi*, trad. italiana de L. Repici Cambiano, Turim, 1983, pp. 140-2.

2. Ibid, p. 141 (uso "purgar" e não "depurar", o verbo escolhido pela tradutora italiana como equivalente de *to purge*).

3. Sobre "*emic*" e "*etic*", cf. K.L. Pike, *Language in relation to a Unified Theory of Structure of Human Behaviour*. Haia-Paris, 1967, pp. 37 ss. [2ª ed. rev.]; E. Gellner, *Relativism and the Social Sciences*, Cambridge, 1985, pp. 144-5. Outro livro de Mary Douglas, *Natural Symbols*, é elogiado por Brown em *Il culto dei santi*, cit., p. 176, nota 102; "*Pureza e perigo*, o livro fundamental de Mary Douglas" é lembrado em P. Brown, "The Saint as Exemplar", in *Representations*, 2 (1983), pp. 1-25 (p. 11), num contexto que mostra a crescente distância do autor em relação a um "filão de antropologia pós-durkheimiana e funcionalista britânica".

4. Cf., por exemplo, M. Kriegel, "Un trait de psychologie sociale", in *Annales E.S.C.*, 31 (1976), pp. 26-30.

5. Cf. A. Momigliano, in R. Di Donato (org.), *La contraddizione felice? Ernesto de Martino e gli altri*, Pisa, 1990, p. 198 (essa frase foi inserida por Momigliano no último instante: ver a nota do organizador, p. 11). Para uma recusa análoga da "história da historiografia como história de uma forma particular de pensamento, o pensamento histórico", cf. D. Cantimori, *Storia e storiografia in Benedetto Croce* (1966), republicado em *Storici e storia*, Turim, 1971, pp. 397-409, sobretudo pp. 407-9. Momigliano se referia implicitamente a Hayden White e seus seguidores; Cantimori se referia explicitamente aos seguidores de Croce, não muito bem especificados, assim como, em certa medida, ao próprio Croce. Procurei investigar os motivos dessa convergência em *Unus testis* (ver cap. 11).

6. Cf. B. Croce, "La storia ridotta sotto il concetto generale dell'arte" (1895), in *Primi saggi*, Bari, 1927, pp. 38 ss. (a importância desse ensaio juvenil foi sublinhada por H. White, *Metahistory*, Baltimore, 1975, pp. 381 ss.).

7. Ver a esse propósito o ensaio já citado, *Unus testis*.

8. Cf. G. Seguí Vidal, *La carta-encíclica del obispo Severo...*, Palma de Mallorca, 1937, pp. 1 ss. Tradução em castelhano: J. Dameto, *La historia general del reyno balearico*, Mallorca, 1632, pp. 150 ss.; J. de la Puerta Vizcaino, *La sinagoga Balear, ó Historia de los Judíos de Mallorca*, Palma de Mallorca, 1951 (reproduz a primeira edição, 1857). O texto latino, seguido de uma tradução em castelhano e de uma em catalão, está em *Epistola Severi episcopi, Carta del Obispo Severo, Carta del Bisbe Sever*, E. Lafuente Hernandez (org.), Menorca, 1981. Mas ver também Severus of Minorca, *Letter on the Conversion of the Jews*, edição crítica e tradução de S. Bradbury, Oxford, 1996 (precedida de uma excelente introdução).

9. Cf. B. Blumenkranz, "Altercation Ecclesiae contra Synagogam. Texte inédit du Xe siècle", in *Revue du Moyen Age Latin*, X (1954), p. 46; *Juifs et chrétiens dans le monde occidental (430-1096)*, Paris-Haia, 1960, pp. 282-4; *Les auteurs chrétiens latins du Moyen Age*, Paris-Haia, 1963, pp. 106-10; "Juden und Jüdische in christliche Wundererzählung", in *Juifs et chrétiens. Patristique et Moyen Age*, Londres, 1977, pp. 419-20.

10. O problema da autenticidade da carta, a meu ver, não foi mencionado pelos inúmeros críticos de *Il culto dei santi*.

11. Cf. G. Seguí Vidal, *La carta-encíclica*, cit., pp. 130 ss.

12. Cf. G. Seguí-J.N. Hillgarth, *La "Altercatio" y la basilica paleocristiana de Son Bou de Menorca*, Palma de Mallorca, 1955.

13. Cf. J. Vives, in *Hispania Sacra*, 9 (1956), pp. 227-9.

14. Cf. B. Blumenkranz, *Altercatio*, cit.

15. Cf. B. Blumenkranz, *Les auteurs*, cit., p. 108, nota 14. Sobre a carta de Severo de um ponto de vista linguístico, cf. C. Paucker, "De latinitate scriptorum quorundam saeculi quarti et ineuntis quinti p. C. minorum observationes", in *Zeitschrift für die oesterreichischen Gymnasien*, 32 (1881), pp. 481-99 (não citado por Blumenkranz). Estranhamente, nenhum estudioso discutiu a palavra *argistinum*, que segundo Severo significava no dialeto de Minorca "granizo miúdo" (ed. Bradbury, p. 112): "*grando minutissima, quam incolae insulae huius gentili sermone 'argistinum' vocant*" ["granizo diminuto que os habitantes dessa ilha chamam, na língua local, *argistinum*"]). Pelo que sei, *argistinum* é um hápax.

16. Cf. L. Cracco Ruggini, "Note sugli ebrei in Italia dal IV al XVI seculo (a proposito di un libro e di altri contributi recenti)", in *Revista Storica Italiana*, 76 (1964), pp. 926-56, e sobretudo pp. 936-8.

17. Cf. M. C. Díaz y Díaz, "De patristica española", in *Revista Española de Teología*, 17 (1956), pp. 3-12.

18. PL 41, 833-54.

19. Cf. M. C. Díaz y Díaz, "De patristica...", cit., p. 12, nota 30.

20. Algumas dúvidas, não convincentes, sobre essa identificação foram levantadas por R. Vam Dam, " 'Sheep in Wolves Clothing': the Letters of Consentius to Augustine", in *Journal of Ecclesiastical History*, 37 (1986), pp. 515-35.

21. Cf. S. Augustin, *Oeuvres*, "Bibliothèque Augustinienne", vol. 46 B, J. Divjak (Org.), Paris, 1987, p. 184 ss. Para a passagem que nos interessa (12*, 13), cf. pp. 248-50: "Eodem tempore accidit, ut quaedam apud nos ex praecepto domini mirabilia gererentur. Quae cum mihi beatus antistes, frater paternitatis tuae Severus episcopus cum ceteris qui affluerant rettulisset, irrupit propositum meum summis viribus caritatis et, ut epistolam quae rei gestae ordinem contineret ipse conscriberet, sola a me verba mutuatus est" ["Ao mesmo tempo, ocorre que

alguns milagres do senhor acontecessem entre nós como lição. E, como o beato sacerdote, irmão da tua ordem, o Bispo Severo tivesse se referido a mim junto aos demais que haviam chegado, apoderou-se da minha tese sobre as sumas forças da caridade e, como ele próprio estivesse escrevendo uma carta que continha a ordenação dos acontecimentos, tomou-me de empréstimo apenas as palavras"]. Consenzio diz também ter redigido um tratado anti-hebraico (aparentemente não conservado); recomenda a seu correspondente não divulgar essa notícia. A importância da carta de Consenzio e de alguns ensaios sobre ele me foi gentilmente assinalada por Peter Brown.

22. Cf. J. Wankenne, in S. Augustin, *Oeuvres*, cit., vol. 46 B etc., p. 492.

23. Cf. M. Moreau, "Lecture de la Lettre 11* de Consentius à Augustin", in *Les lettres de Saint Augustin découvertes por Johannes Divjak, communications présentées au colloque des 20 et 21 septembre 1981*, Paris, 1983, pp. 215-23.

24. Cf. E. D. Hunt, "St. Stephen in Minorca: an Episode in Jewish-Christian Relations in the Early 5th Century A.D.", in *The Journal of Theological Studies*, nova série; 33, Pt. 1 (1982); pp. 106-23; L.-J. Wankenne, B. Hambenne, "La lettre--encyclique de Severus évêque de Minorque au debut du V^c siècle", in *Revue Bénédictine*, 103 (1987), pp. 13-27. Os dois artigos dão como certas a autenticidade da carta de Severo e a sua data precoce; só o segundo artigo (escrito de uma perspectiva mais circunscrita) leva em conta a carta de Consenzio (12*). Esta foi tempestivamente discutida por J. Amengual i Batle, "Noves Fonts par a la història de les Balears dins el Baix Imperi", in *Bolletí de la Societat Arqueològica Lulliana*, 2ª série, XCVI, vol. 37 (1980), pp. 99-111.

25. E não com o objetivo de "apoderar-se das relíquias de santo Estêvão" (que ainda não tinham sido descobertas), como afirma W. H. G. Frend, "The North-African Cult of Martyrs", in *Archaeology and History in the Study of Christianity*, Londres, 1988, ensaio n. XI, p. 164.

26. PL 41, 805-16.

27. Sobre essa data, correspondente a 2 de fevereiro de 418, cf. V. Saxer, *Mort martyrs réliques en Afrique chrétienne aux premiers siècles*, Paris, 1980, p. 246.

28. Sou muito grato a Richard Landes por ter chamado a minha atenção sobre esse ponto: cf., em geral, seu ensaio "Let the Millennium Be Fulfilled: Apocalyptic Expectations and the Pattern of Western Chronography 100-00 CE", in W. Verbeke, D. Verhelst e A. Welkenhuysen (org.), *The Use and Abuse of Eschatology in the Middle Ages*, Leuven, 1988, pp. 137-211, especialmente pp. 156-60, a propósito da discussão epistolar, ocorrida em 418 ou 419 (e portanto quase contemporânea à carta de Severo), entre Agostinho e o bispo dálmata Esíquio, sobre o tema do iminente fim do mundo. Para a data de Orósio, cf. A. Lippold, intro-

dução a Orósio, *Le storie contro i pagani*, trad. italiana de A. Bartalucci, Milão, 1976, vol. I, p. XXII.

29. Cf. P. Brown, *Agostino d'Ippona*, trad. italiana de G. Fragnito, Turim, 1971, passim; P. Monceaux, *Histoire littéraire de l'Afrique chrétienne...* Paris, 1923, vol. VII, pp. 42-5.

30. Cf. L. Cracco Ruggini, "Ambrogio e le opposizioni anticattoliche fra il 383 e il 390", in *Augustinianum*, 14 (1974), pp. 409-49; M. Simonetti, "La politica antiariana di Ambrogio", in G. Lazzati (org.), *Ambrosius Episcopus, Atti...*, Milão, 1976, vol. I, pp. 266-85; A. Lenox-Conyngham, "The Topography of the Basilica Conflict of A. D. 385-6 in Milan", in *Historia*, 31 (1982), pp. 353-63; G. Nauroy, "Le fouet et le miel. Le combat d'Ambroise en 386 contre l'Arianisme milanais", in *Recherches Augustiniennes*, XXIII (1986), pp. 3-86.

31. *De vera religione*, XXV, 47: "Cum enim Ecclesia catholica per totum orbem diffusa atque fundata sit, nec miracula illa in nostra tempora durare permissa sunt, ne animus semper visibilia quaereret, ut eorum consuetudine frigesceret genus humanum" ["Como, com efeito, a Igreja Católica esteja estabelecida e difundida por todo o orbe, não foi permitido que aqueles milagres continuassem em nossa época, para que o espírito não procurasse sempre coisas visíveis, de modo que graças à frequência deles o gênero humano se afrouxasse"] (citado por G. Bardy numa nota sobre os milagres, que faz parte da sua edição de "De civitate Dei", in S. Augustin, *Oeuvres*, "Bibliothèque Augustinienne", vol. XXXVII, Paris, 1960, pp. 825-31). Cf. P. Courcelle, *Recherches sur les Confessions de Saint Augustin*, Paris, 1968, pp. 139 ss. [ed. amp.].

32. Cf. C. Cecchelli, "Note sopra il culto delle reliquie nell'Africa romana", in *Rendiconti della Pontificia Accademia Romana di Archeologia*, XV (1939), pp. 131-2.

33. Cf. V. Saxer, *Mort martyrs réliques*, cit., p. 245 ss. Cf. também C. Lambot, "Collection antique de sermons de S. Augustin", in *Revue Bénédictine*, 57 (1947), pp. 89-108, sobretudo pp. 105-6; Id., "Les sermons de Saint Augustin pour les fêtes des martyrs", ibid., 79 (1969), p. 94; P.-P. Verbraken, *Études critiques sur les sermons authentiques de Saint Augustin*, Hagae Comitis-Steenbrugis, 1976 (sermões 314-20).

34. Cf. V. Saxer, *Mort martyrs réliques*, cit., pp. 293-4.

35. Cf. M. van Esbroeck, "Jean II de Jérusalem et les cultes de S. Etienne, de la Sainte-Sion et de la Croix", in *Analecta Bollandiana*, 102 (1984), pp. 99-134.

36. PL, 41, 813, 815-6.

37. Sobre as duas versões, cf. P. P., "Le sanctuaire de la lapidation de S. Etienne", in *Analecta Bollandiana*, XXVII (1908), pp. 364-7; J. Martin, "Die revelation S. Stephani und Verwandtes", in *Historisches Jahrbuch*, 77 (1958), pp. 419-33.

Sobre os acontecimentos em conjunto, cf. E. D. Hunt, *Holy Land Pilgrimage in the Later Roman Empire. AD 312-460,* Oxford, 1982, pp. 212-20.

38. Cf. M. Simon, *Verus Israel. Étude sur les relations entre Chrétiens et Juifs dans l'Empire Romain (135-425)* (1948), Paris, 1964 [2ª ed. amp.].

39. Cf. *Codex Theodosianus,* Th. Mommsen (org.), Berolini, 1962, pp. 892-3.

40. Cf. J. Juster, *Les Juifs dans l'Empire Romain. Leur conditions juridique, économique et sociale,* Paris, 1914, vol. I, pp. 391 ss.; A. M. Rabello, "The Legal Condition of the Jews in the Roman Empire", in H. Temporini (org.), *Aufstieg and Niedergang der römischen Welt,* vol. II, 13, Berlim-Nova York, 1980, pp. 713-6 (mas em 415 o patriarca Gamaliel não foi "deposto", como se lê à p. 714, nota 212); B. S. Bachrach, "The Jewish Community of the Later Roman Empire", in J. Neusner, E. S. Frerichs (org.), *"To see ourselves as others see us": Christians, Jews, "Others" in Late Antiquity,* Chico (Ca.), 1985, pp. 412-5; G. Stemberger, *Juden und Christen im Heiligen Land,* Munique, 1987, pp. 208-13.

41. Cf. Saint John Chrysostom, *Discourses against Judaizing Christians,* trad. inglesa de P. W. Harkins, Washington, 1979. Cf. também R. L. Wilken, *John Chrysostom and the Jews. Rhetoric and Reality in the Late 4th Century,* Berkeley, 1983; W. A. Meeks, R. L. Wilken, *Jews and Christians in Antioch in the First Four Centuries of the Common Era,* Missoula (Mt.), 1979.

42. M. Simon, "La polémique antijuive de saint Jean Chrysostome et le mouvement judaïsant d'Antioche", in *Recherches d'Histoire Judéo-Chrétienne,* Paris-Haia, 1962, pp. 140-53.

43. Cf. Card. [M.] Rampolla [del Tindaro], "Martyre et sépulture des Machabées", in *Revue de l'Art Chrétien,* XLII (1899), 4ª série, vol. X, pp. 290-305; 377-92; 457-65, sobretudo pp. 388 ss.

44. E. Bikerman ("Les Macchabées de Malalas", in *Byzantion,* 21 [1951], pp. 74-5) observa que as sinagogas eram consideradas lugares sagrados segundo o direito romano, enquanto não o eram segundo o ritual hebraico: mas a posição dos cristãos (inclusive aqueles que se apoderaram da sinagoga de Antioquia) era presumivelmente mais próxima do primeiro que do segundo.

45. Cf. santo Ambrósio, Ep. 40, 16, citado por L. Cracco Ruggini, "Ebrei e Orientali nell'Italia settentrionale fra il IV e il VI sec. d. C.", in *Studia et Monumenta Historiae et Iuris,* XXV (1959), pp. 198-9.

46. Cf. W. H. C. Frend, "Blandina et Perpetua: Two Early Christian Heroines", in *Les Martyrs de Lyon (177),* Colloques Internationaux du CNRS, nº 575, Paris, 1978, pp. 167-77, sobretudo p. 173.

47. Cf. W. H. C. Frend, *Martyrdom and Persecution in the Early Church,* Oxford, 1965, pp. 21 e 87, em polêmica com a tese de H. Delehaye.

48. Cf. M. Simon, "Les saints d'Israel dans la dévotion de l'Église ancienne",

in *Recherches*, cit., pp. 154-80, sobretudo p. 157 (Gregorio Nazianzeno, *Hom. 3 in Mach*, PG, 35, 627).

49. "Judaei igitur exemplis se Machabaei temporis cohortantes, mortem quoque pro defendendis legitimis suis desiderabant" (ed. Bradbury, p. 86).

50. Uma tentativa estimulante nessa direção foi feita por M. Simon, *St. Stephen and the Hellenists in the Primitive Church*, Londres, 1958.

51. A importância desse tema foi sublinhada por Blumenkranz (*Les auteurs*, cit., p. 108, nota 14).

52. Cf. P. Brown, *The Saint as Exemplar*, cit., p. 12.

3. MONTAIGNE, OS CANIBAIS E AS GRUTAS [pp. 53-78]

1. Cf. M. de Montaigne, *Saggi*, trad. italiana de F. Garavini, 2 vol. com paginação contínua, Milão, 1992, p. 3 (Montaigne, *Essais*, A. Thibaudet [org.], Paris, 1950, p. 24). No primeiro volume das *Recherches de la France* (Orléans, 1567), Étienne Pasquier declarou não se dirigir a protetores ou amigos, mas simplesmente ao "seu leitor". Que um nobre como Montaigne se dirigisse diretamente "ao leitor" pode-se entender: mas isso nada tira do caráter provocativo de seu discurso.

2. Montaigne, *Saggi*, cit., p. 296 (*Essais*, cit., pp. 262-3). Cf. também ibid., pp. 589-91 (I, 12: "Apologia di Raymond Sebond") (*Essais*, cit., pp. 502-3).

3. O paralelo entre a idade de ouro e os indígenas americanos retorna no ensaio "Dell'esperienza" (III, 13), ibid., pp. 1424-5 (*Essais*, cit., p. 1196).

4. Cf. G. Genette, *Seuils*, Paris, 1987.

5. Montaigne, *Saggi*, cit., p. 641 (I, 12: "Apologia di Raymond Sebond") (*Essais*, cit., p. 546).

6. Cf. T. Tasso, *Aminta*, vv. 656 ss. A semelhança entre Montaigne e Tasso foi notada por R. Cody, *The Landscape of the Mind*, Oxford, 1969, p. 57. Cf. também os versos de *Discours contre Fortune*, de Ronsard, dirigido ao explorador Villegaignon: "Comme ton Amérique, où le peuple incognu/ Erre innocentement tout farouche et tout nu,/ D'abit tout aussi nu qu'il est nu de malice,/ Qui ne cognoist les nom de vertu ny de vice,/ De Senat ny de Roy, qui vit à son plaisir/ Porté de l'appetit de son premier desir,/ Et qui n'a dedans l'ame ainsi que nous empreinte / La frayeur de la loy qui nous fait vivre en crainte:/ Mais suivant sa nature est seule maistre de soy,/ Soy-mesme est sa loy, son Senat et son Roy:/ Qui de coutres trenchans la terre n'importune,/ Laquelle comme l'air a chascun est commune,/ Et comme l'eau d'un fleuve, est commun tout leur bien,/ Sans procez engendrer de ce mot *Tien et Mien*" ("Le second livre des poèmes", em *Oeuvres complètes*, G.

Cohen (org.), II, Paris, 1994, p. 778). Ver E. Armstrong, *Ronsard and the Age of Gold*, Cambridge, 1968, e mais em geral N. Pellegrin, "Vêtements de peaux) et de plumes: la nudité des Indiens et la diversité du monde au XVIᵉ siècle", in J. Céard, J.-Cl. Margolin (org.), *Voyager à la Renaissance*, Paris, 1987, pp. 509-30.

7. Cf. L. F. Benedetto, "Il Montaigne a Sant'Anna", in *Giornale Storico della Letteratura Italiana*, 73 (1919), pp. 213-34, em particular pp. 218-9, nota 2; I. Cremona, *L'influence de 'l'Aminta' sur la pastorale dramatique française*, Paris, 1977, pp. 33 ss. (que ignora o ensaio precedente).

8. Cf. R. A. Sayce, D. Maskell, *A Descriptive Bibliography of Montaigne's Essais, 1580-1700*, Londres, 1983. Tasso recebeu as primeiras cópias da primeira edição de *Aminta*, publicada em Cremona, em 3 de dezembro de 1580 (cf. *La raccolta tassiana della Biblioteca Civica "A. Mai" de Bergamo*, s. l., s. d., p. 261).

9. Cf. Montaigne, *Saggi*, cit., p. 641 (I, 12: "Apologia di Raymond Sebond") (*Essais*, cit., p. 546); L. F. Benedetto, *Il Montaigne a Sant'Anna*, cit.

10. *La métamorphose d'Ovide figurée*, Jean de Tournes, Lyon, 1557 (a republicação em fac-símile, de 1933, "Collection d'unica et de livres rares", n. 3, contém uma folha explicativa com uma nota de R. Brun sobre as ilustrações). Cf. H. Levin, *The Myth of Golden Age in the Renaissance*, Bloomington, 1969, p. 1; e ver o apêndice, pp. 197-8. Sobre o autor das gravuras, cf. N. Rondot, *Bernard Salomon, peintre et tailleur d'histoires à Lyon, au XVIᵉ siècle*, Lyon, 1897, que nota (p. 53) que os grotescos que acompanham a tradução francesa de Ovídio são semelhantes às ilustrações de *La plaisante et joyeuse histoire de Gargantua et Pantagruel* (cf. *Les songes drôlatiques de Pantagruel*, La Chaux-de-Fonds, 1989, com uma brilhante introdução de M. Jeanneret: "Rire à la face du monstre"). Salomon, que usava uma estrela de cinco pontas como assinatura (p. 27), talvez fosse um judeu converso. Cf. M. D. Henkel, "Illustrierte Ausgaben von Ovids *Metamorphosen* im XV., XVI. und XVII. Jahrhundert", in *Bibliothek Warburg Vorträge 1926-1927*, Berlim, 1930, pp. 58-144, em especial pp. 77 ss e 87 ss. Algumas das imagens grotescas de Salomon foram utilizadas (apesar de alguns detalhes obscenos) na tradução dos Salmos feita por Clément Marot e Théodor de Bèze: *Les Psaumes mis en rime françoise* (Lyon, Jean de Tournes, 1563), cc. Q I V (Salmo LICX), R V V (Salmo LXVIII).

11. H. Levin (*The Myth*, cit., pp. 197-8) nota uma antecipação de Tasso no elogio ao amor livre, contido na segunda quadra que acompanha a gravura.

12. Cf. N. Dacos, *La découverte de la Domus Aurea et la formation des grotesques à la Renaissance*. Londres-Leiden, 1969; Id., em N. Dacos, C. Furlan, *Giovanni da Udine*, I, Udine, 1987. Cf. também H. De Geymüller, *Les du Cerceau, leur vie et leur oeuvre*, Paris, 1887. Outra documentação em C. Ossola, *Autunno del Rinascimento*, Florença, 1971, pp. 184-207.

13. Cf. Montaigne, *Saggi*, cit., pp. 242-3 (I, 28: "Dell'amicizia"; trad. levemente modificada) (*Essais*, cit., p. 218). André Chastel citou essa passagem no início de seu ensaio "La grottesque", Paris, 1988 (trad. italiana "La grottesca", Turim, 1989).

14. Cf. F. Enaud, "Peintures murales de la seconde moitié du XVIᵉ siècle découvertes au château de Villeneuve-Lembrun (Puy-de-Dôme)", in A. Chastel (org.), *Actes du colloque international sur l'art de Fontainebleau*, Paris, 1975, pp. 185-97, especialmente p. 194. Cf. também J. Adhémar, "L'éstampe et la transmission des formes maniéristes", in *Le triomphe du Maniérisme Européen*, Amsterdã, 1955, pp. 34-6.

15. Cf. J. Céard, *La Nature et les prodiges. L'insolite, au XVIᵉ siècle, en France*, Genebra, 1977, pp. 387 ss. (cap. XVI: "L'idée de variété dans les *Essais*"); I. Buffum, *L'influence du voyage de Montaige sur les* Essais, Princeton, NJ, 1946, pp. 121-33 (cap. V: "Unité et diversité"). Para um interessante paralelo cf. C. Del Lungo, "La *Zucca* del Doni et la struttura della 'grottesca'", in *Paradigma*, 2 (1978), pp. 71-91.

16. Cf. M. de Montaigne, *Journal du voyage du* [!] *Michel de Montaigne en Italie...*, A. D'Ancona (org.), Cidade de Castello, 1895, pp. 163-4, 177-8, 527-30 (ainda importante, apesar da recente edição organizada por F. Rigolot, Paris, 1992). Cf. também L. Pertile, "Montaigne in Italia: arte, tecnica e scienza dal *Journal* agli *Essais*", in *Saggi e ricerche di letteratura francese*, nova série, XII (1973), pp. 49-82; R. A. Sayce, "The Visual Arts in Montaigne's *Journal de Voyage*", in R. C. La Charité (org.), *O un amy! Essays on Montaigne in honor of Donald M. Frame*, Lexington, 1977, pp. 219-41.

17. Montaigne, *Saggi*, cit., pp. 397-8 (I, 51: "Della vanità delle parole") (*Essais*, cit., p. 344).

18. Cf. A. Chastel, *The Palace of Apollidon*, The Zaharoff Lecture for 1984-5, Oxford, 1986, p. 3.

19. Cf. Vitruvius, *De architectura*, C. Herselle Krinsky (org.) [reimpressão anastática da edição de 1521], Munique, 1969, introdução, pp. 5-6; texto, c. 31v. Cf. também *Architecture ou Art de bien bastir, de Marc Vitruve Pollion Autheur Romain Antique, mis de Latin en François par Ian Martin...*, Paris, 1547, cc. C ii v ss.

20. *Giornale del viaggio di Michel de Montaigne in Italia*, trad. italiana de G. Natoli, Florença, 1958, vol. I, pp. 138-9 (Montaigne, *Journal de voyage*, cit., pp. 163-4).

21. Cf. D. Heikamp, "La grotta grande del giardino di Boboli", in *Antichità Viva*, IV, 4 (1965), pp. 27-43; E. Maurer, "Zwischen Gestein und Gestalt. Zur Grossen Grotte im Boboli-Garten in Florenz" (1977), in *Manierismus. Figura serpentinata und andere Figurenideale*, Zurique, 2001, pp. 131-7; I. M. Botto, *Buontalenti, Bernardo* in *Dizionario biografico degli italiani*. Cf. também W. Smyth,

"Pratolino", in *Journal of the Society of Architectural Historians*, 20 (1961), pp. 155-
-68; *Boboli '90, Atti del convegno internazionale di studi*, 2 vols., Florença, 1989.
Sobre Castello, cf. L. Châtelet-Lange, "The Grotto of the Unicorn and the Garden
of the Villa of Castello", in *Art Bulletin*, 50 (1968), pp. 51-8.

22. O trecho é citado por D. Heikamp, "La grotta...", cit., p. 43.

23. Ver, por exemplo: "Parece-me ter lido em Plutarco (que entre todos os
autores que conheço é aquele que melhor uniu a arte à natureza e o engenho à
doutrina)" (Montaigne, *Saggi*, cit., p. 1195: III, 6, "Delle carrozze") (*Essais*, cit., p.
1006).

24. Cf. E. Kris, "Der Stil 'rustique'. Die Verwendung des Naturabgusses bei
Wenzel Jamnitzer und Bernard Palissy", in *Jahrbuch der kunsthistorischen Sammlungen in Wien*, nova série, I (1926), pp. 137-208.

25. Ibid., p. 196: "O grande homem se mostra aqui, mesmo nas pequenas
coisas, como verdadeiro filho de seu tempo". A conclusões semelhantes também
chega, de modo independente, M. Butor, *Essai sur les Essais*, Paris, 1968, pp. 66-
-71, 114-9. Cf. também N. Miller, "Domain of Illusion: the Grotto in France", in
E. B. MacDougall (org.), *Fons Sapientiae. Renaissance garden Fountains*, Dumbar-
ton Oaks. 1978, pp. 175-205; J. Céard, "Relire Bernard Palissy", in *Revue de l'Art*,
78 (1987), pp. 77-83.

26. Cf. S. Serlio, *Regole generali di architettura*, Veneza, 1551³, livro IV, cc. XIV-
-XIIR. Cf. J. S. Ackerman, "The Tuscan / Rustic Order: a study in the Metaphoric
Language of Architecture", in *Distance Points. Essays in Theory and Renaissance
Art and Architecture*, Cambridge (Mass.), 1991, pp. 495-545. Cf. também *Natura
e artificio. L'ordine rustico, le fontane e gli autori nella cultura del Manierismo euro-
peo*, M. Fagiolo (org.), Roma, 1979.

27. Insistiu nesse ponto E. H. Gombrich, "Zum Werke Giulio Romanos", in
Jahrbuch der kunsthistorischen Sammlungen in Wien, nova série, VIII (1934), pp.
79-104, IX (1935), pp. 121-50 (um ensaio com o qual muito aprendi); cf. em especial pp. 86-7. Ver também, id., "Architecture and Rhetoric in Giulio Romano's
Palazzo del Te", in *New Light on Old Masters*, Londres, 1986, pp. 161-70 (trad. italiana *Antichi maestri, nuove letture*, Turim, 1987, pp. 175-86).

28. A importância dessa obra foi sublinhada por J. Onians, *Bearers of Meaning. The Classical Orders in the Antiquity, the Middle Ages and the Renaissance*,
Princeton, New Jersey, 1988, pp. 263-86. Para uma resenha útil dos estudos sobre
Serlio (junto com uma tentativa, menos útil, de apresentar Serlio numa chave
pós-moderna), ver J. Onians, "Serlio and the History of Architecture", in G. Perini
(org.), *Il luogo e il ruolo della città di Bologna tra Europa continentale e mediterra-
nea*, Bolonha, 1992, pp. 181-99. Cf. também Ch. Thoenes (org.), *Sebastiano Serlio. Sesto seminario internazionale di storia dell'architettura*, Milão, 1989.

29. Usei a edição impressa em Veneza em 1566. A citação de J. S. Ackerman (*Distant Points*, cit., p. 543), que faz referência à floresta de Fontainebleau, parece tirada da primeira edição, que não vi. Sobre a presença em Fontainebleau de Rosso, Primaticcio e outros pintores italianos, cf. S. Béguin, *L'École de Fontainebleau. Le Maniérisme à la cour de France*, Paris, 1960.

30. Cf. B. Palissy, *Architecture et Ordonnance de la grotte rustique de Monseigneur le duc de Montmorency connestable de France*, reimpresso segundo a edição de La Rochelle, 1563, Paris, 1919.

31. Cf. A. Compagnon, *La seconde main, ou le travail de la citation*, Paris, 1979, pp. 299 ss.

32. "Nos vero, ut captus noster est, incuriose et immediate ac prope etiam subrustice ex ipso loco ac tempore hibernarum vigiliarum Atticas noctes inscripsimus..." (Aulo Gélio, *Notti attiche*, trad. italiana de G. Bernardini-Perini, Turim, 1992, I, p. 81).

33. Desenvolvo aqui algumas alusões de A. Compagnon, *La seconde main*, cit., pp. 299 ss.

34. S. Serlio, *Libro estraordinario, nel quale si dimostrano trenta porte di opere rustica mista con diversi ordini*, Venetia, 1566, cc. 29v-30r: "Se non fusse la bizzaria delli huomini, non si conoscerebbe la modestia delli altri. Et però io potevo fare cotesta porta Dorica pura, come in effetto si vede, senza andarla rompendo com fascie et con li conii, et rompere la bellezza sua. Ma perché sempre furono, et sono, et saranno per quanto io credo delli huomini bizzari, che cercano novità, io ho voluto rompere et guastare la bella forma di questa porta Dorica".

35. Cf. S. Serlio, *Libro primo (-quinto) d'architettura*, Venetia, 1566, livro IV, cap. XI, c. 192r.

36. Cf. Id., *Regole generali*, cit., c. XV v: "È stato parer degli antiqui Romani mescolare col Rustico non pur il Dorico, ma lo Ionico, e 'l Corinthio anchora, il perché non sarà errore se d'una sola maniera si farà una mescolanza, rappresentando in questa parte opera di natura, e parte opera d'artefice".

37. Cf. Montaigne, *Saggi*, cit., p. 271 (*Essais*, cit., I, 31: p. 242).

38. Cf. M. Eyquem de Montaigne, *Essais, réproduction photographique de l'édition originale de 1580*, D. Martin (org.), Genebra-Paris, 1976, p. 303v.

39. Cf. Montaigne, *Saggi*, cit., p. 1283: "Aggiungo, ma non correggo [Acrescento mas não corrijo] (*Essais*, cit., III, 9: p. 1078), Cf. A. Chastel, "Le fragmentaire, l'hybride, l'inachevé", in *Fables, formes, figures*, Paris, 1978, vol. II, pp. 33-45; J. Lafond, "Achèvement/inachèvement dans les *Essais*", in *Bulletin de la Société des Amis de Montaigne*, 7. série, jul.-dez, 1988/jan.-jun. 1989, n. 13-16, pp. 175-88; A. Tripet, "Projet, développement, achèvement dans les *Essais*", in *Bulletin de la*

Société des Amis de Montaigne, 7ª série, jul.-dez. 1988/jan.-jun. 1989, n. 13-16, pp. 189-201.

40. Cf. E. Panofsky, *Galileo as a Critic of the Arts*, Haia, 1954, pp. 17-8 (trad. italiana *Galileo critico delle arti*, M. C. Mazzi [org.], Veneza, 1985, pp. 58-9). As considerações de Galileu foram provavelmente redigidas numa data situada entre 1595 e 1609 (ibid., pp. 19-20, nota 2); e ver G. Galilei, *Scritti letterari*, A. Chiari [org.], Florença, 1970, pp. 493-4). Outros testemunhos pertinentes em C. Ossola, *Autunno del Rinascimento*, cit., pp. 86-94.

41. Cf. A. Hauster, *Der manierismus*, Munique, 1964, pp. 325-7 (trad. italiana *Il manierismo*, Turim, 1965, pp. 301 ss.); R. A. Sayce, "Renaissance et maniérisme dans l'oeuvre de Montaigne", in *Renaissance, Maniérisme, Baroque*, Paris, 1972, pp. 137-51.

42. G. Galilei, *Scritti letterati*, cit., pp. 502-3.

43. Cf. E. Panofsky, *Galileo*, cit., pp. 60-1 [tradução modificada].

44. Cf. Montaigne, *Saggi*, cit., pp. 275-6 (*Essais*, cit., I, 31, p. 246). Cf. também E. Kris, "Der Still 'rustique'", cit., p. 143. E ver J. von Scholosser, *Die Kunstund Wunderkammern der Spätrenaissance*, Leipzig, 1908 (consultei a tradução italiana, acompanhada de notas úteis: *Raccolte d'arte e di meraviglie del tardo Rinascimento*, P. Di Paolo [org.], Florença, 1974).

45. Sobre as implicações morais do estilo, cf. E. H. Gombrich, "Visual Metaphors of Value of Art", in *Meditations on a Hobby Horse*, Londres, 1963, pp. 12-29, 163-5 (trad. italiana *A cavallo de um manico di scopa*, Turim, 1971, pp. 20-47, 249--52). E ver também, do autor deste livro, "Stile", in *Ochiacci di legno*, cit., pp. 136-70.

46. Sobre esse ponto ver R. A. Sayce, "Renaissance, Mannerism and Baroque", in *The Essays of Montaigne. A Critical Exploration*, Londres, 1972, pp. 319-20.

47. Cf. Montaigne, *Saggi*, cit., p. 271 (*Essais*, cit., I, 31: p. 242). Cf. F. Lestringant, *André Thevet, cosmographe des derniers Valois*, Genebra, 1991 (com rica bibliografia).

48. Cf. A. Thevet, *Les vrais pourtraits et vies des hommes illustres*, Paris, 1584, c. b IV r. Uma lista das edições e traduções da obra em F. Lestringant, *André Thevet*, cit., pp. 376-81. E ver F. Haskell, *History*, cit., pp. 51-2.

49. Cf. A. Thevet, *Les vrais pourtraits*, cit., c. 650r. Reproduzido em F. Lestringant (org.), *Le Brésil de Montaigne. Le Nouveau Monde des "Essais" (1580--1592)*, Paris, 2005, p. 204.

50. Citado por J. Baudry, introdução a A. Thevet, *Les singularitez de la France antarctique, autrement nommée Amérique*, Paris, 1981, p. 40.

51. Cf. F. Lestringant, *André Thevet*, cit., p. 380.

52. Cf. E. Müntz, "Le musée des portraits de Paul Jove. Contribution pour

servir à l'iconographie du Moyen Age et de la Renaissance", in *Mémoires de l'Académie des Inscriptions et Belles-Lettres*, XXXVI (parte II), 1900.

53. Sobre esse ponto insistiu F. Chabod, "Paolo Giovio", in *Scritti sul Rinascimento*, Turim, 1967, pp. 243-67, em especial pp. 262 ss.

54. Cf. E. Müntz, *Le musée*, cit., pp. 13-4. Ver também C. Feest, "Mexico and South America in the European *Wunderkammer*", in O. Impey, A. MacGregor (org.), *The Origins of the Museums*, Oxford, 1985, pp. 237-44.

55. Cf. F. Lestringant, *André Thevet*, cit., pp. 38-9. E ver também J. Adhémar, "Frère André Thevet", Paris, 1947 (*Profils Franciscains*, 28), p. 28.

56. Cf. F. Lestringant, *André Thevet*, cit., p. 378.

57. Cf. Montaigne, *Saggi*, cit., pp. 282-3 (*Essais*, cit., I, 31: pp. 251-2).

58. É essa a terminologia usada, em geral, por T. Todorov (*La conquête de l'Amérique. La question de l'autre*, Paris, 1982). Mas ver as agudas observações de A. Compagnon, *Chat-en-poche. Montaigne et l'allégorie*, Paris, 1993, pp. 41 ss. (sobre T. Todorov e R. Romano).

59. R. A. Sayce, "Imitation and Originality: Montaigne and Books", in *The Essays of Montaigne*, cit., pp. 31-2, distinguiu um elemento de antiguidade no ensaio "Dei costumi antichi" (I, 49).

60. Cf. Montaigne, *Journal de voyage du* [!] *Michel de Montaigne en Italie...*, cit., pp. 274-5. E ver *Giornale*, cit., II, p. 10: "Vidi pure un Virgilio scritto a mano com caratteri grossissimi, di quel tipo lungo e stretto che qui vediamo nelle iscrizioni dell'epoca imperiale, per esempio intorno ao secolo di Costantino: una grafia che ha qualcosa di gotico, e ha perso la proporzione quadrata propria alle vecchie scritture latine".

61. S. Timpanaro considera "um absurdo" que no passado aqueles versos pudessem ter sido considerados autênticos (*Per la storia della filologia virgiliana antica*, Roma, 1986, pp. 16-7). Mas essa é, também, a opinião de, por exemplo, J. Perret ("*Enéide*", *Les Belles-Lettres*, Paris, 1981: cf. p. XLVI). Ver uma ampla discussão em W. Schmid, *Vergil-Probleme*, Stuttgart, 1983 (Göppinger Akademische Beiträge, 120), que acaba atribuindo os quatro versos a Virgílio. Cf. também R. Sabbadini, *Le scoperte dei codici latini e greci nei secoli XIV e XV* (1905), E. Garin (org.), 2 vols., Florença, 1967, vol. I, p. 154.

62. Montaigne, *Journal*, cit., p. 276, nota 1.

63. Poliziano tinha datado o códice em torno do século VI: cf. R. Sabbadini, *Le scoperte*, cit., vol I, pp. 154 e 169. Uma comparação entre as miniaturas do Vat. Lat. 3867 e as esculturas da era de Constantino é proposta pela primeira vez por C. Nordenfalk, *Der Kalender vom Jahre 354 und die latenische Buchmalerei des IV. Jahrunderts*, Göteborg, 1936, pp. 31-6; cf. E. Rosenthal, *The Illuminations of the Vergilius Romanus (Cod. Vat. Lat. 3867). A Stylistic and Iconographic Analysis*,

Zurique, 1972, p. 9. D. H. Wright, *Der Vergilius Romanus und die Ursprünge des mittelalterlichen Buches*, Stuttgart, 2001, pende para uma data em torno de 480. Se não me engano, nenhum desses estudiosos menciona Montaigne.

64. Cf. C. Bellièvre, *Souvenirs de voyages en Italie et en Orient: Notes historiques, pièces de vers*, C. Perrat (org.), Genebra, 1956, pp. 4-5 (em seu caderno Bellièvre reproduziu a escrita do manuscrito): cf. A. Grafton, "The Scholarship of Poliziano and its Context", in Id., *Defenders of the Text*, Cambridge, Mass., 1991, pp. 47-8.

65. Cf. Montaigne, *Saggi*, cit., p. 205 (*Essais*, cit., I, 26, p. 189).

66. Sobre esse ponto, ver A. Momigliano, "Storia antica e antiquaria" (1950), in *Sui fundamenti della storia antica*, Turim, 1984.

67. Fiz rápida alusão a esse tema em *Rapporti di forza*, cit., pp. 100-5. Falta um tratamento adequado.

68. Cf. L. Febvre, *Civilisation: le mot et l'idée* (Publications du Centre International de Synthèse), Paris, 1930, pp. 1-55 (trad. italiana de C. Vivanti, *Problemi di metodo storico*, Turim, 1976, pp. 3-45); E. Benveniste, "Civilisation: contribution à l'histoire du mot", in *Hommage à Lucien Febvre. Éventail de l'histoire vivante*, Paris, 1953, vol. I, pp. 47-54.

69. Cf. Montaigne, *Saggi*, cit., pp. 282-3 (*Essais*, cit., I, 31: pp. 251-2). Essas observações tinham sido preparadas pela citação de Plutarco que se lê no início do ensaio: "Não sei que bárbaros são esses (pois os gregos chamavam bárbaros todas as nações), mas a disposição desse exército que vejo não é nada bárbara" (*Saggi*, cit., p. 268). Cf. sobre isso E. M. Duval, "Lessons of the New World: Design and Meaning in Montaigne's 'De Cannibales' (I:31) and 'Des coches' (III:6), in *Yale French Studies*, 64 (1983), pp. 95 ss.

70. Cf. Montaigne, *Saggi*, cit., p. 272 (*Essais*, cit., I, 31, pp. 242-3).

71. Cf. ibid., p. 278 (*Essais*, I, 31, p. 248).

72. Cf. ibid., pp. 271-3 (*Essais*, cit., I, 31, pp. 243-4).

73. Cf. ibid., p. 282 (*Essais*, cit., I, 31, p. 251).

74. Cf. ibid., p. 284 (*Essais*, cit., I, 31, p. 253).

4. PARIS, 1647: UM DIÁLOGO SOBRE FICÇÃO E HISTÓRIA [pp. 79-93]

1. M. Detienne, *L'invention de la mythologie*, Paris, 1981, pp. 53-9. Segundo Detienne (p. 56, nota 29), a introdução à *Ilíada* de Vidal-Naquet (1975) "toma distância da interpretação histórica de Finley". Na realidade a posição de Vidal-Naquet é muito mais atenuada: cf. "L'*Iliade* sans travesti", in *La démocratie grecque vue d'ailleurs*, Paris, 1990, pp. 38-9; e, no mesmo volume, "Économie et société

dans la Grèce ancienne: l'oeuvre de Moses Finley", pp. 55-94, sobretudo pp. 59 ss. Cf também a crítica de A. Momigliano à *Invention de la mythologie*, de Detienne, in *Rivista Storica Italiana*, 94 (1982), pp. 784-7.

2. M. Detienne, *L'invention de la mythologie*, cit., p. 107, nota 75.

3. Sobre a data, sigo Jean-Pierre Cavaillé, "Galanterie et histoire de l' 'antiquité moderne'. Jean Chapelain, *De la lecture des vieux romans*, 1647", in *XVII*ᵉ *siècle*, 50 (1998), pp. 387-415, depois reimpresso como introdução à edição por ele organizada de *De la lecture des vieux romans*, Paris, 1999.

4. A paródia de Voltaire, *La Pucelle d'Orléans*, deu o tiro de misericórdia no poema de Chapelain.

5. Cf. *Lettres de Jean Chapelain*, 2 vols., Ph. Tamizey de Larroque (org.), Paris, 1880-93; J. Chapelain, *Soixante-dix-sept lettres inédites à Nicolas Heinsius (1649-1658)*, B. Bray (org.), Haia, 1966. Sobre a carreira literária, cf. Ch. Jouhaud, *Les pouvoirs de la littérature. Histoire d'un paradoxe*, Paris, 2000, pp. 97-150.

6. Segui (com exceção de uma correção mínima) o texto organizado por A. C. Hunter: J. Chapelain, *Opuscules critiques*, Paris, 1936, pp. 205-41. Outras edições: [Desmolets], *Continuation des mémoires de littérature et d'histoire*, Paris, 1728; A. Feillet (org.), que republicou o diálogo acreditando ser inédito (Paris, 1870, reimpressão Genebra, 1968); F. Gegou, *Lettre-traité de Pierre-Daniel Huet sur l'origine des romans... suivie de* La lecture des vieux romans *par Jean Chapelain*, Paris, 1971 (com um útil comentário); e sobretudo aquela citada, Jean-Pierre Cavaillé (org.), Paris, 1999. Ver também: J. de Beer, "Literary Circles in Paris, 1619-1660", in *PLMA*, 53 (1938), pp. 730-80, em particular pp. 757-8; J. Frappier, "Voltaire amateur de vieux romans", in *Amour courtois et Table Ronde*, Genebra, 1973, pp. 283 ss.; Ch. Delhez-Sarlet, "Le Lancelot 'fabuleux et historique': vraisemblance et crédibilité d'un récit au XVIIᵉ siècle", in *Mélanges offerts à Rita Lejeune*, Gembloux, 1969, vol. II, pp. 1535 ss.

7. Em meados do século XVII, reuniam-se em torno do cardeal de Retz poetas, críticos e antiquários; cf. J. de Beer, *Literaty Circles*, cit. Sobre os libertinos, sempre fundamental é R. Pintard, *Le libertinage érudit dans la première moitié du XVII*ᵉ *siècle*, Paris, 1943 (reimpressão, com nova introdução, Genebra-Paris, 1983). Ver também T. Gregory et al., *Ricerche su letteratura libertina e letteratura clandestina nel Seicento*, Florença, 1981.

8. Paul de Gondi era então o protetor de Ménage; em 1652 as relações entre eles se deterioraram. Ménage recusou o convite, que lhe foi logo transmitido por Sarasin, para se pôr a serviço do Monseigneur de Conti: cf. G. G., "Ménage et le cardinal de Retz", in *Revue d'Histoire Littéraire de la France*, 38 (1931), pp. 283-5; introdução de B. Bray a J. Chapelain, *Soixante-dix-sept lettres*, cit., pp. 168-9, nota 2. Ménage e Sarasin continuaram amigos; Chapelain rompeu com os dois (ibid.,

pp. 112 e 285). Entre as obras de Sarasin, publicadas aos cuidados de Ménage, há um diálogo intitulado *S'il faut qu'un jeune homme soit amoureux*, claramente moldado em *De la lecture des vieux romans*, escrito poucos meses antes mas inédito (J.-F. Sarasin, *Oeuvres*, Paris, 1694, pp. 139-235, em particular p. 208). A não ser M. de Pille e Louis Aubry, senhor de Trilleport, os personagens dos dois diálogos são os mesmos; no de Sarasin a discussão tem início no *Roman de Perceforest* e não no de *Lancelot*.

9. Cf. *Catalogue de tous les livres de feu M. Chapelain*, C. Searles (org.), Stanford, 1912, p. 70, n. 2328-9. Trata-se de *Histoire de Lancelot*, Paris, 1520, 1591; *Le premier volume de Lancelot du Lac nouvellement imprimé*, Paris, 1633.

10. Um eco das conversas com Chapelain se pode ver na carta de dedicatória a Jacques Dupuy que Ménage pôs no início das *Origines de la langue françoise*, Paris, 1650: "Et pour remonter jusques à la source [...] il faudroit avoir leu tous nos vieux Poëtes, tous nos vieux Romans, tous nos vieux Coustumiers, et tous nos autres vieux Escrivains, pour suivre comme à la piste et découvrir les altérations que nos mots ont souffertes de temps en temps. Et je n'ay qu'une légère connoissance de la moindre partie de toutes ces choses" [E, para voltar à fonte, seria necessário ter lido todos os nossos antigos poetas, romances e cronistas e todos os nossos outros escritores, a fim de seguir a pista e descobrir as alterações que nossas palavras sofreram com o passar do tempo. E tenho apenas um conhecimento superficial de uma pequena parte de todas essas coisas"]. Esse trecho se lê no final de uma lista impressionante que inclui "l'Hébreu et le Chaldée", "la langue qui se parle en Basse-Bretagne, et l'Alleman avec tous ses differens dialectes", "les divers idiomes de nos Provinces, et le langage des paysans, parmi lesquels les langues se conservent plus longuement" [o hebraico e o caldeu, a língua que se fala na Baixa Bretanha, e o alemão com seus diferentes dialetos, os diversos idiomas de nossas províncias e o linguajar dos camponeses, entre os quais as línguas se conservam mais longamente].

11. *Fable*, se lê no *Dictionnaire de l'Académie*, significa "uma narração inventada que quer ensinar ou divertir [...]. *Fable* significa também tema de um poema épico ou dramático, ou tema de um romance..." (Ch. Sorel, *De la connaissance des bons livres*, L. Moretti [org.], Roma, 1974, p. 84, nota 23).

12. J. Chapelain, *Opuscules*, cit., p. 219. Sobre essa expressão e outras semelhantes, ver o livro, ainda fundamental, de N. Edelman, *Attitudes of Seventeenth--Century France toward the Middle Ages*, Nova York, 1946, pp. 1-23.

13. O diálogo não é mencionado na coletânea *La querelle des Anciens et des Modernes*, organização e introdução de M. Fumaroli, posfácio de J.-R. Armogathe, Paris, 2001.

14. Cf. J. Chapelain, *Opuscules*, cit., p. 209. Sobre a ambiguidade da palavra

histoire, semelhante à do italiano *storia*, ver o *Dictionnaire* de Furetière: "*Histoire* pode se referir também aos romances, a narrações baseadas em acontecimentos inventados mas não intrinsecamente impossíveis, imaginados por um escritor ou apresentados de forma não imediatamente reconhecível" (Ch. Sorel, *De la connaissance des bons livres*, cit., p. 84, nota 23).

15. J. Chapelain, *Opuscules*, cit., p. 217.

16. Cf. Aristóteles, *Dell'arte poetica*, C. Gallavotti (org.), Milão, 1987, p. 31. Esse ponto foi entendido equivocadamente por M. Magendie, *Le roman français au XVIIe siècle*, Paris, 1932, p. 131. Muito mais pertinente é a reação polêmica de Detienne à afirmação de Finley, para quem a verossimilhança era uma das condições impostas pelos ouvintes dos poemas homéricos: "Mais que peut vouloir dire qu'un auditoire exige la vraisemblance? Que veut dire vraisemblance? A coup sûr, autre chose que n'entendait Aristote" [Mas o que significa dizer que uma plateia exige a verossimilhança? O que significa verossimilhança? Certamente, algo diverso do que pensava Aristóteles] (M. Detienne, *L'invention de la mythologie*, cit., p. 57, nota 33).

17. Sobre essa passagem cf. [Desmolets], *Continuation des mémoires de littérature et d'histoire*, cit., pp. 6 e 304, que me permitiu corrigir um engano da edição de Hunter. Para uma reação à primeira publicação do diálogo de Chapelain cf. La Curne de Sainte-Palaye, *Mémoires sur l'ancienne chevalerie* (1759), Ch. Nodier (org.), Paris, 1829, vol. I, pp. 431-2. Ver em particular *Mémoire concernant la lecture des anciens romans de chevalerie*, ibid., pp. 436-7: "Je ne dissimulerai point qu'après avoir achévé ce mémoire, j'appris que j'avais été prévenu il y a long-temps par M. Chapelain..." etc. Ver sobre esse ponto L. Gossman, *Medievalism and the Ideologies of the Enlightenment: the World and Work of La Curne de Sainte-Palaye*, Baltimore, 1968, p. 153.

18. Ver A. Momigliano, "Storia antica e antiquaria" (1950), in *Sui fondamenti della storia antica*, Turim, 1984, pp. 3-45.

19. C. Fauchet, *Les oeuvres... revues et corrigées*, Paris, 1610, pp. 482 ss. Ver sobre ele J. G. Espiner-Scott, *Claude Fauchet*, Paris, 1938 (na p. 372 nota que o nome de Fauchet não é mencionado no diálogo de Chapelain). Cf. também L. Gossman, *Medievalism*, cit., p. 153.

20. C. Fauchet, *Les oeuvres*, cit., p. 591.

21. L. Chantereau Le Fèvre, *Traité des fiefs et de leur origine avec les preuves tirées de divers auteurs anciens et modernes, de capitulaires de Charlemagne, de Louis le Débonnaire, de Charles le Chauve, et des ordonnances de S. Louis, et de quantité d'autres actes mss. extraicts de plusieurs cartulaires authentiques*, Paris, 1662, pp. 87-9, a propósito de *meffaire* (mas na passagem correspondente de *Lancelot* figura um sinônimo, *mesprendre*). O amplo estudo de G. Baer Funden-

burg, *Feudal France in French Epic: a Study of Feudal French Institutions in History and Poetry*, Princeton, 1918, não fala da tradição antiquária do século XVII. Numa perspectiva mais complexa, que leva em conta a dimensão narrativa, ver D. Maddox, "*Lancelot* et le sens de la coutume", in *Cahiers de Civilisation Médiévale*, 29 (1986), pp. 339-53, e Id., "*Yvain* et le sens de la coutume", in *Romania*, 109 (1988), pp. 1-17.

22. J. Chapelain, *Opuscules*, cit., p. 219. Sobre o mesmo assunto, quase um século depois, ver a observação de B. de Montfaucon: "Ce différent goût de sculpture, et de peinture en divers siècles peut même être compté parmi les faits historiques" [esse gosto diferente no que tange à escultura e à pintura em séculos distintos pode mesmo ser contado entre os fatos históricos] (*Le monumens de la monarchie françoise*, Paris, 1729, vol. I, p. 11, citado por G. Previtali, *La fortuna dei primitivo dal Vasari ai neoclassici*, Turim, 1964, p. 70).

23. J. Chapelain, *Opuscules*, cit., p. 221.

24. Elas demonstram, escreveu M. Magendie, um "sens du relatif rare ao XVIIe siècle" (*Le roman*, cit., p. 121).

25. J. Chapelain, *Opuscules*, cit., p. 217.

26. R. Popkin, *The History of Scepticism*, cit., pp. 36-7. Para uma descrição da edição de 1621, cf. L. Floridi, *Sextus Empiricus*, cit., pp. 53-4.

27. Mesmo um livro admirável como o de C. Borghero (*La certezza e la storia. Cartesianesimo, pirronismo e conoscenza storica*, Milão, 1983) começa dizendo que a categoria de "pirronismo histórico" gerou uma "miragem historiográfica" (p. 9), mas depois não examina os textos de Sexto.

28. *Sexti Philosophi Opera quae extant*, Parisiis, in officina Abrahami Pacardi, 1621, em duas partes com paginação separada, parte II, pp. 49-53 (e ver acima, cap. 1).

29. Sobre Dionísio de Trácia cf. P. Matthews, "La linguistica greco-latina", in G. C. Lepschy (org.), *Storia della linguistica*, Bolonha, 1990, vol. I, pp. 246-8. Sobre a suposta *techné* de Dionísio, cf. R. Pfeiffer, *History of Classical Scholarship from the Beginnings to the End of the Hellenistic Age*, Oxford, 1968, pp. 266-72, que sustentou a tese da autenticidade contra a persuasiva argumentação de V. Di Benedetto, "Dionisio Trace e la techné a lui attribuita", in *Annali della Scuola Normale Superiore di Pisa. Classe di Lettere*, 2. série, XXVII (1958), pp. 169-210; XXVIII (1959), pp. 87-118.

30. Sexto Empírico, *Contro i matematici*, I, 252 (trad. italiana de A. Russo, Bari, 1972, p. 82). A tradução de Gentian Hervet diz assim: "Ex historia enim aliam quidem dicit esse veram, aliam vero falsam, aliam autem tanquam veram. Et veram quidem, eam, quae versatur in rebus quae geruntur. Falsam autem,

quae versatur in figmentis et fabulis. Tanquam veram autem, cuiusmodi est comedia et mimi".

31. Ibid., I, 256 (trad. de A. Russo, p. 86). Trad. de G. Hervet: "Non est ars aliqua in iis quae sunt falsa et esse non possunt: falsa autem sunt et esse non possunt que sunt in fabulis et figmentis, in quibus maxime historicae partis versatur grammatica: non est ars aliqua in historica parte grammaticae".

32. F. La Mothe Le Vayer, "Du peu de certitude qu'il y a dans l'histoire", in *Oeuvres*, 15 vols., Paris, 1669, vol. XIII, pp. 409-48. Cf. A. Momigliano, "Storia antica e antiquaria", cit., pp. 17-8; sobre La Mothe Le Vayer, id., *Le radici classiche della storiografia moderna*, R. Di Donato (org.), Florença, 1992, pp. 60-1. Ampla discussão em C. Borghero, *La certezza e la storia*, cit., pp. 57 ss., em especial p. 71, onde *Du peu de certitude* é definido como "fundamental".

33. V. I. Comparato, "La Mothe Le Vayer dalla critica storica al pirronismo", in T. Gregory et al., *Ricerche su letteratura libertina*, cit., pp. 259-79, em especial pp. 271-3.

34. P. Bayle, *Dictionnaire historique et critique*, vol. VI, pp. 408 ss., em especial p. 413, nota K: "[Le livre] des historiens est bon; mais comme Mr. Baillet le remarque finement, il ne lui a pas coûté beaucoup de peine" (remete a A. Baillet, *Jugemens des savans sur les principaux ouvrages des auteurs*, Paris, 1722, vol. II, p. 121). Implicitamente, lhe faz eco C. Borghero, *La certezza e la storia*, cit., p. 71, nota 100: "Una sorta di catalogo ragionato".

35. F. La Mothe Le Vayer, *Jugement sur les anciens et principaux historiens grecs e latins, dont il nous reste quelques ouvrages*, Paris, 1646, folhas não numeradas.

36. Nas cartas de Chapelain publicadas por Tamizey de Larroque há uma lacuna que corresponde aos anos de 1641 a 1658: cf. *Lettres*, cit., vol. I, p. XIV. Entre os correspondentes falta La Mothe Le Vayer, cujo nome aparece frequentemente, porém, nas cartas a Guez de Balzac (1638-40), quase sempre acompanhado de opiniões críticas. Entrevê-se uma relação competitiva, sobretudo no momento em que é oferecido a Chapelain o posto de professor do delfim, depois assumido por La Mothe Le Vayer. Por volta de 1660 deve ter havido uma aproximação, decorrente também da amizade comum com François Bernier, a quem La Mothe Le Vayer era muito ligado (ver *Lettres*, cit., vol. II, pp. 186-7 e passim).

37. Cf. A. Momigliano, "Il posto di Erodoto nella storia della storiografia", in *La storiografia greca*, Turim, 1982, pp. 138-55.

38. La Mothe Le Vayer, *Jugement*, cit., p. 11.

39. Heródoto, *Le storie*, L. Annibaletto (org.), Milão, 1982, II, p. 230.

40. La Mothe Le Vayer atribui essa opinião a Francesco Patrizi; provavelmente se trata de uma confusão com uma passagem de Bodin em que se diz que Políbio "vestiu, seja a máscara do filósofo, seja a do historiador": cf. "Methodus ad

facilem historiarum cognitionem", in J. Wolff (org.), *Artis historicae penus*, Pietro Perna, Basileae, 1579, pp. 52-3. (Nessa coletânea figuram os diálogos sobre a história de Patrizi e também o *Methodus* de Bodin; a passagem desta última é assinalada no índice com uma remissão a Políbio como "nimis Philosophus").

41. La Mothe Le Vayer, *Jugement*, cit., p. 50.

42. Ibid., pp. 48-9.

43. C. Ginzburg, "Mito", in *Occhiacci di legno*, cit., p. 56.

44. Cf. a dedicatória a Henrique IV posta por Casaubon na sua tradução de Políbio (Frankfurt, 1609).

45. Ver também La Mothe Le Vayer, *Jugement*, cit., p. 339, sobre as passagens em que Heródoto toma distância dos mitos referentes a Abari e das crenças dos citas ligadas aos lobisomens (trata-se de um prefácio que o editor declara ter encontrado entre os papéis do autor).

46. Ibid., p. 58.

47. Ibid., pp. 64-5.

48. Guez de Balzac, numa carta a Chapelain, definiu ironicamente La Mothe Le Vayer como "sucessor de Montaigne e Charron, e até, se lhe agrada, de Cardano e Vanini, cuja memória é abençoada em Toulouse" (G. de Balzac, *Lettres inédites à Chapelain*, Tamizey de Larroque [org.], Paris, 1873, pp. 410, 418, citado por R. Pintard, *Le libertinage érudit*, cit., pp. 145-6).

49. Cf. a passagem de G. C. Vanini, *De admirandis Naturae arcanis*, Parisiis, 1616, cit. in M. Ferrari, C. Ginzburg, "La colombara ha aperto gli occhi", in *Quaderni Storici*, 38 (1978), pp. 631-9, em especial p. 639, nota 27.

50. La Mothe Le Vayer, *Jugement*, cit., p. 68.

51. Escreve V. I. Comparato que "as 'fábulas' deixavam a condição de causas para se tornarem material etnográfico..." (*La Mothe Le Vayer*, cit., p. 269).

52. Cf. C. Ginzburg, "Distanza e prospettiva: due metafore", in *Occhiacci di legno*, cit., pp. 171-93.

53. Cf. R. Pintard, *Le libertinage érudit*, pp. 531-3; e ver nas pp. XXXV-XXXVI as críticas ao La Mothe Le Vayer cético e cristão propostas por R. Popkin. A resposta deste último (*The History of Scepticism*, cit., pp. 82-7) é fraca.

54. A. M. Battista, *Alle origini del pensiero politico libertino. Montaigne e Charron*, Milão, 1966; Id., "Come giudicano la 'politica' libertini e moraliste nella Francia del Seicento", in S. Bertelli (org.), *Il libertinismo in Europa*, Milão-Nápoles, 1960, pp. 25-80.

55. "De la diversité des religions", in *Cinq dialogues faits à l'imitation des anciens*, Liège, 1671: cf. C. Ginzburg, *Occhiacci di legno*, cit., pp. 57-8.

56. As duas posições não se excluem, como demonstrou M. Bloch, *Les rois thaumaturges* (1924). Ver, do autor deste livro, "A proposito della raccolta dei

saggi storici di Marc Bloch", in *Studi Medievali*, 3ª série, VI (1965), pp. 335-53, em especial pp. 352-3.

57. Ver F. de Grenaille, Sieur de Chatounieres, *La Mode ou Charactere de la Religion. De la Vie. De la Conversation. De la Solitude. Des Compliments. Des Habits. Et du Style du temps*, Paris, 1642 (voltarei a ele proximamente).

58. J.-L. Guez de Balzac, *Oeuvres*, V. Conrart, Paris, 1665 (reimpressão, Genebra, 1971), vol. I, c. *ii r (mas toda a introdução é importante).

59. C. Fauchet, *Les oeuvres*, cit., p. 591.

60. J. Chapelain, *Opuscules*, cit., p. 221.

61. S. Coleridge, *Biographia Literaria*, Londres, 1907, cap. XIV, II, p. 6. O trecho se refere às *Lyrical ballads* de Coleridge e Wordsworth.

62. *Hamlet*, ato III, cena II. Desenvolvo, numa direção ligeiramente diferente, uma frase de Giacomo Magrino que Cesare Garboli pôs como epígrafe de *Pianura proibita*, Milão, 2002.

63. M. Vökel, *"Pyrrhonismus historicus" und "fides Historica". Die Entwicklung der deutschen historischen Methodologie unter dem Gesichspunkt der historischen Skepsis*, Frankfurt a. M., 1987.

64. "Fede è sustanza di cose sperate / ed argomento delle non parventi" (Dante, *Paradiso*, XXIV, 64-5), que traduz Hb 11, 1: "Est fides sperandarum substantia rerum, argumentum non apparentium" ["A fé é substância das coisas que devem ser esperadas, prova das que não estão aparentes"].

5. OS EUROPEUS DESCOBREM (OU REDESCOBREM) OS XAMÃS [pp. 94-111]

1. G. Benzoni, *La historia del nuovo mondo*, Veneza, 1572, cc. 54v-55r (2ª edição, reimpressão anastática, F. Anders [org.], Graz, 1962; nas pp. XXV-XXXI, uma lista de reimpressões e traduções). Ver também A. Martinengo, in P. Collo, L. L. Crovetto (org.), *Nuovo Mondo. Gli italiani (1492-1564)*, Turim, 1991, pp. 549-52, e o verbete "Benzoni, Girolamo", redigido por A. Codazzi para o *Dizionario biografico degli italiani*, vol. 8, pp. 732-3, que cita parte do trecho reproduzido acima da primeira edição (ver adiante, nota 16).

2. C. Ginzburg, "Straniamento: preistoria di un procedimento letterario", in *Occhiacci di legno. Nove riflessioni sulla distanza*, Milão, 1998, pp. 15-39.

3. G. Benzoni, *La historia*, cit., cc. 55r-56r.

4. Cf. N. Monardes, *Primera y segunda y tercera partes de la historia medicinal, de las cosas que se traen de nuestras Indias occidentales, que sirven en Medicina* (1571), Sevilha, 1580 (1ª ed., 1571), cc. 32r ss., sobretudo 36v-39r. Ver também N.

A. Recco, *Rerum medicarum Novae Hispaniae Thesaurus...*, Romae, 1648, pp. 173--7 (l. v, cap. L 1 "De Pycielt, seu Tabaco").

5. Cf. P. A. Mattioli, *I discorsi... nelli sei libri di Pedacio Dioscoride Anazarbeo della materia medicinale*, Veneza, 1568, p. 1476, sobre o "solatro maniaco over furioso" que é diferenciado do "dorícnio" (p. 1132: Mattioli diz não ter conseguido identificá-lo), também mencionado por Dioscórides.

6. Garcia da Orta, *Coloquios dos simples e drogas da India*, Lisboa, 1891, anotada pelo conde de Ficalho, pp. 95-101. A primeira edição, que não vi, saiu em Goa, em 1563. A transcrição hoje usada é *bhang*.

7. Cf. C. Acosta, *Tractado de las drogas y medicinas de las Indias Orientales, con sus plantas debuxadas al bivo...*, Burgos, 1578, pp. 360-1. Na dedicatória ao leitor Acosta faz alusão discreta às imperfeições da obra de seu predecessor Garcia da Orta.

8. Cf. N. Monardes, *Primera*, cit., c. 38r.

9. Cf. G. Benzoni, *La historia*, cit., c. 169r.

10. Cf. E. Le Roy Ladurie, "Un concept: l'unification microbienne du monde (XIVe – XVIIe siècles)", in *Le territoire de l'historien*, Paris, 1978, vol. II, pp. 37-97.

11. *Relation de ce qui s'est passé en la Nouvelle France en l'année 1636, envoyée au R. Père Provincial de la Compagnie de Jésus en la Province de France par le P. Paul Lejeune de la mesme Compagnie, supérieur de la Résidence de Kébec*, Paris, 1637, vol. I, pp. 199-200: "... monsieur Gand parlant aux Sauvages, comme i'ay dit cy-dessus, leur remonstroit, que s'ils mouroient si souvent, ils s'en falloit prendre à ces boissons, dont ils ne sçauroient user par mesure. Que n'écris tu à ton grand Roy, firent-ils, qu'il défende d'apporter de ces boissons qui nous tuent. Et sur ce qu'on leur repartit, que nos François en avoient besoin sur la mer, et dans les grandes froidures de leur païs, Fais donc en sorte qu'ils les boivent tous seuls. On s'efforcera, comme j'espère, d'y tenir la main; mais ces Barbares sont importuns au dernier point. Un autre prenant la parole, prit la defense du vin et de l'eau de vie. Non, dit-il, ce ne sont pas ces boissons qui nous ostent la vie, mais vos écritures: car depuis que vous avez décry nostre païs, nos fleuves, nos terres, et nos bois nous mourons tous, ce qui n'arrivoit pas devant que vous vinssiez icy. Nous-nous mismes à rire entendans ces causes nouvelles de leur maladies. Ie leur dy que nous décrivions tout le monde, que nous décrivions nostre païs, celuy des Hurons, des Hiroquois, bref toute la terre, et cependant qu'on ne mouroit point ailleurs, comme on fait en leurs païs, qu'il falloit donc que leur mort provint d'ailleurs; ils s'y accordèrent". O padre de Brebeuf morreu assassinado pelos iroqueses (cf. *Dictionnaire de biografie française, ad vocem*).

12. Cf. F. de Dainville, *La géographie des humanistes*, Paris, 1640 (nova ed., 1991).

13. Sobre a hostilidade (que perdurou até o final do século XVII) da hierarquia católica diante do consumo do tabaco, cf. J. Tedeschi, "Literary Piracy in Seventeenth Century Florence: Giovanni Battista Neri's *De iudice S. Inquisitionis Opusculum*", in *The Prosecution of Heresy. Collected Studies on the Inquisition in Early Modern Italy*, Binghamton, NY, 1991, pp. 259-72.

14. Cf. J. E. Brooks, *Tobacco. Its History Illustrated by the Books, Manuscripts and Engravings in the Library of George Arents Jr.*, 5 vols., Nova York, 1937 ss.

15. Cf. G. Fernández de Oviedo, *Historia general y natural de las Indias*, J. Pérez de Tudela Bueso (org.), Madri, 1959, vol. I, pp. 116-8.

16. As palavras de Benzoni "fumo que em língua mexicana é chamado tabaco", depois corrigidas na segunda edição para "essa erva que" etc., poderiam ter sido sugeridas pela observação de Oviedo: os índios chamam de tabaco o fumo ou os canudos para inalá-lo, e não (como alguns acreditaram) a erva ou o sono em que caem depois de fumá-la (*Historia*, cit., p. 116). Autores sucessivos, como Monardes, chamam, ao contrário, de "tabaco" a planta, segundo o uso depois difundido. Segundo A. Ernst, "On the Etymology of the Word Tobacco", in *American Anthropologist*, II (1889), pp. 133-41, o instrumento descrito e reproduzido do texto de Oviedo — em língua guarani, *taboca* — era e é usado no continente americano para inalar fumo, não de tabaco mas de legumináceas que contêm alcaloides. A hipótese de que Benzoni nunca tenha feito as viagens por ele descritas é discutida (e espalhada) por A. Codazzi e A. Martinengo nos textos citados na nota 3.

17. "Aquí me paresce que cuadra una costumbre viciosa e mala que la gente de Tracia usaba entre otros criminosos vicios suyos, segund el Abulensis escribe sobre Eusebio *De los tiempos* [libro III, cap. 168], donde dice que tienem por costumbre todos, varones e mujeres, de comer alrededor del fuego, y que huelgan mucho de ser embriagos, ou lo parescer; e que como no tienen vino, toman simientes de algunas hierbas que entre ellos hay, las cuales, echadas en las brasas, dan de sí un tal olor, que embriagan a todos los presentes, sin algo beber. A mi parescer, esto es lo mismo que los tabacos que estos indios toman" (G. F. de Oviedo, *Historia*, cit., vol. I, p. 117).

18. Cf. *Tostado sobre el Eusebio*, Salamanca, Hans Gysser, 1506, vol. III, c. LIX v (cap. CLXVIII); C. Julius Solinus, *Polyhistor, rerum toto orbe memorabilium thesaurus locupletissimus*, Basileae, 1538, p. 36: "Uterque sexus epulantes, focos ambiunt, herbarum quas habent semine ignibus superiecto, cuius nidore preculsi, pro laetitia habent, imitari ebrietatem sensibus sauciatis" ["Um e outro sexo andam ao redor do fogo, comendo das ervas que apanham; lançada sua semente às chamas, tomados pelo aroma exalado delas, com seus sentidos alterados, alegram-se em imitar a embriaguez"].

19. Cf. Pomponio Mela, *De orbis situ libris tres, accularissime emendati, una cum commentariis Joachimi Vadiani...*, Parisiis, 1540, p. 90: "Vini usus quibusdam ignotus est: epulantibus tamen ubi super ignes, quos circumsident, quaedam semina ingesta sunt, similis ebrietati hilaritas ex nidore contingit" ["O uso do vinho é desconhecido para alguns; todavia, quando algumas sementes são lançadas pelos convivas sobre o fogo em torno do qual se sentam, graças ao aroma exalado, segue-se uma alegria semelhante à embriaguez"].

20. François du Creux, *Historiae Canadensis, seu Novae Franciae livri decem, ad annun usque Christi MDCLVI*, Parisiis, 1664, p. 76: "... ebrietatemque enim inducunt, vini instar" (defronte da mesma página há uma ilustração que mostra um índio fumando cachimbo).

21. Ibid., p. 56.

22. Cf. P. Biard, Grenoblois, de la Compagnie de Jésus, *Relation de la nouvelle France, de ses terres, naturel du Païs, et de ses Habitans...*, Lyon, 1616, p. 78.

23. Ibid., pp. 78-9.

24. Sobre o uso do *bhang* em contextos rituais, cf. R. G. Wesson, *Soma, Divine Mushroom of Immortality*, Nova York, s. d., pp. 128 ss., que discute, refutando-a, a proposta de identificar o *bhang* com o *soma* mencionado nos poemas védicos (a propósito de B. L. Mukherjee, "The Soma Plant", in *Journal of the Royal Asiatic Society*, 1921, pp. 241-4, existe um opúsculo do mesmo autor, com idêntico título, publicado em Calcutá em 1922, e que não vi).

25. Cf. S. Schama, *The Embarassement of Riches*, Nova York, 1987, pp. 193 ss. Mas a ofensiva contra o tabaco, os seus produtores e consumidores, está, desde já, em marcha.

26. Cf. I. Vossius, *Observationes ad Pomponium Melam de situ orbis*, Hagae Comitis, 1658, pp. 124-5.

27. A mais antiga representação do fumo por parte de um botânico europeu (o holandês Rembert Dodoens, 1554) identifica a planta com o *Hyoscyamus luteus* descrito por Discórides: cf. J. Stannard, "Dioscorides and Renaissance Materia Medica", in M. Florkin (org.), *Materia medica in the Sixteenth Century*, Oxford, 1966, p. 113 (e nota 93); F. Edelmann, "Nicotiniana", extraído de *Flammes et Fumées*, 9 (1977), pp. 75-128.

28. Cf. J.-F. Lafitau, *Mœurs des sauvages amériquains, comparées aux mœurs des premiers temps*, Paris, 1724, vol. II, pp. 126 ss., sobre o qual ver A. Pagden, *La caduta dell'uomo naturale*, trad. italiana de I. Legati, Turim, 1989, pp. 256-70; A. Saggioro, "Lafitau et lo spettacolo dell''altro'. Considerazioni iniziali in margine a un comparatista *ante litteram*", jn *Studi e Materiali di Storia delle Religioni*, 63 (1997), pp. 191-208.

29. Cf. Máximo de Tiro, *Sermones sive disputationes XLI*, Parisiis, 1557, p. 90 (sermão XI).

30. Cf. J.-F. Lafitau, *Mémoire présenté au Duc d'Orléans concernant la précieuse plante de Gin Seng de Tartarie découverte au Canada*, Paris, 1718.

31. Cf. J.-L.Lafitau, *Mœurs*, cit., vol. II, p. 133: "Il est certain que le Tabac est en Amérique une herbe consacrée à plusieurs exercices, et à plusieurs usages de Religion. Outre ce que j'ai déjà dit de la vertu qu'ils lui attribuent pour amortir le feu de la concupiscence et les révoltes de la chair; pour éclairer l'âme, la purifier, et la rendre propre aux songes et aux visions extatiques; pour évoquer les esprits, et les forcer de communiquer avec les hommes; pour rendre ces esprits favorables aux besoins des nations qui les servent, et pour guérir toutes les infirmités de l'âme et du corps...".

32. Cf. G. Henning, "Die Reiseberichte über Sibirien von Heberstein bis Ides", in *Mitteilungen des vereins für Erdkunde zu Leipzig*, 1905, pp. 241-394; e ver G. Flaherty, *Shamanism and the Eighteenth Century*, Princeton, 1992.

33. Cf. J. N. Bremmer, *The Rise and Fall of the Afterlife*, Londres, 2002, pp. 26-7, que integrou nesse ponto a minha reconstituição.

34. E. I. Ides, "Voyage de Moscou à la Chine", in *Recueil de voyages au Nord, contenant divers mémoires très utiles au commerce et à la navigation*, vol. III, Amsterdã, 1727 (no catálogo da Bibliothèque Nationale de Paris esse livro é catalogado com o nome de seu editor, Jean-Frédéric Bernard), p. 54: "À quelques journées de chemin de *Ilinskoi* il y a une grande cascace, ou pente d'eau, qu'on appelle *Chute du Schaman*, ou *Chute du Magicien*, à cause que le fameux *Schaman*, ou magicien des *Tunguses*, a sa cabane auprès de cet endroit". A versão original holandesa da relação de Ides foi publicada em Amsterdã em 1704. Sobre o termo "xamã", cf. S. M. Shirokogoroff, *Psychomental Complex of the Tungus*, Londres, 1935, pp. 268-9, que remete também a B. Laufer, "Origin of the Word Shaman", in *The American Anthropologist*, 19 (1917), pp. 361-71.

35. Cf. J. B. Müller, "Les mœurs et usages des Ostiackes et la manière dont ils furent convertis en 1712 à la religion chrétienne du rit grec", in *Recueil de voiages au Nord*, Amsterdã, 1727, vol. VIII, pp. 382 ss., em particular p. 412 (trata-se da tradução de uma versão alemã, que não vi).

36. Cf. J. G. Gmelin, *Reise durch Sibirien, vor dem Jahr 1733 bis 1743*, 3 vols., Göttingen, 1751-2; ver em particular vol. I, pp. 283 ss., 351, 397; vol. II, pp. 45-6, 82 ss., 351; vol. III, prefácio, pp. 69 ss., 330 ss., 347 ss. Dessa obra existe uma tradução francesa, muito abreviada: *Voyage en Sibérie*, 2 vols., Paris, 1767.

37. Cf. Id., *Reise*, cit., vol. III, pp. 370 ss., 522 ss.

38. Cf. Id., *Flora sibirica sive historia plantarum Sibiriae*, Petropoli, 1747, vol. I, p. 184; Petropoli, 1748, vol. III, p. 31. Uma biografia de Gmelin, escrita pelo

reitor da Universidade de Tübingen, precede J. G. Gmelin, *Sermo academicus de novorum vegetabilium post creationem divinam exortu*, Tubingae, 1749.

39. Cf. F. E. Manuel, *The Eighteenth Century Confronts the Gods*, Cambridge, Mass., 1959.

40. Ibid., pp. 137-45.

41. Ibid., pp. 73-4. Cf. J. G. Georgi, *Bemerkungen einer Reise im russischen Reich im Jahre 1772*, 2 vols., São Petersburgo, 1775.

42. Cf. C. Meiners, *Über die Mysterien der Alten, besonders über die Eleusinischen Geheimnisse*, in *Vermischte Philosophische Schriften*, Leipzig, 1776, vol. III, pp. 164-342. Sobre Meiners (apenas mencionado por Manuel), chamou a atenção S. Landucci, *I filosofi e i selvaggi, 1580-1780*, Bari, 1972, pp. 463-5 e passim; sobre a perspectiva eurocêntrica e racista de seus textos, ver L. Marino, *I maestri della Germania, Göttingen 1770-1820*, Turim, 1975, pp. 103-12.

43. Cf. C. Meiners, *Über die Mysterien*, cit., pp. 169-71.

44. Cf. C. Peucer, *Commentarius de praecipuis generibus divinationum*, Witebergae, 1560; J. Scheffer, *Lapponia*, Francofurti et Lipsiae, 1674.

45. Cf. C. Ginzburg, *Storia notturna. Una decifrazione del sabba*, Turim, 1989.

46. Cf. I. Vossius, *Observationes*, cit., p. 124.

47. Heródoto, IV, 73-5 (trad. italiana *Le storie*, L. Annibaletto [org.], Milão, 1982, vol. I, pp. 389-90.

48. Cf. K. Meier-Lemgo, *Engelbert Kämpfer, der erste deutsche Forschungsreisende 1651-1717*, Hamburgo, 1960. Ver também, organizada pelo mesmo autor, "Die Briefe Engelbert Kaempfers", in *Akademia der Wissenschaften und der Literatur in Mainz, Abhandlungen der mathematisch-naturwissenschaftlicher Klasse*, 6 (1965), pp. 267-314; *Die Reisetagebücher Engelbert Kaempfers*, Wiesbaden, 1968.

49. E. Kaempfer, *Amoenitatum Exoticarum politico-physico-medicarum fasciculi V*, Lemgoviae, 1712, pp. 333-4, 528-9. Cf. também D. Haberland (org.), *Engelbert Kaempfer (1651-1716). Ein Gelehrtenleben zwischen Tradition und Innovation*, Wiesbaden, 2004 (com remissões à bibliografia, que nos últimos anos se tornou muito copiosa).

50. Cf. E. Kaempfer, *Amoenitatum*, cit. pp. 638 ss., em particular p. 647. A fonte de Kaempfer é Alessandro d'Alessandro, *Genialium dierum libri sex*, Parisiis, 1561, cc. 137v-138r (l. III, XI).

51. Existe uma nova edição integral organizada por R. Radrizzani: *Manuscrit trouvé à Saragosse*, Paris, 1990.

52. Cf. J. Potocki, *Histoire primitive des peuples de la Russie*, São Petersburgo, 1802, p. 128. Na reedição organizada pelo orientalista Julius Klaproth, discípulo de Potocki, acompanhada de introdução e de importantes notas críticas, se lê

"chaman": cf. J. Potocki, *Voyage dans les steps* [!] *d'Astrakhan et du Caucase. Histoire primitive des peuples qui ont habité anciennement ces contrées. Nouveau périple du Pont-Euxin...*, J. Klaproth (org.), 2 vols., Paris, 1829, vol. II, p. 171.

53. Cf. J. Potocki, *Histoire*, cit., p. 134; Id., *Voyages en Turquie et en Egypte, en Hollande, ao Maroc*, F. Beauvois (org.), Paris, 1980 (com uma útil introdução). Pergunto-me se o parentesco secreto, sobretudo de ordem estrutural, que sempre tive a impressão de ver entre o *Manuscrit trouvé à Saragosse* e *La civetta cieca*, de Sadegh Hedayat (sobre quem ver Y. Ishaghpour, *Le tombeau de sadègh Hedayàt*, Paris, 1991) não deve ser procurado na reelaboração, em registro muito diferente, de uma experiência alucinatória semelhante.

54. Cf. B. G. Niebuhr, "Untersuchungen über die Geschichte der Skythen, Geten, und Sarmaten (Nach einem 1811 vorgelesenen Aufsatz ney gearbeitet 1828)", in *Kleine historische und philologische Schriften*, Bonn, 1828, vol. I, pp. 352--98, em particular pp. 361-2.

55. Cf A: Mickiewicz, *L'Église officielle et le messianisme*, 2 vols., Paris, 1845, vol. I: *Cours de littérature slave au Collège de France (1842-1843)*, pp. 123-5: "... le premier de tous les historiens de l'Europe moderne, il reconnut l'importance de la tradition orale. Niebuhr demandait aux paysans et aux vieilles femmes, sur les marchés de Rome, des explications sur l'histoire de Romulus et de Rémus. Longtemps avant lui, Potocki, dans les huttes des Tartares, méditait sur l'histoire des Scythes [...]. Potocki le premier a tiré la science du cabinet. Il a voyagé, observé le pays, parlé avec les peuples, ce qu'aucun antiquaire n'avait fait avant lui...". O trecho é assinalado por E. Krakowski, *Un témoin de l'Europe des Lumières: le comte Jean Potocki*, Paris, 1963, p. 149. Sobre a importância atribuída por Niebuhr à tradição oral, cf. A. Momigliano, "Perizonio, Niebuhr e il carattere della tradizione romana primitiva", in *Sui fondamenti della storia antica*, Turim, 1984, pp. 271-93.

56. Corrijo, graças a Bremmer (*The Rise and Fall*, cit., p. 146, nota 16), um lapso que tinha se insinuado na primeira versão destas páginas.

57. Cf. K. Meuli, "Scythica", in *Gesammelte Schriften*, T. Gelzer (org.), Basileia-Stuttgart, 1975, pp. 817-79 (com acréscimos em relação à versão publicada em 1935). Cf. também, do autor deste livro, *Storia notturna*, cit., p. 198, nota 4. Para uma crítica às teses de Meuli, ver Bremmer, *The Rise and Fall*, cit., pp. 27-40.

58. Cf. *Storia notturna*, cit., p. 188.

6. TOLERÂNCIA E COMÉRCIO — AUERBACH LÊ VOLTAIRE [pp. 112-38]

1. Cf. Voltaire, "Lettres philosophiques", in *Mélanges*, J. van den Heuvel (org.), Paris, 1961, pp. 17-8: "Entrez dans la bourse de Londres, cette place plus

respectable que bien des cours; vous y voyez rassemblés les députés de toutes les nations pour l'utilité des hommes. Là le juif, le mahométan et le chrétien traitent l'un avec l'autre comme s'ils étaient de la même religion, et ne donnent le nom d'infidèle qu'à ceux qui font banqueroute; là le presbytérien se fie à l'anabaptiste, et l'anglican reçoit la promesse du quaker. Au sortir de ces pacifiques et libres assemblées, les uns vont à la synagogue, les autres vont boire; celui-ci va se faire baptiser dans une grande cuve au nom du Père par le Fils au Saint-Esprit; celui-là fait couper le prépuce de son flis et fait marmotter sur l'enfant des paroles hébraïques qu'il n'entend point; ces autres vont dans leur église attendre l'inspiration de Dieu, leur chapeau sur la tête, et tous sont contents".

2. E. Auerbach, *Mimesis. Il realismo nella letteratura occidentale*, trad. it. (modificada) de A. Romagnoli e H. Hinterhäuser, Turim, 1964, vol. II, pp. 161-6, em particular p. 163. A. Compagnon, *Le démon de la théorie*, Paris, 1998, p. 103, afirma que em *Mimesis* "la notion de réalisme allait encore de soit" [a noção de realismo ainda era evidente]. Mas na conclusão do livro (vol. II, p. 342) Auerbach escreve: "Dado que nem mesmo a expressão 'realista' é unívoca". No plano estritamente factual, a descrição de Voltaire talvez fosse bastante precisa. Uma planta da Bolsa de Londres datada de "août et septembre 1784" (École des Ponts et Chaussées, ms. 8, *manuscript of Le Sage*, 1784) indica que eram atribuídos a algumas minorias religiosas determinados setores ("Place des Quakers", "Place des Juifs"). Essa classificação aparentemente se cruzava com outra baseada nas profissões ou no setor de atividade comercial ("Place des Drapiers", "Place de la Jamaïque" etc.). Agradeço vivamente a Margaret Jacob por ter me feito saber da planta e me dado uma reprodução.

3. E. Auerbach, *Mimesis*, op. cit., vol. II, pp. 220-68 (capítulo "All'hôtel de La Mole", sobre Stendhal, Balzac, Flaubert). Auerbach nunca esclareceu de modo explícito as relações entre os vários tipos de realismo. Essa reticência foi erroneamente interpretada sob um prisma antiteórico: cf. R. Wellek, "Auerbach's Special Realism", in *The Kenyon Review*, 16, 1954, pp. 299-307.

4. E. Auerbach, *Mimesis*, op. cit., vol. II, p. 165.

5. "Epilegomena zu Mimesis", citado por A. Roncaglia na sua introdução a *Mimesis*, op. cit., vol. I, p. XX. Corrigi uma ligeira imprecisão da tradução. No frontispício do livro se lê: "Escrito em Istambul entre maio de 1942 e abril de 1945". Cf. a introdução de J. M. Ziolkowski a E. Auerbach, *Literary Language and Its Public in Late Latin Antiquity and in the Middle Ages*, Princeton, 1993, p. XXII.

6. Ver, de quem escreve, *Occhiacci di legno. Nove riflessioni sulla distanza*, Milão, 1998, pp. 171-93.

7. B. de Spinoza, *Tractatus theologico-politicus*, cap. XX: "Urbs Amstelodamum exemplo sit, quae tanto cum suo incremento, et omnium nationum admi-

ratione hujus libertatis fructus experitur; in hac enim florentissima Republica, et urbe praestantissima omnes cujuscunque nationis et sectae homines summa cum concordia vivunt, et ut alicui bona sua credant, id tantum scire curant, num dives, an pauper sit, et num bona fide, an dolo solitus sit agere" (*Opera*, C. Gebhart [org.], Heidelberg, 1925, vol. III, pp. 245-6).

8. [B. de Spinoza], *Traité des ceremonies supersticieuses des Juifs tant Anciens que Modernes*, Amsterdã, 1678, p. 527. Consultei outro exemplar com um frontispício diferente: *La clef du sanctuaire par un sçavant homme de notre siècle*, Leyden, 1678.

9. B. de Spinoza, *Tractatus theologico-politicus*, prefácio: "Fides jam nihil aliud sit quam credulitas et praejudicia" ["A fé já não seja outra coisa senão crendice e preconceito"]; cap. XIV: "Superest jam, ut tandem ostendam, inter fidem, sive theologiam, et philosophiam, nullum esse commercium" ["Resta, agora, como mostrarei adiante, demonstrar que não há comércio algum entre a fé, ou teologia, e a filosofia"]; cap. XX: "Fides ejusque fundamentalia determinanda sunt; quod quidem in hoc capite facere constitui, simulque fidem philosophia separare, quod totius operis praecipuum intentum fuit" ["A fé e seus fundamentos devem ser determinados, o que, na verdade, me propus a fazer neste capítulo, e, ao mesmo tempo, separar a fé da filosofia, que é o principal intento de toda a obra"] (*Opera*, op. cit., vol. III, pp. 8, 179, 275-6). Ver sobre tudo isso E. Gianconti Boscherini, *Lexicon Spinozanum*, Haia, 1970, pp. 423-7.

10. Spinoza, *Opera*, op. cit., vol. III, p. 243.

11. G. Procacci, *Machiavelli nella cultura europea dell'età moderna*, Bari, 1995, pp. 275-6.

12. L. Lombardi, *Dalla "fides" alla "bona fides"*, Milão, 1961; G. Freyburger, *Fides. Étude sémantique et religieuse depuis les origines jusqu'à l'époque augustéenne*, Paris, 1986. Em 1584, Johannes Molanus, professor da universidade de Louvain, publicou uma obra intitulada *Libri quinque de fide haereticis servanda, tres de fide rebellibus servanda*: cf. A. Prosperi, "Fede, giuramento, inquisizione", in P. Prodi, E. Müller-Luckner (org.), *Glaube und Eid*, Munique, 1993, pp. 157-71.

13. Como me fez notar Pier Cesare Bori, a quem agradeço. A tese proposta com argumentos muito convincentes por A. Hirschman em *The Passion and the Interests* (Princeton, 1977) pode ser estendida à religião. Por volta de 1833, Stendhal fez um aceno carregado de desprezo à "jovem América, onde todas as paixões, ou quase, se reduzem ao culto do dólar" (esboço de introdução às "Chroniques Italiennes", in *Romans et nouvelles*, H. Martineau [org.], Paris, 1947, p. 544).

14. P. Vernière, *Spinoza et la pensée française avant la Révolution*, Paris, 1954, vol. II, pp. 498-9. R. Pomeau, *La religion de Voltaire*, nova edição, Paris, 1969, p. 54,

nota 82, sustenta por sua vez que, naquela época, Voltaire conhecia a obra de Spinoza apenas indiretamente. Cf. também C. Porset, "Notes sur Voltaire et Spinoza", in O. Bloch (org.), *Spinoza au XVIIIᵉ siècle*, Paris, 1990, pp. 225-40.

15. "'Osent penser', expression remarquable", observou R. Pomeau a propósito do trecho de Voltaire ("Les *Lettres philosophiques*: le projet de Voltaire", in *Studies on Voltaire and the Eighteenth Century*, 179, 1979, pp. 11-24, em particular p. 12). A importância de Horácio para Voltaire foi ressaltada por I. O. Wade, *The Intellectual Development of Voltaire*, Princeton, 1969, pp. 15-8. Sobre "sapere audem", ver as belas páginas de F. Venturi, "Contributi a un dizionario storico, I: Was ist Aufklärung? Sapere aude!", in *Rivista Storica Italiana*, LXXI, 1959, pp. 119-28; id., *Utopia e riforma nell'Illuminismo*, Turim, 1970, pp. 12-8 (ver também, de quem escreve, "L'alto e il basso", in *Miti emblemi spie*, Turim, 1986, pp. 107-32). Voltaire possuía um exemplar da edição de Horácio traduzida por Dacier (Amsterdã, 1727), em que essa passagem é corretamente interpretada numa acepção moral, e não intelectual: "Ayez le courage d'être vertueux"; cf. F. Venturi, *Contributi*, op. cit., p. 120. Descobrir que a distorção das palavras de Horácio remontava a Voltaire certamente teria agradado a Venturi.

16. "Il y avait plus de politesse dans l'air ouvert et humain de son visage qu'il y en a dans l'usage de tirer une jambe derrière l'autre et de porter à la main ce qui est fait pour couvrir la tête" (Voltaire, "Lettres philosophiques", in *Mélanges*, op. cit., p. 1).

17. "Nous sommes chrétiens, et tâchons d'être bons chrétiens; mais nous ne pensons pas que le christianisme consiste à jeter de l'eau froide sur la tête, avec un peu de sel" (ibid., p. 4).

18. "Notre Dieu, qui nous a ordonné d'aimer nos ennemis et de souffrir sans murmure, ne veut pas sans doute que nous passions la mer pour aller égorger nos frères, parce que des meurtriers vêtus de rouge, avec un bonnet haut de deux pieds, enrôlent des citoyens en faisant du bruit avec deux petis bâtons sur une peau d'âne bien tendue" (ibid., p. 4).

19. C. Ginzburg, *Occhiacci di legno*, op. cit., pp. 18-20.

20. "England is meeting of all religions, as the Royal exchange is the rendez vous of all foreigners"; "Where there is not liberty of conscience, there is seldom liberty of trade, the same tyranny encroaching upon the commerce as upon Religion. In the Commonwealths and other free contrys one may see in a see port, as many religions as shipps. The same god is there differently worship'd by jews, mahometans, heathens, catholiques, quackers, anabaptistes, which write strenuously one against another, but deal together freely and with trust and peace; like good players who after having humour'd their parts and fought one against another upon the stage, spend the rest of their time in drinking together"

(*Voltaire's Notebooks*, Th. Besterman [org.], Genebra, 1928[2] [*Les oeuvres complètes de Voltaire*, vol. 81], vol. I, pp. 51 e 65).

21. Ibid., p. 43, nota 2.

22. J. Swift, *A Tale of a Tub...*, A. C. Guthkelch, D. N. Smith (org.), Oxford, 1920, p. 139.

23. Ibid., pp. 345-6. Cf. também J. Swift, *Journal to Stella*, H. Williams (org.), Oxford, 1948, vol. I: *April 14, 1711*, pp. 254-5. R. Pomeau, *La religion de Voltaire*, nova edição, Paris, 1969, pp. 131-2, afirma erroneamente que até 1756 Voltaire lembra-se de Swift somente como autor de *Gulliver*. Pomeau cita Wolff, *Elementa matheseos universae*, como possível fonte de *Micromégas*, sem mencionar as *Viagens de Gulliver* (Voltaire, *Romans et contes*, Paris, 1966, p. 125). Mas ver I. O. Wade, *Voltaire's "Micromégas": A Study in the Fusion of Science, Myth, and Art*, Princeton, 1950, p. 28.

24. J. Swift, *I viaggi di Gulliver*, trad. it. A. Valori, Gênova, 1913 (*Gulliver's Travels*, P. Pixon, J. Chalker [org.], Harmondsworth, 1967, p. 70: "A great silver chain, with a wonderful kind of engine at the bottom. We directed him to draw out whatever was at the end of that chain; which appeared to be a globe, half silver, and half of some transparent metal; for on the transparent side we saw certain strange figures circularly drawn [...]. He put this engine to our ears, which made an incessant noise like that of a watermill. And we conjecture it is either some unknown animal, or the god he worships [...]"). Ver também G. Celati, *Introduzione a J. Swift, I viaggi di Gulliver*, Milão, 1997, p. XIX.

25. Grifos meus.

26. "Ainsi presque tout est imitation. L'idée des *Lettres persanes* est prise de celle de l'*Espion turc*. Le Boiardo a imité le Pulci, l'Arioste a imité le Boiardo. Les esprits les plus originaux empruntent les uns des autres. [...] Il en est des livres comme du feu dans nos foyers; on va prendre ce feu chez son voisin, on l'allume chez soi, on le communique à d'autres, et il appartient à tous" (Voltaire, *Mélanges*, op. cit., p. 1394).

27. R. Lachmann, "Die 'Verfremdung' und das 'Neue Sehen' bei Viktor Sklovskij", in *Poetica*, III, 1969, pp. 226-49.

28. Cf. F. Orlando, *Illuminismo e retorica freudiana*, Turim, 1982, p. 163.

29. Voltaire, *Mélanges*, op. cit., pp. 157 ss. Para a data da obra, cf. I. O. Wade, *Studies on Voltaire*, Princeton, 1947, p. 87-129. Cf. também a edição organizada por W. H. Barber, in *Voltaire, Oeuvres complètes*, 14 (Oxford, 1989).

30. "Peu de gens s'avisent d'avoir une notion bien étendue de ce que c'est l'homme. Les paysans d'une partie de l'Europe n'ont guère d'autre idée de notre espèce que celle d'un animal à deus pieds, ayant une peau bise, articulant quelques paroles, cultivant la terre, payant, sans savoir pourquoi, certains tributs à un autre

animal qu'ils appelent *roi*, vendant leurs denrées le plus cher qu'ils peuvent, et s'assemblant certains jours pour chanter des prières dans une langue qu'ils n'entendent point" (Voltaire, *Mélanges*, op. cit., p. 157).

31. Voltaire, *La philosophie de l'histoire*, J. H. Brumfitt (org.), (*Les oeuvres complètes de Voltaire*, vol. 59, 2ª ed. rev.), Genebra, 1969, p. 109. Sobre as versões posteriores desse trecho, ver C. Ginzburg, *Occhiacci di legno*, op. cit., p. 28.

32. I. O. Wade, *Voltaire's "Micromégas"*, op. cit., p. 28, sustenta que o texto publicado conserva traços de uma versão mais antiga, perdida, intitulada *Voyage du baron de Gangan* (1739). W. H. Barber, "The Genesis of Voltaire's *Micromégas*", in *French Studies*, XI, 1957, pp. 1-15, rechaça a maior parte das argumentações de Wade, mas concorda que a ideia originária de *Micromégas* decorre dos interesses científicos de Voltaire na década de 1730-40.

33. "Des singes, des éléphants, des nègres, qui semblent tous avoir quelque lueur de raison imparfaite [...]. L'homme est un animal noir qui a de la laine sur la tête, marchant sur deus pattes, presque aussi adroit qu'un singe, moins fort que les autres animaux de sa taille, ayant un peu plus d'idées qu'eux, et plus de facilité pour les exprimer; sujet d'ailleurs à toutes les mêmes nécessités, naissant, vivant et mourant tout comme eux" (Voltaire, *Mélanges*, op. cit., pp. 159-60).

34. Ibid., p. 180. Cf. S. Landucci, *I filosofi e i selvaggi*, Bari, 1972, pp. 80 ss.

35. "La membrane muqueuse des nègres, reconnue noire, et qui est la cause de leur couleur, est une preuve manifeste qu'il y a dans chaque espèce d'homme, comme des plantes, un principe qui les différencie. La nature a subordonné à ce principe ces différents degrés de génie et ces caractères des nations qu'on voit si rarement changer. C'est par là que les nègres sont les esclaves des autres hommes. On les achète sur les côtes d'Afrique comme des bêtes, et les multitudes de ces noirs, transplantés dans nos colonies d'Amérique, servent un très petit nombre d'Européens" (Voltaire, *Essai sur les moeurs*, R. Pomeau (org.), Paris, 1963, vol. II, p. 335).

36. Cf. M. Duchet, *Anthropologie et Histoire au siècle des lumières*, Paris, 1971; C. Hunting, "The Philosophes and Black Slavery: 1748-1765", in *Journal of the History Ideas*, jul.-set. 1978, pp. 405-18. Cf. G. Gliozzi, "Poligenismo e razzismo agli albori del secolo dei Lumi", in *Rivista di Filosofia*, LXX, 1979, pp. 1-31.

37. "La pluspart des nègres, tous les Cafres sont plongés dans la même stupidité" (*La Philosophie de l'histoire*, op. cit., p. 96); "Et y croupiront longtemps" (ibid.). Ver também a tirada racista contida em *Les Lettres d'Amabed* (Voltaire, *Romans et contes*, F. Deloffre, J. van der Heuvel [org.], Paris, 1979, pp. 507-8). C. Hunting, *The Philosophes*, op. cit., p. 417, nota 16, sustenta, de maneira não convincente, que o trecho pretendia ridicularizar as opiniões correntes sobre os negros. De opinião contrária, Deloffre, *Les Lettres d'Amabed*, op. cit., p. 1136, nota.

38. Hunting (*The Philosophes*, op. cit.) nega isso; mas ver A. Burgio, "Raz-

zismo e lumi. Su un 'paradosso' storico", in *Studi Settecenteschi*, 13, 1992-3, pp. 293-329.

39. Ver o artigo, um tanto ou quanto apologético, de E. P. Abanime, "Voltaire anti-esclavagiste", in *Studies on Voltaire and the Eighteenth Century*, 182, 1979, pp. 237-52.

40. Voltaire, *Mélanges*, op. cit., p. 203.

41. Cf. A. Morize, *L'apologie du luxe au XVIIIe siècle et "Le mondain" de Voltaire*, Paris, 1909; I. O. Wade, *Studies on Voltaire*, op. cit., pp. 22-49; A. O. Aldridge, "Mandeville and Voltaire", in I. Primer (org.), *Mandeville Studies*, Haia, 1975, pp. 142-56. Wade sustenta que Voltaire só conheceu *The Fable of the Bees* em 1735, quando escreveu *La défense du mondain*. Note-se, porém, que o próprio Wade mostrou que "Le mondain" havia sido influenciado por Melon, *Essai politique sur le commerce* (1736), influenciado por sua vez por Mandeville.

42. Não existe até hoje uma biografia de Auerbach. Muitas informações úteis em H. U. Gumbrecht, "Pathos of the Earthly Progress", in *Literary History and the Challenge of Philology*, S. Lerer (org.), Stanford, 1996, pp. 13-35.

43. Os versos são citados por Y. H. Yerushalmi, "Assimilation and Racial Anti-Semitism: The Iberian and the German Models", in *The Leo Baeck Memorial Lecture*, 26, 1992, pp. 21-2.

44. Cf. K. Barck, "5 Briefe Erich Auerbachs an Walter Benjamin in Paris", in *Zeitschrift für Germanistik*, 9, 1988, pp. 688-94, em particular p. 692. Devo o conhecimento dessas cartas a Stephen Greenblatt, a quem agradeço vivamente.

45. B. Croce, *La filosofia di Giambattista Vico*, Bari, 1922, p. 254 [2ª ed. rev.]. Auerbach traduziu para o alemão tanto a *Ciência nova* (1925) como a monografia de Croce sobre Vico (1927, junto com Th. Lücke).

46. E. Auerbach, "Philology and Weltliteratur", in *The Centenial Review*, 13, 1969, pp. 1-17 (publicado originalmente como "Philologie der Weltliteratur", in W. Henzen, W. Muschg, E. Staiger [org.], *Weltliteratur. Festgabe für Fritz Strich*, Berna, 1952, pp. 39-50). Ver também uma alusão de Ziolkowski na introdução, op. cit., p. XXV.

47. M. Horkheimer, T. W. Adorno, *Dialettica dell'illuminismo*, trad. it. R. Solmi, Turim, 1980, p. 8.

48. Ibid., pp. 234-5.

49. H. Mason, "Voltaire's Sermon against Optimism: The 'Poème sur le désastre de Lisbonne'", in G. Barber, C. P. Courtney (org.), *Enlightenment Essays in Memory of Robert Schackleton*, Oxford, 1988, pp. 189-203.

50. "Il est toujours malheureusement nécessaire d'avertir qu'il faut distinguer les objections que se fait un auteur de ses réponses aux objections" (Voltaire, *Oeuvres*, L. Moland [org.], vol. IX, Paris, 1877, p. 469).

51. "A l'égard des reproches d'injustice et de cruauté qu'on fait à Dieu, je réponds d'abord que supposé qu'il y ait un mal moral (ce qui me paraît une chimère), ce mal moral est tout aussi impossible à expliquer dans le système de la matière que dans celui d'un Dieu [...] nous n'avons d'autres idées de la justice que celles que nous nous sommes formées de toute action utile à la société, et conformes aux lois établies par nous, pour le bien commun; or, cette idée n'étant qu'une idée de relation d'homme à homme, elle ne peut avoir aucune analogie avec Dieu. Il est tout aussi absurde de dire de Dieu, en ce sens, que Dieu est juste ou injuste, que de dire que Dieu est bleu ou carré.

"Il est donc insensé de reprocher à Dieu que les mouches soient mangées par les araignées" (Voltaire, *Mélanges*, op. cit., pp. 169-70).

52. Moland, vol. IX, p. 478, nota 12.

53. Voltaire, *Mélanges*, op. cit., p. 208.

54. "Des nègres qu'on achetait en Afrique, et qu'on transportait au Pérou comme des animaux destinés au service des hommes" (id., *Essai sur les moeurs*, op. cit., p. 360).

55. Cf., por exemplo, Voltaire, *Correspondance*, Th. Besterman (org.), Genebra, 1971, vol. XVII, D 6709, 6738, 6758, 6776.

56. Uma argumentação análoga parece ter sido proposta por R. Arruda na sua dissertação inédita "La réaction littéraire de Voltaire et ses contemporains au tremblement de terre de Lisbonne de 1755" (1977, Middlebury College): cf. F. A. Spear, com a participação de E. Kreager, *Bibliographie analytique des écrits relatifs a Voltaire 1966-1990*, Oxford, 1992, p. 294. Para os acréscimos ao *Essai sur les moeurs*, utilizei a edição de Pomeau. Cf. em geral H. Duranton, "Les manuscrits et les éditions corrigées de l'*Essai sur les moeurs*", in L. Hay, W. Woesler (org.), *Die Nachlassedition: La publication des manuscrits inédits*, Berna, 1979, pp. 54-62.

57. "On comptait, en 1757, dans la Saint-Domingue française, environ trente mille personnes, et cent mille esclaves nègres ou mulâtres, que travaillaient aux sucreries, aux plantations d'indigo, de cacao, et qui abrègent leur vie pour flatter nos appétits nouveaux, en remplissant nos nouveaux besoins, que nos pères ne connaissaient pas. Nous allons acheter ces nègres à la côte de Guinée, à la côte d'Or, à celle d'Ivoire. Il y a a trente ans qu'on avait un beau nègre pour cinquante livres; c'est à peu près cinq fois moins qu'un boeuf gras [...]. Nous leurs disons qu'ils sont hommes comme nous, qu'ils sont rachetés du sang d'un Dieu mort pour eux, et ensuite on les fait travailler comme des bêtes de somme: on les nourrit plus mal; s'ils veulent s'enfuir, on leur coupe une jambe, et on leur fait tourner à bras l'arbre des moulins à sucre, lorsqu'on leur a donné une jambe de bois. Après cela nous osons parler du droit des gens! [...] Ce commerce n'enrichit point un pays; bien au contraire, il fait périr des hommes, il cause des naufrages;

il n'est pas sans doute un vrai bien; mais les hommes s'étant fait des nécessités nouvelles, il empêche que la France n'achète chèrement de l'étranger un superflu devenu nécessaire" (Voltaire, *Essai sur les moeurs*, op. cit., vol. II, pp. 379-80).

58. La Rochefoucauld, *Maximes*, J. Truchet (org.), Paris, 1967, p. 11.

59. Cf. A. O. Lovejoy, *The Great Chain of Being*, Cambridge, 1961, pp. 252--3, p. 365, nota 15. Ver também *Dictionnaire philosophique* (1764), Ch. Mervaud (org.), Oxford, 1994, vol. I, pp. 513-21, verbete *Chaine des êtres créés*.

60. "Il y a probablement une distance immense entre l'homme et la brute, entre l'homme et les substances supérieures" (Moland, vol. IX, p. 47).

61. D 9289, D 9329 (Voltaire, *Correspondance*, T. Besterman [org.], vol. XXII). A resposta de D'Alembert contém uma alusão sarcástica a Rousseau, sugerida por uma gravura intitulada *Repas de nos philosophes* e pela comédia *Les Philosophes* de Charles Palissot, ambas do mesmo ano de 1760.

62. O diálogo figura no volume antológico da Plêiade, várias vezes citado (Voltaire, *Mélanges*, op. cit.). Cf. também Ch. Mervaud, *Voltaire à table. Plaisir du corps, plaisir de l'esprit*, Paris, 1998, pp. 154-6. H. Hastings, *Man and Beast in the French Thought of the Eighteenth Century*, Baltimore, 1936, pp. 257-8, define-o, um tanto precipitadamente, como "humorous".

63. Voltaire, *Mélanges*, op. cit., pp. 323-35.

64. E. Auerbach, "Remarques sur le mot 'passion'", in *Neuphilologische Mitteilungen*, 38, 1937, pp. 218-24; id. "Passio als Leidenschaft", in *Gesammelte Aufsätze zur romanischen Philologie*, Berna, 1967, pp. 161-75.

65. "Une maudite servante m'a prise sur ses genoux, m'a plongé une longue aiguille dans le cul, a saisi ma matrice, l'a roulée autour de l'aiguille, l'a arrachée et l'a donnée à manger à son chat" (Voltaire, *Mélanges*, op. cit., p. 679).

66. R. Galliani, "Voltaire, Porphyre et les animaux", in *Studies on Voltaire and the Eighteenth Century*, 199, 1981, pp. 125-38.

67. Moland, vol. X, pp. 140-8.

68. Mandeville, *Fable of the Bees*, F. B. Kaye (org.), Oxford, 1924, vol. I, pp. 169-81. Esse trecho deve ser acrescentado ao exame detalhado dos ecos de Mandeville na obra de Voltaire preparado por Wade (*Studies on Voltaire*, op. cit., pp. 12-56). Sobre Descartes e os animais, cf. H. Hastings, *Man and Beast*, op. cit.; L. Cohen Rosenfield, *From Beast-Machine to Man-Machine*, Nova York, 1941. Advirto que o meu conhecimento de *De brutorum operationibus* de Mandeville é somente indireto.

69. Voltaire, *Mélanges*, op. cit., p. 682.

70. Ch. Mervaud, *Voltaire à table*, op. cit., pp. 153-68.

71. "Il est juste qu'une espèce si perverse se dévore elle-même, et que la terre soit purgée de cette race" (Voltaire, *Mélanges*, op. cit., p. 681).

72. Cf. N. Hudson, "From Nation to Race: The Origin of Racial Classification in Eighteenth Century Thought", in *Eighteenth Century Studies*, 29, 1996, pp. 247-64 (que me foi assinalado por Daniel Stolzenberg). Sobre o suposto canibalismo dos judeus, cf. Voltaire, *Dictionnaire philosohique*, vol. I: *Anthropophages*, pp. 347-9; vol. II: *Jephté*, pp. 240-2, assim como B. E. Schwarzbach, "Voltaire et les Juifs: bilan et plaidoyer", in *Studies on Voltaire and the Eighteenth Century*, 358, 1998, pp. 27-91, especialmente pp. 82-3.

73. "Aïe! On me prend par le cou. Pardonnons à nos ennemis" (Voltaire, *Mélanges*, op. cit., p. 684).

74. Cf. C. Ginzburg, *Occhiacci di legno*, op. cit., pp. 100-17.

75. Sade, "La Philosophie dans le boudoir", in *Oeuvres*, M. Delon (org.), Paris, 1998, vol. III, pp. 143-53. Voltarei adiante a este tema.

76. "Tous les animaux s'égorgent les uns les autres; ils y sont portés par un attrait invincible [...] il n'est point d'animal qui n'ait sa proie, et qui, pour la saisir, n'emploie l'équivalent de la ruse et de la rage avec laquelle l'exécrable araignée attire et dévore la mouche innocente. Un troupeau de moutons dévore en une heure plus d'insects, en brouant l'herbe, qu'il n'y a d'hommes sur la terre [...]. Ces victimes n'expirent qu'après que la nature a soigneusement pourvu à en fournir de nouvelles. Tout renaît pour le meurtre" (Moland, vol. XXVIII, Paris, 1880, p. 534).

77. Ibid., p. 549.

78. "Les Cafres, les Hottentots, les nègres de Guinée, sont des êtres beaucoup plus raisonnables et plus honnêtes que les Juifs [...] Vous [Juifs] l'avez emporté sur toutes les nations en fables impertinentes, en mauvaise conduite, et en barbarie; vous en portez la peine, tel est votre destin [...]. Continuez surtout à être tolérants: c'est le vrai moyen de plaire à l'Être des êtres, qui est également le père des Turcs et des Russes, des Chinois et des Japonais, des nègres, des tannés et des jaunes, et de la nature entière" (ibid., p. 551).

79. Ibid.

80. F. Dyson, *Disturbing the Universe*, Nova York, 1979, p. 223. Ver também as observações sobre as relações entre culturas formuladas por C. Lévi-Strauss, *Le regard éloigné*, Paris, 1983, pp. 11-7, 21-48.

7. ANACARSE INTERROGA OS INDÍGENAS — UMA NOVA LEITURA DE UM VELHO BEST-SELLER [pp. 139-53]

1. G. Flaubert, *La signora Bovary*, trad. it. N. Ginzburg, Turim, 1983, p. 10 (*Madame Bovary. Moeurs de province*, Paris, 1947, p. 9: "Le soir de chaque jeudi, il

écrivait une longue lettre à sa mère, avec de l'encre rouge et trois pains à cacheter; puis il repassait ses cahiers d'histoire ou bien lisait un vieux volume d' *Anacharsis* qui traînait dans l'étude").

2. Sobre a relação entre esses elementos, ver F. Orlando, *Gli oggetti desueti nelle immagini della letteratura*, Turim, 1993.

3. Assim termina o verbete "J.-J. Barthélemy", in *Dictionnaire de la biographie française*.

4. Ver o retrato traçado por C. A. Sainte-Beuve, *Causeries du Lundi*, 3ª ed., Paris, s.d., vol. VII, pp. 186-223. Outros dados biográficos in M. Badolle, *L'abbé Jean-Jacques Barthélemy (1716-1795) et l'hellénisme en France dans la seconde moitié du XVIIIᵉ siècle*, Paris, 1927.

5. "Explication de la mosaïque de Palestrine", in *Mémoires de littérature tirés des registres de l'Académie Royale des Inscriptions et Belles-Lettres*, vol. XXX, Paris, 1764, pp. 503-38.

6. Um elenco sem nenhuma pretensão de exaustividade dá uma ideia da variedade dos temas abordados por Barthélemy nesse período: "Remarques sur une inscription grecque, trouvée par M. l'Abbé Fourmont dans le temple d'Apollon Amycléen, et contenant une liste des prêtresses de ce Dieu", in *Histoire de l'Académie des Inscriptions avec les Mémoires de Littérature*, vol. XXIII, Paris, 1756, pp. 394-421; "Essai d'une paléographie numismatique", in *Mémoires de littérature tirés des registres de l'Académie Royale des Inscriptions et Belles-Lettres*, vol. XXIV, Paris, 1756, pp. 30-48; "Dissertation sur deux médailles samaritaines d'Antigonus roi de Judée", ibid., pp. 49-66; "Mémoires sur les anciens monumens de Rome", ibid., vol. XXVI, Paris, 1759, pp. 532-56; "Dissertations sur les médailles arabes", ibid., pp. 557-76; "Réflexions sur l'alphabet et sur la langue dont on se servoit autrefois à Palmyre", ibid., pp. 577-97; "Réflexions sur quelques monuments phéniciens et sur les alphabets qui en résultent", ibid., vol. XXX, Paris, 1764, pp. 405-27; "Remarques sur quelques médailles publiées par differens autheurs", ibid., vol. XXII, Paris, 1768, pp. 671-84; "Explication d'un bas-relief égyptien et de l'inscription phénicienne qui l'accompagne", ibid., pp. 725-38.

7. J.-J. Barthélemy, *Voyage en Italie, à Paris l'an X* (1802), reed. Genebra, 1972, pp. 397 ss.

8. Voltaire, *Essai sur les moeurs*, R. Pomeau (org.), Paris, 1963, vol. II, cap. XXI, p. 168.

9. J.-J. Barthélemy, *Voyage en Italie*, op. cit., p. 402. Cf. também W. Kaegi, *Jacob Burckhardt, Eine Biographie*, Basel-Sttutgart, 1956, vol. III, pp. 678-9.

10. J.-J. Barthélemy, *Voyage en Italie*, op. cit., p. 408. Para um uso análogo do termo "revolução" referido ao período de 1453-1648, ver J. Koch, *Tableau des*

revolutions de l'Europe, Lausanne-Estrasburgo, 1771, citado por D. Cantimori, *Studi di storia*, Turim, 1958, pp. 355-6.

11. No dia 23 de outubro de 1771, Madame du Deffand, amiga de Barthélemy, escreveu à duquesa de Choiseul que tinha lido o *Telêmaco* e achado "aborrecido de morrer [...]. O estilo é prolixo, sem vigor; procura alcançar certa unção, desprovida de calor...". Barthélemy, respondendo em nome da duquesa, admitiu: "É verdade, é difuso, um pouco monótono, demasiado repleto de descrições, mas cheio de uma moral elevada" (*Correspondance complète de Mme du Deffand avec la duchesse de Choiseul, l'abbé Barthélemy et M. Craufurt*, com uma introdução de M. le M[arquês] de Sainte-Aulaire, Paris, 1877, vol. II, pp. 75 e 77).

12. J.-J. Barthélemy, *Voyage en Italie*, op. cit., pp. 403-4.

13. Id., *Voyage du jeune Anacharsis en Grèce...*, Paris, 1791[3], vol. I, pp. I-III (para a tradução, acompanhei [J.-J. Barthélemy], *Viaggio d'Anacarsi il giovine nella Grecia verso la metà del quarto secolo avanti l'era volgare*, Veneza, 1791, vol. I, p. VII).

14. Cf. K. Stewart, "History, Poetry and the Terms of Fiction in the Eighteenth Century", in *Modern Philology*, 66, 1968, pp. 110-20.

15. J.-J. Barthélemy, *Oeuvres diverses, à Paris l'an VI*, vol. I, p. LXXII.

16. J. Spon, *Voyage d'Italie, de Dalmatie, de Grèce et du Levant, fait és années 1675 et 1676*, Lyon, 1678-80.

17. C. Sainte-Beuve, *Causeries du lundi*, op. cit., vol. VII, p. 208: "Il est le Tillemont de la Grèce".

18. A. Momigliano, "Storia antica e antiquaria", 1950, in *Sui fondamenti della storia antica*, Turim, 1984, pp. 3-45.

19. J. Gronovius, *Thesaurus Graecarum Antiquatatum*, 13. vol., Lugduni Batavorum, 1697-1702.

20. Barthélemy a Madame du Deffand, Chanteloup, 18 fev. 1771 (*Correspondance complète de Mme. du Deffand*, op. cit., vol. I, carta CCX, pp. 345-7). Sobre a ligação entre Barthélemy e a duquesa de Choiseul, ver a introdução, p. XLVII. Quando Barthélemy foi detido durante o Terror, a duquesa conseguiu tirá-lo da prisão (p. CXXIX).

21. *Correspondance complète de Mme du Deffand*, op. cit., vol. I, pp. CXV--CXVI; *Horace Walpole's Correspondence*, W. S. Lewis (org.), vol. V: *Madame du Deffand and Mlle Sanadon*, New Haven, Ill., 1939, tomo III, p. 155 (12 dez. 1771).

22. J.-J. Barthélemy, *Oeuvres diverses*, op. cit., vol. I, pp. 163-95.

23. Id. *Voyage*, op. cit., vol. II, p. 36 (trad. it. [J.-J. Barthélemy], *Viaggio d'Anacarsi*, op. cit., vol. IV, p. 90).

24. Para uma bonita biografia baseada numa vasta escolha das cartas, ver B. Craveri, *Madame du Deffand e il suo mondo*, Milão, 1982.

25. Madame du Deffand a Walpole, 4 abr. 1767 (*Correspondance complète de Mme. du Deffand*, op. cit., vol. I, p. 95).

26. Madame du Deffand à duquesa de Choiseul, 20 abr. 1775 (ibid., vol. III, p. 167).

27. Madame du Deffand à duquesa de Choiseul, 2 set. 1778 (ibid., vol. III, p. 338).

28. Madame du Deffand à duquesa de Choiseul, 9 dez. 1773 (ibid., vol. III, pp. 48-9).

29. Ibid.

30. "On nous parle de Catherine, et le marquis Ginori nous est inconnu!" (ibid., vol. I, p. 119).

31. "Les entreprises de ces peuples [os romanos e os cartagineses] sont paisibles, mais présentent des grands mouvements, et c'est le mouvement qui fixe l'attention et qui intéresse. Il est vrai que cet intérêt est tranquille, et tant mieux, car M. de Bucq prétend que le bonheur n'est autre chose que l'intérêt dans la calme. J'aime mieux voir les romains et les carthaginois, les espagnols et les portugais traverser les mers pour découvrir de nouveaux pays, que de voir les factions des Guelfes et des Gibelins et celles des Roses rouge et blanche mettre tout à feu et à sang pour gouverner des peuples qui se seraient bien passés d'elles" (ibid., vol. III, p. 336).

32. É a tese do belo livro de A. O. Hirschman, *The Passions and the Interests*, Princeton, 1977 (trad. it. *Le passioni e gli interessi*, Milão, 1979).

33. Madame du Deffand à duquesa de Choiseul (*Correspondance complète de Mme. du Deffand*, op. cit., vol. I, p. 422).

34. G. H. Gaillard, *Histoire de la rivalité de la France et de l'Angleterre*, Paris, 1771, vol. I, prefácio, p. 2: "L'Europe est polie, l'Europe se croit éclairée, et l'Europe fait la guerre! Nous nous sommes trop pressés d'applaudir à nos lumières, l'Europe est encore barbare!".

35. Entre as exceções, P.-D. Huet, *Histoire du commerce et de la navigation des anciens*, Lyon, 1763 (reimpressão da edição de 1715; o livro tinha sido escrito por solicitação de Colbert).

36. *The Monthly Review*, vol. LXXI, 1789, Appendix, pp. 577-93 (citado também in J.-J. Barthélemy, *Travels of Anacharsis the Younger in Greece, during the Middle of the Fourth Century before the Christian Aera*, trad. ingl., Londres, 1806⁴, vol. I, p. III, "Translator's Preface").

37. Cf. o verbete "Yorke, Philip", in *Dictionary of National Biography*; e ver *The Monthly Review*, vol. LXXXI, 1789, Appendix, p. 592.

38. Consultei um dos doze exemplares da primeira edição, conservado nas Special Collections da Young Research Library, UCLA: *Athenian Letters, or the Epistolary Correspondence of an Agent of the King of Persia, residing at Athens*

during the Peloponnesian War, Containing the History of the Times, in Dispatches to the Ministers of State at the Persian Court. Besides Letters on Various Subjects between Him and His Friends, 4 vols., Londres, 1741-3. Uma nota manuscrita no frontispício do terceiro e do quarto volumes adverte: "Supposed to be wrote [!] by Ld Ch[arles] N[Yorke] 12 copies printed not more". O exemplar contém notas e acréscimos manuscritos, redigidos provavelmente por um dos autores, depois inseridos em parte nas edições seguintes. Isso fica evidente com um cotejo entre a primeira e a terceira edições, em dois volumes, publicada em Dublin em 1792 (não pude ver a segunda edição, de 1781, ao que parece idêntica à terceira): ver, por exemplo, ed. 1741, vol. I, p. 148, e ed. 1792, vol. I, p. 133; ed. 1741, vol. I, p. 166, e ed. 1792, vol. I, p. 149.

39. *Athenian Letters*, op. cit., vol. III, pp. 91-2, em que se remete a uma dissertação sobre o *Marmor Sandvicense*, recém-publicada por John Taylor (Cantabrigiae, 1743).

40. *Athenian Letters*, op. cit., vol. IV, pp. 277 ss.

41. Não vi nem as edições seguintes (1800, 1810), nem a tradução francesa (*Lettres Athéniennes*, 1803).

42. *Athenian Letters*, Dublin, 1792, vol. I, Introdução. Nela também se faz menção a uma obra de Crébillon fils (*Lettres Athéniennes, extraites du porte-feuille d'Alcybiade*: cf. *Collection complète des oeuvres*, vol. XII-XIV, Londres, isto é, Paris, 1777) que é obra de imaginação. Parece ter um critério análogo um livro que não vi (que faz eco ao título do de Marana mencionado mais adiante): *The Athenian Spy, Discovering the Secret Letters which were sent to the Athenian Society by the Most Ingenious Ladies of the Three Kingdoms, relating to Management of their Affections. Being a Curious System of Love Cases, Platonic and Natural*, Londres, 1704 (reimpresso e ampliado em 1709).

43. Cf. *Dictionary of National Biography*, nos seguintes verbetes: Birch, Thomas; Coventry, Henry; Green, John; Heberden, William; Salter, Samuel; Talbot, Catherine; Wray, Daniel; Yorke, Charles; Yorke, Philip. O verbete sobre Philip Yorke enumera, entre os que participaram da iniciativa, o dr. Rooke (mais tarde *Master* do Christ's College); John Heaton (*recte* Eaton) do Christ's College; John Lawry. Ver também E. Heberden, *William Heberden Physician of the Age of Reason*, Londres, 1989.

44. Ver sobre esse tema N. Z. Davis, "History's Two Bodies", in *The American Historical Review*, 93, 1988, pp. 1-30.

45. *The Monthly Review*, nova série, vol. I, 1790, Appendix, pp. 477-8.

46. Sobre um deles, Thomas Birch, Walpole exprimiu um juízo desdenhoso: cf. o respectivo verbete no *Dictionary of National Biography*.

47. J.-J. Barthélemy, *Voyage du jeune Anacharsis en Grèce*, Paris, 1824, vol. IV, pp. 117 ss.

48. *Athenian Letters*, op. cit., vol. I, p. VIII.

49. *Athenian Letters*, ed. 1792, op. cit., p. XVIII: "The general character of Cleander is taken from Mahmut, the Turkish Spy..." Cf. G. C. Roscioni, *Sulle tracce dell' 'Esploratore turco'*, Milão, 1992. Da primeira edição italiana só se conhece um exemplar.

50. [G. P. Marana], *L'espion dans les cours des princes chrétiens, ou lettres et mémoires d'un envoyé secret de la Porte dans les cours d'Europe; où l'on voit les découvertes qu'il a faites dans toutes les Cours où il s'est trouvé, avec une dissertation curieuse de leurs Forces, Politique, et Religion,* Cologne, 1739, vol. I, p. 41: "C'est alors [durante a Quaresma] qu'ils s'appliquent davantage aux exercices de piété; et qu'après avoir purgé leur consciente par des pénitences, et par des confessions secrettes qu'ils se font les uns aux autres, ils mangent d'un certain pain qu'ils appellent le Sacrement de l'Eucharistie, où ils imaginent que leur Messie est réellement present, aussitôt que leurs Prêtres ont prononcé certaines paroles. As-tu jamais rien vu de si fou?" [É então, durante a Quaresma, que eles se dedicam a todo tipo de exercício devocional; e, depois de purgar a consciência por meio de penitências e por confissões secretas que fazem uns aos outros, eles comem um certo pão, que chamam Sacramento da Eucaristia, no qual imaginam, depois que seus sacerdotes pronunciam algumas palavras, que seu Messias está realmente presente. Já se viu alguma coisa tão maluca?]. A versão original italiana desse trecho era muito mais cautelosa, como aponta G. Almansi, "*L'Esploratore turco* e la genesi del romanzo epistolare pseudo-orientale", in *Studi Secenteschi*, VII, 1966, pp. 35-65, em particular p. 60, nota 104. Cf. também G. C. Roscioni, *Sulle tracce,* op. cit., p. 171.

51. C. Ginzburg, "Straniamento", in *Occhiacci di legno. Nove riflessioni sulla distanza*, Milão, 1998, pp. 15-39.

52. Cf. A. Momigliano, "Il contributo di Gibbon al metodo storico", in *Sui fondamenti della storia antica*, op. cit., pp. 249-311.

53. Cf., id. *Rapporti di forza. Storia, retorica, prova,* Milão, 2000, pp. 55-6. Ver também G. C. Roscioni, *Sulle tracce,* op. cit., p. 164.

54. Madame du Deffand, que tinha se deliciado com o espírito de Gibbon, reagiu mornamente ao seu livro: "Je souscris à vos éloges sur la *Décadence de l'Empire*", escreveu ela a Horace Walpole, "je n'en ai lu que la moitié, il ne m'amuse ni m'intéresse; toutes les histoires universelles et les recherches des causes m'ennuient; j'ai epuisé tous les romans, les contes, les théâtres; il n'y a plus que les lettres, les vies particulières et les mémoires écrits par ceux qui font leur propre histoire qui m'amusent et m'inspirent quelque curiosité. La morale, la métaphy-

sique me causent un ennui mortel. Que vous dirais-je? J'ai trop vécu" [Subscrevo seus elogios à *Decadência do Império*, do qual só li metade; ele não me diverte nem me interessa; todas as histórias universais e a pesquisa das causas me aborrecem; esgotei os romances, os contos, as peças; restam apenas as cartas, as vidas e as memórias para me divertir e me suscitar a curiosidade. A moral e a metafísica me causam um tédio mortal. O que fazer? Vivi demais], *Horace Walpole's Correspondence*, W. S. Lewis (org.), vol. VI: *Madame du Deffand and Wiart*, New Haven, Ill., 1939, tomo IV, pp. 469-70 (Madame du Deffand a Walpole, 23 ago. 1777).

55. Cf. A. Momigliano, "Il contributo di Gibbon", op. cit.

56. S. Bordini, *Storia del panorama. La visione totale nella pittura del XIX secolo*, Roma, 1984. Ver também a seção "Panorama" in W. Benjamin, *Parigi capitale del XIX secolo*, R. Tiedemann (org.), Turim, 1986, pp. 679-89.

57. Ver também cap. 14: "O inquisidor como antropólogo".

8. NO RASTRO DE ISRAËL BERTUCCIO [pp. 154-69]

1. E. Hobsbawm, *Anni interessanti: autobiobrafia di uno storico*, trad. it. D. Didero e S. Mancini, Milão, 2002, pp. 312, 318 (E. Hobsbawm, *Interesting Times: A Twentieth-Century Life*, Londres, 2002, p. 288). Na tradução italiana, como se vê, o subtítulo foi modificado. [Há tradução brasileira: *Tempos interessantes — Uma vida no século XX* (Companhia das Letras, 2002)].

2. Ibid., p. 324 (*Interesting Times*, op. cit., p. 293).

3. Ibid., p. 325 (*Interesting Times*, op. cit., p. 294). A contraposição entre chave analítica e chave descritiva foi tirada de L. Stone, "The Revival of Narrative: Reflections on a New Old History" (in *Past and Present*, 85 [1979], pp. 3-24).

4. E. Hobsbawm, *Anni interessanti*, op. cit., p. 473, nota 14 (*Interesting Times*, op. cit., p. 428, nota 12). A resenha, não assinada (como era então a norma no *Times Literary Supplement*), foi republicada como prefácio da tradução inglesa de *I benandanti* (*The Night Battles: Witchcraft and Agrarian Cults in the Sixteenth and Seventeenth Centuries*, Londres, 1983).

5. Ver, mais adiante, cap. 15: "Feiticeiras e xamãs".

6. E. Hobsbawm, *Anni interessanti*, op. cit., p. 327 (*Interesting Times*, op. cit., p. 296).

7. Cf. por exemplo "*Unus testis* — O extermínio dos judeus e o princípio de realidade" (ver mais adiante, cap. 11); id. *Occhiacci di legno. Nove riflessioni sulla distanza*, Milão, 1998; id. *Rapporti di forza. Storia, retorica, prova*, Milão, 2000.

8. E. Hobsbawm, *Anni interessanti*, op. cit., p. 325 (*Interesting Times*, op. cit., p. 294).

9. Cf. C. Ginzburg, "L'historien et l'avocat du diable", segunda parte de uma conversa com L. Vidal e C. Illouz, in *Genèses*, 54, mar. 2004, especialmente pp. 117--21; ver também id., "Mitologia germanica e nazismo: su un vecchio libro di Georges Dumézil", in *Miti emblemi spie. Morfologia e storia*, Turim, 1986, p. 210.

10. E. Hobsbawm, "Manifeste pour l'histoire", in *Le Monde Diplomatique*, dez. 2004, p. 20. Agradeço a Eric Hobsbawm por ter me sugerido o texto do discurso lido no congresso da British Academy e por ter respondido às minhas perguntas sobre as divergências entre os dois textos.

11. Analisei essa técnica em "A áspera verdade — Um desafio de Stendhal aos historiadores" (ver adiante, cap. 9). Ver também S. Crippa, "Au bal avec Stendhal", in *L'année stendhalienne*, 1, 2002, pp. 190-206.

12. Stendhal, *Le rouge et le noir*, in *Oeuvres romanesques complètes*, I, Y. Ansel, Ph. Berthier (org.), Paris, 2005, p. 616: "Il se trouvait que, justement l'avant-veille, Julien avait vu *Marino Faliero*, tragédie de M. Casimir Delavigne.

"Israël Bertuccio n'a-t-il pas plus de caractère que tous ces nobles vénitiens? se disait notre plébéien révolté" etc. (trad. it. D. Valeri, *Il rosso e il nero*, Turim, 1976, pp. 302-3, modificada aqui e ali). Ver também p. 623: "son triste rôle de plébéien révolté".

13. C. Delavigne, *Marino Faliero*, in *Oeuvres*, 4. vol., Bruxelas, 1832, vol. III.

14. A.-F. Varner e J.-F.-A. Bayard, *Marino Faliero à Paris, folie-à-propos, vaudeville en un acte*, Paris, 1829, p. 15.

15. C. Delavigne, *Marino Faliero*, op. cit., p. 87: "Les travaux, eux seuls, donneront la richesse; / le talent, le pouvoir; les vertus, la noblesse".

16. Ibid., p. 27.

17. "Une conspiration anéanti tous les titres donnés par les caprices sociaux" (Stendhal, *Le rouge et le noir*, op. cit., pp. 616-7).

18. C. Delavigne, *Marino Faliero*, Paris, 1829, pp. 11-2 (falta o prefácio nas *Oeuvres complètes* publicadas em Bruxelas em 1832). Não vi K. Kiesel, *Byron's in Delavigne's* Marino Faliero, Düsseldorf, 1870; T. Schorr, *Über Casimir Delavigne*, Giessen, 1926.

19. Stendhal, *Courrier Anglais. New Monthly Magazine*, H. Martineau (org.), Paris, 1935, vol. III, pp. 480 ss. (versão da tradução em inglês: o original francês se perdeu). Ver também a alusão desdenhosa a Delavigne in *Correspondance générale*, V. Del Litto (org.), Paris, 1999, vol. III, p. 619.

20. Ibid., vol. III, pp. 455-9 (carta a Louise Swanton-Belloc, que a publicou em seu livro sobre Byron, 1824); "Souvenirs sur Lord Byron", ago. 1829, publicados por Romain Colomb (*Journal Littéraire*, Paris, 1970, vol. III, pp. 167-73 [ed. du Divan, vol. 35]); "Lord Byron en Italie. Récit d'un témoin oculaire (1816)", publi-

cados na *Revue de Paris*, mar. 1830 (*Mélanges*: II, *Journalisme*, Paris, 1972 [ed. du Divan, vol. 46]).

21. Stendhal, *Correspondance générale*, op. cit., vol. III, p. 106 (a Adolphe de Mareste, 14 abr. 1818). Em 1830, a lista é um pouco diferente: Rossini, Napoleão, lorde Byron (p. 745, a Sophie Duvancel). Uma outra tríade stendhaliana: Correggio, Mozart, Napoleão.

22. Ibid., vol. III, p. 323.

23. Lorde Byron, *Marino Faliero, doge of Venice. An Historical Tragedy in Five Acts with Notes. The Profecy of Dante, a Poem*, Londres, 1821, p. XX (as citações, salvo indicações em contrário, são tiradas dessa edição).

24. Cf. A. Richardson, "Byron and the Theatre", in *The Cambridge Companion to Byron*, D. Bone (org.), Cambridge, 2004, pp. 133-50, em particular pp. 139-41.

25. Lorde Byron, "Marino Faliero", in *The Complete Poetical Works*, J. J. McGann (org.), Oxford, 1992, vol. IV, pp. 525-6.

26. Ibid., p. XX: "I forgot to mention that the desire of preserving, though still too remote, a nearer approach to unity than the irregularity, which is the reproach of the English theatrical compositions, permits, has induced me to represent the conspiracy as already formed, and the Doge acceding to it, whereas in fact it was of his own preparation and that of Israel Bertuccio."

27. R. Landsdown, *Byron's Historical Dramas*, Oxford, 1992, pp. 102 ss.; ver também o apêndice, "Shakespearian Allusions in *Marino Faliero*" (pp. 237 ss.)

28. *Macbeth*, ato II, cena II, pp. 62 ss.; cito da trad. it. G. Baldini (W. Shakespeare, *Tragedie*, Milão, 1963, p. 628).

29. Lorde Byron, *Marino Faliero*, op. cit., ato III, cena II, p. 95.

30. Ibid., ato III, cena II, p. 93. Ver também M. Simpson, *Closet Performances. Political Exhibition and Prohibition in the Dramas of Byron and Shelley*, Stanford, 1998, pp. 172 ss.

31. Se bem vi, no drama de Delavigne o termo *plébéien* ocorre uma só vez, num solilóquio de Faliero: "Mais prince ou plébéien, que je règne ou conspire/ Je ne puis échapper aux soupçons que j'inspire" (ato III, cena III).

32. Também sobre esse ponto remeto a "A áspera verdade — Um desafio de Stendhal aos historiadores", cit. (cap. 9).

33. [Philo-Milton], *A Vindication of the Paradise Lost from the Charge of Exculpating "Cain". A Mystery*, Londres, 1822.

34. T. L. Ashton, "The Censorship of Byron's *Marino Faliero*", in *The Huntington Library Quarterly*, 36 (inverno de 1972), pp. 27-44. Ver também M. Simpson, *Closet Performances*, op. cit., pp. 172 ss.

35. Lorde Byron, *Marino Faliero*, op. cit., pp. XX-XXI.

36. Ibid., pp. 175-84.

37. Ibid., p. 179.

38. *Rerum Italicarum Scriptores*, L. A. Muratori (org.), Mediolani, 1733, vol. XXII, col. 628-35, em particular col. 632.

39. M. Sanudo il Giovane, *Le vite dei dogi 1423-1474*, vol. I: *1423-1457*, A. Caracciolo Aricò (org.), Veneza, 1999, introdução.

40. Cf. Biblioteca Correr, Marin Sanudo, *Vite dei dogi*, ms. Cicogna 1105-6 (3768-3767). A parte sobre a conjuração de Marin Falier se encontra no ms. Cicogna 1105 (3768), cc. 178v-181v.

41 *Laurentii de Monacis Veneti Cretae Cancellarii Chronicon de rebus Venetis ab U. C. ad annum MCCCLIV sive ad conjurationem ducis Faledro... omnia ex mss. editisque codicibus eruit, recensuit, praefationibus illustravit Flaminius Cornelius senator Venetus*, Venetiis, 1758, p. 316.

42. *Add. Mss.*, 8574: cf. P. O. Kristeller, *Iter Italicum*, Leiden, 1989, vol. IV, p. 69, que remete (com um erro de impressão sobre a data do ms.) a C. Foligno, "Codici di materia veneta nelle biblioteche inglesi", in *Nuovo Archivio Veneto*, nova série, 10 (1905), p. 104, nota 10. Filippo de Vivo (a quem agradeço vivamente) me informa que na c. 158r o mesmo personagem aparece como "Bertasium Isardo", "Bertucius", "Bertucius ergo Isardo". Essa última versão está corrigida, por mão diferente da do copista, para "Isarelo".

43. G. Pillinini, "Marino Faliero e la crisi economica e politica della metà del '300 a Venezia", in *Archivio Veneto*, 5ª série, 119, 1968, pp. 45-71. Muito mais cauteloso, F. C. Lane, *Venice. A Maritime Republic*, Baltimore, 1973, pp. 181-3.

44. *Laurentii de Monacis Veneti Cretae Cancellarii Chronicon de rebus Venetis*, op. cit., p. 317.

45. V. Lazzarini, *Marino Faliero*, Florença, 1963, p. 155.

46. Ibid., pp. 156-7.

47. ASV, *Grazie*, vol. III, c. 56 (cf. V. Lazzarini, *Marino Faliero*, op. cit., p. 158; corrijo para *navelero*: presumivelmente um erro de impressão).

48. Ibid., vol. X, c. 81 (cf. V. Lazzarini, *Marino Faliero*, op. cit., p. 158).

49. V. Lazzarini, "Filippo Calendario, architetto della tradizione del palazzo ducale", in *Marino Faliero*, op. cit., pp. 299-314. Ver também o verbete correspondente redigido por L. Puppi para o *Dizionario biografico degli italiani*.

50. Biblioteca Correr, Marin Sanudo, *Vite dei dogi*, ms. Cicogna 1105 (3768), c. 179 v.

51. V. Lazzarini, *Marino Faliero*, op. cit., p. 300. A mudança já aparece na crônica de Nicolò Trevisan, retomada por Sanudo: "Erano nel tractado questi capi: Bertuzzi Isarello tajapiar a San Trovaso, Filippo Calandario suo genero" (Cod. Marc. cl. VIII it., 800, c. 199v).

52. Utilizei a cópia do século xv conservada em asv, *Miscellanea Codici*, i, *Storia veneta* 142 (antes *Miscell. Codd.* 728), c. 1v. Sobre essa crônica cf. V. Lazzarini, *Marino Faliero*, op. cit., p. 98.

53. É o que resulta das pesquisas de V. Lazzarini, *Marino Faliero*, op. cit., pp. 159 ss.

54. asv, *Miscellanea Codici*, i, *Storia veneta* 142 (antes *Miscell. Codd.* 728), c. 5r.

55. *Cronaca pseudo-Zancaruola*, Biblioteca Marciana, vii it., 50 (9275), c. cccxi r.

56. asv, *Miscellanea Codici*, i, *Storia veneta* 142 (antes *Miscell. Codd.* 728), c. 2v.

57. C. Ginzburg, "Somiglianze di famiglia e alberi genealogici. Due metafore cognitive", in C.-C. Härle (org.), *Ai limiti dell'immagine*, Macerata, 2005, pp. 227-50.

58. R. Needham, "Polythetic Classification", in *Against the Tranquility of Axioms*, Berkeley-Los Angeles, 1983, pp. 36-65.

59. Cf. C. Wang (org.), *One China, Many Paths*, Londres, 2003, pp. 254-5: um rapaz proveniente do campo (precisamente do condado de Yancheng, na província de Jiangsu) aludiu em seu diário a Julien Sorel, como um modelo segundo o qual queria fazer carreira numa sociedade burocratizada e opressora. A organizadora observa que a alusão se refere provavelmente, não ao romance de Stendhal, mas ao filme de Chabrol (que circulou pela China nos anos 80) em que Julien era encarnado por Gérard Philipe.

9. A ÁSPERA VERDADE — UM DESAFIO DE STENDHAL AOS HISTORIADORES [pp. 170-88]

1. Cf. E. Auerbach, *Mimesis. Il realismo nella letteratura occidentale*, tr. it. de A. Romagnoli e H. Hinterhäuser, Turim, 1970, vol. ii, pp. 220 ss.; ver também a conclusão, p. 339.

2. Cf. H. White, "Auerbach's Literary History: Figural Causation and Modernist Historicism", in *Figural Realism. Studies in the Mimesis Effect*, Baltimore-Londres, 1999, pp. 87-100.

3. O subtítulo da tradução italiana (*Il realismo nella letteratura occidentale*) é arbitrário. Note-se, porém, que na conclusão Auerbach fala de "Realismus des Mittelalters" frisando tanto a diferença como a continuidade em relação ao realismo moderno (*Mimesis. Dargestellte Wirklichkeit in der abendländlischen Literatur* [1946], Tübingen, 1994, p. 516).

4. C. Ginzburg, *Occhiacci di legno. Nove riflessioni sulla distanza*, Milão, 1998, pp. 171-93.

5. E. Auerbach, *Mimesis*, op. cit., vol. i, p. 60 (tradução modificada).

6. Ibid., vol. II, pp. 230-1.

7. Ibid., vol. II, p. 231.

8. Ibid., vol. II, pp. 244 e 253.

9. Auerbach faz repetidas alusões a F. Meinecke, *Die Entstehung des Historismus*, 1936: ver *Mimesis*, op. cit., índice.

10. Ibid., vol. II, pp. 332-3.

11. Ibid., vol. II, pp. 341-2 (ver também toda a conclusão).

12. Ibid., vol. II, pp. 220 ss. Sobre o tema geral, cf. L. Dällenbach, *Le récit spéculaire. Essai sur la mise en abîme*, Paris, 1977.

13. Exemplar interfoliado de *O vermelho e o negro*, conservado no Fundo Bucci, Biblioteca Comunale Sormani, de Milão: "Rome, 24 mai 1834. J'ai écrit dans ma jeunesse des biographies (Mozart, Michelange) qui sont une espèce d'histoire. Je m'en repens. Le *vrai* sur les plus grandes, comme sur les plus petites choses, me semble presque impossible à atteindre, au moins un vrai *un peu détaillé*. M. de Tracy me disait: [riscado: il n'y a plus de vérité que dans] on ne peut plus atteindre au *Vrai*, que dans le Roman. Je vois tous les jours davantage que partout ailleurs c'est une prétention" (transcrição quase idêntica na ed. organizada por Y. Ansel, Stendhal, *Oeuvres romanesques complètes*, Paris, 2005, p. 997, de que são extraídas todas as citações que se seguem).

14. A edição da Plêiade organizada por H. Martineau trazia apenas o segundo. Auerbach (*Mimesis*, op. cit., vol. II, pp. 455 e 480) cita ambos os subtítulos sem comentários. Segundo R. Alter, *A Lion for Love*, Nova York, 1979, p. 201, nota, o subtítulo original foi trocado para "Chronique de 1830" porque parecia aludir às sublevações de julho de 1830.

15. C. Baudelaire, "Conseils aux jeunes littérateurs" (1846), in *Oeuvres complètes*, C. Pichois (org.), Paris, 1976, vol. II, p. 17.

16. E. Auerbach, *Mimesis*, op. cit., vol. II, p. 455 (*Il rosso e il nero*, trad. it. D. Valeri, Turim, 1976, p. 260, ligeiramente modificada). Cf. Stendhal, *Le rouge et le noir*, op. cit., p. 578.

17. E. Auerbach, *Mimesis*, op. cit., vol. II, pp. 221-2.

18. Cf. Stendhal, "Projet d'article sur *Le rouge et le noir*" (1832), in *Oeuvres romanesques*, op. cit., pp. 822-38 (trad. it. D. Valeri, pp. 517-35); V. Salvagnoli, *Dei romanzi in Francia e del romanzo in particolare di M. Stendhal* Le rouge et le noir (1832), inédito com acréscimos e anotações de Stendhal, A. Bottaccin (org.), Florença, 1999. Ver também A. Jefferson, "Stendhal and the Uses of Reading: *Le rouge et le noir*", in *French Studies*, 37, 1983, pp. 168-83, em especial p. 175.

19. *Oeuvres romanesques*, op. cit., p. 824: "Rien de semblable aujourd'hui, tout est triste et guindé dans les villes de six à huit mille âmes. L'étranger y est aussi embarassé de sa soirée qu'en Angleterre" (trad. it. D. Valeri, p. 519, modificada).

20. Cf. P.-V., baron de Besenval, *Spleen...*, [1806], Paris, 1895.

21. Stendhal, "Projet d'article", in *Oeuvres romanesques*, op. cit., p. 827: "La France *morale* est ignorée à l'étranger, voilà pourquoi avant d'en venir au roman de M. de S[tendhal] il a fallu dire que rien ne ressemble moins à la France gaie, amusante, un peu libertine, qui de 1715 à 1789 fut le modèle de l'Europe, que la France grave, morale, morose que nous ont léguée les jésuites, les congrégations et le gouvernement des Bourbons de 1814 à 1830. Comme rien n'est plus difficile en fait des romans que de peindre d'après nature, de ne pas *copier des livres*, personne encore avant M. de S[tendhal] ne s'était hasardé à faire le portrait de ces moeurs si peu amaibles, mais qui malgré cela, vu l'esprit mouton de l'Europe, finiront par régner de Naples à Saint-Pétersbourg" (trad. it. D. Valeri, pp. 522-3).

22. Ibid., p. 827: "En faisant le portrait de la société de 1829 (époque où le roman a été écrit)..." (trad. it. D. Valeri, p. 523).

23. Ibid., p. 349: "Nous avons lieu de croire que les feuilles suivantes furent écrites en 1827" (trad. it. D. Valeri, p. 3).

24. Id., *Oeuvres intimes*, V. Del Litto (org.), Paris, 1982, vol. II, p. 129: "Je dicte la scène de la cathédrale de Bisontium [i.e. Besançon]"; ver também o comentário de Del Litto, p. 1079.

25. M. Crouzet, *Le rouge et le noir. Essai sur le romanesque stendhalien*, Paris, 1995, pp. 10-1. Cf. o verbete "Lablache, Louis", in *Nouvelle biographie française*. Cf. também Y. Ansel, in *Oeuvres romanesques*, op. cit., pp. 960-2.

26. H. Martineau, introdução a Stendhal, *Romans et nouvelles*, Paris, 1956, vol. I, p. 198.

27. *Le rouge et le noir*, p. 807: "L'inconvénient du règne de l'opinion, qui d'ailleurs procure *la liberté*, c'est qu'elle se mêle de ce dont elle n'a que faire; par exemple: la vie privée. De là la tristesse de l'Amérique et de l'Angleterre" (trad. it. D. Valeri, p. 514, ligeiramente modificada). Cf. *Correspondance*, V. Del Litto e H. Martineau (org.), Paris, 1967, vol. II, pp. 193-4 (carta a Daniello Berlinghieri).

28. Páginas esclarecedoras sobre esse tema em F. Moretti, *Il romanzo di formazione* (1986), Turim, 1999, cap. II, "Waterloo Story", pp. 82-141.

29. Um dos títulos usuais do cap. XIX do livro II de *O vermelho e o negro* é "Un siècle moral" (cf. *Oeuvres romanesques*, p. 1104; sobre os títulos correntes, ver em geral pp. 981-3).

30. E. Auerbach, *Mimesis*, op. cit., vol. II, p. 253.

31. Excelentes observações em J. T. Booker, "Style Direct Libre: The Case of Stendhal", in *Stanford French Review*, 1985, pp. 137-51.

32. E. Auerbach, *Mimesis*, op. cit., vol. II, p. 221 (*Il rosso e il nero*, trad. it. D. Valeri, p. 260).

33. V. Mylne, "The *punctuation* of Dialogue in Eighteenth-Century French

and English Fiction", in *The Library: A Quarterly Journal of Bibliography*, 1, 1979, pp. 43-61. Contra a chamada *ponctuation forte*, ou seja, abundante, podem-se ler dois escritos publicados no mesmo ano: A. Frey, "Ancien prote et correcteur d'imprimerie", in *Principes de ponctuation fondés sur la nature du langage écrit*, Paris, 1824, e o "Traité raisonné de ponctuation", publicado em apêndice a F. Raymond, *Dictionnaire des termes appropriés aux arts et aux sciences, et des mots nouveaux que l'usage a consacrés...*, Paris, 1824. Do apêndice deste último, ver em particular o cap. X, p. XXVIII, a propósito de parênteses, aspas (*guillemets*) etc.: "Leur apposition dans le langage est presque abandonnée dans ce moment. Les auteurs en général évitent les parenthèses, le tiret et les guillemets, le plus possible".

34. Stendhal, *Le rouge et le noir*, pp. 569, 612. [De tanto examinar o conde Norbert, Julien notou que ele estava de botas e esporas; e eu devo estar de sapatos, aparentemente como inferior. (...) Esse Sorel tem algo dos ares que meu pai assume quando faz tão bem Napoleão no baile. Ela havia esquecido completamente Danton. Decididamente, esta noite, eu me entedio. Ela toma o braço do irmão...]

35. *Il rosso e il nero* (trad. it. D. Valeri, pp. 249 e 298).

36. Cf. F. Moretti, *Il romanzo di formazione*, op. cit., p. 107: "Certas páginas de Stendhal abertas e quase fragmentadas por passagens bruscas de um ponto de vista a outro".

37. *Il rosso e il nero*, trad. it. D. Valeri, p. 288.

38. *Le rouge et le noir*, p. 613: "Mathilde ne perdait pas une syllabe de leur conversation. L'ennui avait disparu" (trad. it. D. Valeri, p. 299). Sobre as circunstâncias que provavelmente inspiraram Stendhal, cf. C. Liprandi, "Sur un épisode du *rouge et noir*: le bal du duc de Retz", in *Revue des Sciences Humaines*, 76, out.--dez. 1954, pp. 403-17.

39. *Le rouge et le noir*, p. 614: "Il n'y a plus de passions véritables au XIXe siècle; c'est pour cela que l'on s'ennuie tant en France" (trad. it. D. Valeri, pp. 299--300).

40. M. Crouzet, *Le rouge et le noir*, op. cit., p. 11: "Les propos du bal de Retz et les pensées d'Altamira sont en parfaite consonance avec la Révolution, ils l'appellent et l'annoncent. Stendhal indique au lecteur qu'il l'avait bien dit, que son roman conduit aux barricades et les contient, même s'il n'en parle pas".

41. *Le rouge et le noir*, p. 607: "Je ne vois que la condamnation à mort qui distingue un homme, pensa Mathilde, c'est la seule chose qui se s'achète pas" (trad. it. D. Valeri, p. 292).

42. *Le rouge et le noir*, p. 644. Uma observação muito parecida foi feita por A. Sonnenfeld, "Romantisme (ou ironie): les épigraphes du *Rouge et noir*", in *Stendhal Club*, 78, jan. 1978, pp. 143-54, em particular p. 153.

43. *Le rouge et le noir*, p. 613: "Mlle de la Mole, penchant la tête avec le plus vif intérêt, était si près de lui, que seus beaux cheveux touchaient presque son épaule" (trad. it. D. Valeri, p. 299).

44. *Romans*, H. Martineau (org.), vol. I, p. 1432: "Dimanche ennuyeux, promenade au Corso with Mister Sten[dhal], et pour toute sa vie ainsi till the death. 15 mars 35" (anotação no exemplar Bucci de *Armance*, decifrada apenas parcialmente in *Oeuvres romanesques*, p. 896).

45. J. Starobinski, *L'oeil vivant*, Paris, 1961, cap. "Stendhal pseudonyme", pp. 191-240; id., "Leo Spitzer et la lecture stylistique", introdução a L. Spitzer, *Études de style*, Paris, 1970, pp. 27-8.

46. Cf. as observações de Y. Ansel, *Oeuvres romanesques*, pp. 1131-3.

47. Devo esse fórmula a Vyacheslav Ivanov.

48. Stendhal, *Romans*, H. Martineau (org.), op. cit., vol. I, p. 1401: "5 mai 1834. [...] A Marseille, en 1828, je crois, je fis trop court le manuscrit du *Rouge*. Quand j'ai voulu le faire imprimer à Lutèce, il m'a fallu faire de la substance au lieu d'effacer quelques pages et de corriger le style. De là, entre autres défauts, des phrases heurtées et l'absence de ces petits mots qui aident l'imagination du lecteur bénévole à se figurer les choses".

49. Ibid., vol. I, pp. 1458 e 1483. A primeira anotação é hoje irrecuperável: cf. *Oeuvres romanesques*, p. 992.

50. R. Alter, *A Lion*, op. cit., p. 168.

51. Stendhal, *Oeuvres intimes*, org. V. Del Litto, Paris, 1981, vol. I, *Journal*, pp. 301-2: "C'est un peintre qui voudrait s'illustrer dans le genre de l'Albane, qui aurait judicieusement commencé par l'étude de l'anatomie, et pour qui, comme objet utile, elle serait devenue tellement agréable, qu'au lieu de peindre un joli sein, voulant enchanter les hommes, il peindrait à découvert et sanglants tous les muscles qui forment la poitrine d'une jolie femme, d'autant plus horrible, en leur sotte manie, qu'on s'attendait à une chose plus agréable. Ils procurent un nouveau dégoût par la vérité des objets qu'ils présentent. On ne ferait que les mépriser s'ils étaient faux, mais ils sont vrais, ils poursuivent l'imagination" (*Diario*, trad. it. E. Rizzi, Turim, 1977, vol. I, p. 164, modificada). Cf. também *Oeuvres intimes*, op. cit., vol. II, *Journal*, p. 108, 13 dez. 1829: "Il faut avoir le courage des Carrache".

52. Stendhal, *Correspondance*, V. Del Litto e H. Martineau (org.), Paris, 1962, vol. II, pp. 858-9. Mérimée observou que Stendhal, dadas as suas relações com Madame Azur, não podia, ao contrário de Swift, citar o álibi da impotência. Tanto Mérimée quanto Stendhal tinham sido amantes de Madame Azur (Alberthe de Rubempré), que pouco tempo antes havia falado com entusiasmo num salão parisiense das proezas eróticas de Stendhal: cf. R. Alter, *A Lion*, op. cit., pp. 183-4. Stendhal havia aludido à impotência de Swift falando da trama de *Armance*

numa carta a Mérimée de 23 de dezembro de 1826 (cf. *Romans et nouvelles*, op. cit., vol. I, pp. 190-2).

53. Citado por M. Augry-Merlino, *Le cosmopolitisme dans les textes courts de Stendhal et Mérimée*, Genebra-Paris, 1990, p. 102.

54. P. Mérimée, "H. B." (1850), in *Portraits historiques et littéraires*, P. Jourda (org.), Paris, 1928, p. 155: "Toute sa vie il fut dominé par son imagination, et ne fit rien que brusquement et d'enthousiasme. Cependant, il se piquait de n'agir jamais que conformément à la raison. 'Il faut tout guider par la LO-GIQUE', disait-il en mettant un intervalle entre la première syllabe et le reste du mot. Mais il souffrait impatiemment que la *logique* des autres ne fût pas la sienne".

55. Stendhal, *Vie d'Henry Brulard*, in *Oeuvres intimes*, op. cit., vol. II, pp. 858-9.

56. Cf., ibid., vol. I, p. 208; id., *Journal littéraire*, in *Oeuvres complètes*, op. cit., vol. XXXIV, p. 172; cf. também pp. 166 e 168.

57. P. Mérimée, "[Stendhal] Notes et souvenirs", in *Portraits*, op. cit., p. 179.

58. Stendhal, *Correspondance*, op. cit., vol. I, p. 352 (a Pauline Beyle, 3 jun. 1807): "Je relis la *Logique* de Tracy avec un vif plaisir; je cherche à raisonner juste pour trouver une réponse exacte à cette question: 'Que désiré-je?'".

59. Id., *Souvenirs d'égotisme*, B. Didier (org.), Paris, 1983, p. 114: "On peut tout connaître, excepté soi-même."

60. N. Chiaromonte, "Fabrizio a Waterloo", in *Credere e non credere*, Bolonha, 1993, pp. 23-48, em particular p. 30, escreve: "Stendhal não só não crê na História com H maiúsculo, como tampouco na que ele conta". Na realidade, ele crê em ambas: daí o misto de desprezo (nos últimos anos, desgosto) e alegria que é só seu.

61. C. Ginzburg, *Rapporti di forza. Storia, retorica, prova*, Milão, 2000, p. 48.

10. REPRESENTAR O INIMIGO — SOBRE A PRÉ-HISTÓRIA FRANCESA DOS PROTOCOLOS [pp. 189-209]

1. M. Joly, *Dialogue aux Enfers entre Machiavel et Montesquieu*, com uma introdução de J.-F. Revel, Paris, 1968. As citações são extraídas de M. Joly, *Dialogo agli Inferi tra Machiavelli e Montesquieu*, R. Repetti (org.), trad. it. E. Nebiolo Repetti, Gênova, 1995.

2. Sobre a biografia de Joly, cf. P. Charles, *Les Protocoles des sages de Sion*, 1938, republicado em *Les Protocoles des Sages de Sion*, P.-A. Taguieff (org.), 2 vols., Paris, 1992, vol. II, pp. 9-37, em particular p. 25 (corrigi uma inexatidão em relação à edição de 1868). Cf. também M. Joly, *Dialogo agli Inferi*, op. cit., p. 12, nota 4. Em 1870, Joly declarou que uma segunda edição ampliada do *Dialogue aux*

Enfers entre Machiavel et Montesquieu, na qual havia trabalhado durante sua reclusão em Sainte-Pélagie, estava no prelo: não parece que tenha vindo à luz (*Maurice Joly. Son passé, son programme, par lui-même*, Paris, 1870, p. 10, nota 2).

3. Ibid., p. 9: "Un soir que je me promenais sur la terrace au bord de l'eau, près du Pont Royal, par un temps de boue dont je me souviens encore, le nom de Montesquieu me vint tout à coup à l'esprit comme personifiant tout un côté de mes idées que je voulais exprimer. Mais quel serait l'interlocuteur de Montesquieu? Une idée jaillit de mon cerveau: et pardieu, c'est *Machiavel*!

"*Machiavel* qui représente la politique de la force à côté de Montesquieu qui représentera la politique du droit; et Machiavel, ce sera Napoléon III, qui peindra à lui-même son abominable politique."

4. F. Galiani, *Dialogue sur le commerce des bleds*, in *Opere* (*Illuministi italiani*, vol. VI), F. Diaz (org.), Milão-Nápoles, 1975, pp. 357-612.

5. *Satyre Ménippée ou la vertu du Catholicon d'Espagne*, Ch. Nodier (org.), 2 vol., Paris, 1824.

6. Depois de acabar de escrever estas páginas vi que essa relação já havia sido proposta por Johannes Rentsch, *Lukian-Studien*, Plauen, 1895, p. 39 (citado por N. Marcialis, *Caronte e Caterina: dialoghi dei morti nella letteratura russa del XVIII secolo*, Roma, 1989, p. 19). Rentsch mencionou a tradução alemã do *Dialogue aux Enfers entre Machiavel et Montesquieu*, publicada sem nome de autor.

7. Cf. Luciano, *Dialoghi dei morti*, 12.

8. B. de Fontenelle, *Nouveaux dialogues des morts* (1683), nova edição ampliada, Londres, 1711, dedica a Luciano: "J'ai supprimé Pluton, Caron, Cerbère, et tout ce qui est usé dans les Enfers". Sobre o contraste entre antigos e modernos, ver, por exemplo, o diálogo entre Erasístrato e Hervé (Harvey).

9. J. Egilsrud *Le "Dialogue des Morts" dans les littératures française, allemande et anglaise (1644-1789)*, tese, Paris, 1934; F. Keener, *English Dialogues of the Dead: A Critical History, an Anthology, and a Check-List*, Nova York, 1973; N. Marcialis, *Caronte e Caterina*, op. cit. Um exemplo típico: [A.-A. Bruzen de la Martinière], *Entretiens des ombres aux Champs Elysées*, Amsterdã, 1723, que inclui um diálogo (o sexto) entre Confúcio e Maquiavel (vol. II, pp. 111-232).

10. M. Joly, *Dialogue aux enfers entre Machiavel et Montesquieu*, precedido por *L'État retors* de Michel Bounan, Paris, 1987, 1999³. O epílogo foi publicado como texto avulso: M. Joly, *Le plébiscite. Épilogue du Dialogue aux enfers entre Machiavel et Montesquieu*, com posfácio de F. Leclercq, Paris, 1996.

11. M. Joly, *Dialogo*, op. cit.; *Dialogue*, op. cit., p. 40 (fim do quarto diálogo): "Je ne vois de salut pour ces sociétés, véritables colosses aux pieds d'argile, que dans l'institution d'une centralisation à outrance, qui mette toute la force publique à la disposition de ceux qui gouvernent; dans une administration hiérarchi-

que semblable à celle de l'empire romain, qui règle mécaniquement tous les mouvements des individus; dans un vaste système de législation qui reprenne en détail toutes les libertés qui ont été imprudemment données; dans un despotisme gigantesque, enfin, qui puisse frapper immédiatement et à toute heure, tout ce qui résiste, tout ce qui se plaint. Le Césarisme du Bas-Empire me paraît réaliser assez bien ce que je souhaite pour le bien-être des sociétés modernes. Grâce à ces vastes appareils qui fonctionnent déjà, m'a-t-on dit, en plus d'un pays de l'Europe, elles peuvent vivre en paix, comme en Chine, comme au Japon, comme dans l'Inde. Il ne faut pas qu'un vulgaire préjugé nous fasse mépriser ces civilisations orientales, dont on apprend chaque jour à mieux apprécier les institutions. Le peuple chinois, par exemple, est très commerçant et très bien administré".

12. A citação é de A. Momigliano, "Per un riesame della storia dell'idea di cesarismo", in *Sui fondamenti della storia antica*, op. cit., pp. 378-88, especialmente p. 380, nota 5. Cf. também "Contributi ad un dizionario storico: J. Burckhardt e la parola 'cesarismo'", ibid., pp. 389-392. Momigliano não menciona o *Dialogue aux Enfers* de Joly. A dívida intelectual deste último para com a *Ère des Césars* de Romieu foi salientada por T. Sarfatti, *Reading Machiavelli in Mid-Nineteenth Century France: Auguste Romieu, Maurice Joly and a Critique of Liberalism* (*paper* apresentado num seminário coordenado por quem escreve na UCLA, inverno de 2002). Sobre toda a questão é fundamental I. Cervelli, "Cesarismo: alcuni usi e significati della parola (secolo XIX)", in *Annali dell'istituto storico italo-germanico di Trento*, 22, 1996, pp. 61-197 (ver em particular pp. 103 ss. sobre Romieu; pp. 135-6, nota 255 sobre Joly).

13. A. Romieu, *Le spectre rouge de 1852*, Paris, 1851², pp. 5-6: "Je crois à des besoins sociaux, non à des droits naturels. Le mot DROIT n'a aucun sens pour mon esprit, parce que je n'en vois, nulle part, la traduction dans la nature. Il est d'invention humaine...".

14. M. Joly, *Dialogo*, op. cit., p. 33; *Dialogue*, op. cit., p. 12 (primeiro diálogo): "Tous les pouvoirs souverains ont eu la force pour origine, ou, ce qui est la même chose, la négation du droit [...]. Ce mot de droit lui-même, d'ailleurs, ne voyez--vous pas qu'il est d'un vague infini?"

15. Para as discussões setecentistas, ver F. Venturi, "Despotismo orientale", in *Rivista Storica Italiana*, LXXII, 1960, pp. 117-26.

16. A. de Tocqueville, *De la Démocratie en Amérique*, F. Furet (org.), Paris, 1981, vol. II, p. 386: "J'ai toujours cru que cette sorte de servitude, reglée, douce et paisible, dont je viens de faire le tableau, pourrait se combiner mieux qu'on ne l'imagine avec quelques-unes des formes extérieures de la liberté, et qu'il ne lui serait pas impossible de s'établir à l'ombre même de la souveraineté du peuple." Ver também C. Cassina, "Alexis de Tocqueville e il dispotismo 'di nuova specie'",

in D. Felice (org.), *Dispotismo. Genesi e sviluppi di un concetto politico-filosofico*, Nápoles, 2002, vol. II, pp. 515-43.

17. A. de Tocqueville, *De la Démocratie en Amérique*, op. cit., vol. II, p. 392.

18. M. Joly, *Dialogo*, op. cit., p. 130; *Dialogue*, op. cit., pp. 153-4 (fim do 15º diálogo): "Un des mes grands principes est d'opposer les semblables. De même que j'use la presse par la presse, j'userai la tribune par la tribune [...]. Les dix-neuf vingtièmes de la Chambre seraient des hommes à moi qui voteraient sur une consigne, tandis que je ferais mouvoir les fils d'une opposition factice et clandestinement embauchée".

19. Id. *Dialogo*, op. cit., p. 131; *Dialogue*, op. cit., p. 155 (início do 16º diálogo): "L'anéantissement des partis et la destruction des forces collectives".

20. Id., *Dialogo*, op. cit., pp. 103-4; *Dialogue*, op. cit., pp. 112 e 114 (12º diálogo): "... j'entrevois la possibilité de neutraliser la presse par la presse elle-même. Puisque c'est une si grande force que le journalisme, savez-vous ce que ferait mon gouvernement? Il se ferait journaliste, ce serait le journalisme incarné. [...] Comme le dieu Wishnou, ma presse aura cent bras, et ces bras donneront la main à toutes les nuances d'opinion quelconque sur la surface entière du pays. On sera de mon parti sans le savoir. Ceux qui croiront parler leur langage parleront la mienne, ceux qui croiront agiter leur parti agiteront le mien, ceux qui croiront marcher sous leur drapeau marcheront sous le mien." "Sont-ce là des conceptions réalisables ou des fantasmagories? Cela donne le vertige."

21. M. Joly, *Dialogue*, op. cit., p. 4: "On ne demandera pas quelle est la main qui a tracé ces pages: une oeuvre comme celle-ci est en quelque sorte impersonnelle. Elle répond à un appel de la conscience; tout le monde l'a conçue, elle est executée, l'auteur s'efface..."

22. Taguieff, vol. I, pp. 70-1.

23. Sobre o sufrágio universal como nova forma de legitimação, cf. D. Losurdo, *Democrazia o bonapartismo. Trionfo e decadenza del suffragio universale*, Turim, 1993; A. O. Hirschman, *Shifting Involvements. Private Interests and Public Action*, Princeton, 1982, em particular pp. 112-20 (a obra me foi assinalada por Andrea Ginzburg).

24. M. Joly, *Dialogo*, op. cit., p. 83; *Dialogue*, op. cit., p. 80 (nono diálogo): "'Jamais les choses ne se sont passées autrement, il en atteste l'histoire de tous les fondateurs d'empire, l'exemple des Sésostris, des Solon, des Lycurgue, des Charlemagne, des Frédéric II, des Pierre I.' C'est un chapitre d'un de vos disciples que vous allez me développer là.' 'Et de qui donc?' 'De Joseph de Maistre. Il y a là des considérations générales qui ne sont pas sans vérité, mais que je trouve sans application.'"

25. J. de Maistre, *Considérations sur la France*, J. Toulard (org.), Paris, 1980,

p. 63: "Une assemblée quelconque d'hommes ne peut constituer une nation; et même cette entreprise excède en folie ce que tous les *Bedlams* de l'univers peuvent enfanter de plus absurde et de plus extravagant".

26. Ibid., p. 110, nota 9.

27. Id., *Essai sur le principe générateur des constitutions politiques et des autres institutions humaines*, Paris, 1814, p. VI.

28. M. Joly, *Dialogue*, op. cit., pp. 142-3: "Un machiavélisme infernal s'emparant des préjugés et des passions populaires a propagé partout une confusion de principes qui rend toute entente impossible entre ceux qui parlent le même langage et qui ont les mêmes intérêts." A passagem também é citada por H. Rollin, *L'Apocalypse de notre temps: les dessous de la propagande allemande d'après des documents inédits*, Paris, 1939 (1991), p. 235.

29. M. Joly, *Dialogue*, op. cit., p. 49 (sexto diálogo): "Un des vos plus illustres partisans". Ver também a passagem mencionada acima, pp. 77-80.

30. H. Speier, "La vérité aux enfers: Maurice Joly et le despotisme moderne", in *Commentaires*, 56, 1991-2, pp. 671-80, em particular p. 673. Cf. também F. Leclercq, "Maurice Joly, un suicidé de la démocratie", posfácio a M. Joly, *Le plébiscite. Épilogue du Dialogue aux enfers entre Machiavel et Montesquieu*, op. cit., pp. 107-8.

31. Cf. P. Saurisse, "Portraits composites: la photographie des types physionomiques à la fin du XIXe siècle", in *Histoire de l'Art*, 37-8, maio 1997, pp. 69-78, e, de quem escreve, "Somiglianze di famiglia e alberi genealogici. Due metafore cognitive", in C.-C. Härle (org.), *Ai limiti dell'immagine*, Macerata, 2005, pp. 227-50. Galton começou a trabalhar nos retratos compósitos em 1878, ano da morte de Joly.

32. C. Ginzburg, *Nessuna isola è un'isola*, Milão, 2002, p. 55.

33. Para uma lista das edições francesas e das traduções, cf. M. Joly, *Dialogue...*, Paris, 1999. Ver também M. Joly, *The Dialogue in Hell between Machiavelli and Montesquieu*, J. S. Waggoner (org.), Lanham, Md., 2003 (1ª ed., 2002).

34. H. Barth, "Maurice Joly, der plebiszitäre Cäsarismus und die 'Protokolle der Weisen von Zion'" in *Neue Zürcher Zeitung*, 31 mar. 1962; W. Kaegi, "Jacob Burckhardt e gli inizi del cesarismo moderno", in *Rivista Storica Italiana*, LXXVI, 1964, pp. 150-71, especialmente pp. 150-2.

35. "Un classique de la politique qui, avec un siècle d'avance, a mis a nu les procédés du despotisme moderne."

36. Limito-me a citar N. Cohn, *Warrant for Genocide. The Myth of the Jewish World Conspiracy and the Protocols of the Elders of Zion*, Londres, 1967; *Les Protocoles des Sages de Sion*, P.-A. Taguieff (org.), op. cit.; C. G. De Michelis, *Il manoscritto inesistente. I "Protocolli dei Savi di Sion": un apocrifo del XX secolo*, Veneza,

1998 (ver também a tradução inglesa, com acréscimos: *The Non-Existent Manuscript. A Study of the Protocols of the Sages of Zion*, Lincoln-Londres, 2004).

37. P. Charles, *Les Protocoles*, op. cit.; J.-F. Moisan, *Les Protocoles des Sages de Sion en Grande-Bretagne et aux USA*, in Taguieff, vol. II, pp. 163-216. E ver, mais recentemente, M. Olender, *La chasse aux évidences. Sur quelques formes de racisme entre mythe et histoire*, Paris, 2005, pp. 187-242, "La chasse aux 'évidences'. Pierre Charles (S. J.) face aux *Protocoles des Sages de Sion*".

38. P. Pierrard, "L'entre-deux-guerres: *Les Protocoles des Sages de Sion* et la dénonciation du péril judéo-maçonnique" (in *Juifs et catholiques français. De Drumont à Jules Isaac* [1886-1945], Paris, 1970; ed. ampliada, 1997), in Taguieff, vol. II, p. 241; ver também P.-A. Taguieff, in Taguieff, vol. I, p. 94.

39. P. Charles, *Les Protocoles*, in Taguieff, vol. II, pp. 11-37.

40. M. Joly, *Dialogue*, op. cit., p. 114 (12º diálogo); C. G. De Michelis, *Il manoscritto*, op. cit., p. 264.

41. Na tradução italiana dos *Protocolos* publicada por De Michelis, em apêndice a *Il manoscritto inesistente* (op. cit., pp. 227-89), os trechos tirados do *Dialogue aux Enfers entre Machiavel et Montesquieu* de Joly são impressos em itálico.

42. C. G. De Michelis, *Il manoscritto*, op. cit., p. 276.

43. É o caso de N. Cohn (citado por C. G. De Michelis, *Il manoscritto*, op. cit., p. 17).

44. Cf. ibid., pp. 58-60.

45. "A discussão sobre a 'raridade' do texto de Joly se revela vazia; acaba interessando sobretudo aos zeladores", ou seja, os defensores da autenticidade dos *Protocolos*, escreve De Michelis (ibid., p. 40). Mas o uso instrumental de um fato não basta para demonstrar a sua inexistência.

46. Ibid., p. 53. A última edição francesa remontava a 1868.

47. Ibid., p. 230 (ver também, para a hipótese do pastiche, p. 56).

48. Ibid., p. 50 (Tarde), p. 52 (Chabry).

49. Paris, 1939; nova edição, Paris, 1991. Ver também de G. De Michelis, *Il manoscritto*, op. cit., p. 19.

50. R. Repetiti, introduções a M. Joly, *Dialogo agli Inferi*, cit., p. 19.

51. É. Drumont, *La France juive*, Paris, 1885; Paris, 1886[23], vol. II, pp. 410-1; Id., *Le testament d'un antisémite*, Paris, 1891, p. 285.

52. Alguns exemplos do filão antissemita católico: abade E.-A. Chabauty, chanoine honoraire d'Angoulême et de Poitiers, *Les Juifs, nos Maîtres!, Documents et développements nouveaux de la question juive*, Paris, 1882 (do mesmo autor: *Lettre sur les prophéties modernes et concordance de toutes les prédictions jusqu'au règne d'Henri V inclusivement*, Poitiers, 1872, [2. ed. rev. ampl.]; *Les prophéties modernes vengées, ou Défense de la concordance de toutes les prophéties*, Poitiers, 1874; sobre

Chabauty, P. Pierrard, *Juifs et catholiques français. D'Édouard Drumont à Jakob Kaplan* [*1886-1994*], Paris, 1997); C. C. de Saint-André (i.e., "l'abbé Chabotet" [!]: acréscimo à mão no catálogo da BN), *Francs-Maçons et Juifs. Sixième âge de l'Église d'après l'Apocalypse*, Paris, 1880; Jean Brisecou, *La grande conjuration organisée pour la ruine de la France*, prefácio de É. Drumont, Paris, 1887. Como exemplo do filão antissemita socialista, ver A. Toussenel, *Les juifs, rois de l'époque. Histoire de la féodalité financière*, 2 vols., Paris, 1845³ (1847²; livro reimpresso em 1886 e elogiado por Drumont, *La France juive*, op. cit., vol. I, pp. 341-2); do mesmo autor, ver *Travail et fainéantise. Programme démocratique*, Paris, 1849.

53. H. Rollin, *L'Apocalypse de notre temps*, op. cit., p. 260.

54. A. Rogeard, *Les propos de Labiénus, 22ᵉ éd. précédée de l'histoire d'une brochure* (1865), Paris, 1870.

55. H. Rollin, *L'Apocalypse de notre temps*, op. cit., p. 283 (o capítulo se intitula "Drumont, professeur de plagiat").

56. É. Drumont, "La fin d'un soldat" (in *La Libre Parole*, 3 set. 1898): "Ce qu'il a fait n'est pas bien, mais c'est un enfantillage à côté de tous les moyens infâmes que les Juifs ont employés pour s'enrichir et devenir nos maîtres". Drumont contrapunha Henry, morto coberto de infâmia, a Bismarck, autor do telegrama de Ems, morto envolto em glória.

57. Gyp, "L'affaire chez les morts" (in *La Libre Parole*, 26 fev. 1899): "On a beaucoup crié contre moi dans l'Histoire! [...] et pourtant il y aurait une Sainte--Barthélemy Juive que je n'en serais pas autrement surprise...".

58. A alusão dos *Protocolos* à eleição de um presidente que, no seu passado, tenha "algum Panamá" remete à eleição de Émile Loubet, que havia sido envolvido no escândalo do Panamá, para a presidência da República em 18 de fevereiro de 1899 (De Michelis, *Il manoscritto*, op. cit., p. 58): essa data deve ser entendida como limite *ante qua non* para a redação dos *Protocolos*.

59. M. Joly, *Dialogue*, op. cit., p. 39 (quarto diálogo): "De la lassitude des idées et du choc des révolutions sont sorties des sociétés froides et désabusées qui sont arrivées à l'indifférence en politique comme en religion, qui n'ont plus d'autre stimulant que les jouissances matérielles, qui ne vivent plus que par l'intérêt, qui n'ont d'autre culte que l'or, dont les moeurs mercantiles le disputent à celles des juifs qu'ils ont pris pour modèles." Cf. *Protocolos*, op. cit., cap. IV (C. G. De Michelis, *Il manoscritto*, op. cit., p. 251). O trecho de Joly é mencionado por Rollin, *L'Apocalypse de notre temps*, op. cit., pp. 290-1.

60. C. G. De Michelis, "La definizione di regime", in *La Repubblica*, 2 fev. 2004, ressalta as "semelhanças estruturais" entre o "modelo maquiavélico-bonapartista" descrito por Joly e o "regime" de Silvio Berlusconi.

61. M. Bounan, *L'État retors*, introdução a M. Joly, *Dialogue aux enfers entre Machiavel et Montesquieu*, Paris, 1991, pp. XVII-XVIII.

62. M. Bounan, *L'État retors*, op. cit., p. XII.

63. C. Ginzburg, *Storia notturna. Una decifrazione del sabba*, Turim, 1989, pp. XXVI, 23-4.

11. UNUS TESTIS — O EXTERMÍNIO DOS JUDEUS E O PRINCÍPIO DE REALIDADE [pp. 210-30]

1. Cf. J. Shatzmiller, "Les Juifs de Provence pendant la Peste Noire", in *Revue des Études Juives*, 133, 1974, pp. 457-80, especialmente pp. 469-72.

2. Cf. *Storia notturna*, Turim, 1989, pp. 5-35.

3. Cf. Bouquet, *Recueil des historiens des Gaules et de la France*, Paris, 1840, vol. XX, pp. 629-30.

4. Cf. Flavio Giuseppe, *La guerra giudaica*, V. Vitucci (org.), Milão, 1982. Cf. Pierre Vidal-Naquet, "Flavius Josèphe et Masada", in *Les Juifs, la mémoire, le présent*, Paris, 1981, pp. 43 ss., que analisa com agudeza os paralelismos entre os dois trechos (para a tradução italiana desse ensaio, que não faz parte da coletânea *Gli ebrei, la memoria e il presente*, Roma, 1985, ver Pierre Vidal-Naquet, *Il buon uso del tradimento*, trad. it. D. Ambrosio, Roma, 1980, pp. 161-83).

5. Cf. Pierre Vidal-Naquet, "Flavius Josèphe", op. cit., pp. 53 ss.

6. Cf. *The Latin Josephus*, F. Blatt (org.), Aarhus, 1958, vol. I, pp. 15-6. Cf. também G. N. Deutsch, *Iconographies et illustration de Flavius Josèphe au temps de Jean Fouquet*, Leiden, 1986, p. XI (mapa).

7. Cf. P. Schmitz, "Les lectures de table à l'abbaye de Saint-Denis à la fin du Moyen Âge", in *Revue Bénédictine*, 42, 1930, pp. 163-7; A. Wilmart, "Le couvent et la bibliothèque de Cluny vers le milieu du XIe siècle", in *Revue Mabillon*, 11, 1921, pp. 89-124, especialmente pp. 93 e 113.

8. Cf. D. Nebbiai-Dalla Guarda, *La bibliothèque de l'abbaye de Saint-Denis en France du IXe au XVIIIe siècle*, Paris, 1985, a propósito de uma requisição enviada por Reichenau a Saint-Denis para obter uma cópia das *Antiquitates Judaicae* de Flavio Josefo (p. 61; cf. também, ibid., p. 194).

9. B. N. Lat. 12511: cf. *The Latin Josephus*, op. cit., p. 50.

10. *Hegesippi qui dicuntur historiarum libri V*, V. Ussani (org.) ("Corpus scriptorum ecclesiasticorum latinorum", vol. LXVI), Vindobonae, 1932, 1960, prefácio de K. Mras (sobre o cerco de Massada, cf. vol. V, pp. 52-3, 407-17). A Bibliothèque Nationale de Paris possui doze manuscritos de "Hegesippus", escritos entre os séculos X e XV: cf. G. N. Deutsch, *Iconographies*, op. cit., p. 15.

11. Uma tradução inglesa deste último ensaio apareceu em *Democracy*, abr. 1981, pp. 67-95: "A Paper Eichmann?" (note-se o ponto de interrogação, ausente do título original francês; para a tradução italiana, cf. "Un Eichmann di carta", in *Gli ebrei*, op. cit., pp. 195 ss.).

12. Menos convincente me parece a proposta de Maria Daraki, mencionada por P. Vidal-Naquet (*Les Juifs*, op. cit., p. 59, nota 48; trad. it., *Il Buon uso*, op. cit., p. 173, nota 50), segundo a qual no primeiro caso o paralelismo deveria ser feito com a mulher que denunciou Flávio Josefo e seus companheiros.

13. Cf. H. Van Vliet, "No Single Testimony" (*Studia Theologica Rheno--Traiectina*, IV), Utrecht, 1958. A vantagem de dispor de mais de uma testemunha é ressaltada de um ponto de vista mais geral (ou seja, lógico) por P. Vidal-Naquet, *Les Juifs*, op. cit., p. 51.

14. Cf. H. Van Vliet, "No Single Testimony", op. cit., p. 11.

15. Cf., por exemplo, A. Libois, "À propos des modes de preuve et plus spécialement de la preuve par témoins dans la jurisdiction de Léau au XVe siècle", in *Hommage au Professeur Paul Bonenfant (1899-1965)*, Bruxelas, 1965, pp. 532-46, especialmente pp. 539-42.

16. Sobre esse argumento, ver as alusões, rápidas embora, de P. Peeters, "Les aphorismes du droit dans la critique historique", in *Académie Royale de Belgique, Bulletin de la Classe des Lettres...*, vol. XXXII, 1946, pp. 82 ss. (pp. 95-6 a propósito de *testis unus, testis nullus*).

17. F. Baudouin, *De institutione historiae universae et ejus cum jurisprudentia conjunctione, prolegomenon libri II*, citado por D. R. Kelley, *Foundations of Modern Historical Scholarship*, Nova York-Londres, 1970, p. 116 (mas todo o livro é importante).

18. Consultei a segunda edição (Liège, 1770). A importância desse breve tratado é agudamente ressaltada por A. Johnson, *The Historian and Historical Evidence*, 1926, Nova York, 1034, p. 114, que o define como "the most significant book on method after Mabillon's *De re diplomatica*". Cf. A. Momigliano, "Storia antica e antiquaria", in *Sui fondamenti*, op. cit., p. 19.

19. Cf. R. Faurisson, *Mémoire en défense. Contre ceux qui m'accusent de falsifier l'histoire. La question des chambres à gaz*, prefácio de N. Chomsky, Paris, 1980.

20. *Michel de Certeau*, L. Giard (org.), Paris, 1987, pp. 71-2. Com a carta de Vidal-Naquet ficamos sabendo que na origem dessa correspondência estava a participação dos dois correspondentes na discussão pública da tese de François Hartog, posteriormente publicada com o título *Le miroir d'Hérodote*, Paris, 1980. Sobre algumas implicações desse livro, ver "Appendice. Prove e possibilità".

21. As páginas que seguem são baseadas nos escritos publicados por Hayden

White. A contribuição apresentada por ele no congresso de Los Angeles ("Historical Emplotment and the Problem of Truth", in *Probing*, op. cit., pp. 37-53) é marcada por uma forma menos rígida (e não pouco contraditória) de ceticismo.

22. Cf. C. Antoni, *From History to Sociology*, prefácio do tradutor ("On History and Historicism"), Detroit, 1959, pp. xxv-xxvi (cf. também a resenha de B. Mazlish in *History and Theory*, I [1960], pp. 219-27).

23. Cf. B. Croce, *Contributo alla critica di me stesso*, Bari, 1926, pp. 32-3; R. G. Collingwood, *The Idea of History*, Oxford, 1956, pp. 91 ss.

24. Cf. H. White, *Metahistory. The Historical Imagination in Nineteenth Century Europe*, Baltimore, 1973, pp. 281-8 (traduzido para o italiano como *Retorica e storia*, Nápoles, 1978); B. Croce, *Primi saggi*, Bari, 1927², pp. 3-41.

25. Cf. H. White, *Metahistory*, op. cit., p. 385.

26. Ibid., p. 378 e 434.

27. Ibid., p. 407.

28. E. Colorni, *L'estetica di Benedetto Croce. Studio critico*, Milão, 1934.

29. As cartas trocadas por Croce e Gentile (cf. B. Croce, *Lettere a Giovanni Gentile, 1896-1924*, A. Croce [org.], G. Sasso [Intr.], Milão, 1981) são, desse ponto de vista, reveladoras.

30. Cf. B. Croce, *Logica come scienza del concetto puro*, Bari, 1971, pp. 193-5. Cf. também G. Gentile, *Frammenti di critica letteraria*, Lanciano, 1921, pp. 379 ss. (resenha de B. Croce, *Il concetto di storia nelle sue relazioni col concetto dell'arte*, 1897). A influência de Gentile sobre o desenvolvimento de Croce nos anos cruciais entre 1897 e 1900 pode ser apreciada com base em G. Gentile, *Lettere a Benedetto Croce*, S. Giannantoni (org.), vol. I, Florença, 1972. Ver também G. Galasso, em apêndice à edição de *Teoria e storia della storiografia*, Milão, 1989, organizada por ele, pp. 409 ss.

31. Desenvolvo aqui algumas profundas observações de Piero Gobetti ("Cattaneo", in P. Gobetti, *Scritti storici, letterari e filosofici*, Turim, 1969, p. 199; publicado originalmente em *L'Ordine Nuovo*, 1922).

32. Cf. G. Gentile, "Il superamento del tempo nella storia", in *Memorie italiane e problemi della filosofia e della vita*, Roma, 1936, pp. 314 e 308. Trinta anos antes, Antonio Labriola, numa carta a Croce, havia descrito a relação entre Croce e Gentile em termos curiosamente parecidos (A. Labriola, *Lettere a Benedetto Croce, 1885-1904*, Nápoles, 1975, p. 376 [2 jan. 1904]: "Não entendo por que Gentile, que investe até mesmo num estilo hierático contra o réu mundo, não se consagra à obra benigna (tendo o diabo dentro de casa) de antes de mais nada converter você".) No que concerne à alusão de Gentile a Croce, ver a nota seguinte.

33. Cf. G. Gentile, "Il superamento", op. cit., p. 308: "A metafísica histórica (ou historicismo)..." O ensaio havia sido anteriormente publicado em

Rendiconti della R. Accademia nazionale dei Lincei, classe di scienze morali, 6. série, vol. xi, 1935, pp. 752-69. As palavras entre parênteses "(that is, historicism)" faltam na tradução inglesa, publicada alguns meses antes ("The Transcending of Time in History", in R. Klibansky, H. J. Paton [org.], *Philosophy and History. Essays Presented to Ernst Cassirer*, Oxford, 1936, p. 95; o prefácio dos organizadores é datado de fevereiro de 1936). Elas foram acrescentadas provavelmente depois da publicação do ensaio de Croce "Antistoricismo" (trata-se de uma conferência pronunciada em Oxford em 1930, mas publicada somente em *Ultimi saggi*, Bari, 1935, pp. 246-58). Gentile pronunciou sua conferência na Accademia dei Lincei no dia 17 de novembro de 1935 e entregou as provas corrigidas no dia 2 de abril de 1936 (cf. *Rendiconti*, op. cit., p. 752 e 769). Para a reação de Croce aos ensaios recolhidos em *Philosophy and History*, cf. *La storia come pensiero e come azione* (1938), Bari, 1943, pp. 319-27 (essa parte falta na tradução inglesa, *History as the Story of Liberty*, Londres, 1941); na p. 322 há uma alusão polêmica a Gentile ("uma nebulosa tendência misticizante..."). Ver também no mesmo volume as páginas sobre "La storiografia come liberazione dalla storia" (*La storia*, op. cit., pp. 30-2): "Somos um produto do passado e vivemos imersos no passado, que a nosso redor nos comprime...". Gentile, cujo idealismo era muito mais radical e coerente, havia afirmado que o passado (assim como o tempo) são noções puramente abstratas, superadas na vida espiritual concreta ("Il superamento", op. cit., pp. 308 ss.). A importância de "Il superamento del tempo nella storia", de Gentile, foi salientada por C. Garboli, *Scritti servili*, Turim, 1989, p. 205.

34. Cf. G. Gentile, *Teoria generale dello spirito come atto puro*, Pisa, 1918, pp. 50-2 [2ª ed. rev. amp.].

35. Não pretendo sugerir a existência de um nexo causal simples e unilinear. Sem dúvida, a reação de White ao neoidealismo italiano passou por um filtro especificamente americano. Mas o pragmatismo de White, a que alude Perry Anderson no fim da sua contribuição ao congresso de Los Angeles (*Probing*, op. cit., p. 65), foi provavelmente reforçado pelo filão pragmático (mediado por Giovanni Vailati) cuja presença é reconhecível na obra de Croce, principalmente na *Lógica*.

36. Cf. H. White, "Interpretation in History" (1972-3), in *Tropics of Discourse*, Baltimore, 1978, p. 75.

37. Ibid., p. 2.

38. "Foucault Decoded" (1973), ibid., p. 254.

39. No índice onomástico, Barthes aparece uma só vez. Ver também p. 24, nota 2, na qual é nomeado com outros estudiosos que trabalham no âmbito da retórica, como Kenneth Burke, Genette, Eco, Todorov.

40. G. Gentile, "La filosofia della praxis", in *La filosofia di Marx. Studi critici*, Pisa, 1899, pp. 51-157; o livro era dedicado a Croce. (Ver sobre esse tema a ampla introdução de E. Garin a G. Gentile, *Scritti filosofici*, 2 vol., Milão, 1991).

41. G. Gentile, "La filosofia", op. cit., pp. 62-3.

42. Cf., sobre a primeira tese, G. Bergami, *Il giovane Gramsci e il marxismo*, Milão, 1977; sobre a segunda, A. Del Noce, *Il suicidio della rivoluzione*, Milão, 1978, pp. 11-198 ("Gentile e Gramsci").

43. Cf. S. Natoli, *Giovanni Gentile filosofo europeo*, Turim, 1989, pp. 94 ss. (um tanto superficial), a propósito de A. Gramsci, *Quaderni del carcere*, V. Gerratana (org.), vol. II, Turim, 1975, p. 2038. Para o juízo de Gramsci sobre o futurismo, cf. *Socialismo e fascismo. L'Ordine Nuovo 1919-1922*, Turim, 1966, pp. 20-2.

44. Cf. B. Croce, "Antistoricismo", in *Ultimi saggi*, op. cit., pp. 246-58.

45. Cf. H. White, *Tropics*, op. cit., pp. 27-80.

46. Cf. id., *The Content of the Form*, Baltimore, 1987, p. 63.

47. Ibid., p. 227, nota 12.

48. G. Gentile, "Il superamento", op. cit., p. 314: "A ciência histórica que se orgulha dos 'fatos' que contrapõe às ideias, como realidade positiva, maciça, contraposta às construções mentais, privadas de qualquer consistência objetiva, vive ingenuamente na ignorância do que os fatos recebem do pensamento quando vivem corpulentos diante da intuição histórica".

49. Cf., por exemplo, G. Gentile, "Caratteri religiosi della presente lotta politica", in *Che cosa è il fascismo. Discorsi e polemiche*, Florença, 1924 (na verdade, 1925), pp. 143-51.

50. Cf., por exemplo, a parte intitulada "La violenza fascista", in *Che cosa è il fascismo* (conferência pronunciada em Florença, em 8 mar. 1925), ibid., pp. 29-32.

51. "Estado e indivíduo [...] são uma só coisa; e a arte de governar é a arte de conciliar e igualar os dois termos, de modo que o máximo de liberdade se concilie com o máximo não apenas de ordem pública puramente exterior, mas também e sobretudo de soberania consentida pela lei e de seus órgãos necessários. Porque o máximo de liberdade sempre coincide com o máximo da força do Estado. Que força? As distinções nesse campo são caras aos que não se conformam a esse conceito da força, que no entanto é essencial ao Estado e, consequentemente, à liberdade. E distinguem a força moral da material: a força da lei livremente votada e aceita, e a força da violência que se opõe rigidamente à vontade do cidadão. Distinções ingênuas, quando de boa-fé! Toda força é força moral, porque sempre remete à vontade; e qualquer que seja o argumento adotado — da pregação ao porrete —, sua eficácia não pode ser outra senão a que conclama interiormente o homem e o persuade a consentir. Qual deve ser a natureza desse argumento, não é matéria de discussão abstrata..." (G. Gentile, *Che cosa è il fascismo*, op. cit., pp.

50-1). O discurso, pronunciado em Palermo em 31 mar. 1924, aparece primeiro em revistas como *La Nuova Politica Liberale* (II, 2 abr. 1924). Ao republicá-lo um ano depois, em seguida à crise Matteotti e sua violenta conclusão, Gentile, que havia ganhado o apelido de "filósofo do porrete" [*filosofo del manganello*], inseriu uma nota embaraçada e arrogante. Nela explicava que a força para a qual pretendera reconhecer um significado moral era uma só, a do Estado, de que o porrete dos bandos [*squadre*] fascistas havia sido o sucedâneo necessário numa situação de crise: cf. G. Gentile, *Che cosa è il fascismo*, op. cit., pp. 50-1. A argumentação de Gentile não era muito original: cf., por exemplo, B. Mussolini, "Forza e consenso", in *Gerarchia* (1923) (in *Opera omnia*, E. e D. Susmel [org.], vol. XIX, Florença, 1956, pp. 195-6).

52. "The Politics of Historical Interpretation" (1982), in *The Content of the Form*, op. cit., pp.74-5.

53. Ibid., p. 77. Note-se que falta o grifo no texto francês.

54. Ibid., p. 80. Grifos meus.

55. Ibid., p. 227, nota 12.

56. Agradeço a Stefano Levi Della Torre por algumas observações esclarecedoras sobre este último ponto.

57. Cf. H. White, *The Content of Form*, op. cit., p. 74.

58. Cf. R. Serra, *Scritti letterari, morali e politici*, M. Isnenghi (org.), Turim, 1974, pp. 278-88. O ensaio de Serra já havia sido interpretado de maneira parecida por C. Garboli, *Falbalas*, Milão, 1990, p. 150.

59. Ver, por exemplo (mas não exclusivamente), o conhecido *Tríptico* (*Os que partem* etc.), que se encontra no Metropolitan Museum de Nova York.

60. Cf. R. Serra, *Epistolario*, L. Ambrosini, G. De Robertis, A. Grilli (org.), Florença, 1953, pp. 454 ss.

61. Cf. B. Croce, *Teoria e storia della storiografia*, Bari, 1927, pp. 44-5.

62. Cf. R. Serra, *Epistolario*, op. cit., p. 459 (11 nov. 1912).

63. Cf. R. Serra, *Scritti letterari*, op. cit., p. 286.

64. Ibid., p. 287.

65. Cf. a passagem de Hayden White citada acima (pp. 540-1), além de "Historical Emplotment", in *Probing*, op. cit.

66. J.-F. Lyotard, *Le Différend*, Paris, 1983 (trad. it., *Il dissidio*, Milão, 1985).

67. P. Levi, *Se questo è un uomo*, Turim, 1958, pp. 9-10.

68. Cf. É. Benveniste, *Il vocabolario delle istituzioni indoeuropee*, trad. it. M. Liborio, Turim, 1976, vol. II, pp. 492-5 (a diferença entre *testis* e *superstes* é analisada na p. 495).

12. DETALHES, PRIMEIROS PLANOS, MICROANÁLISES — À MARGEM DE UM LIVRO DE SIEGFRIED KRACAUER [pp. 231-48]

1. S. Kracauer, *History. The Last Things before the Last, completed after the death of the author by Paul Oskar Kristeller*, Princeton, 1995. pp. VIII-IX. O novo prefácio de Kristeller não aparece na tradução italiana, publicada dez anos antes.

2. I. Mülder-Bach, "History as Autobiography: *The Last Things before the Last*", in *New German Critique*, 54, 1991, pp. 139-57, em particular p. 139 ("the extreme cultural and scholarly isolation in which this book was written..."); *contra*, Kristeller, introdução a S. Kracauer, *History. The Last Things before the Last*, op. cit., pp. V-X.

3. S. Kracauer, *History*, op. cit., pp. 3-4 (cito de *Prima delle cose ultime*, trad. it. S. Pennisi, Casale Monferrato, 1985, p. 3, em que "*historism*" foi traduzido por "história" em vez de "historicismo").

4. S. Kracauer, *La massa come ornamento*, apresentação de R. Bodei, trad. it. M. G. Amirante Pappalardo e F. Maione, Nápoles, 1982, pp. 111-27 (ver *The Mass Ornament. Weimar Essays*, T. Y. (org.), Levin, Cambridge, Mass., 1995, pp. 47-63).

5. S. Kracauer, *La massa...*, op. cit., p. 14.

6. Ibid., pp. 123-4.

7. Sobre esse ponto divirjo de I. Mülder-Bach, *History as Autobiography*, op. cit., p. 141.

8. Cf. S. Kracauer, *Theory of Film. The Redemption of Physical Reality*, Princeton, 1997, pp. 14-7, 20, 54 ss.; *History*, op. cit., pp. 82-4.

9. M. Proust, *À la recherche du temps perdu*, P. Clarac e A. Ferré (org.), Paris, 1954, vol. II: *Le côté de Guermantes*, pp. 140-1.

10. Isso é comentado (sem mencionar Proust) por E. Auerbach, *Mimesis. Dargestellte Wirklichkeit in der abendländlischer Literatur*, Tübingen-Basel, 1994, p. 399 (trad. it., II, pp. 192-3, ligeiramente modificada).

11. "Das Gesicht gilt dem Film nichts, wenn nicht der *Totenkopf* dahinter einbezogen ist.'Danse macabre.' Zu welchem Ende? Das wird man sehen": cf. M. Hansen, " 'With Skin and Hair': Kracauer's Theory of Film, Marseille 1940", in *Critical Inquiry*, 1993, pp. 437-69, em particular p. 447. Na introdução da mesma estudiosa (que assina M. Bratu Hansen) para a nova edição de S. Kracauer, *Theory of Film*, op. cit., p. XXIV, o trecho supracitado é comparado "ao impulso alegórico derivado do livro de Benjamin sobre o *Trauerspiel*".

12. S. Kracauer, E. Panofsky, *Briefwechsel*, V. Breidecker (org.), Berlim, 1996, pp. 83-92: "Tentative Outline of a Book in Film Aesthetics", em particular p. 83.

13. Além de M. Hansen, "With Skin and Hair", ver os depoimentos citados por K. Michael, "Vor dem Café: Walter Benjamin und Siegfried Kracauer in Mar-

seille", in M. Opitz, E. Wizisla (org.), *"Aber ein Sturm weht vom Paradiese her".* *Texte zu Walter Benjamin*, Leipzig, 1992, pp. 203-21.

14. *Die Herzogin von Guermantes*, tradução de W. Benjamin e F. Hessel, Munique, 1930.

15. W. Benjamin, "Piccola storia della fotografia", in *L'opera d'arte nell'epoca della sua riproducibilità tecnica*, trad. it. E. Filippini, Turim, 1966, pp. 59-77, em particular p. 63. A mesma expressão retorna no ensaio "L'opera d'arte nell'epoca della sua riproducibilità tecnica" (1936), id., pp. 41-2. Ver também B. Balázs, "Physiognomie" (1923), in *Schriften zum Film*, vol. I, H. H. Diedrichs (org.), Munique, 1982, pp. 205-8 (citado por M. Hansen, "Benjamin, Cinema and Experience: *The Blue Flower in the Land of Technology*", in *New German Critique*, 40, 1987, pp. 179-224, em particular p. 208, nota 48).

16. "Ahasuerus, or the riddle of time", in *History*, op. cit., pp. 139-63.

17. Cf. V. Breidecker, "'Ferne Nähe'. Kracauer, Panofsky und 'the Warburg Tradition'", in S. Kracauer, E. Panofsky, *Briefwechsel*, op. cit., pp. 129-226, especialmente o parágrafo "Interpretation als Entfremdung" (pp. 165-76); mas todo o ensaio é muito importante. Ver também, de quem escreve, "Estranhamento. Pré-história de um procedimento literário", in *Olhos de madeira. Nove reflexões sobre a distância* (São Paulo, Companhia das Letras, 2001), pp. 15-41.

18. *Prima delle cose ultime*, op. cit., p. 68 (*History*, op. cit., p. 84). Ver também as observações acuradas de V. Breidecker, "'Ferne Nähe'", op. cit., pp. 176 ss. (parágrafo "Das Exil als Text"). Aos "grandes" historiadores gregos como exilados, faz menção A. Momigliano, "La traduzione e lo storico classico" (publicado originalmente in *History and Theory*, 1972), in *La storiografia greca*, Turim, 1982, pp. 42--63, em particular p. 60.

19. S. Kracauer, *Theory*, op. cit., pp. 16-7, que B. Newhall comenta, "Photography and the Development of Kinetic Visualization", in *Journal of the Warburg and Courtauld Institutes*, 1944, pp. 40-5. Sobre tudo isso, cf. D. N. Rodowick, "*The Last Things before the Last:* Kracauer and History", in *New German Critique*, 41, 1987, pp. 109-39, especialmente p. 123; V. Breidecker, "'Ferne Nähe'", op. cit., pp. 178-9.

20. M. Hansen, "*With Skin and Hair*", op. cit., p. 447.

21. T. W. Adorno, "Uno strano realista. Su Siegfried Kracauer", in *Note per la letteratura 1961-1968*, Turim, 1979, pp. 68-88, em particular p. 68.

22. E. Panofsky, "Style and Medium in the Motion Pictures", in *Three Essays on Style*, I. Lavin (org.), Cambridge, Mass., 1995, pp. 93-125 (versão modificada de um ensaio publicado pela primeira vez em 1936: cf. id., p. 204, nota 22). O trecho citado se encontra na p. 108.

23. Cf. T. Y. Levin, "Iconology at the Movies, Panofsky's Film Theory", in I.

Lavin (org.), *Meaning in the Visual Arts: Views from the Outside. A Centennial Commemoration of Erwin Panofsky (1892-1968)*, Princeton, 1995, pp. 313-33, em particular pp. 319 ss.

24. E. Panofsky, "Die Perspektive als 'symbolische Form'", in *Bibliothek Warburg. Vorträge 1924-1925*, 1927, pp. 258-330 (trad. it., "La prospettiva come 'forma simbolica' e altri scritti", G. D. Neri [org.], com uma nota de M. Dalai, Milão, 1963).

25. W. Benjamin, *Briefe an Siegfried Kracauer*, Theodor W. Adorno Archiv (org.), Marbach am Neckar, 1987, pp. 65-6 (assinalado por W. Breidecker, "'Ferne Nähe'", op. cit., pp. 186-7).

26. E. Panofsky, *Renaissance and Renascences in Western Art*, Estocolmo, 1965, pp. 82 ss. Ver também V. Breidecker, "'Ferne Nähe'", op. cit., p. 175.

27. S. Kracauer, *History*, op. cit., pp. 56-7 (trad. it. *Prima delle cose ultime*, op. cit., pp. 45-6); *History*, op. cit., p. 105 (trad. it. *Prima delle cose ultime*, op. cit., p. 85); ver também *History*, op. cit., p. 123 (trad. it. *Prima delle cose ultime*, op. cit., p. 99).

28. Sobre o primeiro, ver as ótimas observações de V. Breidecker, "'Ferne Nähe'", op. cit., pp. 176-91.

29. S. Kracauer, *History*, op. cit., p. 122 (trad. it. *Prima delle cose ultime*, op. cit., pp. 171-93).

30. Cf. "Distância e perspectiva. Duas metáforas", in *Olhos de madeira*, op. cit., pp. 176-98.

31. S. M. Ejzenštejn, "Dickens, Griffith e noi", in *Forma e tecnica del film e lezioni di regia*, Turim, 1964, pp. 172-221.

32. Id., "Dal teatro al cinema", in *Forma e tecnica del film*, op. cit., pp. 13-4.

33. C. Ginzburg, *Relações de força. História, retórica, prova* (São Paulo: Companhia das Letras, 2000), pp. 100-17.

34. *Revue des Deux Mondes*, 15 dez. 1869, pp. 987-1004.

35. Saint-René Taillandier, *Histoire et philosophie religieuse. Études et fragments*, Paris, 1859; *Études littéraires*, Paris, 1881.

36. *Revue des Deux Mondes*, 15 fev. 1863, pp. 840-60. Ver também, do mesmo autor, o artigo sobre "La tentation de Saint-Antoine (Une sotie au dix-neuvième siècle)", in *Revue des Deux Mondes*, 1º maio 1874, pp. 205-23.

37. *Revue des Deux Mondes*, 15 fev. 1863, p. 860 (os grifos estão no texto).

38. K. Witte, "*Light Sorrow*. Siegfried Kracauer as Literary Critic", in *New German Critique*, 54, 1991, pp. 77-94, principalmente pp. 93-4 (a propósito de Hemingway, *In Our Time*); Kracauer a Panofsky, 8 nov. 1944 (S. Kracauer, E. Panofsky, *Briefwechsel*, op. cit., p. 38).

39. M. Baxandall, *Painting and Experience in Fifteenth Century Italy*,

Oxford, 1972 (trad. it. *Pittura e esperienze sociali nell'Italia del Quattrocento*, M. P. e P. Dragone [org.], Turim, 1978).

40. J. Michelet, *Histoire de France*, vol. XIX, Paris, 1879 (mas o prefácio está datado de Paris, 1º out. 1855), pp. 360-1. Para um primeiro cotejo, ver I. Sgard, *Les trente récits de la Journée des Tuiles*, Grenoble, 1988, em particular p. 93.

41. Citei-a e comentei-a em *Relações de força*, op. cit. pp. 113-4.

42. S. Kracauer, *History*, op. cit., p. 122 (trad. it. *Prima delle cose ultime*, op. cit., p. 98).

43. Remeto sobre esse ponto ao meu livro *Relações de força*. Segundo Peter Burke, Kracauer teria sido o primeiro a sustentar que os romances de Joyce, Proust e Virginia Woolf proporcionam à narração histórica "a challenge and an opportunity" ("Aby Warburg as Historical Anthropologist", in H. Bredekamp, M. Diers, C. Schoell-Glass [org.], *Aby Warburg. Akten des internationalen Symposions*, Hamburgo, 1991, p. 237, citado em S. Kracauer, E. Panofsky, *Briefwechsel*, op. cit., p. 147, nota 80). Mas Kracauer remetia a Auerbach (*Theory of Film*, op. cit., p. 219).

44. Ibid., p. 226 e nota, p. 301.

45. S. Kracauer, "The Hotel Lobby", in *The Mass Ornament*, op. cit., p. 178 (trata-se de um capítulo de S. Kracauer, *Le roman policier*, Paris, 1971: cf. p. 68). Segundo T. Clark, a expressão "mundo desencantado" viria de Schiller (*Farewell to an Idea*, New Haven-Londres, 1999, p. 7). Mas Schiller provavelmente conhecia o livro de Balthasar Bekker de mesmo título.

46. M. Hansen, "*With Skin and Hair*", op. cit.

47. V. Breidecker, "'Ferne Nähe'", op. cit., pp. 178-9.

48. In W. Benjamin, *Obras escolhidas*. (São Paulo: Brasiliense, 1986), vol. I, p. 225.

49. S. Kracauer, E. Panofsky, *Briefwechsel*, op. cit., p. 91. Ver também o epílogo de *History*, op. cit., p. 219.

50. Ibid., p. 202 (trad. it. *Prima delle cose ultime*, op. cit., pp. 160-1).

51. Cf. a conclusão de *Theory of Film. The Redemption of Physical Reality*, op. cit., pp. 300-11 (com uma remissão significativa às páginas conclusivas de Auerbach, *Mimesis*).

13. MICRO-HISTÓRIA: DUAS OU TRÊS COISAS QUE SEI A RESPEITO [pp. 249-79]

1. Levi recua as primeiras discussões que teve sobre a coleção comigo e com Giulio Einaudi para "por volta dos anos 74, 75 e 76" (cf. "Il piccolo, il grande, il pic-

colo. Intervista a Giovanni Levi", in *Meridiana*, set. 1990, p. 229), mas é um erro de memória.

2. Ela foi possível graças ao ORION, o programa em que se baseia o catálogo informatizado da UCLA Research Library (hoje YRL).

3. Kantorowicz, que não é citado mas é facilmente reconhecível, aparece por um instante no relato de Stewart: cf. *The Year of the Oath*, Berkeley, 1950 (reimpr. 1971), p. 90. Ver também E. H. Kantorowicz, *The Fundamental Issue. Documents and Marginal Notes on the University of California Loyalty Oath*, San Francisco, 1950, p. 1: "This is not intended to be the history of 'The Year of the Oath'. This subject has been admirably dealt with by Professor George R. Stewart".

4. Cf. M. S. Beeler, "George R. Stewart, Toponymist", in *Names*, 2, 1976 (o fascículo traz o cabeçalho: *Festschrift in Honor of Professor George R. Stewart*), pp. 77-85. Ver também "George R. Stewart on Names and Characters", uma entrevista publicada na mesma revista, 9, 1961, pp. 51-7; J. Caldwell, *George R. Stewart*, Boise (id.), 1981.

5. Cf. George R. Stewart, "The Regional Approach to Literature", in *College English*, 9, 1948, pp. 370-5.

6. George R. Stewart, *Pickett's Charge. A Microhistory of the Final Attack at Gettysburg, July 3, 1863*, 1959, Dayton, Ohio, 1983, pp. IX, 211-2.

7. Ibid., p. IX.

8. L. Gonzáles y Gonzáles, *Pueblo en vilo. Microhistoria de San José de Gracia*, Cidade do México, 1968, p. 2 ("La pequeñez, pero la pequeñez típica"); na p. 3 a referência a Leuilliot.

9. Cf. L. Aboites, *La revolución mexicana en Espita: 1910-1940. Microhistoria de la formación del Estado de la revolución*, Cidade do México, 1982 (Centro de Investigaciones y Estudios Superiores en Antropologia Social. Cuadernos de la Casa Chata, 62).

10. L. González y González, "El arte de la microhistoria", in *Invitación a la microhistoria*, Cidade do México, 1973, pp. 12-4.

11. A introdução foi publicada em parte com o título de "Histoire et sociologie", in F. Braudel, *Écrits sur l'histoire*, Paris, 1969, pp. 97-122.

12. Cf. ibid., pp. 112 ss.: "Le fait divers (sinon l'événement, ce socio-drame) est répétition, regularité, multitude et rien ne dit, de façon absolue, que son niveau soit sans fertilité, ou valeur, scientifique. Il faudrait y regarder de près."

13. Cf. "Fait divers, fait d'histoire" (contribuições de M. P. Di Bella, M. Bée, R. Comaschi, L. Valensi, M. Perrot), in *Annales E.S.C.*, 38, 1983. Ao introduzir esses ensaios, M. Ferro comparou a análise do *fait divers* com os trabalhos de micro-história enquanto operações semelhantes e inversas, mas complementa-

res (p. 825). No mesmo fascículo (p. 917), M. Perrot, "Fait divers et histoire au XIXe siècle", remeteu à passagem de Braudel citada acima.

14. Ainda hoje o termo não consegue se libertar de um halo irônico, como resulta de um aceno de G. Charachidzé, *La mémoire indo-européenne du Caucase*, Paris, 1987, pp. 131-2 ("ce que j'avais voulu appeler, par jeu, micro-histoire...").

15. Cf. R. Queneau, *I fiori blu*, trad. it. I. Calvino, Turim, 1967, p. 69 (*Les fleurs bleues*, Paris, 1965, pp. 84-5):

"Que voulez-vous savoir au juste?

— Ce que tu penses de l'histoire universelle en général et de l'histoire générale en particulier. J'écoute.

— Je suis bien fatigué, dit le chapelain.

— Tu reposeras plus tard. Dis-moi, ce Concile de Bâle, est-ce de l'histoire universelle?

— Oui-da. De l'histoire universelle en général.

— Et mes petits canons?

— De l'histoire générale en particulier.

— Et le mariage de mes filles?

— À peine de l'histoire événementielle. De la microhistoire, tout au plus.

— De la quoi? hurle le duc d'Auge. Quel diable de langage est-ce là? Serait-ce aujourd'hui ta Pentecôte?

— Veuillez m'excuser, messire. C'est, voyez-vous, la fatigue."

Se não me engano, os textos de Braudel citados a propósito desse trecho por R. Romano, "Un modèle pour l'histoire", in A. Bergens (org.), *Raymond Queneau*, L'Herne, Paris, 1975, p. 288, valem para a *histoire événementielle*, não para a *micro-histoire*.

16. Cf. L. Gonzales [sic], *Les barrières de la solitude. Histoire universelle de San José de Gracia village mexicain*, trad. fr. A. Meyer, Paris, 1977, p. 11.

17. S. Battaglia, *Grande dizionario della lingua italiana*, vol. X, 1978, remete a essa passagem a propósito de *microstoria* (definida como de "uso culto"). A definição que se segue — "história particularmente breve e sucinta, relato sumário e essencial" — parece decididamente inadequada. (Ver, mais adiante, o *post-scriptum*).

18. Cf. P. Levi, *Il sistema periodico*, in *Opere*, Turim, 1987, vol. I, p. 641.

19. A analogia não escapou a C. Cases, introdução a P. Levi, *Opere*, op. cit., vol. I, p. XVII. Sobre a solicitude de Calvino para com Levi, aprendiz de escritor, cf. I. Calvino, *I libri degli altri*, Turim, 1991, pp. 382-3, além da carta (de tom bem diferente) sobre a revisão de *O sistema periódico*, ibid., p. 606. Cf. também S. Cesari, *Colloquio con Giulio Einaudi*, Roma, 1991, p. 173.

20. Cf. R. Queneau, *Piccola cosmogonia portatile*, trad. it. de S. Solmi, seguida de *Piccola guida alla Piccola Cosmogonia* de I. Calvino, Turim, 1982, p.

162. Cf. também P. Levi, *L'altrui mestiere*, Turim, 1955, pp. 150-4, e o depoimento de Carlo Carena em Cesari, *Colloquio*, op. cit., p. 172.

21. Tratava-se em todo caso de um eco inconsciente: à pergunta "de onde deriva o termo *microstoria?*", Giovanni Levi afirmou (29 dez. 1991) saber apenas que o termo havia sido usado por Queneau. A parte final do trecho de Queneau supracitado foi usada por Raul Merzario como epígrafe de *Il paese stretto*, um dos primeiros títulos da coleção "Microstorie", lançada por Einaudi (Turim, 1981).

22. Cf. E. Grendi, "Micro-analisi e storia sociale", in *Quaderni Storici*, 35, 1977, pp. 506-20.

23. Cf. R. Cobb, "Raymond Queneau", *The Zaharoff Lecture for 1976*, Oxford, 1976.

24. Cf. R. Queneau, *Une histoire modèle*, Paris, 1966 (mas escrito em 1942); ibid., *Bâtons, chiffres et lettres*, edição ampliada, Paris, 1965, pp. 170-2 (trata-se de um artigo publicado em *Front National*, 5 jan. 1945).

25. Ver, por outro lado, a bela introdução de I. Calvino a R. Queneau, *Segni, cifre e lettere e altri saggi*, Turim, 1981 (é uma coletânea diferente e mais ampla que a francesa de mesmo título), especialmente pp. XIX-XX.

26. Cf. R. Cobb, *A Sense of Place*, Londres, 1975, a cujo respeito ver E. Grendi, "Lo storico e la didattica incosciente (Replica a una discussione)", in *Quaderni Storici*, 46, 1981, pp. 339-40.

27. A intolerância para com as pretensões da historiografia científica é mais evidente num ensaio de L. González que, desde o título, se assemelha à segunda *Inatual* de Nietzsche: *De la múltiple utilización de la historia*, na coletânea *Historia? para qué?* (1980), Cidade do México, 1990, pp. 55-74.

28. Cf. T. Stonaiovich, *French Historical Method. The Annales Paradigm*, introdução de F. Braudel, Ithaca, NY, 1976, que chama os dois paradigmas precedentes, respectivamente, de "exemplary" e "developmental". Sobre a micro-história como resposta à crise dos "great Marxist and functionalist systems", cf. G. Levi, "On Microhistory", in P. Burke (org.), *New Perspectives on Historical Writing*, Oxford, 1991, pp. 93-113, em particular pp. 93-4. Ver também, sempre de Levi, *L'eredità immateriale. Carriera di un esorcista nel Piemonte del Seicento*, Turim, 1985, introdução.

29. Cf. *Mélanges en l'honneur de Fernand Braudel*, vol. II: *Méthodologie de l'histoire et des sciences humaines*, Toulouse, 1973, pp. 105-25, 227-43. O texto de Furet e Le Goff é dividido em duas partes, que desenvolvem duas comunicações "préparées en collaboration", intituladas respectivamente *L'histoire et "l'homme sauvage"* e *L'historien et "l'homme quotidien"*. Na primeira, Furet esboça um quadro geral; na segunda, Le Goff propõe um programa de trabalho, com exemplos tirados do âmbito do medievalismo. Embora na exposição distinguirei os dois

textos, pressuporei — salvo em caso de indicação contrária — a concordância de fundo declarada por seus autores. Sobre Chaunu e Le Goff, podem-se ler os autorretratos que fazem parte de P. Nora (org.), *Essais de ego-histoire*, Paris, 1987.

30. Ibid., p. 109. Como se sabe, em francês, o termo "*ethnologue*" é mais usado do que seu sinônimo "*anthropologue*".

31. Ibid., p. 231.

32. Ibid., p. 237.

33. Cf. E. Le Roy Ladurie, "L'historien et l'ordinateur" (1968), in *Le territoire de l'historien*, Paris, 1973, p. 14; ibid., *Montaillou, village occitan de 1294 a 1314*, Paris, 1975.

34. Cf. F. Furet, *L'histoire et "l'homme sauvage"*, op. cit., p. 232.

35. Sobre essa mutação historiográfica, ver, numa perspectiva parcialmente diferente da exposta aqui, J. Revel, "L'histoire au ras du sol", introdução a G. Levi, *Le pouvoir au village* (*L'eredità immateriale*, Turim, 1985), Paris, 1989, pp. I-XXXIII, desenvolvido posteriormente in *Micro-analyse et reconstitution du social*, Ministère de la Recherche et de la Technologie, Colloque "Anthropologie contemporaine et anthropologie historique", n. 2, pp. 24-37 (texto redigido em preparação para o congresso de Marselha, 24-26 set. 1992).

36. Para uma recapitulação, cf. J. Le Goff, R. Chartier, J. Revel (org.), *La nouvelle histoire*, Paris, 1978. Ver também o ensaio introdutivo de Burke a *New Perspectives*, op. cit., pp. 1-23.

37. Cf. G. Duby, *Le dimanche de Bouvines. 27 juillet 1214* (1973), Paris, 1985, introdução à nova edição, pp. 7-8: "A história que se chamaria, mais tarde e de modo abusivo, história 'nova' (e digo 'de modo abusivo' porque a maioria das questões que tínhamos tanto orgulho de formular já haviam sido formuladas por nossos predecessores do segundo terço do século XIX, antes que o peso do positivismo se fizesse sentir)". Ver a esse respeito um livro muito instrutivo de Ch. Rearick, *Beyond Enlightenment, Historians and Folklore in Nineteenth Century France*, Bloomington-Londres, 1974.

38. Cf. J. Le Goff, "Les mentalités: une histoire ambigüe", in J. Le Goff, P. Nora (org.), *Faire de l'histoire*, vol. III, Paris, 1974, pp. 76 ss.

39. Cf. Ph. Ariès, "L'histoire des mentalités", in J. Le Goff, R. Chartier, J. Revel (org.), *La nouvelle histoire*, op. cit., p. 411.

40. Ph. Ariès (com a colaboração de M. Winock), *Un historien du dimanche*, Paris, 1980.

41. Cf. A. Lüdtke (org.), *Alltagsgeschichte. Zur Rekonstruktion historischer Erfahrungen und Lebensweisen*, Frankfurt, 1989; G. Eley, "Labor History, Social History, Alltagsgeschichte: Experience, Culture, and the Politics of the Everyday

— A New Direction for German Social History?", in *Journal of Modern History*, 61, 1989, pp. 297-343.

42. Cf. F. Furet, *L'histoire et "l'homme sauvage"*, op. cit., p. 230: "Não há nada de surpreendente no fato de que, ao mesmo tempo que [a grande história do século XIX] tenta desesperadamente salvar seu imperialismo como portador de modernização, ela retorne à etnologia como consciência de seus fracassos".

43. Ibid., p. 233.

44. Ibid., p. 232.

45. Discuti esse tema no meu ensaio "Sinais. Raízes de um paradigma indiciário" (1979), depois em *Miti emblemi spie*, Turim, 1986 [*Mitos, emblemas e sinais* (São Paulo: Companhia das Letras, 1992).

46. *I benandanti. Stregoneria e culti agrari tra Cinquecento e Seicento*, Turim, 1966 [*Os andarilhos do bem. Feitiçaria e cultos agrários nos séculos XVI e XVII* (São Paulo: Companhia das Letras, 1988); *Storia notturna. Una decifrazione del sabba*, Turim, 1989 [*História noturna. Uma decifração do sabá* (São Paulo: Companhia das Letras, 1999)].

47. Cf. *Il formaggio e i vermi*, Turim, 1976, p. XIX. Na introdução a *I benandanti* eu já havia insistido, contra a noção indiferenciada de "mentalidade coletiva", sobre a importância da elaboração de determinadas crenças por simples indivíduos.

48. Cf. M. Vovelle, "Histoire sérielle ou 'case studies': vrai ou faux dilemme en histoire des mentalités", in *Histoire sociale, sensibilités collectives et mentalités. Mélanges Robert Mandrou*, Paris, 1985, pp. 39-49.

49. Cf. R. Chartier, "Histoire intellectuelle et histoire des mentalités. Trajectoires et questions" (publicado originalmente em inglês em 1982), in R. Chartier et al., *La sensibilité dans l'histoire*, Clamecy, 1987, p. 26 (com uma remissão a Natalie Davis e a mim). Grifos meus.

50. F. Furet, *L'histoire et "l'homme sauvage"*, op. cit., p. 231.

51. Essa identificação tácita também está subentendida no conhecidíssimo ensaio de L. Stone, "The Revival of Narrative: Reflections on a New Old History", in *Past and Present*, 85, 1979, pp. 3-24: isso não facilitou a discussão que se seguiu.

52. Desenvolvo aqui algumas considerações formuladas numa resenha a J. Le Goff, "Pour un autre Moyen Âge" (cf. *Critique*, 195, 1980, pp. 345-54).

53. Richard Cobb também tinha percebido, na mesma época, as implicações metodológicas dos *Exercícios de estilo*: "além de seu brilho paródico e coloquial, [o livro] também pode ser descrito como ensaio sobre o valor relativo e a interpretação conflitante de evidências históricas" (R. Cobb, *Raymond Queneau*, op. cit., p. 7).

54. Falo de lacunas num sentido relativo, e não absoluto (a documentação

histórica é sempre falha, por definição). Mas novas exigências de pesquisa criam novas lacunas.

55. Sobre os silêncios de Menocchio, cf. *Il formaggio*, op. cit., pp. 128-30. O fim da frase alude a "O inquisidor como antropólogo" (capítulo 14 deste livro). O nexo entre "*échelle d'analyse*" e "*écriture de l'histoire*", identificadas como "*questions majeures*", é captado com muita agudeza no editorial (anônimo) "Histoire et sciences sociales. Un tournant critique?", publicado em *Annales ESC*, 43, 1988, pp. 292-3.

56. Cf. I. Berlin, "The Hedgehog and the Fox. An Essay on Tolstoy's View of History" (1953), in H. Hardy, A. Kelly (org.), *Russian Thinkers*, Londres, 1978, pp. 22-81.

57. Dessa dívida, Tolstói tinha plena consciência: cf. *Paul Boyer (1864-1949) chez Tolstoï. Entretiens à Iasnaïa Poliana*, Paris, 1950, p. 40 (citado também por Berlin, "The Hedgehog", op. cit., p. 56). Ver também N. Chiaromonte, *Credere o non credere*, Milão, 1971 (agradeço a Claudio Fogu por ter me apontado esse livro).

58. Cf. G. Duby, *Le dimanche de Bouvines*, op. cit.

59. Cf. O. Benesch, *Der Maler Albrecht Altdorfer*, Viena, 1940, p. 31: "Makrokosmos und Mikrokosmos werden eins". Percebo já ter enfrentado esse tema ao falar de uma paisagem de Pieter Bruegel (*Dia escuro*, Viena) e da batalha que encerra o filme *Paisà* de Rossellini: cf. respectivamente *Spurensicherungen*, Berlim, 1983, pp. 14-5; "Di tutti i doni che porto a Kaisàre... Leggere il film scrivere la storia", in *Storie e Storia*, 9, 1983, pp. 5-17. Sobre o fim de *Paisà*, ver também a anedota referida a Federico Fellini, que havia trabalhado no filme como assistente de direção de Rossellini: cf. *Intervista sul cinema*, G. Grazzini (org.), Bari, 1983, p. 55. Sobre a *Batalha entre Alexandre e Dario* de Altdorfer, ver o ensaio (escrito de um ponto de vista muito diferente do delineado aqui) que abre o volume de R. Koselleck, *Vergangene Zukunft. Zur Semantik geschichtlicher Zeiten*, Frankfurt, 1979 (trad. it., *Futuro passato: per una semantica dei tempi storici*, Casale Monferrato, 1986, pp. 11-29).

60. Cf. P. O. Kristeller, introdução a S. Kracauer, *History: The Last Things before the Last*, Nova York, 1969, p. VIII (grifos meus); em geral, ver o cap. V, "The structure of historical universe", pp. 104-38, que Kracauer deixou incompleto (e ver neste livro o cap. 12).

61. Não tiveram muito eco, em geral. Mas ver a penetrante análise de Martin Jay, que mostra com eficácia que "em muitos sentidos, *History* é uma das obras mais originais de Kracauer, que merece ser 'redimida', para usar um termo seu, de um esquecimento imerecido" ("The Extraterritorial Life of Siegfried Kracauer", in *Salgamundi*, 10 [out. 1975 - inv. 1976], pp. 49-106; o trecho citado se encontra na p. 87).

62. Cf. M. Jay, "The Extraterritorial Life", op. cit., p. 62 (sobre *Minima moralia*), p. 63 (sobre a desconfiança de Kracauer pela categoria de "totalidade"), p. 50 (sobre a associação, no pensamento de Kracauer, entre "wholeness and death"). Ver também, do mesmo Jay, "Adorno and Kracauer: Notes on a Troubled Friendship", in *Salgamundi*, 40 (inv. 1978); id., *Marxism and Totality, The Adventures of a Concept from Lukács to Habermas*, Berkeley-Los Angeles, 1984, pp. 245-6 e passim. O jovem Adorno leu Kant sob a orientação de Kracauer: R. Bodei, introdução a Th. W. Adorno, *Il gergo dell'autenticità (Jargon der Eigentlichkeit. Zur deutschen Ideologie)*, trad. it. P. Lauro, Turim, 1989, pp. VII ss. Mencionei minha dívida para com *Minima moralia* na introdução a *Miti emblemi spie*, op. cit., p. XII. Na página que encerra *Dialettica negativa* (como me fez ver Hans Medick), Adorno atribui uma função decisiva ao "olhar micrológico".

63. Cf. V. Sklovskij, *Materiali e leggi di trasformazione stilistica. Saggio su Guerra e pace*, trad. it. M. Guerrini, Parma, 1978.

64. Cf. R. Serra, *Scritti letterari, morali e politici*, M. Isnenghi (org.), Turim, 1974, pp. 278-88. Retomo aqui algumas observações já feitas em *"Unus testis"* (cap. 11 deste livro).

65. Cf. R. Serra, *Epistolario*, L. Ambrosini, G. De Robertis, A. Grilli (org.), Florença, 1953, pp. 454 ss.

66. Cf. B. Croce, *Storia, cronaca e false storie* (1912), incluído depois em *Teoria e storia della storiografia*, Bari, 1927, pp. 44-5.

67. Cf. R. Serra, *Epistolario*, op. cit., p. 459 (11 nov. 1912). A divergência com Croce foi salientada por E. Garin, "Serra e Croce", in *Scritti in onore di Renato Serra per il cinquantenario della morte*, Florença, 1974, pp. 85-8.

68. Cf. R. Serra, *Scritti letterari*, op. cit., p. 286-7.

69. Mais adiante: "Apêndice. Provas e possibilidades".

70. O texto de Calvino, publicado pela primeira vez no *Corriere della Sera* de 25 de abril de 1974 (aniversário da libertação), pode ser lido hoje na coletânea *La strada di San Giovanni*, Milão, 1991, pp. 75-85. A coletânea da Einaudi, organizada por Isnenghi, terminou de ser impressa em 16 de fevereiro de 1974.

71. Cf. F. R. Ankersmit, "Historiography and Postmodernism", in *History and Theory*, 28, 1989, pp. 137-53 (em particular pp. 143 e 149-50). Ver também, na mesma revista, a réplica de P. Zagorin, "Historiography and Postmodernism: Reconsiderations", ibid., 29, 1990, pp. 263-74, e a tréplica de Ankersmit, "Reply to Professor Zagorin", ibid., pp. 275-96. Neste último texto lê-se a afirmação característica (a propósito de teóricos construtivistas da historiografia, como M. Oakeshott, L. Goldstein, M. Stanford): "O passado, como referente complexo de um texto histórico, não tem lugar no debate histórico. Do ponto de vista da prática his-

toriográfica, esse passado referencial é epistemicamente inútil [...]. Textos são tudo o que temos, e não podemos fazer mais que comparar textos com textos" (p. 281).

72. Namier teria dito a Toynbee: "Eu estudo cada folha, você a árvore, os outros historiadores os galhos, e nós dois sabemos que eles estão errados" (citado por Kracauer, *History*, op. cit., p. 11). Ver também o trecho do diário de Tolstói citado por Berlin, *The Hedgehog*, op. cit., p. 30. Para uma precoce formulação do programa de Namier de estudar "cada folha" (os membros da House of Commons), cf. "The Biography of Ordinary Men", 1928, in *Skyscrapers and Other Essays*, Londres, 1931, pp. 44-53.

73. De G. Levi, cf. "I pericoli del geertzismo", in *Quaderni Storici*, 58, 1985, pp. 269-77; *On Microhistory*, op. cit.; de quem assina este, cf. "Provas e possibilidades" (apêndice deste livro); "Descrição e citação" (cap. 1); "O inquisidor como antropólogo" (cap. 14); "*Unus testis*" (cap. 11); "Checking the Evidence. The Judge and the Historian", in *Critical Inquiry*, 18, 1991, pp. 79-92.

74. Peter Burke insiste no relativismo cultural da "*new history*" na introdução a *New Perspectives on Historical Writing*, op. cit., pp. 3-4.

75. Cf. respectivamente C. Ginzburg, *Indagini su Piero. Il Battesimo, il ciclo di Arezzo, la Flagellazione*, Turim, 1981 (nova ed. 1994); P. Redondi, *Galileo eretico*, Turim, 1983; F. Ramella, *Terra e telai. Sistemi di parentela e manifattura nel Bielese dell'Ottocento*, Turim, 1984; O. Raggio, *Faide e parentele. Lo stato genovese visto dalla Fontanabuona*, Turim, 1990. A. M. Banti insiste na presença na micro--história italiana de duas tendências, centradas respectivamente na idade da estrutura social e dos significados culturais, em "Storie e microstorie: l'histoire sociale contemporaine en Italie (1972-1989)", in *Genèses*, mar. 1991, pp. 134-47, sobretudo p. 145. Ao meu ensaio "Sinais", Banti atribui uma parte das responsabilidades do fracassado triunfo do paradigma micro-histórico (o verdadeiro, que seria o primeiro dos dois indicados).

76. Cf. E. Grendi, *Micro-analisi*, op. cit., p. 512.

77. Os subtítulos dos dois livros são, respectivamente: *Trajetória de um exorcista no Piemonte do século XVII* e *Naissance d'un langage corporatif*. Algumas implicações intelectuais e políticas dessas pesquisas poderiam ser esclarecidas por uma leitura paralela de *Riprendere tempo*, o diálogo (também publicado em 1882 na série "Microstorie") entre Vittorio Foa e Pietro Marcenaro. Não se trata de dois historiadores, como escreve erroneamente E. Muir (introdução a E. Muir, G. Ruggiero [org.], *Microhistory and the Lost People of Europe*, Baltimore, 1991, p. XXII, nota 7), apesar de Vittorio Foa, político e sindicalista, ser entre outras coisas autor de um livro de história, *La Gerusalemme rimandata. Domande di oggi agli inglesi del primo Novecento*, Turim, 1985; Pietro Marcenaro, depois de trabalhar por um certo período como operário, voltou a ser sindicalista.

78. Cf. também J. Revel, *L'histoire au ras du sol*, op. cit., p. XXXII, e *Micro-analyse*, op. cit., pp. 34-5.

79. Martin Jay insistiu nessa dificuldade, citando Kracauer ("Of Plots, Witnesses, and Judgements", in S. Friedlander [org.], *Probing the Limits of Representation: Nazism and the "Final Solution"*, Cambridge, Mass., 1992, op. cit., p. 103). Gwyn Prins definiu a "*small scale*" como uma "arapuca", observando: "Não é aí que se encontrarão as forças motrizes das teorias explicativas dos historiadores" (P. Burke [org.], *New Perspectives*, op. cit., p. 134).

80. Cf. G. Levi, *On Microhistory*, op. cit., p. 111. Seria útil ter a versão dos outros estudiosos implicados no caso, a começar de Edoardo Grendi. (Ver também "Ripensare la microstoria?", in *Quaderni Storici*, n. 86, 1994, pp. 539-49.)

14. O INQUISIDOR COMO ANTROPÓLOGO [pp. 280-93]

1. De um outro ponto de vista, ver o belo ensaio de R. Rosaldo, "From the Door of His Tent: The Fieldworker and the Inquisitor", in J. Clifford e G. E. Marcus [org.], *Writing Culture. The Poetics and Politics of Ethnography*, Berkeley-Los Angeles, 1986, pp. 77-97 (mas todo o volume merece ser visto).

2. Veneza, 1897.

3. Cf. A. Del Col, "La Riforma cattolica nel Friuli vista da Paschini", in G. Fornasir (org.), *Atti del convegno di studio su Pio Paschini nel centenario della nascita*, s.l., s.d., pp. 123 ss., sobretudo p. 134.

4. *The European Witch-Craze of the 16th and 17th Centuries*, Londres, 1969, p. 9.

5. Cf. A. Momigliano, "Linee per una valutazione della storiografia del quindicennio 1961-1976", in *Rivista Storica Italiana*, LXXXIX, 1977, pp. 585 ss.

6. Cf. E. Evans-Pritchard, *Witchcraft, Oracles and Magic among the Azande*, Londres, 1937; A. Macfarlane, *Witchcraft in Tudor and Stuart England*, Londres, 1970; K. Thomas, *Religion and the Decline of Magic*, Londres, 1971 (trad. it. *La religione e il declinio della magia*, Milão, 1985).

7. Cf. H. Geertz, K. Thomas, "An Anthropology of Religion and Magic", in *Journal of Interdisciplinary History*, VI, 1975, pp. 71-109.

8. Cf. R. Kieckhefer, *European Witch-Trials. Their Foundations in Popular and Learned Culture, 1300-1500*, Berkeley, Ca., 1976.

9. Cf. R. Jakobson, "Language in Operation", in *Mélanges Alexandre Koyré*, vol. II, *L'aventure de l'esprit*, Paris, 1964, p. 273. Os grifos estão no texto.

10. Cf. M. Bakhtin, *Dostoevskij*, trad. it. G. Garritano, Turim, 1968.

11. Cf. de quem escreve, *I benandanti. Stregoneria e culti agrari tra Cinquecento e Seicento*, Turim, 1966.

12. Cf. C. Geertz, *The Interpretation of Cultures*, Nova York, 1973, p. 19.

13. Cf. E. Verga, "Intorno a due inediti documenti di stregheria milanese del secolo XIV", in *Rendiconti del R. Istituto storico lombardo di scienze e lettere*, série 2, 32, 1899, pp. 165-88. Ver, de quem escreve, *Storia notturna. Una decifrazione del sabba*, Turim, 1989, pp. 68-70 e passim.

14. Cf. R. Kieckhefer, *European Witch-Trials*, op. cit., pp. 21-2.

15. Cf. *Storia notturna*, op. cit., p. 68.

16. Ibid., pp. 78-9.

17. Cf. *Reginonis abbatis Prumiensis libri duo de synodalibus causis et disciplinis ecclesiasticis...*, F. W. H. (org.), Wasserschleben, Leipzig, 1840, p. 355.

18. Ver o já citado *Storia notturna*.

19. Cf. G. Henningsen, " 'The Ladies from Outside': An Archaic Pattern of the Witches' Sabbath", in B. Ankarloo, G. Henningsen (org.), *Early Modern European Witchcraft*, Oxford, 1990, pp. 191-215.

15. FEITICEIRAS E XAMÃS [pp. 294-310]

1. A fonte dessa *boutade* é Georges Dumézil: cf. J. Bonnet (org.), *Georges Dumézil*, Paris, 1981, p. 25.

2. B. Latour, S. Woolgar, *Laboratory Life: The Social Construction of Scientific Facts*, introdução de J. Salk, Beverly Hills, Ca., 1979.

3. Cf. N. Ginzburg, "Inverno in Abruzzo" (1944), in *Le piccole virtù*, Turim, 1962, p. 18.

4. Cf. F. Venturi, *Il populismo russo*, Turim, 1952, vol. II, p. 1163.

5. Cf. C. Levi, "Ricordo di Leone Ginzburg", in *Le tracce della memoria*, M. Pagliara (org.), Roma, 2002, pp. 101-3.

6. Cf. K. Thomas, "The Relevance of Social Anthropology to the Historical Study of Witchcraft", in M. Douglas (org.), *Witchcraft: Confessions and Accusations*, Londres, 1970, p. 47.

7. A situação mudou em parte nas décadas seguintes.

8. O amigo era Paolo Fossati.

9. E. Hobsbawm, *Primitive Rebels: Studies in the Archaic Forms of Social Movement in the Nineteenth and Twentieth Centuries*, Manchester, 1959 (trad. it. *I rebelli: forme primitive di rivolta sociale*, Turim, 1965); Id., "Per lo studio delle classi subalterne", in *Società*, 16, 1960, pp. 436-49 (uma remissão a esse ensaio em *Il formaggio e i vermi*, Turim, 1976, p. XXVI).

10. *Stregoneria e pietà popolare. Note a proposito di un processo modenese del 1519* (1961), publicado posteriormente em *Miti emblemi spie. Morfologia e storia*, Turim, 1986, pp. 3-28.

11. M. Smith, *The Secret Gospel. The Discovery and Interpretation of the Secret Gospel according to Mark*, Nova York, 1973, p. 96. Falta uma referência a essa frase (o esquecimento é meu) in C. Ginzburg, A. Prosperi, *Giochi di pazienza. Un seminario sul "Beneficio di Cristo"*, Turim, 1975, p. 183.

12. *Stregoneria e pietà popolare*, op. cit., p. 21.

13. A definição é de L. V. Scerba: cf. R. Jakobson, *Autoritratto di un linguista*, trad. it. G. Banti e B. Bruno, Bolonha, 1987, p. 138.

14. No prefácio aos *Andarilhos do bem* (1966) apresentei a anomalia nos seguintes termos: "As vozes desses camponeses chegam até nós diretamente, sem barreiras, não confiadas, como acontece tantas vezes, a testemunhos fragmentários e indiretos, filtrados por uma mentalidade diferente e inevitavelmente deformante". Recentemente essa frase foi liquidada como uma ingenuidade (F. Nardon, *Benandanti e inquisitori nel Friuli del Seicento*, Trieste, 1999, pp. 36 e 106; ver também o prefácio de A. Del Col, p. 6). Mas quem citou essa frase para criticá-la se esqueceu de citar o que vinha logo em seguida: "Essa afirmação poderá parecer paradoxal. E aqui chegamos ao interesse específico dessa pesquisa". Entre "a imagem proposta pelos juízes nos interrogatórios e a fornecida pelos réus" havia (explicava eu) uma "discrepância", um "hiato" que "permite alcançar um estado de crenças genuinamente populares, depois deformado, apagado pela superposição do esquema culto" (*I benandanti. Stregoneria e culti agrari tra Cinquecento e Seicento*, Turim, 1966, pp. VIII-IX).

15. Ver, para um exemplo esclarecedor, K. Thomas, *Religion and the Decline of Magic*, Londres, 1971, pp. 163-5, e o pungente comentário de E. P. Thompson, "Anthropology and the Discipline of Historical Context", in *Midland History*, 3, 1972, pp. 41-5 (trad. it. *Società patrizia e cultura plebea. Otto saggi di antropologia storica sull'Inghilterra del Seicento*, Turim, 1981, pp. 251-73, em particular pp. 259 ss.).

16. Cf. A. Sofri, "Il segreto di Natalia", in *l'Unità*, 16 nov. 1992, e cf. *Storia notturna*, op. cit., p. XXXVII.

17. Cf. C. Ginzburg, "Momigliano e De Martino", in *Rivista Storica Italiana*, 100, 1988, pp. 400-13.

APÊNDICE — PROVAS E POSSIBILIDADES [pp. 311-35]

1. M. de Montaigne, *Essais*, A. Thibaudet (org.), Paris, 1950, III, 11, p. 1156. ("Lembro-me [...] que me pareceu que ele tornara a impostura daquele a quem

julgou culpado tão prodigiosa e excedendo a tal ponto nosso conhecimento e o dele, que era juiz, que vi excessiva ousadia na sentença que o havia condenado a ser enforcado.")

2. Montaigne, *Essais*, op. cit., p. 1159. ("Afinal de contas, é dar às suas conjecturas um valor bem elevado, mandar assar um homem vivo por causa delas.")

L. Sciascia detém-se nessa frase em *La sentenza memorabile*, Palermo, 1982, p. 11, última, em data, das narrações ou divagações suscitadas pelo caso de Martin Guerre.

3. Montaigne, *Essais*, op. cit., p. 1155. ("Fazem-me odiar as coisas verossímeis quando as arvoram em inquestionáveis. Gosto destas palavras que atenuam e moderam a temeridade das nossas proposições: *Quem sabe, De certo modo, Mais ou menos, Dizem, Creio*, e semelhantes.")

4. Mas ver as observações de M. Bloch, discutidas por quem escreve, no prefácio de *I re taumaturghi*, Turim, 1973.

5. Cf. de quem escreve, "Spie. Radici di un paradigma indiziario", in *Miti emblemi spie*, op. cit., pp. 183-4.

6. Cf. G. Duby, *La domenica di Bouvines*, trad. it. C. Vivanti, Turim, 1977.

7. Considerações muito estimulantes se encontram no artigo de L. Ferrajoli sobre o chamado "caso 7 de abril" (*Il Manifesto*, 23 e 24 fev. 1983; ver em particular a primeira parte). Mas a questão da "historiografia judiciária" aí mencionada precisa ser aprofundada.

8. J. de Coras, *Arrest memorable...*, Lyon, 1561, dedicatória.

9. Além do exemplar indicado por Davis, existe na Bibliothèque Nationale outro da mesma tiragem, que contém um erro tipográfico no título (*Histoite*, em vez de *Histoire*), marcado Rés. Z. Fontanieu, 171, 12. Numa reimpressão tardia, não indicada por Davis (*Recit veritable d'un faux et supposé mary, arrivé à une Femme notable, au pays de Languedoc, en ces derniers troubles*, à Paris chez Jean Brunet, rüe neufve sainct Louys, à la Crosse d'Or, MDCXXXVI: BN, 8°. Ln[27]. 27815), não aparece o soneto.

10. J. de Coras, *Arrest memorable...*, Paris, 1572, arrest CIIII. Na introdução a essa edição ampliada, o impressor (Gaillot du Pré), além de definir a obra, nota Davis, como uma "tragicomédia", declarava não ter "*changé un iota du langaige de l'autheur, à fin que plus facilement on puisse discerner cette presente coppie, avec plusieurs autres imprimées parcidevant: l'autheur desquelles s'estoit tellement pleu à Amadizer, qu'il avoit assez maigrement récité la verité du fait*". O sentido dessa declaração não é claro: o termo "coppie" faz pensar em edições incorretas anteriores do texto de Coras; já o termo "Amadizer" tem verdadeiras reelaborações romanescas, nos moldes de *Amadis de Gaula*, do caso de Martin Guerre. A favor da segunda hipótese está o fato de que os primeiros doze livros da tradução fran-

cesa de *Amadis* haviam sido impressos entre 1555 e 1560 por Vincent Sertenas e Estienne Groulleau e que justamente Sertenas havia publicado a *Histoire admirable* de Le Sueur. O que havia "*maigrement récité la verité du fait*" poderia ser identificado portanto como este último.

11. J. de Coras, *Arrest memorable* (ed. 1572), op. cit., pp. 146 e 149.

12. [Guillaume Le Sueur], *Histoite* [!] *admirable*, op. cit., c. A. IIr.

13. J. de Coras, *Arrest memorable* (ed. 1572), op. cit., p. 39.

14. Um primeiro passo para uma investigação desse gênero foi dado por T. Todorov com seu belo livro *A conquista da América: a questão do outro*, São Paulo, Martins Fontes, 2003.

15. Para duas recapitulações recentes, cf. J. Kocka, T. Nipperdey (org.), *Theorie und Erzählung in der Geschichte*, Munique, 1979 (*Theorie der Geschichte*, vol. III); H. White, "La questione della narrazione nella teoria contemporanea della storiografia", in P. Rossi (org.), *La teoria della storiografia oggi*, Milão, 1983, pp. 33-78. Ver também a ambiciosa obra de P. Ricouer, *Temps et récit*, Paris, 1983, vol. I (o único publicado até agora).

16. Cf. W. J. Mommsen e J. Rüsen, in P. Rossi (org.), *La teoria*, op. cit., pp. 109-200, que no entanto não vão a ponto de reformular os termos em que a questão é geralmente posta.

17. Cf. L. Stone, "The Revival of Narrative: Reflections on a New Old History", in *Past and Present*, 85, 1979, pp. 3-24; E. J. Hobsbawm, "The Revival of Narrative: Some Comments", in ibid., 86, 1980, pp. 3-8.

18. Londres, 1719, prefácio. ("A história é contada com modéstia, com seriedade [...]. O editor acredita que se trata de uma acurada história de fatos, e não há nela nenhuma aparência de ficção...")

19. H. Fielding, *Tom Jones*, trad. it. D. Pettoello, 2 vol., Milão, 1995, I, p. 40, modificada.

20. A referência à *História* de Clarendon ("so solemn a work") é explícita no cap. 1 do livro VIII (ibid., vol. I, p. 417). Sobre a contraposição entre o tempo da crônica e da epopeia e o tempo do romance, ver em geral as páginas luminosas de W. Benjamin, "Il narratore. Considerazioni sull'opera di Nicola Ljeskov", in *Angelus Novus*, trad. it. R. Solmi, Turim, 1963, p. 247, de que também parte K. Stierle, "Erfahrung und narrative Form", in J. Kocka, T. Nipperdey (org.), *Theorie und Erzählung in der Geschichte*, op. cit., pp. 85 ss.

21. Cf. I. Watt, *The Rise of Novel*, Londres, 1967, p. 292.

22. Cf. H. Fielding, *The History of Tom Jones*, op. cit., vol. I, p. 516.

23. Ibid., pp. 417-8.

24. Citado por L. Braudy, *Narrative Form in History and Fiction*, Princeton, 1970, p. 13.

25. Paris, 1951, p. 7. (H. de Balzac, *A comédia humana*, in *Cenas da vida privada*: "A Sociedade francesa ia ser a historiadora, eu seria apenas o secretário. [...] Talvez eu pudesse conseguir escrever a história esquecida por tantos historiadores, a dos costumes. Com muita paciência e coragem, eu realizaria, sobre a França do século XIX, esse livro de que todos sentimos falta, que Roma, Atenas, Tiro, Mênfis, a Pérsia, a Índia infelizmente não nos deixaram sobre as suas civilizações...".)

26. Ibid., pp. 12-3. ("Concedo aos fatos constantes, cotidianos, secretos ou patentes, aos atos da vida individual, às suas causas e aos seus princípios, tanta importância quanto a que os historiadores deram até então aos acontecimentos da vida pública das nações.")

27. Cf. R. Bertacchini (org.), *Documenti e prefazioni del romanzo italiano dell'Ottocento*, Roma, 1969, pp. 32 ss., em que está reproduzida a introdução à terceira edição do *Falco della Rupe*, Milão, 1831.

28. Cf. A. Manzoni, *Opere*, R. Bacchelli (org.), Milão-Nápoles, 1953, pp. 1056, 1068-9.

29. Cf. H. de Balzac, *A comédia humana*, loc. cit.

30. H. White, *Metahistory. The Historical Imagination in Nineteenth-Century Europe*, Baltimore-Londres, 1973.

31. F. Hartog, *Le miroir d'Hérodote*, Paris, 1980, pp. 23 ss., 141-2.

32. Cf. H. White, *Metahistory*, op. cit., p. 3, nota.

33. Cf. ibid., pp. 432-3. A referência a Gombrich e à noção de "realismo" retorna no início do ensaio "La questione della narrazione", op. cit., p. 33, nota 1, que depois segue outro rumo.

34. Cf. A. Momigliano, "L'histoire dans l'âge des idéologies", in *Le Débat*, 23, 1983, pp. 129-46; Id., "Biblical Studies and Classical Studies. Simple Reflections upon Historical Method", in *Annali della Scuola Normale Superiore di Pisa*, 3ª série, XI, 1981, pp. 25-32.

35. Cf. id., "Ancient History and the Antiquarian", in *Sui fondamenti della storia antica*, op. cit.

36. E. Gibbon, *Storia della decadenza e caduta dell'impero romano*, trad. it. G. Frizzi, introdução de A. Momigliano, vol. II, Turim, 1967, p. 1166, nota 4: "Tenho para comigo e para com a verdade histórica o dever de declarar que certas *circunstâncias* neste parágrafo baseiam-se unicamente na conjectura e na analogia. A rigidez da nossa língua forçou-me algumas vezes a desviar do *condicional ao indicativo*" (na tradução de E. Pais, Turim, 1926, vol. II, I, p. 230, nota 178, a segunda frase foi suprimida). A importância da passagem é assinalada, num contexto diferente, por Braudy, *Narrative Form*, op. cit., p. 216.

37. Cf. A. Manzoni, *Opere*, op. cit., pp. 1066-7.

38. Cf. B. Croce, *La storia come pensiero e come azione*, Bari, 1938, pp. 122-8

(ver uma referência ao problema in *La storia ridotta sotto il concetto*, op. cit., pp. 39-40).

39. Cf. P. Zerbi, "A proposito di tre recenti libri di storia. Riflessioni sopra alcuni problemi di metodo", in *Aevum*, XXXI, 1957, p. 524, nota 17, em que a dívida de Frugoni para com as páginas de Croce é proposta de forma cautelosamente interrogativa (agradeço a Giovanni Kral, que durante um seminário em Bolonha chamou minha atenção para esse ponto).

40. Cf. A. Frugoni, *Arnaldo da Brescia nelle fonti del secolo XII*, Roma, 1954, p. IX.

41. Cf. P. Zerbi, *A proposito*, op. cit., p. 504.

42. Sobre esse problema, em relação à história da arte, remeto à discussão que tive com A. Pinelli, in *Quaderni Storici*, 50, 1982, pp. 682 ss.

43. Cf. A. Manzoni, *La "Lettre à M. Chauvet"*, N. Sapegno (org.), Roma, 1947, pp. 59-60: "Essa invenção é o que há de mais fácil e de mais vulgar no trabalho do espírito, o que requer menos reflexão e, até, menos imaginação"; Id., *I promessi sposi*, cap. XIII.

44. A frase de Jane Austen (em *A abadia de Northanger*) foi usada por E. H. Carr como epígrafe do seu *What is History?*, Londres, 1961.

45. Cf. H. James, *L'arte del romanzo*, A. Lombardo (org.), trad. it. A. Fabris, Milão, 1959, p. 38 (o trecho faz parte de um ensaio, que tem o mesmo título da coletânea italiana, publicado em volume em 1888).

46. Cf. H. Fielding, *The History of Tom Jones*, op. cit., vol. I, p. 418.

Índice onomástico

Abanime, E. P., 381

Aboites, L., 416

Ackerman, J. S., 358, 359

Acosta, C., 97, 370

Adanson, M., 168

Adhémar, J., 357, 361

Admiranda historia (Le Sueur), 314, 316

Adorno, T. W., 126, 127, 239, 270, 381, 413, 414, 422

Adversus mathematicos (Sexto Empírico), 85, 345

"Affaire chez les morts, L'" (Gyp), 206, 405

Afinidades eletivas (Goethe), 168, 184

Agostinho, santo, 46, 47, 48, 171, 352

Alcibíades, 27

"Alcune prospettive sulla poesia oggi" (Zanzotto), 279

Aldridge, A. O., 381

Alembert, J. Le Ronde d', 132, 383

Alessandro, A. d', 374

Almansi, G., 389

Altdorfer, A., 266, 267, 421

Alter, R., 395, 398

Altercatio Ecclesiae contra Synagogam, 45

Ambrósio, santo, 48, 51, 354

Amengual i Battle, I., 52

American Place Names (Stewart), 250

Amiano Marcelino, 170, 319

Aminta (Tasso), 55, 355, 356

Amman, J., 106

Amoenitatum Exoticarum politico-physico-medicarum (Kaempfer), 109, 374

Amyot, J., 71

Anacarse, 12, 139, 143, 144, 145, 146, 150, 151, 152, 153

Anders, F., 369

Anderson, P., 249, 409

Anfitrião (Plauto), 317

Ankersmit, F. R., 274, 275, 276, 422

Annales Ecclesiastici (Baronio), 35, 36, 38, 44, 348

Annibaletto, L., 367, 374

Ansel, Y., 391, 395, 396, 398

"Antistoricismo" (Croce), 220, 409, 410

Antoni, C., 217, 222, 408

Antonino Pio, 335

Ao farol (Woolf), 172

Apocalypse de notre temps, L' (Rolin), 204, 207, 403, 405

Apologia pro Herodoto (Sexto Empírico), 88

Ariès, P., 260, 261, 419

Ariosto, L., 68, 120, 141, 142

Aristóteles, 14, 19, 28, 30, 34, 66, 81, 82, 84, 365

Armance (Stendhal), 14, 183, 398

Armogathe, J.-R., 364

Armstrong, E., 356

Arnaldo da Brescia (Frugoni), 7, 273, 331, 339, 430

Arnaldo de Brescia, 331

Arrest memorable (Coras), 314, 316, 319, 427, 428

Arruda, R., 382

Art and Illusion (Gombrich), 343

"Arte de la microhistoria, El" (González y González), 252, 416

Artis historicae penus (Sexto Empírico), 25, 27, 345, 368

Asclepíades de Mirlea, 85, 340

Ashton, T. L., 392

Aspásia, 149

Assassins de la mémoire, Les (Vidal-Naquet), 216

Atatürk, K., 125

Ateneu, 143

Atget, E., 238

Athenian Letters, 149, 150, 151, 152, 387, 388, 389

Ático, Tito Pompônio, 348

Através do espelho (Carroll), 287

Auerbach, E., 5, 11, 22, 112, 113, 114, 120, 124, 125, 126, 137, 138, 170, 171, 172, 173, 174, 175, 176, 178, 179, 181, 302, 319, 327, 376, 381, 383, 394, 395, 396, 412, 415

Augry-Merlino, M., 399

Augusto (imperador), 92

Aulo Gélio, 30, 63, 359

Austen, J., 334, 430

Aventures de Télémaque (Féneon), 142, 143

Bacchelli, R., 429

Bachrach, B. S., 354

Bacon, F., 141

Badolle, M., 385

Baer Fundenburg, G., 366

Baillet, A., 367

Bakhtin, M., 286, 292, 424

Balázs, B., 413

Balzac, G. de, 367, 368, 369

Balzac, H. de, 113, 170, 172, 174, 179, 322, 323, 325, 326, 376, 429

Bandinelli, B., 69

Banti, A. M., 423, 426

Barabino, A., 346

Barão nas árvores, O (Calvino), 255

Barbaro, M., 32, 166

Barber, G., 381

Barber, W. H., 379, 380

Barck, K., 381

Bardet, L., 347, 348

Bardy, G., 353

Baronio, C., 35, 36, 38, 44, 347, 348

Barreau de Paris, Le (Joly), 197, 198

Barth, H., 403

Barthélemy, J.-J., 139, 140, 141, 142, 143, 144, 145, 146, 147, 148, 149, 150, 151, 152, 153, 385, 386, 387, 389, 405

Barthes, R., 221, 222, 341, 409

Batalha entre Alexandre e Dario (Altdorfer), 266, 267, 421

Battaglia, S., 417

Battista, A. M., 368, 371

Baudelaire, Ch., 174, 395

Baudouin, F., 215, 407

Baudry, J., 360

Baxandall, M., 245, 349, 414

Bayard, J.-F.-A., 158, 391

Bayle, P., 85, 87, 128, 345, 349, 367

Bazzoni, G. B., 323

Beauvois, F., 375

Bebel, A., 207

Bée, M., 416

Beeler, M. S., 416

Beer, J. de, 363

Béguin, S., 359

Bekker, B., 415

Bellièvre, C., 76, 362

Bellomo, A., 61

Beltramino da Cernuscullo, 289

Benandanti, I (C. Ginzburg), 155, 339, 390, 420, 425, 426

Benedetto, L. F., 356

Benesch, O., 421

Benjamin, W., 11, 17, 125, 126, 237, 239, 247, 248, 340, 381, 390, 412, 413, 414, 415, 428

Benveniste, E., 18, 230, 341, 362, 411

Benzoni, G., 94, 95, 96, 98, 101, 103, 369, 370, 371

Bergami, G., 410

Bergens, A., 417

Berlin, I., 421, 423

Berlinghieri, D., 396

Berlusconi, S., 405

Bernardi-Perini, G., 346

Bernardo, são, 331

Bernier, F., 367

Bertacchini, R., 429

Bertelli, S., 368

Bertuccio, Israël, 5, 154, 157, 158, 159, 160, 161, 162, 163, 164, 167

Besenval, P.-V., barão de, 176, 396

Besterman, Th., 379, 382, 383

Beyle, P., 399

Bèze, T. de, 356

Biard, P., 103, 372

Bikerman, E., 354

Birch, T., 150, 388

Bismarck, O. von, 405

Blatt, F., 406

Bloch, M., 8, 13, 269, 307, 339, 340, 368, 369, 427

Bloch, O., 378

Blumenkranz, B., 44, 45, 351, 355

Boccioni, U., 228, 277

Bodei, R., 412, 422

Bodin, J., 367, 368

Boiardo, M. M., 120, 379

Bone, D., 392

Bonfait, O., 342

Bonnet, J., 425

Booker, J. T., 396

Bordini, S., 390

Borghero, C., 366, 367

Borromeo, Carlo (santo), 348

Bottaccin, A., 395

Botto, I. M., 357

Bounan, M., 201, 207, 208, 400, 406

Bouquet, M., 406

Boyle, R., 149

Brach, P. de, 55
Bradbury, S., 350, 351, 355
Brand, A., 105
Braudel, F., 155, 252, 253, 257, 259, 260, 277, 416, 417, 418
Braudy, L., 428, 429
Bray, B., 363
Brebeuf, P. de, 99, 370
Brecht, B., 9, 17, 120, 341
Bredekamp, H., 415
Breidecker, V., 238, 240, 412, 413, 414, 415
Bremmer, J. N., 373, 375
"Breve história da fotografia" (Benjamin), 237
Brisecou, J., 405
Bronzino (A. Allori), 68
Brooks, J. E., 100, 371
Brown, P., 41, 42, 43, 44, 52, 350, 352, 353, 355
Bruegel, P., 421
Brumfitt, J. H., 380
Brun, R., 356
Bruno, G., 141, 142
Bruzen de la Martinière, A.-A., 400
Buffum, I., 357
Burckhardt, J., 141, 142, 326, 385, 401, 403
Burden of History, The (White), 223
Burgio, A., 380
Burke, K., 409
Burke, P., 79, 415, 418, 419, 423, 424
Butor, M., 358
Byron, G. G., lord, 159, 160, 161, 162, 163, 164, 391, 392

Cadernos do cárcere (Gramsci), 222, 223
Caillois, R., 18, 109, 247, 341

Caim (Byron), 162
Calame, C., 342, 343
Caldwell, J., 416
Calendario, F., 160, 166, 167, 393
Calígula, 335
Calvino, I., 206, 254, 255, 273, 274, 275, 417, 418, 422
Canfora, L., 343
"Canibais, Os" (Montaigne), 53, 54, 59, 66, 69, 75, 77
Canon episcopi, 289, 291
Canova, A., 159
Cantimori, D., 350, 386
Capuana, L., 296, 297
Caracciolo Aricò, A., 393
Cardano, G., 141, 368
Carlini, A., 344
Carlos Magno, imperador, 76, 196
Carlos V, imperador, 75
Carlos XII, rei da Suécia, 105
Carr, E. H., 227, 430
Carroll, L., 287
Carta, A., 348
Cartas filosóficas (Voltaire), 11, 112, 115, 116, 118, 119, 120
Cartas persas (Montesquieu), 120, 151
Cartuxa de Parma (Stendhal), 184
Casaubon, I., 89, 143, 368
Cases, C., 388, 417
Cassiano dal Pozzo, 38, 349
Cassina, C., 401
Cassiodoro Flavio, 212
Castellani, A., 348
Castiglione, B., 141
Catarina, imperatriz da Rússia, 147
Cavaillé, J.-P., 363
Cave, T., 341
Céard, J., 58, 356, 357, 358
Cecchelli, C., 353

Celati, G., 379

Certeau, M. de, 216, 217, 222, 227, 326, 407

Cerutti, S., 249, 277

Cervelli, I., 401

Cesari, S., 417

Cesariano, C., 59, 60

Chabauty, E.-A., 404, 405

Chabod, F., 361

Chabrol, C., 394

Chabry, A., 203, 404

Chalker, J., 379

"Chanteloupée, La" (Barthélemy), 145

Chantereau Le Fèvre, L., 83, 365

Chantraine, P., 19, 342

Chapelain, J., 79, 80, 81, 82, 83, 84, 91, 92, 93, 363, 364, 365, 366, 367, 368, 369

Charachidzé, G., 417

Charles, P., 399, 404

Charron, P., 368

Chartier, R., 263, 419, 420

Chastel, A., 58, 357, 359

Châtelet-Lange, L., 358

Chaunu, P., 258, 259, 261, 419

Chiari, A., 360

Chiaromonte, N., 399, 421

Chklóvski, V., 95, 116, 120

Choiseul (Louise, duquesa de), 144, 146, 147, 386, 387

Choiseul (Stainville, E. F. de, duque de), 140, 144, 151

Chomsky, N., 407

Chronicon de rebus Venetis (de' Monaci), 164, 393

Churchill, W., 200

Cícero, 20, 27, 30, 31, 34, 59, 317, 342, 348

Cidade de Deus (Santo Agostinho), 48

Ciência nova (Vico), 114, 381

Cimarosa, D., 178

Cinq dialogues faits à l'imitation des anciens (La Mothe le Vayer), 92, 368

"Clados e clones" (Dyson), 138

Clarac, P., 412

Clarendon, E. H., 321, 428

Clark, T., 415

Cléopatre (La Calprenède), 147

Clifford, J., 424

Cobb, R., 256, 257, 418, 420

Codazzi, A., 369, 371

Codex Mendoza, 75

Cody, R., 355

Cohen Rosenfield, L., 383

Cohen, G., 356

Cohn, N., 403, 404

Coleridge, S., 93, 369

Collingwood, R. G., 217, 408

Collo, P., 369

Colorni, E., 408

Comaschi, R., 416

Comba, E., 281

Comédia humana, A (Balzac), 322

Compagnon, A., 63, 359, 361, 376

Comparato, V. I., 367, 368

Conrad, J., 271, 299

Conrart, V., 92, 369

Consenzio, 46, 352

Considérations sur la France (De Maistre), 197, 198, 402

Constantino, imperador, 38, 39, 40, 75, 214, 361

Contarini, S., 340

Content of the Form, The (White), 221, 410, 411

Contributo alla critica di me stesso (Croce), 217, 408

Coras, J. de, 311, 312, 314, 316, 317, 318, 319, 320, 333, 427, 428
Correggio (A. Allegri), 141, 142, 392
Cortés, H., 75
Cotroneo, G., 345
Coulanges, F. de, 247
Courcelle, P., 353
Courtney, C. P., 381
Cousin, J., 342
Coventry, H., 150, 388
Cracco Ruggini, L., 45, 351, 353, 354
Cragius (Krag, N.), 144
Cranz, F. E., 343
Craveri, B., 386
Crébillon fils (C.-P. Joliot de), 388
Crespin, J., 281
Creux, F. du, 102, 372
Crippa, S., 391
Crisolora, M., 39, 40, 349
Cristo si è fermato a Eboli (Levi), 298
Crítica da razão pura (Kant), 239
Croce, A., 408
Croce, B., 43, 126, 217, 218, 219, 220, 221, 223, 225, 227, 228, 229, 272, 309, 331, 350, 381, 408, 409, 410, 411, 422, 429, 430
Crouzet, M., 178, 182, 396, 397
Crovetto, L. L., 369
Culto dei santi, Il (Brown), 350, 351
Curione, C. S., 344

D'Ancona, A., 357
Dacos, N., 356
Dainville, F. de, 370
Dal Bianco, S., 278
Dalai, M., 414
Dällenbach, L., 395
Dallo storicismo alla sociologia (Antoni), 217

Dandolo, G., 164, 165, 166
Daniele, A., 347
Dante Alighieri, 170, 369, 392
Danton, G.-J., 173, 180, 397
Daraki, M., 407
Davis, N. Z., 9, 275, 311, 312, 313, 314, 315, 316, 318, 319, 333, 334, 335, 340, 388, 420, 427
De abstinentia (Porfírio), 133
De admirandis Naturae arcanis (Vanini), 91, 368
De Architectura (Vitrúvio), 60, 357
De brutorum operationibus (Manndeville), 134, 383
De Caligari a Hitler (Kracauer), 269
De convenientia supputationis (Robortello), 344
De historica facultate (Robortello), 25, 344
De la lecture des vieux romans (Chapelain), 79, 80, 81, 87, 92, 363, 364
De Martino, E., 309, 426
De Michelis, C. G., 190, 203, 204, 403, 404, 405
De mirabilibus auditis (Aristóteles), 66
De nominibus Romanorum (Robortello), 28
De observatione temporum (Tostado), 101
De orbis situ (Pomponio Mela), 102, 372
De revelatione corporis Sancti Stephani (Luciano), 47, 49
De Robertis, G., 411, 422
De vera religione (Santo Agostinho), 353
Debord, G., 207
Declínio e queda do Império Romano (Gibbon), 153, 329

Défense du mondain ou l'apologie du luxe (Voltaire), 123

Deffand, Madame du, 144, 146, 147, 148, 386, 387, 389, 390

Defoe, D., 320, 321, 322

Del Dongo, Fabrício, 266

Del Litto, V., 177, 391, 396, 398

Del Lungo, C., 357

Del Noce, A., 410

Del romanzo storico (Manzoni), 323, 329

Delavigne, C., 158, 159, 162, 391, 392

Delehaye, H., 354

Delhez-Sarlet, Ch., 363

Dell'arte historica (Mascardi), 37, 349

Deloffre, F., 380

Delon, M., 384

Demétrio Falereo, 21, 344

Démoris, R., 341

Descartes, R., 134, 383

Desmolets, P. N., 363, 365

Detienne, M., 79, 362, 363, 365

Deutsch, G. N., 406

Di Bella, M. P., 416

Di Benedetto, V., 366

Di Donato, R., 344, 350, 367

Di Paolo, P., 360

Dialética do iluminismo (Horkkheirner, Adorno), 126, 127

Dialogo agli Inferi (Joly), 399

Dialogo della Istoria (Speroni), 30, 31, 32, 34, 35, 346, 347

Dialogo delle lingue (Speroni), 34

Dialogo secondo sopra Virgilio (Speroni), 31

Diálogos dos mortos (Luciano), 192, 205

Dialogue du chapon et de la poularde (Voltaire), 132, 133, 134

Dialogue sur le commerce des bleds (Galiani), 400

Díaz y Díaz, M. C., 45, 46, 351

Diaz, F., 400

Dickens, Ch., 241, 414

Didier, B., 399

Diedrichs, H. H., 413

Diehl, P. D., 42

Diers, M., 415

Dilthey, W., 234, 248

Dimanche de Bouvines, Le (Duby), 419, 421

Diodoro Siculo, 90

Dionísio de Halicarnasso, 344

Dionísio de Trácia, 27, 85, 366

Dioscórides, 370

Discursos sobre a primeira década de Tito Lívio (Maquiavel), 115, 197

Divjak, J., 46, 351, 352

Dixon, P., 379

Do Orador (Cícero), 27

Dodoens, R., 372

Dostoiévski, F., 286

Douglas, M., 43, 350, 425

Dragone, M. P., 415

Dreyfus, A., 205

Drumont, E., 204, 205, 404, 405

Du Barry, Madame, 144

Du Châtelet, Madame, 129

"Du peu de certitude qu'il y a dans l'histoire" (La Mothe le Vayer), 367

Duby, G., 275, 419, 421, 427

Duchet, M., 380

Dumézil, G., 391, 425

Dupuy, J., 364

Duranton, H., 382

Duris de Samo, 22, 343

Duval, E. M., 362

Duvancel, S., 392

Dyson, F., 138, 384

Eco, U., 409

Écriture de l'histoire, L' (Certeau), 216, 217, 227, 421

Edelrnan, N., 364

Edelrnann, F., 372

Educação sentimental, A (Flaubert), 241, 244, 246

Egilsrud, J., 400

"Eichmann di carta, Un" (Vidal-Naquet), 407

Einaudi, G., 415, 417

Ejzen_tejn, S. M., 414

Eley, G., 419

Eliot, T. S., 240

Elogia virorum bellica virtute illustrium (Giovio), 71, 74

Elogia virorum litteris illustrium (Giovio), 71

Em busca do tempo perdido (Proust), 172

Emmius, U., 144

Enaud, F., 357

Eneida (Virgílio), 31, 75

Ensaios (Montaigne), 54, 55, 56, 63, 66

Epístolas (Horácio), 116

Erasístrato, 400

Eredità immateriale, L' (Levi), 418, 419

Ernst, A., 371

Esbroeck, M. van, 49, 353

Espiner-Scott, J. G., 365

Espírito das leis, O (Montesquieu), 192

Esploratore turco, L' (Marana), 389

Essai sur le principe générateur des constitutions politiques (De Maistre), 197, 403

Essai sur les moeurs (Voltaire), 121, 122, 130, 141, 151, 380, 382, 383, 385

Essay on Man (Pope), 132

Estética (Croce), 220

Estêvão, santo, 41, 42, 43, 46, 47, 48, 49, 50, 51, 52, 352

Estienne, H. (Stephanus), 26, 85, 88, 428

Estrabão, 18

Etymologias (Isidoro de Sevilha), 30

Euclides, 187

European Witch-Trials (Kieckhefer), 289, 424, 425

Eusébio de Cesareia, 101

Eustóquio, 348

Evans-Pritchard, E., 283, 424

Evódio, 48

Examen vanitatis doctrinae gentium (Pico), 26, 345

Exercícios de estilo (Queneau), 265, 420

Fábula das abelhas (Mandeville), 124, 133, 134

Fagiolo, M., 358

Faide e parentele (Raggio), 276, 423

Falco della Rupe (Bazzoni), 323, 429

Falier, M., 158, 160, 164, 165, 166, 167, 393

Faranda, R., 342

Fauchet, C., 83, 92, 365, 369

Faurisson, R., 215, 216, 225, 226, 407

Faut prendre un parti ou le principe d'action, Il (Voltaire), 135

Febvre, L., 259, 362

Feest, C., 361

Feillet, A., 363

Felice, D., 402

Fellini, F., 333, 421

Fénelon (F. de Salignac de La Mothe), 142, 143

Fenomenologia do espírito (Hegel), 256

Ferguz I, rei da Escócia, 70

Fernández de Oviedo, G., 101, 371
Ferrajoli, L., 427
Ferrari, M., 368
Ferré, A., 412
Ferro, M., 416
Feyerabend, P., 340
Ficalho, conde de (Francisco Manuel de Melo), 370
Fielding, H., 320, 321, 322, 326, 335, 428, 430
Fieschi, G., 38, 349
Filarco, 22
Filipe Neri, são, 35, 36, 348
"Filosofia della praxis, La" (Gentile), 410
Filosofia di Marx, La (Gentile), 410
Filóstrato, o Jovem, 22, 343
Finley, M., 79, 362, 363, 365
Fiore, D., 181
Flacco, Marco Verrio, 30
Flaherty, G., 373
Flaubert, G., 139, 140, 241, 242, 243, 244, 245, 247, 248, 376, 384
Flávio Josefo, 212, 213, 214, 407
"Flávio Josefo e Massada" (Vidal-Naquet), 213
Fleurs bleues, Les (Queneau), 253, 254, 255, 267, 279, 417
Floridi, L., 345, 366
Florkin, M., 372
Foa, V., 423
Foligno, C., 393
Fontenelle, B. de, 119, 192, 195, 400
Forcellini, M., 346
Fornasir, G., 424
Fossati, P., 425
Foucault, M., 221, 409
Fournel, J.-L., 346, 347

France juive, La (Drumont), 204, 404, 405
Franceses, mais um esforço se quiserem ser republicanos (Sade), 136
Frappier, J., 363
Frazer, J. G., 307
Frederico II, imperador, 196
Freedberg, D., 349
Frend, W. H. G., 352, 354
Frerichs, E. S., 354
Freud, S., 300
Frey, A., 397
Freyburger, G., 377
Fried, I., 348
Friedlander, S., 211, 424
Froissart, J., 84
Frugoni, A., 7, 8, 273, 331, 332, 339, 430
Fumaroli, M., 364
Furet, F., 258, 259, 260, 261, 262, 263, 264, 401, 418, 419, 420
Furetière, A., 365
Furlan, C., 356

Gaillard, G. H., 148, 387
Galand-Hallyn, P., 342
Galasso, G., 408
Galiani, E., 191, 400
Galilei, G., 68, 69, 276, 360
Galimatias dramatique (Voltaire), 133
Gallavotti, C., 365
Galliani, R., 383
Gallo, I., 343
Galton, F., 168, 199, 403
Gamaliel VI, patriarca de Jerusalém, 50
Garboli, C., 369, 409, 411
Garin, E., 347, 361, 410, 422
Gebhart, C., 377
Geertz, C., 155, 288, 424, 425
Geertz, H., 284

Gellner, E., 280, 350
Gelzer, T., 375
Genette, G., 355, 409
Gentile, G., 219, 408, 409, 410, 411
Georgi, J. G., 107, 374
Gerhoh de Reichersberg, 331
Gerratana, V., 410
Gervásio (santo e mártir), 48
Geymüller, H. de, 356
Gianconti Boscherini, E., 377
Giannantoni, S., 408
Giard, L., 216, 407
Giazza, S., 166
Gibbon, E., 25, 153, 322, 329, 330, 331, 333, 389, 390, 429
Gill, Ch., 343, 344
Ginori, C., 147, 387
Ginzburg, L., 297, 425
Ginzburg, N., 296, 384, 425
Giochi di pazienza (Ginzburg, Prosperi), 426
Giovanni de Udine, 64
Giovio, P., 71, 74, 141, 361
Giulio Romano (Pippi, G.), 62, 64, 65, 358
Gliozzi, G., 380
Gmelin, J. G., 106, 107, 373, 374
Gobetti, P., 408
Goethe, J. W. von, 168, 184, 343
Goldstein, L., 140, 422
Gombrich, E. H., 22, 327, 328, 343, 358, 360, 429
Gondi, P. de, 80, 363
González y González, L., 251, 252, 253, 254, 257, 276, 416
Goody, J., 280
Gossman, L., 365
Grafton, A., 340, 348, 349, 362

Gramsci, A., 156, 222, 223, 301, 410
Grande medo de 1789, O (Lefèbvre), 13
Granet, M., 294, 295
Graves, P., 202
Grazzini, G., 421
Green, J., 388
Gregório de Tours, 170, 319
Gregory, T., 363, 367
Grenaille, F. de, 369
Grendi, E., 255, 277, 418, 423, 424
Grévy, J., 189
Griaule, M., 258
Griffet, H., 215
Griffith, D. W., 240, 414
Grilli, A., 411, 422
Gronovius, J., 144, 386
Grundriß der Geschichte aller Religionem (Meiners), 106
Guerra dos judeus, A (Flávio Josefo), 212, 213, 215
Guerra e paz (Tolstói), 228, 265, 269, 271, 272
Guerre, B., 314, 315, 318, 335
Guerre, M., 8, 9, 311, 312, 314, 315, 316, 317, 318, 333, 335, 427
Guicciardini, F., 141
Guiccioli, T., 160
Guilherme de Nangis (continuador de), 211, 212, 213, 214, 215
Guilherme, o Conquistador, 322
Gumbrecht, H. U., 381
Gurvitch, G., 252
Guthkelch, A. C., 379
Gyp *ver* Mirabeau-Martel, S. G. M. A.

Haberland, D., 374
Hakluyt, R., 75
Hambenne, B., 352

Hansen (Bratu Hansen), M., 412, 413, 415
Hardy, H., 421
Härle, C.-C., 394, 403
Hartog, F., 140, 326, 327, 328, 332, 407, 429
Harvey, G., 400
Haskell, F., 349, 360
Hastings, H., 383
Hauster, A., 360
Hay, L., 382
Heberden, E., 388
Heberden, W., 150, 388
Hedayat, S., 375
Hegel, G. W. F., 126, 222, 241, 256
Heidegger, M., 227
Heikamp, D., 357, 358
Hemingway, E., 414
Henkel, M. D., 356
Henning, G., 373
Henningsen, G., 293, 425
Henrique IV, rei da França, 368
Henry, H., 388
Henzen, W., 381
Heródoto, 24, 40, 88, 89, 102, 108, 109, 110, 149, 152, 257, 326, 328, 349, 367, 368, 374
Herolt, J., 291, 292
Herselle Krinsky, C., 357
Hervet, G., 85, 366, 367
Hesíquio, 145
Hessel, F., 237, 413
Heuvel, J. van den, 375, 380
Hillgarth, J. N., 44, 45, 351
Hinterhäuser, H., 376, 394
Hipócrates, 150
Hirschman, A., 377, 387, 402
Histoire de France (Michelet), 245, 415
Histoire de la rivalité de la France et de l'Angleterre (Gaillard), 148, 387

Histoire des Martyrs (Crespin), 281
Histoire et ethnologie (Furet, Le Goff), 258
Histoire modèle, Une (Queneau), 256, 418
Histoire primitive des peuples de la Russie (Potocki), 109, 374
História de Tom Jones, A (Fieldding), 320, 321, 322, 428, 430
Historia del mondo nuovo, La (Benzoni), 94
Historia general y natural de las Indias (Fernández de Oviedo), 100, 371
História noturna (C. Ginzburg), 263, 276, 294, 297, 301, 304, 306, 308, 310, 420
Historiae adversus Paganos (Orósio, P.), 47
Histórias (Políbio), 18, 20, 88
History (Kracauer), 231, 233, 234, 235, 237
History of America (Robertson), 146
History of the Rebellion, The (Clarenndon), 321
Hobbes, Th., 340
Hobsbawm, E., 154, 155, 156, 157, 300, 301, 390, 391, 425, 428
Homero, 18, 19, 20, 21, 22, 28, 80, 81, 91, 145, 170, 197
Horácio, 116, 250, 378
Horkheimer, M., 126, 127, 381
Hudson, N., 384
Huet, P.-D., 363, 387
Hunt, E. D., 352, 354
Hunter, A. C., 363, 365
Hunting, C., 380

Idea of History, The (Collingwood), 217, 408
Ides, E., 105, 373

441

Ilíada, 19, 21, 22, 83, 362
Illouz, C., 391
Ilovius, S., 344
Imagens (Filóstrato), 22
Imagines (Varrão), 71
"Immaginazione, aneddotica e storiografia" (Croce), 331
Impey, O., 361
Institutio Oratoria (Quintiliano), 20, 24
"Inverno in Abruzzo" (N. Ginzburg), 296, 425
Investigações filosóficas (Wittgenstein), 168
Invitación a la microhistoria (González y González), 252, 416
Isarello, Bertuccio, 163, 164, 165, 166, 167, 169, 393
Ishaghpour, Y., 375
Isidoro de Sevilha, 30, 346
Isnenghi, M., 411, 422
Iter Italicum (Kristeller), 164, 232, 393
Ivanov, V., 398

Jakobson, R., 286, 288, 302, 424, 426
James, H., 334, 430
Jamnitzer, W., 61, 358
Jay, M., 421, 422, 424
Jeanneret, M., 356
Jedin, H., 269
Jefferson, A., 395
Jehasse, J., 345
Jerusalém libertada (Tasso), 66, 69
João Crisóstomo, são, 50
João II, bispo de Jerusalém, 49
Johnson, A., 407
Jolles, A., 12, 340
Joly, M., 13, 189, 191, 202, 400, 401, 403
Jouhaud, Ch., 363

Jouin, E., 202
Jourda, P., 399
Journal de voyage en Italie (Montaigne), 58, 59, 63, 75
Joyce, J., 321, 415
Jugement sur les anciens (La Mothe le Vayer), 87, 367
Juifs, la mémoire, le présent, Les (Vidal-Naquet), 213, 406
Júlio César, 70, 71
Junius, F., 341
Juster, J., 354
Justiniano, imperador, 214

Kaegi, W., 385, 403
Kaempfer, E., 109, 110, 374
Kafka, F., 235
Kant, I., 116, 422
Kantorowicz, E., 250, 416
Kaye, F. B., 383
Keener, F., 400
Keller, G., 113
Kelley, D. R, 407
Kelly, A., 421
Kenney, E. J., 344
Kessler, E., 345
Kieckhefer, R., 285, 289, 424, 425
Kiesel, K., 391
Klaproth, J., 374, 375
Klibansky, R., 409
Koch, G., 231, 232
Koch, J., 385
Kocka, J., 428
Kojève, A., 256
Koselleck, R., 421
Kracauer, S., 5, 12, 231, 232, 233, 234, 235, 236, 237, 238, 239, 240, 241, 244, 246, 247, 248, 267, 269, 270,

271, 277, 412, 413, 414, 415, 421, 422, 423, 424
Krakowski, E., 375
Kreager, E., 382
Krieger, M., 343
Kris, E., 61, 62, 358, 360
Kristeller, P. O., 164, 231, 232, 233, 234, 267, 343, 347, 393, 412, 421

La Calprenède, G. de Costes de, 147
La Charité, R. C., 357
La Curne de Sainte-Palaye, J. B., 365
La Mothe Le Vayer, F. de, 25, 79, 87, 88, 89, 90, 91, 92, 339, 367, 368
La Rochefoucauld, F., 131, 383
Lablache, L., 178, 396
Labriola, A., 408
Lachmann, R., 344, 379
Lado de Guermantes, O (Proust), 235
Lafitau, J.-F., 104, 105, 108, 372, 373
Lafond, J., 359
Lafuente Hernandez, E., 350
Lambardo, J., 166
Lambot, C., 353
Lancelot du Lac, 80, 364
Landes, R., 42, 352
Landsdown, R., 392
Landucci, S., 374, 380
Lane, F. C., 162, 393
Lascaris, 34
Laste, N. delle, 346
Latour, B., 295, 425
Laufer, B., 373
Lausberg, H., 343
Lavin, I., 413, 414
Lazzarini, V., 165, 166, 167, 393, 394
Lazzati, G., 353
Le Goff, J., 258, 259, 260, 262, 418, 419, 420

Le Roy Ladurie, E., 98, 259, 275, 370, 419
Le Sueur, G., 314, 316, 317, 318, 428
Leão X, papa, 141, 142, 150
Leclercq, F., 400, 403
Lecouvreur, A., 116
Lefèbvre, G., 13
Lenox-Conyngham, A., 353
Leonardo da Vinci, 58
Leontief Alpers, S., 341
Lepschy, A. L., 348
Lepschy, G. C., 348, 366
Lerer, S., 381
Léry, J. de, 70
Lestringant, F., 360, 361
Lettre à M. Chauvet, La (Manzoni), 334, 430
Leuilliot, P., 252, 416
Levi Della Torre, S., 411
Levi, C., 425
Levi, G., 249, 255, 275, 277, 416, 418, 419, 423, 424
Levi, P., 210, 230, 254, 255, 411, 417
Levin, H., 356
Levin, T., 239, 413
Lévi-Strauss, C., 258, 263, 301, 307, 308, 384
Lewis, W. S., 386, 390
Liber de miraculis Sancti Stephani pro-tomartyris, 45
Libois, A., 407
Libre parole, La (Drumont), 204, 205, 206, 405
Libro di architettura (Serlio), 62
Libro estraordinario (Serlio), 62, 64, 67, 359
Lichtenberg, G. C., 168
Licurgo, 196, 197
Lippold, A., 352

443

Liprandi, C., 397
Lírio do vale, O (Balzac), 325
Liruti, G. G., 344
Lloyd, G., 346
Logica (Tracy), 188
Logica come scienza del concetto puro (Croce), 219, 408
Logique du terrorisme (Bounan), 207
Lombardi, L., 377
Lombardo, A., 430
Long, A. A., 343
Loris, G. de, 92
Losurdo, D., 402
Loubet, É., 405
Lovejoy, A. O, 383
Lucano, 87
Luciano de Samosata, 29, 145, 152, 191, 192, 400
Luciano, padre, 47, 50
Lucien Leuwen (Stendhal), 184
Lücke, Th., 381
Lüdtke, A., 419
Luís XIV, rei da França, 92
Luís XV, rei da França, 144
Lyotard, J.-E., 230, 411

Mabillon, J., 81, 406, 407
Macbeth (Shakespeare), 161, 392
MacDougall, E. B., 358
Macfarlane, A., 283, 424
MacGregor, A., 361
Madame Bovary (Flaubert), 139, 241, 242, 384
Maddox, D., 366
Magendie, M., 365, 366
Magrino, G., 369
Magritte, R., 18
Maistre, J. de, 197, 198
Maltese, E. V., 349

Man: An Autobiography (Stewart), 250
Mandeville, B. de, 124, 133, 134, 381, 383
"Manifesto pela história, Um" (Hobsbawm), 156
Manoscritto inesistente, Il (De Michelis), 203, 403, 404
Manuel Paleólogo, 39
Manuel, F. E., 374
Manuscrit trouvé à Saragosse (Potocki), 374, 375
Manuzio, P., 30, 34, 348
Manzoni, A., 323, 324, 325, 326, 329, 330, 331, 333, 334, 429, 430
Maomé II, 70
Maquiavel, N., 115, 141, 189, 190, 191, 192, 193, 194, 195, 196, 197, 198, 199, 202, 203, 208, 400
Marana, G. P., 151, 152, 388, 389
Marcenaro, P., 423
Marchand, S., 340
Marcialis, N., 400
Marco Aurélio, imperador, 117
Marcus, G. E., 424
Mareste, A. de, 392
Margarida de Navarra, 183
Margolin, J.-Cl., 356
Marino Faliero (Byron), 159, 160, 161, 162, 163, 164, 392, 393, 394
Marino Faliero (Delavigne), 158, 391, 392
Marino Faliero à Paris (Varner, Bayard), 158, 391
Marino, L., 374
Marot, C., 356
"Marseillois et le lion, Le" (Voltaire), 134
Martin, J., 343, 353

Martineau, H., 178, 377, 391, 395, 396, 398
Martinengo, A., 369, 371
Marvell, A., 124, 125
Marville, Ch., 238
Marx, K., 222, 223
Mascardi, A., 37, 38, 341, 349
Maskell, D., 356
Mason, H., 381
Matrimônio secreto, O (Cimarosa), 178
Matteotti, G., 411
Matthews, P., 366
Mattioli, P. A, 370
Maurer, E., 357
Maurras, Ch., 260
Máximo de Tiro, 104, 108, 373
Mazarin, G., 87, 88
Mazlish, B., 408
Mazzi, M. C., 360
McCarthy, J., 250
McCuaig, W., 346
McGann, J. J., 392
McGurk, P., 348
Mediterrâneo, O (Braudel), 155
Meeks, W. A., 354
Meier-Lemgo, K., 374
Meinecke, F., 395
Meiners, C., 106, 107, 374
Mélanges (Voltaire), 257, 363, 375, 378, 379, 380, 381, 382, 383, 384, 392, 418, 420, 424
Melon, J. E, 381
Mémoires (Saint-Simon), 10
Mémoires sur l'ancienne chevalerie (La Cume de Sainte-Palaye), 365
Ménage, G., 80, 81, 82, 84, 85, 92, 363, 364
Menichino della Nota, 302, 304
Mérimée, P., 162, 185, 186, 398, 399

Mervaud, Ch., 383
Merzario, R., 418
Messerschmidt, D. G., 106
Metahistory (White), 217, 218, 350, 408, 429
Metamorfoses (Ovídio), 56, 317
Métamorphose d'Ovide figurée, La, 56, 356
Métier d'historien (Bloch), 8, 10
Métraux, A., 71
Meuli, K., 110, 111, 375
Meun, J. de, 92
Meursius (Meurs, Johannes van), 144
Michael, K., 412
Michelangelo, 61, 141, 142, 173
Michelet, J., 141, 172, 243, 244, 245, 246, 326, 327, 415
Mickiewicz, A., 110, 375
Micromégas (Voltaire), 121, 379, 380
Migne, J. P., 44
Miller, N., 358
Miller, P. N., 349
Mimesis (Auerbach), 22, 113, 114, 124, 126, 170, 171, 172, 173, 175, 327, 376, 394, 395, 396, 412, 415
Mina de Vanghel (Stendhal), 185
Minima moralia (Adorno), 270, 422
Mirabeau-Martel, S. G. M. A., 206, 405
Miroir d'Hérodote, Le (Hartog), 407, 429
Miscellanea (Poliziano), 76, 394
Mitchell, C. J., 348
Mocci, M., 343
Mocenigo, A., 34, 346
Moctezuma, 70
Mœurs des sauvages amériquains (Lafitau), 104, 372
Moisan, J.-F., 404
Moland, L., 381, 382, 383, 384

445

Molanus, J., 377

Momigliano, A., 8, 17, 25, 43, 282, 327, 328, 329, 344, 350, 362, 363, 365, 367, 375, 386, 389, 390, 401, 407, 413, 424, 426, 429

Mommsen, Th., 354

Mommsen, W. J., 428

Monaci, L. de', 164, 165, 166

Monardes, N., 96, 97, 98, 100, 108, 369, 370, 371

Monceaux, P., 353

"Mondain, Le" (Voltaire), 123, 124, 130, 131, 381

Mondo magico, Il (De Martino), 309

Monluc, J. de, 316

Monstrelet, E. de, 84

Montagu, J., 349

Montaigne, M. de, 5, 12, 53, 54, 55, 56, 58, 59, 61, 62, 63, 64, 66, 68, 69, 70, 71, 75, 76, 77, 78, 188, 311, 312, 319, 355, 356, 357, 358, 359, 360, 361, 362, 368, 426, 427

Montaillou (Le Roy Ladurie), 259, 275, 419

Montanari, F., 346

Montesquieu, 151, 189, 190, 191, 192, 193, 194, 195, 196, 197, 198, 199, 202, 208, 399, 400, 403, 404, 406

Montfaucon, B. de, 81, 366

Moreau, M., 352

Moretti, L., 364, 396, 397

Morgan, J. R., 343

Morize, A., 381

Morpurgo-Tagliabue, G., 343

Mounier, E., 187

Mozart, W. A, 173, 392, 395

Mras, K., 406

Mugler, Ch., 342

Muir, E., 423

Mukherjee, B. L., 372

Mülder, D., 342

Mülder-Bach, I., 231, 232, 412

Müller, A., 346

Müller, J. B., 105, 373

Müller, K. O., 106

Müller-Luckner E., 377

Müntz, E., 360, 361

Muratori, L. A., 163, 393

Murray, M., 289

Muschg, W., 381

Museu cartaceo (Cassiano dal Pozzo), 38

Musil, R., 265, 333

Mussolini, B., 411

Mutschmann, H., 345

Mylne, V., 396

Nacolabsou, 70, 71, 72

Names on the Land (Stewart), 250

Namier, sir L., 238, 269, 274, 423

Napoleão Bonaparte, 141, 159, 176, 182, 194, 196, 198, 199, 206, 256, 266, 392, 397

Napoleão III, 189, 190, 193, 196, 198, 199, 203, 205

Nardi, B., 347

Nardon, F., 426

Nativel, C., 341

Natoli, G., 357, 410

Nauroy, G., 353

Nebbiai-Dalla Guarda, D., 406

Necker, J., 146

Needham, R., 168, 394

Neri, G. D., 414

Nero, 335

Neusner, J., 354

Newhall, B., 413

Newton, I., 149

Nicodemos, 47, 49
Niebuhr, B. G., 110, 375
Nietzsche, F., 252, 418
Nipperdey, T., 428
Noctes Atticae (Aulo Gélio), 63
Nodier, Ch., 365, 400
Nora, P., 419
Nordenfalk, C., 361
Nostri protestanti, I (Comba), 281
Not so Rich as You Think (Stewart), 250
Nouveau champ pour l'histoire sérielle: le quantitatif au troisième niveau, Un (Chaunu), 257
Nouveaux dialogues des morts (Fontenelle), 192, 400
Novissimi, I (Sanguineti), 279
Nueva invitación a la microhistoria (González y González), 252

Oakeshott, M., 422
Odisseia, 19
Oito e meio (Fellini), 333
Olender, M., 404
Onians, J., 358
Opitz, M., 413
Orígenes, 50
Origine des dignitez et magistrats de la France (Fauchet), 83
Orlando Furioso (Ariosto), 68
Orlando, F., 112
Ornament der Masse, Die (Kracauer), 234
Orósio, P., 46, 47, 48, 352, 353
Orta, Garcia da, 97, 370
Ossola, C., 356, 360
Oto de Frisinga, 331
Ovídio, 56, 199, 317, 356

Paganini, G., 340
Pagden, A., 372

Pagliara, M., 425
Palcônio, bispo de Braga, 47
Palissot, Charles, 383
Palissy, B., 61, 62, 63, 69, 358, 359
Pandette (Giustiniano), 26
Panofsky, E., 68, 69, 239, 240, 360, 412, 413, 414, 415
Parkes, M. B., 349
Parmigiano, 69
Partenza di un gruppo di soldati per la Libia (Serra), 228, 272, 273
Pascal, B., 188
Paschini, P., 281, 424
Pasquier, E., 83, 355
Passeron, J.-C., 340
Paton, H. J., 409
Patrizi, F., 345, 367, 368
Patrologia latina (Migne), 44
Paucker, C., 351
Pédech, P., 341
Pedro, o Grande, 105
Peeters, P., 407
Pelágio, 47
Pellegrin, N., 356
Pensamentos (Marco Aurélio), 117
"Per la storia delle classi subalterne" (Hobsbawm), 301
Pérez de Tudela, J., 371
Péricles, 149
Perini, G., 358, 359
Perrat, C., 362
Perret, J., 361
Perrot, M., 416, 417
Pertile, L., 357
Petrarca, F., 142
Peucer, C., 107, 374
Pfeiffer, R., 366
Philipe, G., 394

Philologie und Weltliteratur (Auerbach), 126

"Philo-Milton", 162

Philosophie de l'histoire, La (Voltaire), 380

Pichois, C., 395

Pickett, G. E., 250, 251, 416

Pickett's Charge (Stewart), 250, 416

Pico, G. F., 26, 345

Piero della Francesca, 276

Pierrard, P., 404, 405

Pike, K. L., 43, 350

Pille, M. de, 364

Pillinini, G., 393

Pincherle, A., 348

Pinelli, A., 430

Pintard, R., 363, 368

Pirani, P., 341

Pitágoras, 133

Planchon, R., 312, 333

Platão, 22, 90, 304, 343

Plauto, 317

Plutarco, 23, 24, 71, 192, 343, 358, 362

"Poème sur le désastre de Lisbonne" (Voltaire), 128, 129, 130, 132

Poesie e prose scelte, Le (Zanzotto), 278, 279

Poética (Aristóteles), 14, 28, 82, 84

Políbio, 18, 20, 88, 89, 90, 341, 367, 368

Polimnia (Heródoto), 88

Político (Platão), 22

"Politics of Historical Interpretation, The" (White), 224, 411

Poliziano, 76, 361, 362

Polyhistor (Solino), 102, 371

Pomata, G., 349

Pomeau, R., 377, 378, 379, 380, 382, 385

Pomponazzi, P., 31, 32, 34, 35, 346, 347

Pomponio Mela, 102, 104, 108, 372

Pôncio Pilatos (Caillois), 18

Ponnelle, L., 347, 348

Pope, A., 128, 132

Populismo russo, Il (Venturi), 297, 425

Porfírio, 133

Porset, C., 378

Potocki, J., 109, 110, 374, 375

Pozzi, M., 346, 347

Previtali, G., 366

Primaticcio, 359

Primer, I., 381

Primera y segunda y tercera partes de la historia medicinal (Monardes), 96, 369

Primitive Rebels (Hobsbawm), 300, 425

Príncipe (Maquiavel), 199

Prins, G., 424

Prisioneiros (Michelangelo), 61

Procacci, G., 377

Prodi, P., 348, 377

Promessi sposi, I (Manzani), 430

Propos de Labiénus, Les (Rogeard), 405

Prosperi, A., 377, 426

Protocolos dos sábios de Sião, 190, 201

Proust, M., 12, 170, 172, 235, 236, 237, 239, 241, 265, 270, 333, 412, 415

Pucelle ou la France délivrée, La (Chapelain), 79

Pudovkin, V. I., 240, 246

Pueblo en vilo (González y González), 251, 252, 254, 416

Pugliese Carratelli, G., 343

Pulci, L., 120, 379

Pullapilly, C. K., 348

Puppi, L., 393

Pureza e perigo (Douglas), 43, 350

Quarto de vestir de madame, O (Swift), 185

Que sais-je? (Montaigne), 188

Queijo e os vermes, O (C. Ginzburg), 263, 264, 265, 266

Queneau, R., 253, 254, 255, 256, 265, 267, 279, 417, 418, 420

Quinoni, D., 211, 214

Quintiliano, 20, 24, 342, 344

Rabello, A. M., 354

Radrizzani, R., 374

Rafael, 141, 142

Raggio, O., 276, 423

Ramella, F., 276, 423

Rampolla del Tindaro, 354

Ranke, L. von, 216, 326, 327

Raslovlev, M., 202

Raymond, F., 397

"Réalisme épique dans le roman, Le" (Taillandier), 241

Rearick, Ch., 419

Recco, N. A., 370

Recherches de la France (Pasquier), 83, 355

Recueil de l'origine de la langue et poésie françoise, ryme et romans (Fauchet), 83

Redondi, P., 423

Regole generali di architettura (Serlio), 358

Reis taumaturgos, Os (Bloch), 13

Rentsch, J., 400

Repetti, R., 399

Rerum Italicarum Scriptores (Muratori), 163, 393

Retórica (Aristóteles), 19, 29

Retorica su: lo sbandamento, il principio "resistenza" (Zanzotto), 278

Retorno de Martin Guerre, O (Davis), 8, 275, 311

Revel, J., 340, 399, 419, 424

Rhetorica ad Herennium, 20, 342

Richardson, A., 392

Ricoeur, P., 428

Rigolot, F., 357

Rispoli, G. M., 342

Roberts, W. R., 342

Robertson, W., 146, 147

Robinson Crusoé (Defoe), 320

Robortello, F., 25, 26, 27, 28, 29, 30, 34, 85, 344, 345, 346, 347

Rodowick, D. N., 413

Rogeard, A., 405

Rollin, H., 204, 205, 207, 403, 405

Romagnoli, A., 376, 394

"Roman mysanthropique, Le" (Taillandier), 241

Romance da rosa (Lorris e Meun), 83

Romano, R., 361, 417

Romieu, A., 193, 194, 401

Romilly, J. de, 342

Roncaglia, A., 376

Rondot, N., 356

Rosaldo, R., 424

Roscioni, G. C., 389

Rosenthal, E., 361

Rossellini, R., 421

Rossi, P., 428

Rossini, G., 159, 392

Rostovzev, M., 333

Rostow, W. W., 258

Rousseau, J.-J., 383

Roveri, A., 341, 342

Rubempré, A. de, 398

Ruggero da Casale, 289

Ruggiero, G., 423

Rüsen, J., 428

Sabbadini, R., 361

Sachs, K., 341, 343
Sade, marquês de, 136, 384
Saggioro, A., 372
Saint-André, C. C. de, 405
Sainte-Beuve, C. A., 173, 385, 386
Saint-Simon, duque de, 10, 12, 170, 236
Saladino, 70
Salambô (Flaubert), 241, 242
Salk, J., 425
Salomon, B., 56, 356
Salter, S., 150, 388
Salvagnoli, V., 175, 395
Salviati, 68
Sanguineti, E., 279
Santa Ceia (Leonardo da Vinci), 58
Sanudo, M., 163, 164, 166, 393
Sapegno, N., 430
Sarasin, J.-E, 80, 84, 363, 364
Sarfatti, T., 401
Sasso, G., 408
Satyre Ménippée, 191, 400
Saulnier, V-L., 140
Saurisse, P., 403
Savonarola, G., 26, 345
Saxer, V., 48, 49, 352, 353
Saxo, 84
Sayce, R. A., 356, 357, 360, 361
Scaligero, G. C., 37, 347, 349
Scarpa, D., 278, 279
Scerba, L. V, 426
Schama, S., 372
Scheffer, J., 107, 374
Schelling, F. W. J., 241
Schenkeveld, D. M., 342, 343
Schepens, G., 341, 342, 343
Schiller, F., 415
Schizzi pirroniani (Sexto Empírico), 85
Schmid, W., 361

Schmitt, C., 199
Schmitz, P., 406
Schoell-Glass, C., 415
Schorr, T., 391
Schwarzbach, B. E., 384
Sciascia, L., 427
Scot Erigène et la philosophie scholastique (Taillandier), 241
Scythes, Les (Voltaire), 146
"Scythica" (Meuli), 110, 375
Searles, C., 364
Seguí Vidal, G., 44, 45, 350, 351
Seifert, A., 345
Sempronio Asellio, 30
Sêneca, 59
Serlio, S., 62, 63, 64, 66, 67, 68, 358, 359
Sermones (Herolt), 291, 373
Serra, R., 227, 271, 340, 411, 422
Sesóstris, 196
Severo de Minorca, 13, 43, 44, 45, 46, 47, 48, 49, 51, 350, 351, 352
Sexto Empírico, 26, 27, 28, 29, 85, 87, 88, 90, 91, 340, 345, 366
Shakespeare, W., 161, 188, 392
Shatzmiller, J., 211, 406
Shirokogoroff, S. M., 373
Sigonio, C., 29, 30, 346
Sílio Itálico, 87
Simon, M., 354, 355
Simonetti, M., 353
Simônides, 23
Simpson, M., 392
Singularitez de la France antarctique, Les (Thevet), 360
Siraisi, N. G., 349
Sismondi, S. de, 141
Sistema periodico, Il (Levi), 417
Smith, D. N., 379
Smith, M., 426

450

Smyth, W., 357
Sobre a fama dos atenienses (Plutarco), 23
Sobre o estilo (Demétrio), 21
"Sobre os mistérios dos antigos" (Meiners), 107
Société féodale, La (Bloch), 269
Sócrates, 149
Sofri, A., 112, 137, 309, 426
Solino, 102, 104, 108
Sólon, 196
Sonnenfeld, A., 397
Sorel, Ch., 364, 365
Souvenirs d'égotisme (Stendhal), 188, 399
Spear, F. A., 382
Spectre rouge de 1852, Le (Romieu), 193, 401
Speier, H., 403
Speroni degli Alvarotti, S., 346
Spini, G., 345, 347
Spinoza, B. de, 114, 115, 376, 377, 378
Spitzer, L., 302, 398
Spleen, O (Besenval), 176
Spon, Jacob, 143, 386
Staiger, E., 381
Stainville, E.-E de, 140
Stamm, M., 340
Stanford, M., 364, 381, 392, 396, 422
Starobinski, J., 183, 398
Stemberger, G., 354
Stendhal (Henry Beyle), 5, 11, 14, 113, 157, 158, 159, 162, 169, 170, 171, 172, 173, 174, 175, 176, 177, 178, 179, 180, 181, 182, 183, 184, 185, 186, 187, 188, 266, 326, 376, 377, 391, 392, 394, 395, 396, 397, 398, 399
Sterne, L., 321

Stewart, G. R., 250, 251, 257, 271, 416
Stewart, K., 386
Stieglitz, A., 240
Stierle, K., 428
Stoianovich, T., 418
Stone, L., 390, 420, 428
"Storia antica e antiquaria" (Momigliano), 344, 362, 365, 367, 386, 407
Storia ecclesiastica (Tostado), 102
"Storia ridotta sotto il concetto generale dell'arte, La" (Croce), 217, 219, 350
"Storia, cronaca e false storie" (Croce), 228
Strasburger, H., 22, 24, 343
"Superamento del tempo nella storia, Il" (Gentile), 219, 408, 409
Sur la législation et le commerce des grains (Necker), 146
Susmel, D., 411
Swanton-Belloc, L., 391

Tácito, 170, 171, 319
Taguieff, P.-A., 399, 402, 403, 404
Taillandier, S.-R., 241, 242, 243, 244, 245, 247, 414
Talbot, C., 150, 388
Tale of a Tub, A (Swift), 118, 119, 379
Tamerlão, 70
Tamizey de Larroque, Ph., 363, 367, 368
Tarde, G. de, 203, 404
Tasso, T., 55, 56, 68, 142, 355, 356
Taurisco, 85
Taylor, J., 388
Tedeschi, J., 371
Teich, M., 346
Temporini, H., 354

Teócrito, 145

Teodoro, 42, 45

"Teoria de la microhistoria" (González y González), 252

Teoria e storia della storiografia (Croce), 220, 228, 272, 408, 411, 422

Teoria generale dello spirito come atto puro (Gentile), 220, 409

Terêncio, 317

Terra e telai (Ramella), 276, 423

Teses sobre Feuerbach (Marx), 222

Testament d'un anti-sémite, Le (Drumont), 204

Theory of Film (Kracauer), 233, 235, 238, 239, 269, 412, 415

Thevet, A., 70, 71, 72, 75, 360, 361

Thibaudet, A., 355, 426

Thoenes, Ch., 358

Thomas, K., 283, 284, 299, 424, 425, 426

Thomas, Y., 340

Thompson, E. P., 426

Tiedemann, R., 390

Tilh, A. du, 314, 318, 319, 335

Timeu (Platão), 90

Timpanaro, S., 344, 361

Tito Lívio, 24, 29, 32, 80, 81, 82, 91, 347

Tobacco (Brooks), 100, 371

Tocqueville, A. de, 194, 207, 326, 327, 401, 402

Todorov, T., 361, 409, 428

Tolomei, C., 61

Tolstói, L., 228, 229, 265, 266, 269, 271, 272, 274, 326, 421, 423

Torelli, L., 26

Tostado, A., 101, 102, 371

Toulard, J., 402

Toussenel, A., 405

Toynbee, A. J., 269, 423

Tractado de las drogas y medicinas de las Indias Orientales (Acosta), 97, 370

Tracy, D. de, 182

Traité de sociologie (Gurvitch), 252

Traité des différentes sortes de preuves qui servent à établir la vérité de l'histoire (Griffet), 215

Traité des fiefs et de leur origine (Chantereau Le Fèvre), 83, 365

Trapolino, P., 31, 32, 347

Tratado de metafísica (Voltaire), 120, 121, 129, 130

Tratado sobre a tolerância (Voltaire), 127

Tratado teológico-político (Spinoza), 114, 115

Tretiakov, S., 120

Trevisan, N., 167, 393

Trevor-Roper, H., 282

Tripet, A., 359

Trópicos do discurso (White), 221

Troyes, Ch. de, 83

Truchet, J., 383

Tucídides, 23, 24, 27, 28, 29, 83, 90, 238, 347

"Uso de vestir-se, O" (Montaigne), 55

Vailati, G., 409

Valensi, L., 416

Valeri, D., 180, 391, 395, 396, 397, 398

Vanini, J. C., 90, 91, 368

Vansina, J., 280

Varner, A.-E, 158, 391

Varrão, 71

Vasari, G., 61, 341, 366

Venturi, F., 275, 297, 378, 401, 425

Verbeke, W., 352

Verbraken, P.-P., 353

Verga, E., 289, 425
Vergilius Romanus, 73, 76, 361
Verhelst, D., 352
Vermelho e o negro, O (Stendhal), 11, 157, 173, 174, 175, 176, 177, 178, 182, 184, 185, 186, 395, 396
Vernière, P., 377
Veronese, P., 32, 34
Vettori, P., 26, 348
Viagens de Gulliver (Swift), 119, 379
Vico, G., 114, 126, 171, 221, 222, 381
Vida de Henry Brulard (Stendhal), 186
Vidal, L., 391
Vidal-Naquet, P., 213, 215, 216, 225, 226, 227, 362, 406, 407
Vidas (Plutarco), 71
Vilastro, A., 346
Villalta, G. M., 278, 279
Ville et les métiers, La (Cerutti), 277
Villegagnon, D. de, 355
Vite dei dogi (Sanudo), 163, 164, 393
Vitrúvio, 59, 60, 62
Vitucci, V., 406
Vives, J., 45, 351
Vliet, H. Van, 407
Voltaire (J. F. M. Arouet), 5, 11, 25, 112, 113, 114, 115, 116, 117, 118, 119, 120, 121, 122, 123, 124, 125, 126, 127, 128, 129, 130, 131, 132, 133, 134, 135, 136, 137, 138, 141, 146, 147, 151, 206, 226, 363, 375, 376, 377, 378, 379, 380, 381, 382, 383, 384, 385
Vossius, I., 104, 108, 372, 374
Vouilloux, B., 342
Vovelle, M., 259, 263, 420
Voyage du jeune Anarcharsis en Grèce (Barthélemy), 12
Vrais pourtraits et vies des hommes illustres grecz, latins et payens, Les (Thevet), 70

Wade, I. O., 378, 379, 380, 381, 383
Waggoner, J. S., 403
Walbank, F. W., 341
Walker, A. D., 342
Walpole, H., 150, 151, 386, 387, 388, 389, 390
Wang, C., 394
Wankenne, J., 352
Warburg, A., 239, 269, 341, 344, 349, 356, 413, 414, 415
Wartelle, A., 341
Wasserschleben, F. W. H., 425
Watt, I., 428
Waugh, S. L., 42
Weber, M., 247
Weinberg, B., 342, 343
Welkenhuysen, A., 352
Wellek, R., 376
Wesson, R. G., 372
What is History? (Carr), 430
White, H., 217, 218, 219, 220, 221, 222, 223, 224, 225, 226, 227, 275, 326, 327, 328, 350, 394, 407, 408, 409, 410, 411, 428, 429
Wilken, R. L., 354
Williams, H., 379
Wilmart, A., 406
Winckelmann, J. J., 140
Winock, M., 419
Wiseman, T. P., 343, 344
Witte, K., 414
Wittgenstein, L., 168
Wizisla, E., 413
Woesler, W., 382
Wolff, C., 379
Wolff, J., 345, 368

Woolf, V., 172, 265, 415
Woolgar, S., 425
Wray, D., 150, 388
Wright, D. H., 362

Xerxes, 152

Year of the Oath, The (Stewart), 250, 416
Yerushalmi, Y. H., 381

Yorke, Ch., 150
Yorke, P., 388

Zabarella, G., 31, 34
Zagorin, P., 422
Zanker, G., 342
Zanzotto, A., 278, 279
Zen, S., 348
Zerbi, P., 332, 430
Ziolkowski, J. M., 376, 381

1ª EDIÇÃO [2007] 4 reimpressões

ESTA OBRA FOI COMPOSTA PELA SPRESS EM MINION E IMPRESSA
EM OFSETE PELA GEOGRÁFICA SOBRE PAPEL PÓLEN SOFT DA
SUZANO S.A. PARA A EDITORA SCHWARCZ EM JULHO DE 2021

A marca FSC® é a garantia de que a madeira utilizada na fabricação do papel deste livro provém de florestas que foram gerenciadas de maneira ambientalmente correta, socialmente justa e economicamente viável, além de outras fontes de origem controlada.